BRUEGEL
UND SEINE ZEIT

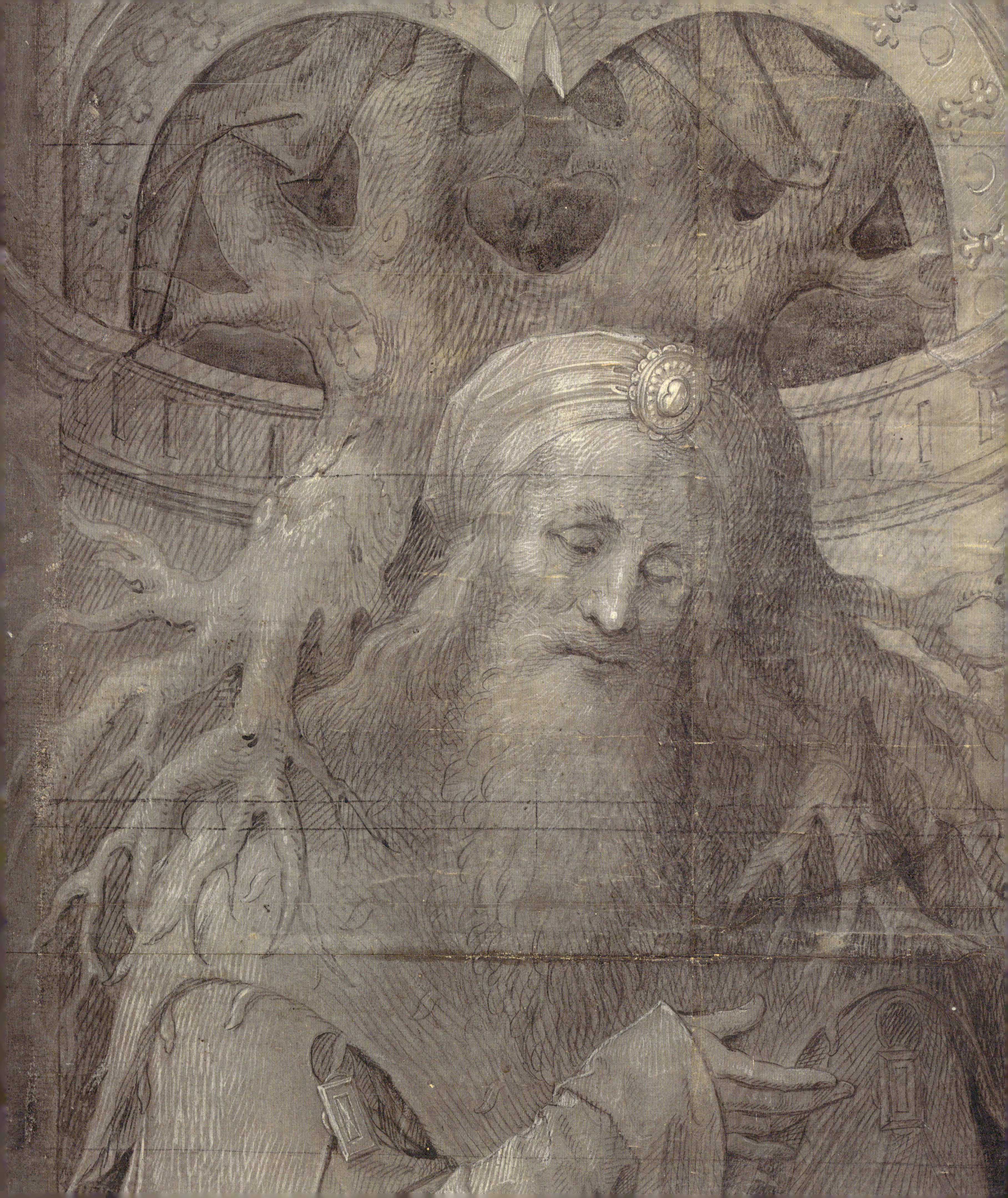

BRUEGEL UND SEINE ZEIT

Herausgegeben von
Laura Ritter und Emily J. Peters

Mit einem Geleitwort von
Jan Jambon und einem Vorwort
von Klaus Albrecht Schröder

Mit Beiträgen von
Koenraad Jonckheere, Emily J. Peters,
Stephanie Porras, Laura Ritter
und Christina Schaaf-Fundneider

ALBERTINA

HIRMER

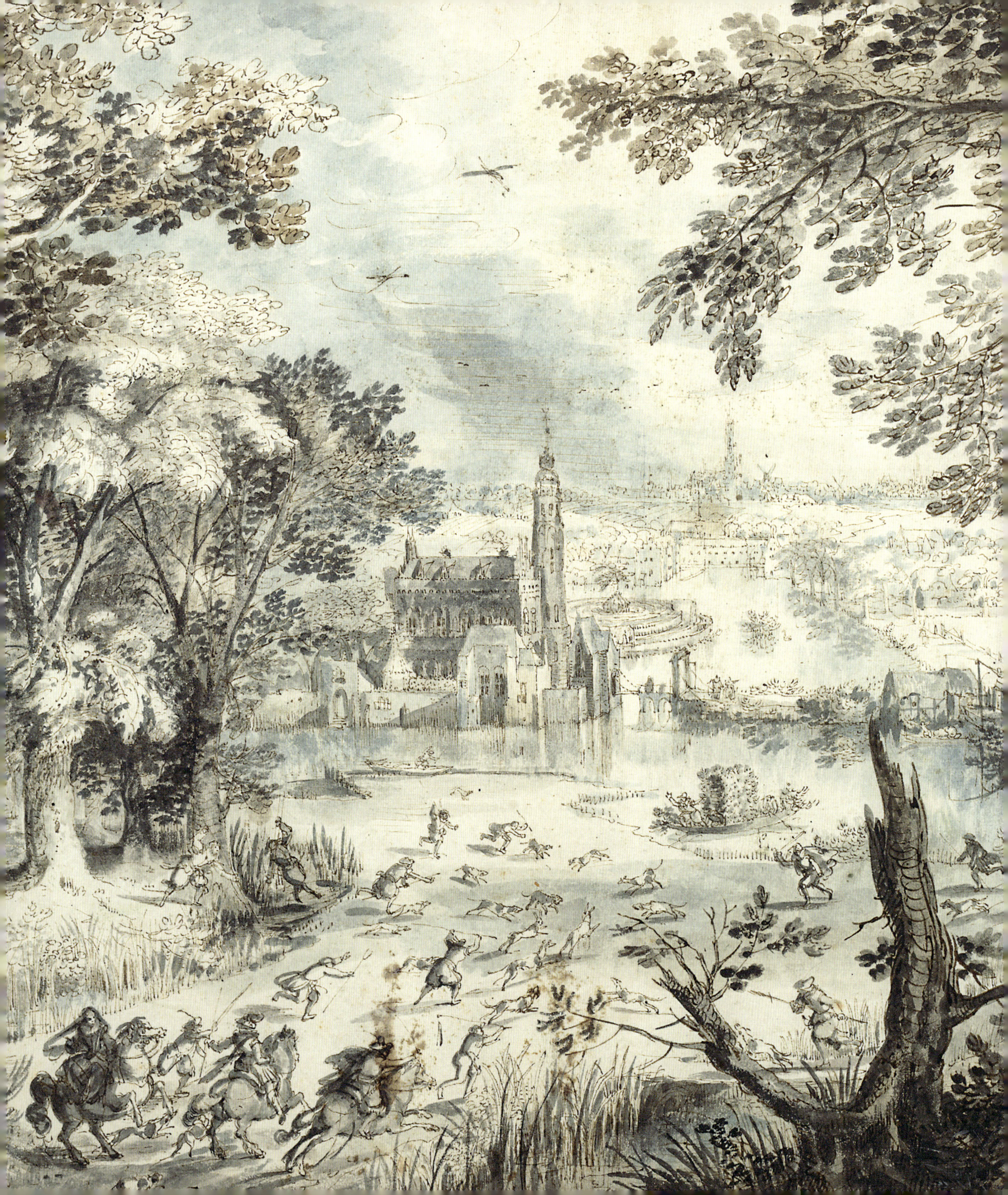

Inhalt

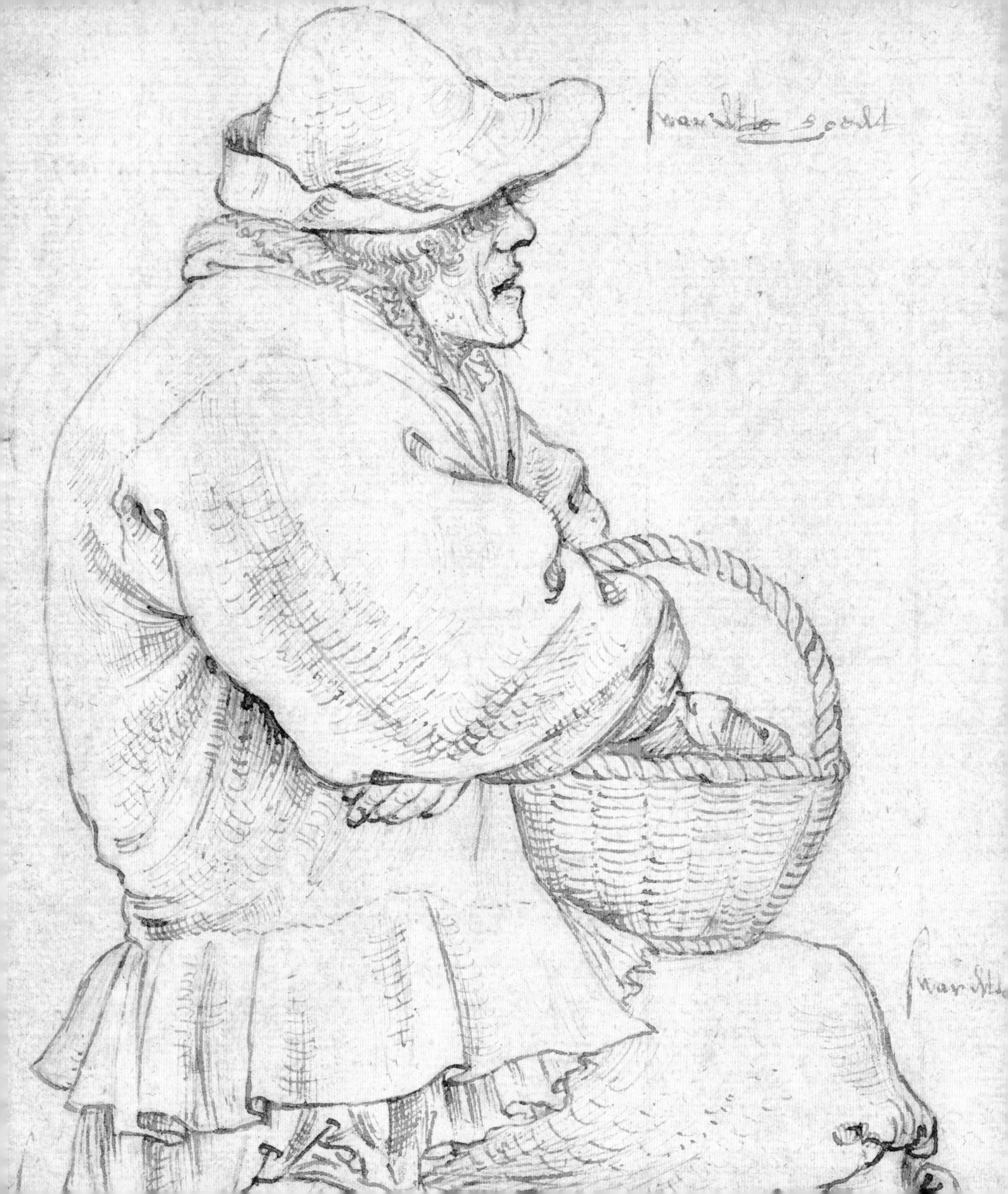

Zum Geleit

Jan Jambon
Ministerpräsident von Flandern

Vor Ihnen liegt mehr als ein wissenschaftlicher Katalog – dieser Band ist ein wertvolles Kompendium, das die Hochblüte der nördlichen Renaissance und die Rolle der flämischen Meister des 16. Jahrhunderts auf anschauliche Weise dokumentiert. Sie können sich in jene Zeit zurückversetzen lassen, als Antwerpen »das pulsierende Herz Europas und der Welt« genannt wurde und schlechthin Schauplatz der Weltpolitik war. Auch andere flämische Zentren wie Gent, Mecheln und Löwen spielten in diesem prosperierenden Zeitalter eine wichtige Rolle. Der Handel florierte, die Druckerpressen liefen auf Hochtouren und die Künstler wurden von den blühenden Städten angezogen. Einer von ihnen war Pieter Bruegel der Ältere, einer der flämischen Meister, die in diesem Katalog ausführlich behandelt werden.

Bereits damals eine Keimzelle für Initiativen und Innovationen, in der Unternehmertum wachsen und gedeihen konnte, will Flandern auch heute eine führende Stellung einnehmen, wenn es um technologische Spitzenleistungen und Digitalisierung geht. Als logistische Drehscheibe Westeuropas und auf Platz fünfzehn in der Weltrangliste der größten Exporteure ist Flandern heute wie damals vor allem international ausgerichtet. Wir haben alle Voraussetzungen, um in Europa und der Welt eine Vorreiterrolle zu spielen: einen hervorragenden Standort, florierende Seehäfen, eine Fülle von Talenten und brillanten Unternehmen. Außerdem bleibt Flandern nach wie vor ein Anziehungspunkt für ein breites Spektrum nationaler und internationaler Kunst.

Die Bedeutung von internationalen Kooperationen wie diesem Projekt kann kaum hoch genug eingeschätzt werden. Als zuständiger Minister für auswärtige Angelegenheiten und Kultur setze ich daher auch auf kulturelle Initiativen, die Flandern an spannenden Schauplätzen im Ausland als »State of the Art« ins Rampenlicht rücken. Angesichts unserer künstlerischen Highlights – der Werke flämischer Meister – liegt es auf der Hand, dass Wien dabei eine Schlüsselrolle zukommt: Die Albertina beherbergt eine der weltweit größten Sammlungen von Zeichnungen und Druckgrafiken, viele von der Hand flämischer Meister – Grund genug, dass sich Flandern hier für eine enge Zusammenarbeit einsetzt. Dabei erfolgte die Kooperation in zwei Phasen: Bereits ab 2020 wurden die Grundlagenforschung und die restauratorische Bearbeitung der präsentierten Zeichnungen unterstützt. Eine zweite Phase konzentrierte sich auf die Erstellung des Katalogs, den Sie nun in Händen halten.

Blättern Sie durch den prächtigen Band und lernen Sie diesen besonderen Abschnitt unserer Geschichte kennen. Die Zeichnungen entführen Sie in eine Welt der sozialen, wirtschaftlichen und politischen Umbrüche und lassen Sie von den vielen Gesichtern Flanderns im 16. Jahrhundert träumen.

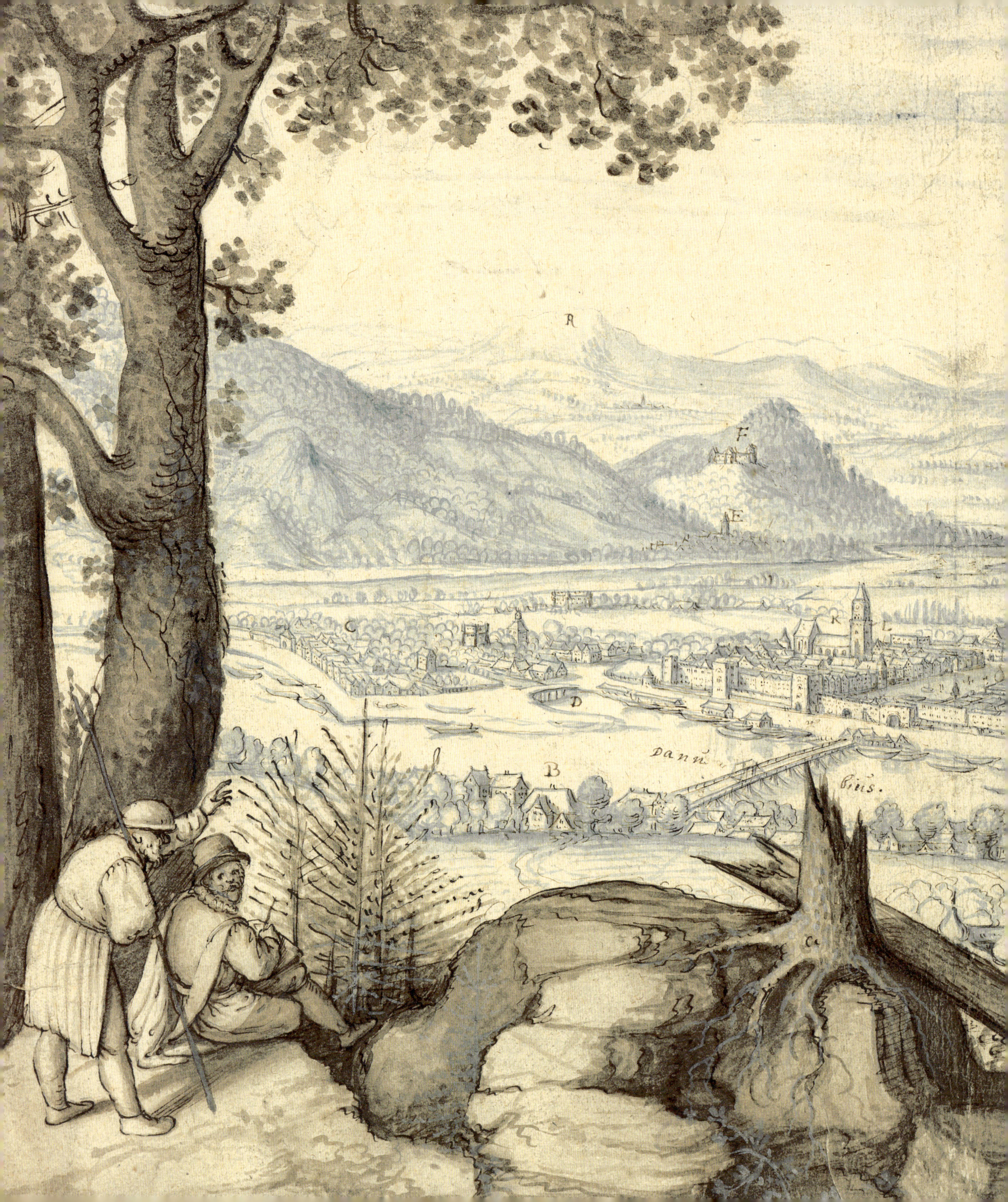
A
F
E
C
K
L
D
Danū
B
bius.

Vorwort

Klaus Albrecht Schröder
Generaldirektor der Albertina

Kaum eine Epoche der europäischen Geschichte sah eine so beispiellose Blüte der Zeichenkunst wie das niederländische 16. Jahrhundert. Mit größter technischer Virtuosität und außerordentlichem motivischem Erfindungsreichtum schufen die Künstler dieser Zeit Bilder einer sich radikal verändernden Lebenswelt. Vor dem Hintergrund der Reformation und der Wirren des Achtzigjährigen Kriegs wurden jahrhundertealte Wahrheiten zunehmend infrage gestellt. Damit einhergehend veränderte sich die Art und Weise, in der die Wirklichkeit künstlerisch auf Papier reflektiert wurde. In Scheibenrissen für die Fenster mächtiger Kathedralen und privater Residenzen, in Entwürfen für kostbare Luxusobjekte, Gemälde oder Druckgrafiken fand die Zeichnung ein breites Feld der praktischen Anwendung. Von den Zwängen reiner Funktionalität befreit, wurde das Medium darüber hinaus zu einem eigenständigen Mittel künstlerischen Ausdrucks: Es entstanden bildhaft abgeschlossene Kompositionen wie Hieronymus Boschs berühmter *Baummensch* (um 1500–1510), denen unter den kunstinteressierten Eliten eine gesteigerte Aufmerksamkeit als Sammelobjekte zukam. In diesen vielfältigen Kontexten vollzog sich auch eine bis dahin ungekannte Erneuerung der Formen und Inhalte. Allen voran war es Pieter Bruegel der Ältere, der die Kunstproduktion der »Niederen Lande« als herausragender Vertreter seiner Gilde über Jahrzehnte hinweg prägte. Voller Witz und Ironie erzählt Bruegels vielseitiges grafisches Schaffen von den tiefgreifenden Umbrüchen eines Jahrhunderts, das den Zeitraum vom ausgehenden Mittelalter bis zum anbrechenden Barock umspannte. Und auch andere Meister wie Jan de Beer, Maarten van Heemskerck oder Hendrick Goltzius trugen mit ihren sensiblen Hell-Dunkel-Zeichnungen, kritischen Moralsatiren und differenzierten Porträtbildnissen zur Entstehung eines neuen Kosmos zeichnerischer Vielfalt bei.

Dass die Albertina exquisite Hauptwerke dieser Zeit in so außergewöhnlicher Menge und Qualität besitzt, verdanken wir dem Sammlungsgründer Herzog Albert von Sachsen-Teschen und seiner Gemahlin Erzherzogin Marie Christine von Österreich. Ab 1780 habsburgische Generalstatthalter der Österreichischen Niederlande residierte das Paar in Brüssel und genoss dort unmittelbaren Zugang zum florierenden örtlichen Kunstmarkt. Der systematische Ausbau der von Anfang an auf die grafischen Künste konzentrierten Sammlung konkretisierte sich in den folgenden Jahren. Mit den reichen Kollektionen der zeitgenössischen Kenner Charles Antoine Prince de Ligne in Brüssel, Gottfried Winckler in Leipzig und Cornelis Ploos van Amstel in Amsterdam erwarb der Herzog drei der bedeutendsten Kabinette niederländischer Grafik nahezu en bloc und inkorporierte sie in seine eigene Sammlung. Ein 1796 erfolgter, für Herzog Albert höchst gewinnbringender Austausch von Werken mit der kaiserlichen Hofbibliothek brachte weitere kapitale Blätter niederländischer Meister in seinen Besitz. Um 1800 hatte er so bereits jene rund 3500 Meisterzeichnungen niederländischer Provenienz zusammengetragen, die bis heute ein Kernstück der reichen Bestände der Albertina bilden.

Die Ausstellung *Bruegel und seine Zeit* präsentiert ebenso wie der vorliegende Katalog eine Auswahl von rund 90 Werken aus unserem eigenen Bestand, die die Hochphase der Zeichnung im 16. Jahrhundert veranschaulichen. Neben bekannten Hauptwerken wie Bruegels *Maler und Käufer* (um 1566) wurden dabei auch Blätter ausgewählt, die nach konservatorischer Bearbeitung erstmals öffentlich gezeigt werden können. Im Zuge einer Leihausstellung wurde die Schau in leicht abgewandelter Form bereits 2022 im Cleveland Museum of Art eröffnet. Die Sammlung der Albertina strahlt so weit über die Grenzen Österreichs hinaus.

Dass wir mit der Regierung Flanderns einen überaus hochkarätigen Partner für das Projekt gewinnen konnten, erfüllt mich mit besonderer Freude: Ministerpräsident Jan Jambon und Koen Haverbeke, der ehemalige Vertreter von Flandern in Österreich, ermöglichten mit einer großzügigen finanziellen Förderung der Ausstellung und des Katalogs die optimale Präsentation jener Zeichnungen, die den kulturellen Ruhm Flanderns und seiner Nachbarprovinzen bis heute mitbegründen. Auch Monroe Warshaw, der die Albertina mit einer frühen Ansicht von *Wien, von Nordosten gesehen* (um 1590–1593) aus seiner privaten Sammlung jüngst so reich beschenkte, bin ich für sein Engagement sehr verbunden. Das Gelingen dieses Unterfangens war darüber hinaus von der Hilfe vieler Kolleginnen und Kollegen abhängig, denen ich zu großem Dank verpflichtet bin: Die Abteilung für Konservierung und Restaurierung unter der Leitung von Christina Schaaf-Fundneider und Karine Bovagnet war mit der materiellen Betreuung der Werke und ihrer restauratorischen Bearbeitung betraut. Ines Aßmann und ihr Team zeichnen für die adäquate Rahmung und Montierung der Zeichnungen verantwortlich. Die Ausstellungsorganisation wurde von Barbara Buchbauer und Jasha Greenberg übernommen. Das von Daniel Antalfi geführte Fotostudio der Albertina stellte die Reproduktionen für die vorliegende Publikation zur Verfügung. Sandra Maria Rust leitete unter Mithilfe ihrer Assistentin Lisa Trapp in engagierter Weise die Produktion dieses Katalogs, der von Claudia Wagner umsichtig lektoriert und von Sophie Friederich grafisch gestaltet wurde. Aufseiten des Hirmer Verlags danke ich den Projektmanagerinnen Karen Angne und Cordula Gielen. Koenraad Jonckheere und Stephanie Porras haben unser Verständnis der niederländischen Zeichenkunst mit ihren wertvollen Textbeiträgen maßgeblich erweitert. Überdies gilt mein Dank insbesondere Laura Ritter, der Kuratorin der Ausstellung sowie der Assistenzkuratorin Serena Ligas. Gemeinsam mit Emily J. Peters, die die Geschwisterschau im Cleveland Museum of Art kuratierte, drangen sie in die Tiefen der albertinischen Sammlung vor und wurden dabei auf einige bisher kaum beachtete, aber durchwegs hochqualitative Zeichnungen aufmerksam, die nun präsentiert werden können. So entstanden eine Ausstellung und ein Katalog, die einen mitreißenden, unterhaltenden, bisweilen auch berührenden Einblick in eines der faszinierendsten Jahrhunderte der europäischen Kunstgeschichte bieten.

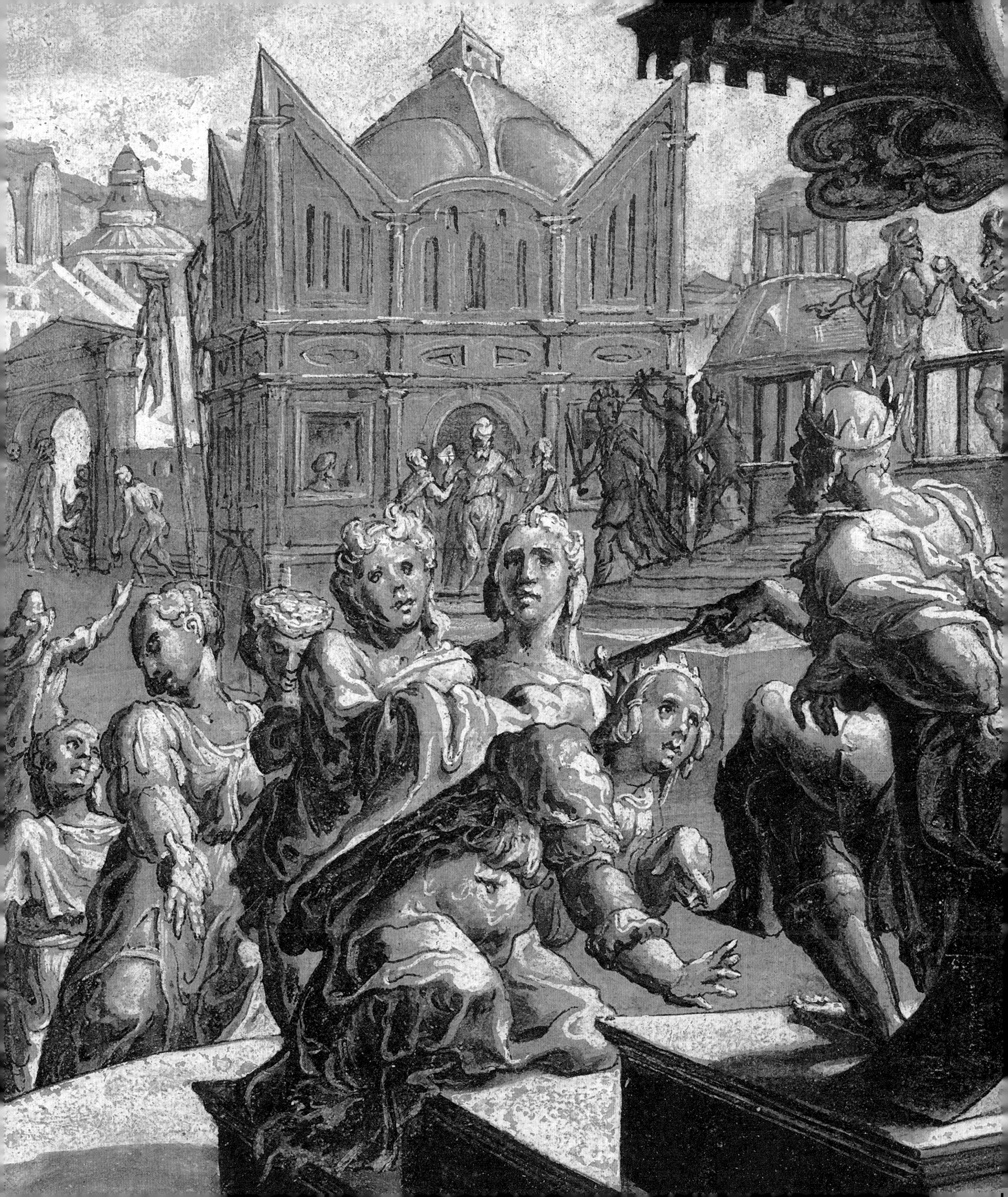

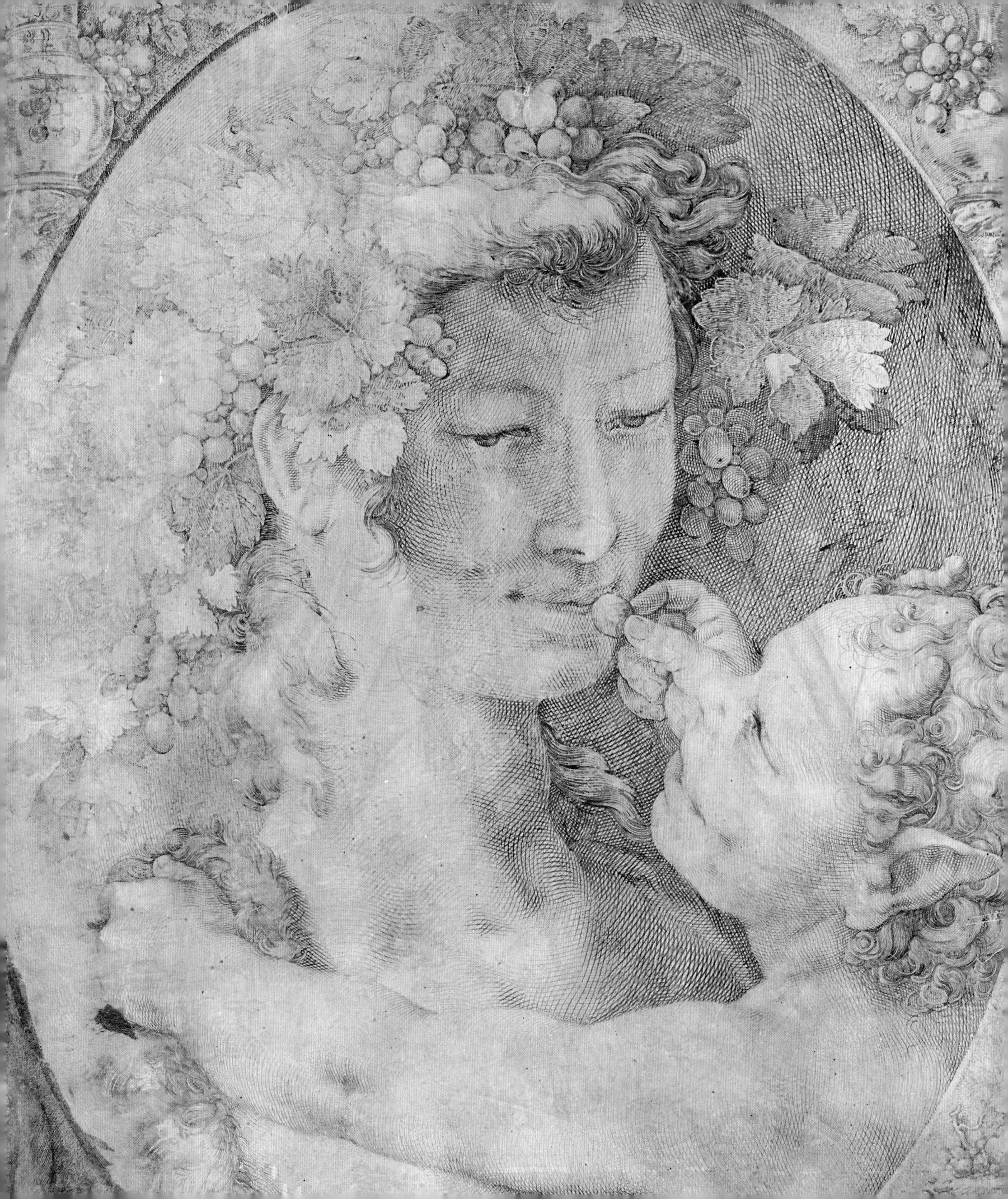

Im Rausch der Vielfalt

Zeichnen im Zeitalter Pieter Bruegels des Älteren

Laura Ritter

Pieter Bruegel der Ältere (1526/27–1569) lebte in einem Jahrhundert der künstlerischen Vielfalt. Sein Werk und insbesondere sein grafisches Schaffen zeichnen sich durch eine enorme motivische Bandbreite aus: Neben den von jeher berühmten Darstellungen von Kirmessen und Bauernszenen umfasst Bruegels Œuvre eigenständige Landschaften, geheimnisvolle Diablerien oder gesellschaftskritische Moralsatiren, in denen er seine rastlose Umwelt reflektierte. Bruegel steht damit exemplarisch für eine ganze Reihe von Persönlichkeiten, die in ihren Zeichnungen neue Wege einschlugen und die bildende Kunst in den Niederlanden grundlegend veränderten.[1] Hatten vordringlich religiöse Ikonografien und Porträts die Produktion lange Zeit dominiert, etablierte sich an der Wende zur Neuzeit eine wahre Fülle von bildlichen Typen.[2] Und auch in formaler, funktionaler und technischer Hinsicht wichen diese Werke von bisherigen Konventionen ab, um auf neue Weise Bedeutung zu vermitteln.

Diese künstlerischen Innovationen gingen in den turbulenten Jahrzehnten nach 1500 mit drastischen politischen und sozialen Umwälzungen einher. Die Burgundischen Niederlande, die im Wesentlichen die heutigen Gebiete Belgiens, Luxemburgs und der Niederlande umfassten, waren unter Maximilian I. (1459–1519) an das Haus Habsburg übergegangen. Dessen Enkel Karl V. (1500–1558) konsolidierte die Siebzehn Provinzen administrativ und setzte mit dem Burgundischen Vertrag von 1548 den ersten Schritt zur Formierung eines unabhängigen Territoriums unter dem Schutz des Heiligen Römischen Reichs. Nach Karls Abdankung 1555/56 übernahm sein Sohn Philipp II. (1527–1589) die Herrschaft über das Gebiet der nunmehr Spanischen Niederlande, das er vom Madrider Hof aus mithilfe von Statthaltern wie dem »eisernen Herzog«, Fernando Álvarez de Toledo y Pimentel (1507–1582), regierte.[3]

In wirtschaftlicher und kultureller Hinsicht begann mit dem 16. Jahrhundert auch ein Zeitalter der Prosperität: Zollfreiheit, politische Privilegien und nicht zuletzt die günstige geopolitische Lage ließen den Umschlag von Waren aller Art aufblühen und die Region zu einem finanziellen Zentrum Europas avancieren. Neben dem Import von englischen Tuchen, Edelmetallen aus den deutschen Landen oder portugiesisch gehandelten Gewürzen florierten insbesondere die verarbeitenden Exportgewerbe, die Luxusgüter wie Stickereien, Spitze, Tapisserien aber auch Geschmeide, Möbel oder Gemälde herstellten. Mit dem Aufstieg der Niederlande als Handelsplatz gingen eine nachhaltige Urbanisierung und Internationalisierung einher. Städte wie Brüssel, Gent und Antwerpen lösten Brügge als ehemalige Kapitale ab und erfuhren eine starke Zuwanderung durch die Bevölkerung aus dem Umland ebenso wie aus dem Ausland. In Antwerpen hatten sich um die Mitte des 16. Jahrhunderts neben den lokalen Kaufleuten Händler aus Portugal, Spanien, Italien, Deutschland, England oder dem Baltikum etabliert und machten die Stadt zu einer der bevölkerungsreichsten und wirtschaftsstärksten Metropolen der damaligen Zeit.[4]

Innerhalb der rasant wachsenden Städte trat das aufstrebende Bürgertum als einflussreiche gesellschaftliche Klasse neben Adel und Klerus. Die intellektuellen Eliten der urbanen Zentren versammelten sich in den sogenannten Rhetorikerkammern (»rederijkerskamers«) der Dichtergilden, die sich als informelle Vereinigungen verschiedener beruflicher Stände der Produktion literarischer Texte widmeten und so die Volkskultur wesentlich prägten. Im Rahmen der mehrmals jährlich an bestimmten religiösen Festtagen veranstalteten Umzüge (»ommegangen«) waren weite Teile der Bevölkerung mit den reich geschmückten Festwagen und allegorisch aufgeladenen Inszenierungen der »rederijker« konfrontiert. Die in vielen Städten äußerst aktiven Lukasgilden arbeiteten als Bündnisse der Kunstschaffenden eng mit den Rhetorikern zusammen oder gründeten, wie etwa in Antwerpen, ihre eigenen Kammern.[5] Im Zuge dessen veränderte sich auch das (Selbst-)Bild des Künstlers, der sich nun mit großem Selbstbewusstsein vom reinen Handwerker abgrenzte und als Teil des Bürgertums an der Schaffung einer individuellen Identität interessiert war. Dies zeigt sich nicht zuletzt in den immer häufiger werdenden Monogrammen und Signaturen, die Urheber mit ihren Werken verbanden, um sich im wahrsten Sinne einen Namen zu machen. Mit dem Medium der Druckgrafik eröffnete sich im 16. Jahrhundert zudem ein neues Feld der vervielfältigenden Bildproduktion. Neben dem Holzschnitt etablierten sich Kupferstich und Radierung schnell als reproduktive Techniken, die eine massenhafte Publikation und enorme Reichweite von Darstellungen aus allen inhaltlichen Bereichen ermöglichten. In Antwerpen ansässige Verlagshäuser wie jenes von Hieronymus Cock (1518–1570) und Volcxken Diericx (1514–1600) oder die Offizin Christoffel Plantijns (um 1519/21–1589) gewannen so eine immense Bedeutung für die Kunstproduktion ihrer Zeit.[6]

Diese wirtschaftliche wie intellektuelle Blüte bedingte auch die Entstehung eines florierenden Kunstmarkts mit verschiedenen, zum Teil parallel operierenden Vertriebssystemen. Bereits im 15. Jahrhundert waren der zunächst von den Dominikanern geleitete »pand«, ein Markt in der Antwerpener Zwartzusterstraat, sowie der von der Lukasgilde auf dem Vorplatz der Liebfrauenkathedrale permanent eingerichtete »Onze-Lieve-Vrouwepand« Umschlagplätze für Luxuswaren aller Art gewesen. Im Jahr 1540 wurde mit dem »schilderspand« in der neu errichteten Börse schließlich ein weiteres Galerienzentrum eröffnet, das lokale wie internationale Eliten über das ganze Jahr hinweg mit Kunstwerken versorgte. Von jeder direkten Anbindung an die Kirche befreit, entzogen sich die dort verkauften Waren der unmittelbaren inhaltlichen Kontrolle durch den Klerus.[7] Zusätzlich zu diesen Formen des örtlich gebundenen Kunsthandels fanden im 16. Jahrhundert auch die von öffentlichen Institutionen und privaten Gesellschaften veranstalteten Lotterien immer größeres Interesse. Die ausgeschriebenen Preise, die von Edelsteinen über Geschmeide bis zu Skulpturen und Gemälden reichen konnten, wurden zunächst öffentlich ausgestellt, um dann in oft mehrtägigen Ziehungen an die glücklichen Gewinner verlost zu werden.[8]

Neben diesen neuen Vertriebsweisen war für die frühneuzeitliche Kunstproduktion die enorme Auffächerung ihrer funktionalen Zusammenhänge zentral, die sich anhand der Zeichnung als Schnittstelle verschiedener künstlerischer Praktiken besonders prägnant beobachten lässt. Während sich aus dem 15. Jahrhundert in erster Linie Kopien und seltene Entwurfs- oder Studienblätter erhalten haben,[9] zeigen die Papierarbeiten der folgenden Jahrzehnte eine große Fülle von Anwendungsgebieten des Mediums: Neben Vorzeichnungen für Gemälde, Tapisserien oder Glasmalereien entstanden Entwürfe für Druckgrafiken, Kostüme, Dekorationsobjekte oder Ephemera, Ideenskizzen, Kompositionsstudien, Präsentationszeichnungen sowie erstmals auch Blätter, die wohl als autonome Kunstwerke konzipiert wurden. Die Zeichnung diente ebenso als Feld des visuellen Experiments wie als Ort der exakten Vorbereitung, war praktisches Kommunikationsvehikel in kooperativen Arbeitsprozessen oder Bühne des individuellen künstlerischen Ausdrucks.[10] Zwischen raschen Federskizzen und fein lavierten Aquarellen, tonal differenzierten Kreidezeichnungen und Darstellungen auf farbigem Grund eröffnete sich so ein breites Spektrum verschiedener Techniken, die entsprechend der funktionalen und ästhetischen Anliegen eines Künstlers eingesetzt wurden. Während die oftmals geringen Kosten der benötigten Materialien auch in technischer Hinsicht zum Ausprobieren einluden, konnten überaus wertvolle Zeichenmittel wie Gold oder Lapislazuli bereits in ihrer Materialsemantik einen gewissen Status vermitteln und die Zeichnung bisweilen auf eine Stufe mit Gemälden stellen.

Weder Inhalte noch Funktionen oder Techniken waren dabei kategorisch voneinander abgegrenzt. Vielmehr griffen meist verschiedene Intentionen ineinander – ein einzelnes Blatt konnte etwa als praktische Druckvorlage dienen und zugleich zum wertvollen Sammlerstück werden. Künstler, Kenner und Kunstliebhaber begannen, die Handzeichnung nicht nur als Mittel zum Zweck, sondern auch als Form des schöpferischen Ausdrucks zu verstehen, womit die Grenzen zwischen Funktionalität und Autonomie zusehends verflossen. Durch subtile Umgewichtungen in den konventionellen ikonografischen Schemata entstanden darüber hinaus auch thematische Hybridformen, die sich erst im Lauf der Zeit zu distinkten Bildgegenständen entwickelten.

Entsprechend dieser komplexen, sich überlagernden Bedeutungsdimensionen sind auch die Werke im vorliegenden Katalog entlang verschiedener ikonografischer, funktionaler, medialer und chronologischer Aspekte gruppiert. In den ersten Jahrzehnten des 16. Jahrhunderts erlebte die Hell-Dunkel-Zeichnung eine Blüte. Die Technik hatte ihre Vorläufer in der spätmittelalterlichen Buch- und Grisaillemalerei und entwickelte sich im Austausch mit deutschen und italienischen Traditionen fort. Ein mit Farbe transparent getönter bzw. opak grundierter Untergrund oder ein mit Pigmenten durchgefärbtes Papier lieferte dabei den Mittelton zwischen den mit Feder oder Pinsel aufgetragenen, helleren und dunkleren Linien der Darstellung und erlaubte so eine besonders plastische Modellierung der Formen und Volumina.[11] Aufgrund ihrer subtilen Visualisierungsmöglichkeiten von Licht- und Kontrasteffekten kam die Hell-Dunkel-Zeichnung häufig in Entwürfen für die Glasmalerei zur Anwendung: Die Bandbreite solcher Werke reichte vom kleinformatigen, maßstabsgetreuen Scheibenriss (Kat. 3, 8, 9) bis zum monumentalen Karton (Kat. 5, 6). Neben Jan de Beer (um 1475–1528; Kat. 7) taten sich auch Jan Gossart (um 1478–1532; Kat. 1, 2, 16, 17), Dirck Vellert (um 1480/85 – um 1547; Kat. 10, 11, 12) und verschiedene namentlich nicht bekannte Antwerpener Manieristen (Kat. 4) auf dem Gebiet der Farbgrundzeichnung hervor. Spätere Varianten in entsprechender Technik stellen die ikonografisch innovativen Blätter des als Meister des Liechtensteinschen Kabinetts beschriebenen, anonymen Künstlers (Kat. 14, 15) oder die Serie von Grotesken Joris Hoefnagels (1542–1600) dar, die als preziöse Einzelstücke noch 1594/95 auf farbig getöntem, Pergament imitierendem Papier ausgeführt wurden (Kat. 18, 19, 20).

Eine andere Sondertradition der niederländischen Kunst, die sich über das gesamte 16. Jahrhundert hinweg auch in der Zeichnung enormer Beliebtheit erfreute, war die Darstellung von monströsen Mischwesen mit meist moralisierendem, oft auch komischem Gehalt. Ausgehend vom Formenschatz der spätmittelalterlichen Buchmalerei sowie der Kathedralplastik, wo solche teuflischen Absonderlichkeiten schon früh ihren Platz gefunden hatten, wurde diese Gattung an der Wende zur Neuzeit von Hieronymus Bosch (um 1450–1516) popularisiert.[12] Während spontane Skizzenblätter einen Eindruck seines künstlerischen Denkprozesses vermitteln (Kat. 47), schuf der in s'Hertogenbosch tätige Meister mit dem *Baummensch* (Kat. 46) eine der frühesten erhaltenen autonomen Zeichnungen der niederländischen Kunstgeschichte, die womöglich im Auftrag eines Sammlers geschaffen wurde. In den folgenden Jahrzehnten griffen Künstler wie Bruegel (Kat. 52, 53) oder Jacques de Gheyn II. (1565–1629; Kat. 54) auf Boschs Erfindungen zurück und aktualisierten dessen hybride Gestalten und höllische Landschaften für ihre eigenen Bildanliegen.[13]

Die grundlegenden Fragen nach dem moralisch richtigen Verhalten des Menschen, nach einem adäquaten Umgang mit Geld und Besitz oder nach dem rechten Glauben waren dabei zentrale Anliegen im bürgerlichen Milieu der Zeit. Entsprechend vollzog sich die Auseinandersetzung mit diesen umfochtenen Themen – die Kritik an Geiz, Habsucht, Faulheit oder Verblendung (Kat. 21, 49, 50, 51, 84, 85, 86) – auch in sinnbildlich besetzten, oft auf zeitgenössische Sprichwörter rekurrierenden Zeichnungen. Spätestens seit Mitte des 16. Jahrhunderts war der sich intensivierende niederländische Unabhängigkeitskampf gegen die katholisch-habsburgische Regentschaft eng mit glaubenspolitischen Fragen verbunden: Schon unter der Regierung Karls V. hatten sich in den urbanen Zentren lutherische und anabaptistische, später auch calvinistische Strömungen manifestiert, die gesellschaftsreformatorische Anliegen mit theologischen Erneuerungsbestrebungen verknüpften und vor allem im kosmopolitischen Antwerpen regen Zulauf fanden. Die in ihrer nahezu journalistischen Qualität einzigartige Zeichnung der *Heckenpredigt* des Chrispijn van den Broeck (1530–1590/91; Kat. 28) dokumentiert die Zusammenkünfte dieser protestantischen Gruppen, die sich vor den Toren der Städte zu Tausenden versammelten, um ihre Lehren zu verkünden und damit den Nährboden für die antihabsburgischen Aufstände der folgenden Jahre bereiteten. Spätestens ab 1566 ergingen sich Anhänger des alten und des neuen Glaubens in teilweise offen ausgetragenen ideologischen Auseinandersetzungen: Die verheerenden Bilderstürme im Spätsommer dieses Jahres, im Zuge derer unzählige Kunstwerke in Kirchen und Klöstern des ganzen Landes zerstört wurden, waren auch Symptome einer sich zuspitzenden gesellschaftlichen Spaltung und hatten tiefgreifende Auswirkungen auf die Kunstproduktion der Zeit.[14]

Maarten van Heemskerck (1498–1574), der zu Beginn seiner Karriere nach Rom gereist war und die ewige Stadt in eindrucksvollen Architekturstudien minutiös festgehalten hatte (Kat. 24), nahm in seinen Darstellungen immer wieder die Frage nach dem rechten Glauben in den Blick. In seinen detaillierten Druckvorzeichnungen, die einem italienisch-antiken Figurenideal folgen, behandelte er häufig mythologische, historische oder biblische Episoden, die implizit die religionspolitischen Diskurse seiner eigenen Gegenwart aufgriffen. So thematisiert etwa *Der Isiskult* einen Esel, der die Anbetung des umstehenden Volkes auf sich selbst anstatt auf die ihn reitende Göttin bezieht (Kat. 26) – ein vor dem Hintergrund der reformatorischen Kritik an der Götzenanbetung topisches Motiv. Und auch die 1567 geschaffene *Plünderung und Zerstörung des*

Tempels von Jerusalem spielt wohl auf den Bilderstreit und die ikonoklastischen Ausbrüche dieser Jahre an (Kat. 27). Eine Generation später sollte der als Zeichner überaus produktive Maerten de Vos (1532–1603) in Antwerpen vergleichbare Bezüge zwischen der biblischen Vorzeit und dem 16. Jahrhundert herstellen, wenn er mit seiner Darstellung *Der Prophet Jonas predigt in Ninive* jene reuigen Bürger visualisierte, die in ihrer Verblendung anstelle des rechten Gottes ein paganes Idol angebetet hatten (Kat. 33). Bemerkenswerterweise fanden sich verdeckte Anspielungen wie diese besonders häufig im Medium der Grafik.

Andere Zeichnungen entstammen dem Kontext konkreter Ereignisse und sprachen damit explizit die politischen Begebenheiten ihrer Entstehungszeit an.[15] So steht van den Broecks *Einschiffung Annas von Österreich nach Spanien* mit der Festdekoration des triumphalen Einzugs (»blijde inkomst«) der spanischen Königin in Antwerpen in unmittelbarer Verbindung (Kat. 30). Ebenso dürften die zur gleichen Zeit im Umfeld des Künstlers geschaffenen Modelle römisch-antikischer Trachten im Zusammenhang eines höfischen Fests oder Umzugs entstanden sein (Kat. 64, 65). Und auch Lucas van Valckenborch (1535/36–1597) fertigte während der kurzen Statthalterschaft Erzherzogs Matthias von Österreich (1557–1619) in den Niederlanden eine Serie prachtvoller Kostümentwürfe, die wohl bei einer der zahlreichen Feierlichkeiten der Jahre 1578/79 Anwendung fanden (Kat. 66, 67).

Neben gelehrten Gleichnissen und Werken aus realpolitischen Kontexten waren mit Künstlern wie Albrecht Dürer (1471–1528) und Lucas van Leyden (1494–1533) auch Motive der Alltagswelt zu bildwürdigen Gegenständen der Grafik erhoben worden.[16] So unterschied Karel van Mander (1548–1606) in seinem 1604 publizierten Kunsttraktat *Het Schilder-Boeck* die Darstellung »aus der Fantasie« (»uyt den gheest«) von der Produktion »nach dem Leben« (»naer het leven«). Er differenzierte damit Bilder, die aus der Erinnerung des vom Künstler Gesehenen neu zusammengesetzt wurden, von jenen, die unmittelbar im Moment des Sehens selbst entstanden.[17] Auch wenn sie scheinbar alltägliche Szenen zeigen, gaben weit ausgearbeitete Kompositionen wie Bruegels *Frühling* (Kat. 56) oder die nur in Kopien erhaltene Prozession der *Epileptikerinnen von Molenbeek* (Kat. 58) jedoch nicht allein die erfahrbare Wirklichkeit wieder, sondern kombinierten als künstlerische Repräsentationen Beobachtetes mit Erfundenem. Andere Blätter wie die mit detaillierten Farbnotizen versehenen Studien Roelant Saverys (1576–1639; Kat. 59, 60) oder die *Sitzende Frau mit ihrem Kind* von de Gheyn II. (Kat. 61) sind im spontanen Medium der schwarzen Kreide oder Kohle vorskizziert und entstanden wohl direkt vor dem lebenden Modell.

Ab der zweiten Hälfte des 16. Jahrhunderts etablierte sich zudem die Landschaftskunst als wesentliche Aufgabe der Zeichnung: Anschließend an die überblicksartigen Weltlandschaften Joachim Patinirs (um 1475/80–1524) und mit den Errungenschaften eines zunehmend wissenschaftlich geprägten Weltbilds erlangten weitläufige Panoramen ebenso wie intime Dorf- oder Stadtansichten als spezifisch niederländische Leistungen Berühmtheit in ganz Europa.[18] In Buchform zirkulierende, reich illustrierte Projekte zur Wissensvermittlung wie die chorografischen Publikationen von Georg Braun (1541–1622) und Frans Hogenberg (um 1538/40–1590) beschrieben die Charakteristika bestimmter Städte und Regionen aus kartografischer, historischer wie kultureller Perspektive und sind in ihrer didaktischen Ausrichtung eng mit dem Medium der Zeichnung assoziiert.[19] Hoefnagel etwa stand in engem Austausch mit maßgeblichen Kosmografen seiner Zeit und bereiste die damals bekannte Welt, um auch in Kooperation mit anderen Künstlern bildhaft ausgearbeitete Vorlagen für deren gedruckte Kompendien zu erstellen (Kat. 71). Jan van Stinemolens (1518–1589) *Panorama von*

Neapel beeindruckt hingegen mit seinem monumentalen Format sowie der Detailliertheit der Ausführung und bezeugt den zunehmend eigenständigen Status der Zeichnung in diesen Jahren (Kat. 69). Auch Hans Bol (1534–1593; Kat. 72) und sein Schüler Jacob Savery I. (1565/67–1603; Kat. 73) setzten wichtige Impulse auf dem Gebiet der nach der Anschauung gezeichneten Stadtansicht: Ihre tief liegenden Horizontlinien beziehen die Betrachterinnen und Betrachter in die Darstellungen mit ein, die als gesuchte Einzelstücke an der Schwelle zwischen topografischer Exaktheit und ästhetischer Konstruktion stehen. Die im typischen Braun/Blau-Kolorit des flämischen Spätmanierismus gehaltenen Landschaften des Kreises um Gillis van Coninxloo (um 1544–1606/07; Kat. 79) sowie Tobias Verhaechts (1561–1631; Kat. 76), Jan Brueghels des Älteren (1568–1625; Kat. 77) und David Vinckboons des Älteren (1576 – um 1631/33; Kat. 78) zeigen schließlich fantastische Gebirgstopografien oder nahsichtige Waldinterieurs, deren oft profane Staffagen auch allegorische Deutungen erfuhren.

Mit den sogenannten Federkunststücken (»penwercken«) bildete sich gegen Ende des 16. Jahrhunderts eine weitere spezifisch niederländische Zeichentechnik heraus, die mit an- und abschwellenden Linien in parallel geführten Zügen und dichten Kreuzschraffuren das Strichbild des Kupferstichs imitierte. Oftmals auf Pergament ausgeführt, das als Trägermaterial keinerlei Korrekturen erlaubte, verlangten solche Werke eine absolute Kontrolle über die Feder und dienten der Zurschaustellung vollkommener künstlerischer Virtuosität. Hendrick Goltzius (1558–1617; Kat. 43) und sein Stiefsohn und Schüler Jacob Matham (1571–1631; Kat. 44) sowie Jacques de Gheyn III. (1596–1641; Kat. 45) schufen in unterschiedlichen ikonografischen Bereichen solche großformatigen Meisterwerke der Zeichenkunst. Der vornehmlich in den südlichen Niederlanden tätige Johannes Wierix (1549–1620) hingegen führte das Federkunststück in kleinstem Format zur absoluten Vollendung, wie seine rundformatige *Passionsserie* (Kat. 35, 36) oder die miniaturhaften Bürgerporträts der Jahre nach 1600 (Kat. 37, 38) belegen. Und auch die stolzen Künstlerbildnisse der Zeit (Kat. 39, 40, 42) verdeutlichen, dass das Porträt im 16. Jahrhundert keineswegs mehr ausschließlich den höchsten Gesellschaftsklassen vorbehalten war, sondern auch in der Zeichnung zu einem wichtigen Kommunikationsvehikel bürgerlicher Identität wurde – selbst wenn die Funktion der Herrschaftsrepräsentation nach wie vor eine Kernaufgabe der Bildniskunst blieb (Kat. 31).

In politischer Hinsicht hatte sich vor allem unter den Anhängern Wilhelms I. von Oranien (1533–1584) Widerstand gegen die spanische Herrschaft geregt. Als ehemaliger Statthalter Philipps II. war Wilhelm zum calvinistischen Glauben übergetreten und so zur Galionsfigur der niederländischen Unabhängigkeitsbestrebungen geworden. Mit den Unionen von Arras und Utrecht begann 1579 ein Prozess der formalen Abspaltung, der das Gebiet in einen reformierten Norden und einen katholischen, spanisch dominierten Süden teilte. Die Belagerung des zwischenzeitlich von den Protestanten regierten Antwerpen und seine Rückeroberung durch die spanischen Truppen im Jahr 1585 leitete in den südlichen Niederlanden eine Phase der Rezession ein, die mit einem starken Bevölkerungsrückgang und einer vermehrten Emigration in die nördlichen Provinzen einherging.[20] Dort schufen der in Haarlem aktive Cornelis Cornelisz. (1562–1638; Kat. 83) oder der im Laufe seiner langen Karriere insbesondere in Utrecht tätige Abraham Bloemaert (1564–1651; Kat. 81, 82) gezeichnete Kompositions- und Figurenstudien, die in ihrer italianisant-muskulösen Körperlichkeit, den in sich gedrehten Haltungen und gewagten Verkürzungen einem spätmanieristischen Ideal verpflichtet sind. Joachim Antonisz. Wtewaels (1566–1638) 1612 entstandene Serie von Entwürfen für den heute zerstörten Zyklus von Glasfenstern im Rathaus der Stadt Woerden schildert auf allegorische Weise den Kampf der personifizierten Belgica gegen die spanisch-habsburgische Okkupation und inszeniert Wilhelm von Oranien und seinen Sohn Maurits (1567–1625) als Befreier der Niederlande (Kat. 87, 88, 89, 90). Mit ihren nuancierten Lavierungen, der ausgeklügelten Lichtführung und kontrastreichen Hell-Dunkel-Effekten zeigen Wtewaels Werke, wie sehr sich auch die Farbgrundzeichnung im Vergleich zu den eingangs thematisierten Antwerpener Blättern im Laufe des langen 16. Jahrhunderts verändert hatte (Kat. 92).

Viele der genannten Künstler wie Hans Bol, Jacques de Gheyn II. oder Roelant Savery wechselten vor dem Hintergrund der sich rasch verändernden politischen Situation im Lauf ihres Lebens mehrfach ihre Wirkungsstätten: Sie zogen von südniederländischen Städten wie Mecheln, Antwerpen oder Kortrijk nach Amsterdam, Den Haag, Haarlem und in andere Zentren des Nordens,[21] ließen sich wie Jan van der Straet (1523–1605) in Italien nieder oder arbeiteten wie Joris Hoefnagel zeitweise am Prager Hof Rudolfs II. (1552–1612). Trotz der mit dem Westfälischen Frieden 1648 formalisierten politischen Trennung bilden die Niederlande des 16. Jahrhunderts in künstlerischer Hinsicht so einen von Austausch und Bewegung geprägten, höchst lebendigen Kulturraum. Die hier versammelten Werke führen die beeindruckende Tiefe der niederländischen Zeichenkunst in diesen Jahren vor Augen und berichten so von einem veritablen Rausch der Vielfalt.

1 Viele dieser Künstler wurden lange Zeit nicht umfassend monografisch gewürdigt. Eine intensivierte Auseinandersetzung lässt sich erst in den letzten Jahrzehnten beobachten, als etwa Dirck Vellert, Pieter Coecke van Aelst d. Ä., Hans Bol, Johannes Wierix oder Abraham Bloemaert in wichtigen Publikationen als Zeichner erschlossen wurden. Siehe u. a. Konowitz 2016; Alsteens 2014; Hautekeete 2012; Van Ruyven-Zeman 2004 sowie Bolten 2007. Für andere Meister wie Chrispijn van den Broeck oder Karel van Mander I. steht ein Catalogue raisonné der Zeichnungen bisher aus.

2 Zur Entstehung der »bildlichen Genres« im Antwerpen des 16. Jahrhunderts siehe als grundlegende Studie Silver 2006.

3 Für einen Überblick über die Geschichte der Niederlande im 16. und in der ersten Hälfte des 17. Jahrhunderts siehe Van der Lem 2018.

4 Materné/Van der Wee 1993.

5 Siehe Van Bruaene 2008 sowie Van Dixhoorn 2009.

6 Siehe Van der Stock 1998.

7 Siehe Vermeylen 2003.

8 Siehe Raux 2018.

9 Koreny/Zeman 2002.

10 Van den Brink 2006.

11 Siehe Brahms 2016 sowie Stephanie Porras' Essay im vorliegenden Band.

12 Siehe Koreny 2012.

13 Siehe Laura Ritters Essay im vorliegenden Band.

14 Siehe Freedberg 1988; Jonckheere 2012 sowie Koenraad Jonckheeres Essay im vorliegenden Band.

15 Siehe Peters 2005; Thøfner 2007 sowie Emily J. Peters' Essay im vorliegenden Band.

16 Siehe De Jongh/Luijten 1997.

17 Van Mander 1604.

18 Siehe Büttner 2000 sowie Gibson 2000.

19 Siehe Braun/Hogenberg 1572–1618.

20 Van der Lem 2018.

21 Siehe Briels 1987.

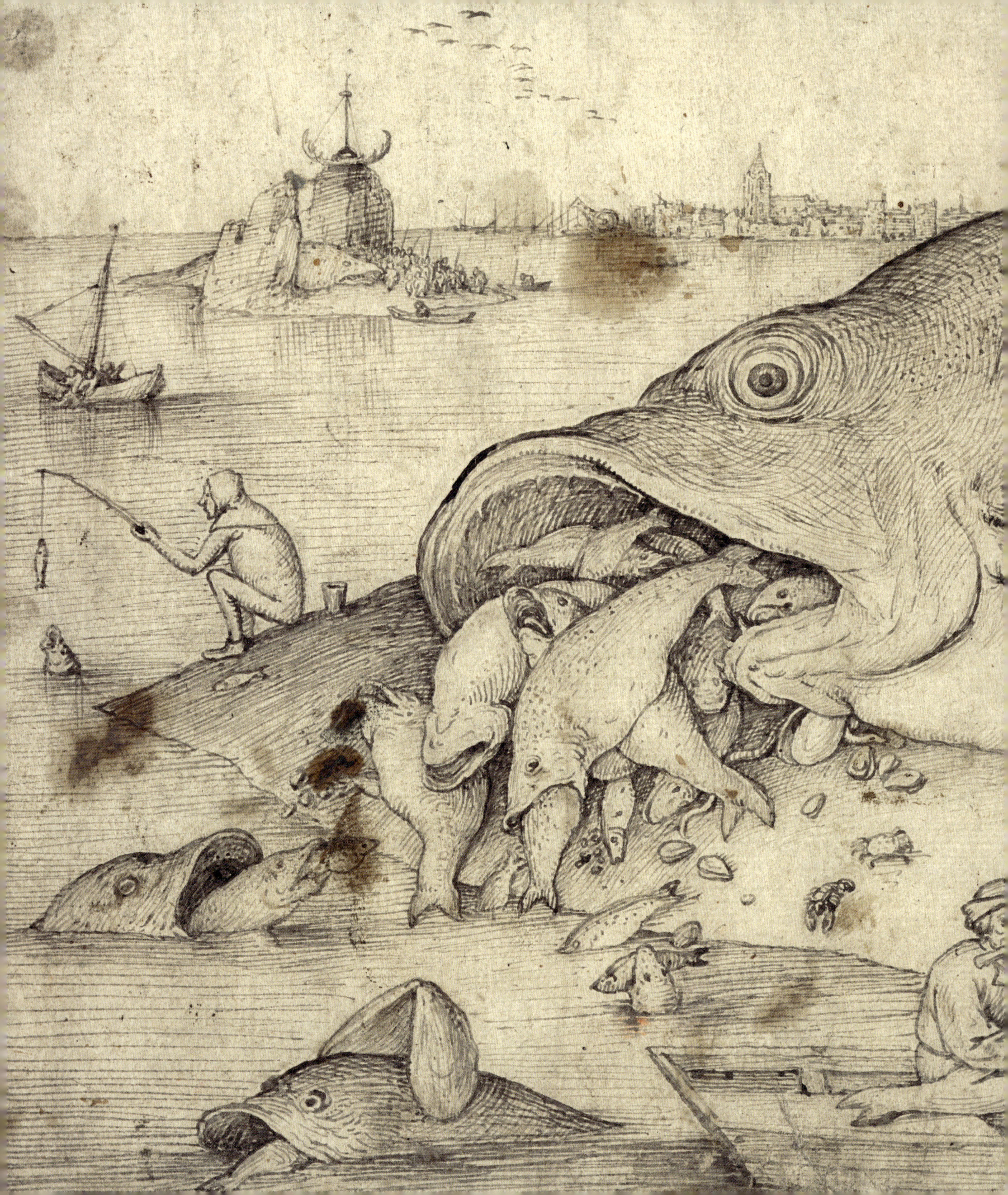

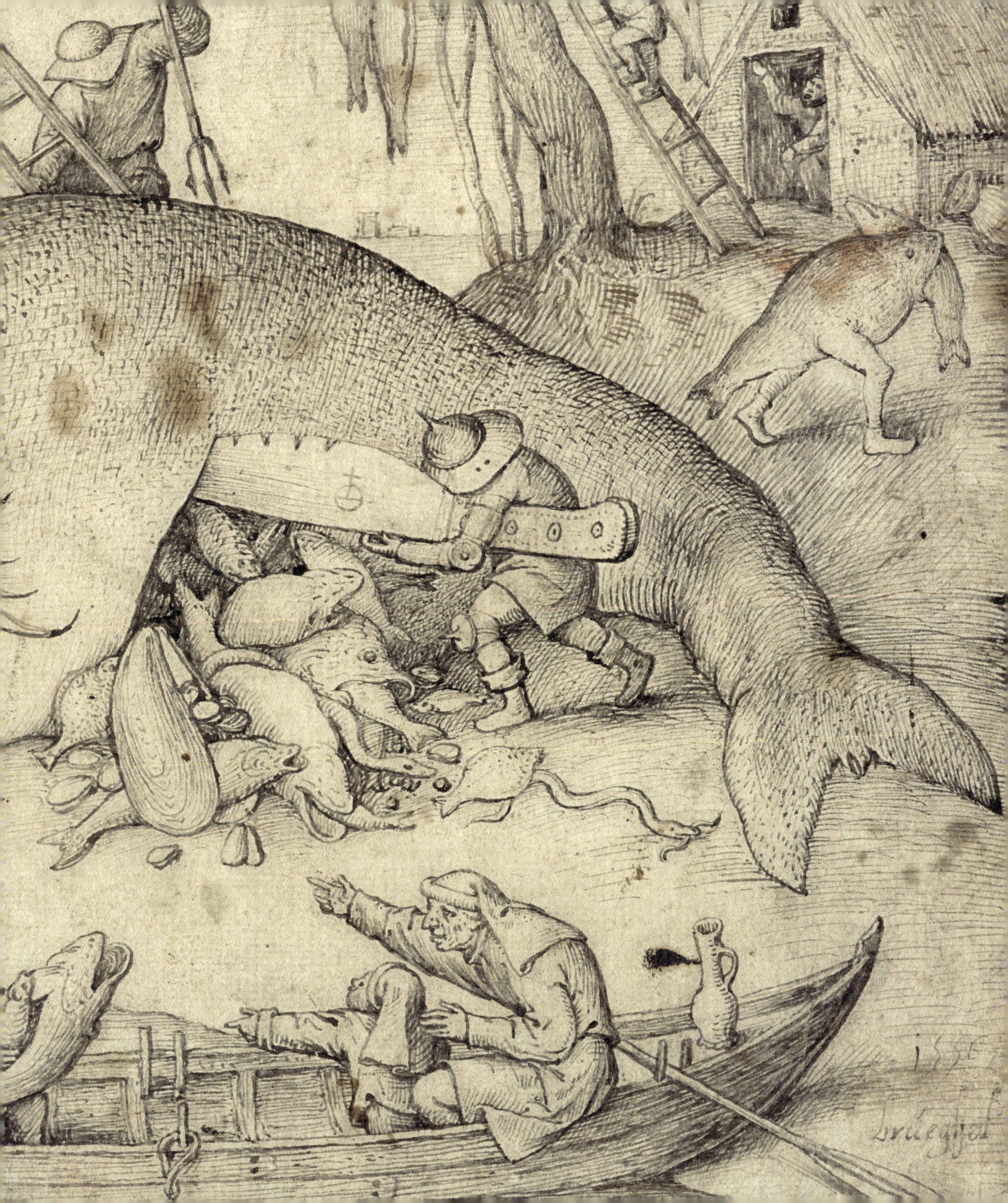

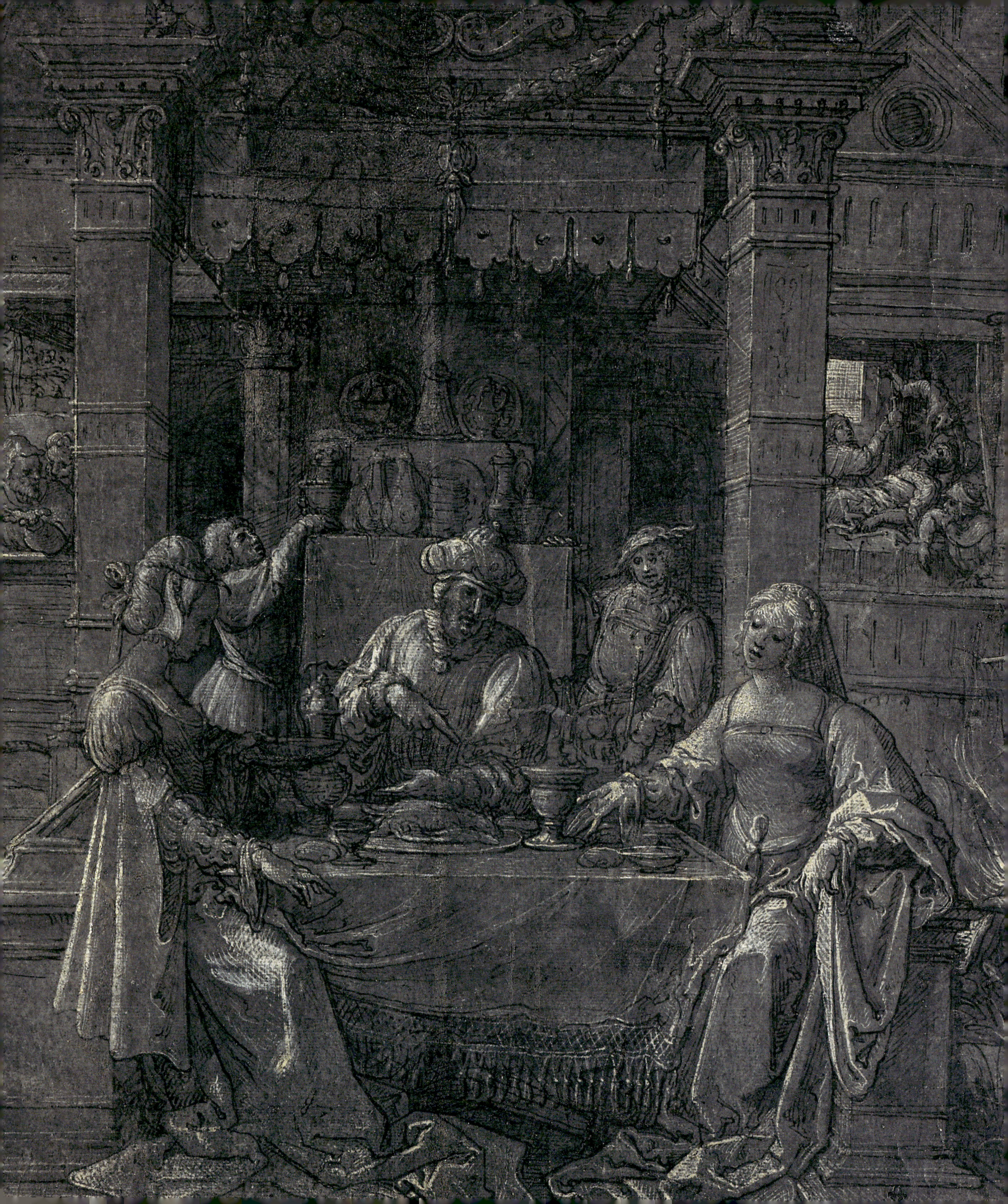

Hauptstadt des Papiers

Farbgrundzeichnungen in Antwerpener Werkstätten um 1520

Stephanie Porras

Am 19. oder 20. Mai 1521 notierte Albrecht Dürer (1471–1528), er habe Joachim Patinir (um 1475/80 – vor 1524), den er an anderer Stelle seines Reisetagebuchs als »guten Landschaftsmaler« (»der gut landschafft maler«)[1] bezeichnet, vier Christophorus-Darstellungen auf grauem Papier (»4 christoffel auff graw papir«)[2] geschenkt. Bei einem dieser Blätter handelt es sich möglicherweise um eine Zeichnung auf grau grundiertem Papier, die sich heute im British Museum befindet;[3] die anderen drei gelten als verschollen. Erstaunlicherweise hat sich eine weitere Papierarbeit als Geschenk an Patinir erhalten: eine Zeichnung von Jan de Beer (um 1475–1528), ebenfalls im Besitz des British Museum (Abb. 1).[4] Das Blatt zeigt eine Reihe von Kopfstudien, die mit Pinsel in Grau und Weiß auf lilabraun grundiertem Papier ausgeführt sind. Es handelt sich dabei um die einzige bekannte signierte und datierte Zeichnung de Beers. Neben dessen Signatur links oben ist auf der Rückseite des Blattes auch Patinirs Name (»Jochem de patinir«) zu finden: Er steht unmittelbar neben der kleinen Karikatur eines sich entleerenden Mannes (»kacker«), mit denen der Landschaftsmaler angeblich seine Beteiligung zu kennzeichnen pflegte.[5] Wie Dan Ewing überzeugend darlegt, verweist das Vorhandensein der Namen beider Künstler sowie der Jahreszahl 1520 darauf, dass es sich bei der Zeichnung um ein Geschenk von de Beer an den jüngeren Patinir handelte.[6]

Dürer wiederum übergab seine Zeichnung als Hochzeitsgeschenk an Patinir. Die beiden Künstler hatten sich während des fast neunmonatigen Aufenthalts des Deutschen in den Niederlanden kennengelernt – Patinir hatte Dürer seinen Gehilfen sowie Farbpigmente zur Verfügung gestellt und die beiden hatten Kunstwerke ausgetauscht.[7] Der Antwerpener Künstler war grundsätzlich offen für Kooperationen: So hatte sein Malerkollege Quinten Massijs (um 1465–1530) beispielsweise die Figuren im Vordergrund der *Versuchung des heiligen Antonius* beigesteuert.[8] Dürers Christophorus-Blätter waren für Patinir funktionale Geschenke, Hell-Dunkel-Zeichnungen, die als mögliche Vorlagen dienten und deren Figuren er in seine dramatischen Felslandschaften übernehmen konnte. Dürer setzte derartige Werke während seines langen

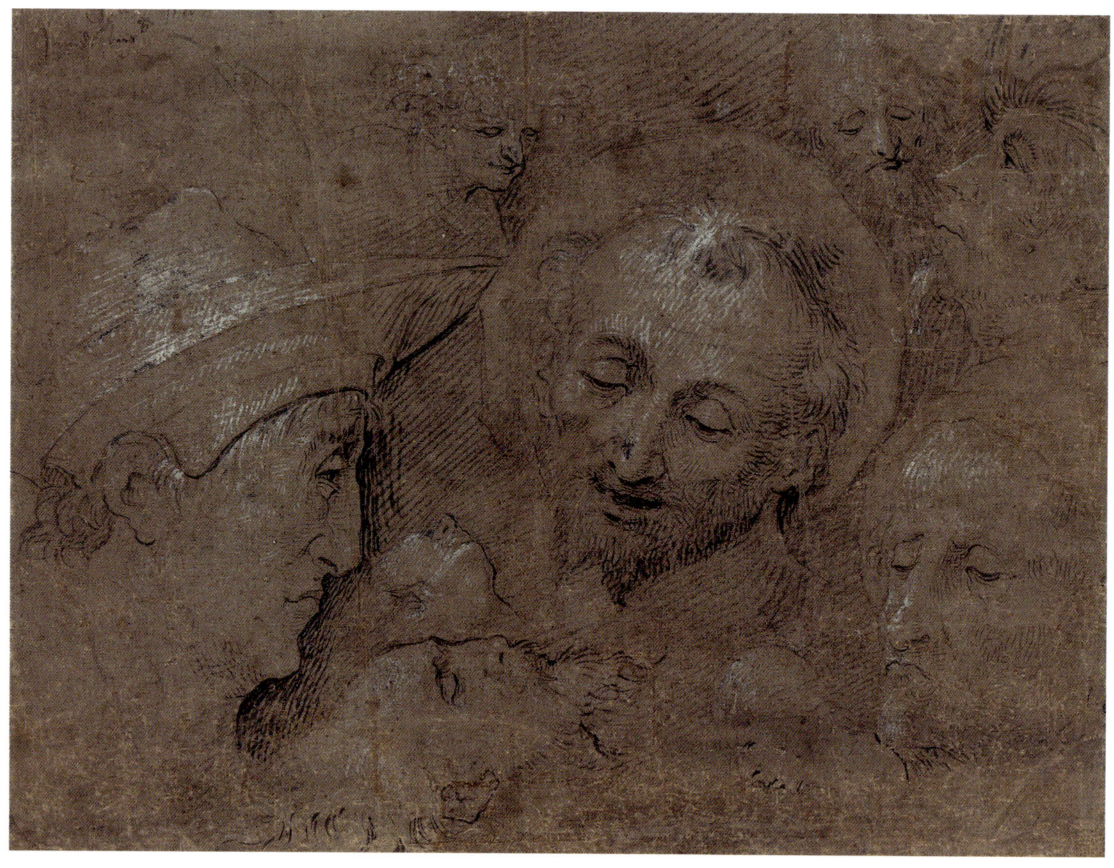

Abb. 1: Jan de Beer, *Studie von neun Köpfen,* um 1515–1520, Pinsel in Grau und Weiß, schwarze Kreide, auf lilabraun grundiertem Papier, 20 × 26 cm, London, British Museum, Inv. 1886,0706.7

Aufenthalts in den Niederlanden als Zahlungsmittel ein. Sein Status als berühmter Künstler ermöglichte es ihm, Druckgrafiken und Porträtzeichnungen strategisch zu verschenken, als Ersatz für Bargeld und häufig in der Hoffnung auf weitere Aufträge. Das Hochzeitsgeschenk an Patinir konnte demnach entweder von der Werkstatt des Antwerpener Künstlers genutzt oder als begehrtes Objekt von großem künstlerischem Wert geschätzt werden.

Obwohl auch de Beers *Studie von neun Köpfen* ein Künstlergeschenk war, ist sie wahrscheinlich in anderer Absicht entstanden. Das Blatt bezeichnet eine von etwa 350 erhaltenen niederländischen Zeichnungen aus dem ersten Drittel des 16. Jahrhunderts. Die Stadt Antwerpen wurde in dieser Zeit zu einem der wichtigsten Zentren der Herstellung von Kunstwerken in unterschiedlichsten Medien – von geschnitzten Retabeln, Gemälden und Wandteppichen bis zu Glasmalereien –, die für den Export sowohl innerhalb Europas als auch in die spanischen Kolonien jenseits des Atlantiks bestimmt waren. Farbgrundzeichnungen, also Zeichnungen auf farbig grundiertem Papier, die oft mit weißer Deckfarbe ergänzt wurden, stellen eine zentrale Untergruppe des aus dieser prägenden Phase der Antwerpener Kunstproduktion erhaltenen Korpus an Werken dar. So schufen viele führende niederländische Künstlerpersönlichkeiten Hell-Dunkel-Zeichnungen – neben de Beer etwa auch Dirck Vellert (um 1480/85 – um 1547), Jan Gossart (um 1478–1532; Kat. 2) sowie verschiedene unbekannte Meister (Kat. 3, 4, 8). Nicht alle Künstler, die im Folgenden erörtert werden, arbeiteten ausschließlich in Antwerpen: Einige, wie Noël Bellemare (tätig 1512–1546), ließen sich lediglich in der Scheldestadt ausbilden, bevor sie ins Ausland gingen. Auch Hofkünstler wie Bernard van Orley (um 1488/92–1541/42) oder nordniederländische Meister wie der in Leiden ansässige Cornelis Engebrechtsz. (um 1462–1527) fertigten Zeichnungen auf farbigem Grund, wodurch die weite Verbreitung dieses Typus in den Niederlanden belegt ist.

Zur Zeit von Dürers niederländischer Reise in den Jahren 1520/21 erlebte Antwerpen einen kommerziellen Aufschwung. Im 15. Jahrhundert war noch Brügge der Dreh- und Angelpunkt des regionalen Handels gewesen. Als Vergeltung für die jüngsten Aufstände der Stadt gegen seine Herrschaft hatte der römisch-deutsche Kaiser Maximilian I. (1459–1519) den ausländischen Kaufleuten jedoch verboten, von dort aus ihre Geschäfte zu betreiben. In der Folge hatte sich das Finanz- und Handelszentrum der wohlhabenden niederländischen Territorien um 1500 nach Antwerpen verlagert. Händler und Kaufleute vertrieben englisches Tuch, portugiesischen Zucker und Gewürze, deutsches Silber und Kupfer sowie Textilien, die aus dem Orient über Venedig nach Antwerpen gelangten. Ein zeitgenössischer Besucher befand, die Stadt beherberge »ohne Zweifel den größten Markt der christlichen Welt«.[9]

Doch war Antwerpen nicht nur ein europäisches Handels- und Bankenzentrum, sondern auch die Heimat einer florierenden Luxusgüterindustrie, zu der die Bildwirkerei und die Holzschnitzerei ebenso gehörten wie die Produktion von Glaswaren oder Gemälden. Land- und Seehandel liefen hier zusammen und verschafften den Antwerpener Künstlern und Handwerkern leichten Zugang zu Materialien und Absatzmärkten in ganz Europa. Halbjährlich stattfindende Messen ermöglichten es Händlern und Produzenten, ihre Waren innerhalb der Stadtmauern zu verkaufen. Die Dauer dieser Messen stieg im 16. Jahrhundert allmählich an, sodass spezialisierte Galerienzentren (»panden«) entstanden. Der bereits 1460 gegründete »Onze-Lieve-Vrouwe-pand« vor der Liebfrauenkathedrale wurde ab 1481 gemeinsam von der Antwerpener und der Brüsseler Lukasgilde gepachtet und diente als Verkaufsplatz für die Waren ihrer Mitglieder: Bücher, Metall- und Tischlerarbeiten sowie Gemälde und Skulpturen.[10]

Um die wachsende Nachfrage des Markts zu befriedigen, zogen Künstler aus den umliegenden Regionen in die Stadt, so auch Patinir, der aus Dinant im Süden der damaligen Niederlande stammte. Die Zahl der in der Antwerpener Künstlergilde eingeschriebenen Meister und Lehrlinge – darunter Maler, Bildhauer und Grafiker – stieg zwischen dem ersten und zweiten Jahrzehnt des 16. Jahrhunderts um fast 50 Prozent an.[11] In diese Phase des bemerkenswerten Wachstums fiel auch Dürers Antwerpenaufenthalt. Ermutigt durch das prunkvolle Bankett, das die ansässige Lukasgilde zur Feier seiner Ankunft veranstaltet hatte, verbrachte der Nürnberger fast neun Monate in der Stadt. Bei einem weiteren festlichen Anlass, der von einem Antwerpener Künstler ausgerichtet wurde – Patinirs Hochzeitsfeier – schenkte Dürer seinem Freund die »4 christoffel« auf farbig grundiertem Papier.

Die Farbgrundzeichnung in den Niederlanden

Zeichnungen auf farbig grundiertem Papier bieten einen besonderen Einblick in die Art und Weise, wie die Antwerpener Künstlerwerkstätten auf die Anforderungen des florierenden Markts reagierten, wie Lehrlinge ausgebildet wurden und wie Zeichnungen nicht nur als Werkstattbestand, sondern auch als Ausdruck künstlerischer Meisterschaft und eigenständiger Erfindungsleistung wertgeschätzt wurden. Manche dieser Blätter stehen in eindeutigem Bezug zur Produktion von Gemälden, illuminierten Handschriften, Glasmalereien, geschnitzten Retabeln oder Wandteppichen, also jenen vielfältigen Arten von Kunstgegenständen, die von Antwerpen aus verkauft und exportiert wurden. Viele dieser Zeichnungen wurden innerhalb der Werkstatt mehrfach verwendet oder stellen ihrerseits Kopien früherer Kunstwerke dar. Andere Blätter – wie Jan de Beers und Albrecht Dürers Schenkungen an Joachim Patinir – belegen den kollaborativen künstlerischen Austausch, die Wertschätzung des angewandten Nutzens der Zeichnung sowie ihr dokumentarisches Potenzial als künstlerisches Medium.

Die verschollenen Dürer-Zeichnungen ebenso wie de Beers *Studie von neun Köpfen* wurden auf farbig grundiertem Papier angefertigt. Diese Technik war weder neu, noch kam sie ausschließlich in Antwerpen zum Einsatz. Bereits im frühen 15. Jahrhundert beschreibt Cennino Cennini (um 1370 – um 1440) in seinem Traktat *Il libro dell'arte*, wie solche Blätter in verschiedensten Schattierungen – von Grau, Grün und Blau bis Zinnoberrot – gefärbt werden konnten. Dabei trage man zunächst ein bestimmtes Pigment mit breitem Pinsel gleichmäßig auf den Zeichengrund auf, lasse die Farbe trocknen und arbeite schließlich mit Feder oder Pinsel den Entwurf samt der Weißhöhungen aus.[12] Cennini bezeichnet diese Art der Hell-Dunkel-Zeichnung als »Pforte des Malens«, wobei er die Technik dem fortgeschrittenen Künstler vorbehält.[13] Fritz Koreny zufolge gelangte die Praxis des Zeichnens auf farbigem Grund mit reisenden Künstlern wie Justus van Gent (1430–1480) oder mit den Sammlungen italienischer Kaufleute im späteren 15. Jahrhundert von Florenz aus nach Norden.[14] Christopher Wood hingegen nimmt an, dass die zunehmende Produktion solcher Blätter als eigenständige Kunstwerke in den Niederlanden auf Dürers Besuch zurückgeht.[15]

Neben früheren italienischen Beispielen sind aus dem 15. Jahrhundert farbig grundierte Zeichnungen aus Süddeutschland, Böhmen und Frankreich überliefert.[16] Zu den ältesten erhaltenen niederländischen Werken gehören mehrere heute in Wiesbaden befindliche Zeichnungen des beginnenden bis mittleren 15. Jahrhunderts, die, sowohl mit Silberstift als auch mit Feder und Tinte auf verschiedenen grün grundierten Papieren ausgeführt, ausgeschnitten und in eine Sammlung mittelniederländischer religiöser Texte eingefügt wurden.[17] Obwohl diese Werke wohl ursprünglich nicht als Illustrationen konzipiert waren, deuten ihre Zusammenstellung und Verwendung im genannten Band darauf hin, dass solche Blätter bereits lange vor Dürers Besuch 1520/21 auch außerhalb von Künstlerwerkstätten eingesetzt und geschätzt wurden. Es wird angenommen, dass bereits etliche niederländische Zeichnungen, die Ende des 15. Jahrhunderts im Umkreis des Hugo van der Goes (1440–1482) entstanden, als eigenständige Kunstwerke fungierten.[18] Farbig grundierte Zeichnungen hatten in den Niederlanden also schon vor Dürers Ankunft eine lange Tradition. Im Gegensatz zu den Antwerpener Zeichnungen des 16. Jahrhunderts sind diese früheren Blätter jedoch meist mit Metallstift und nur selten mit Feder und Pinsel ausgeführt. Im Folgenden soll dargelegt werden, inwiefern Farbgrundzeichnungen Einblicke in die künstlerische Werkstattpraxis im Antwerpen des frühen 16. Jahrhunderts ermöglichen und welche Rückschlüsse auf den potenziellen wirtschaftlichen, sozialen und intellektuellen Wert des Zeichnens in jener Zeit sich daraus ziehen lassen.

Musterblätter, »patronen«, Scheibenrisse und »ricordi«

Farbig grundierte Zeichnungen aus dem 15. und frühen 16. Jahrhundert erfüllten in Nordeuropa eine Vielzahl von Funktionen. Meist werden sie als Teil einer Sammlung von Werkstattmaterialien verstanden und entsprechend als »Musterbuchzeichnungen« geführt.[19] Obwohl nicht notwendigerweise in Buchform gebunden, zeigen solche Blätter typischerweise eine Kombination von ausgearbeiteten und nur teilweise vollendeten Studien von Köpfen, Gesten und Motiven aus anderen Kunstwerken. Sie können von Objekten stammen, die in derselben Werkstatt gefertigt oder an anderer Stelle kopiert wurden. Ein um 1517 von Cornelis Engebrechtsz. geschaffenes Blatt zeigt oben vier Köpfe

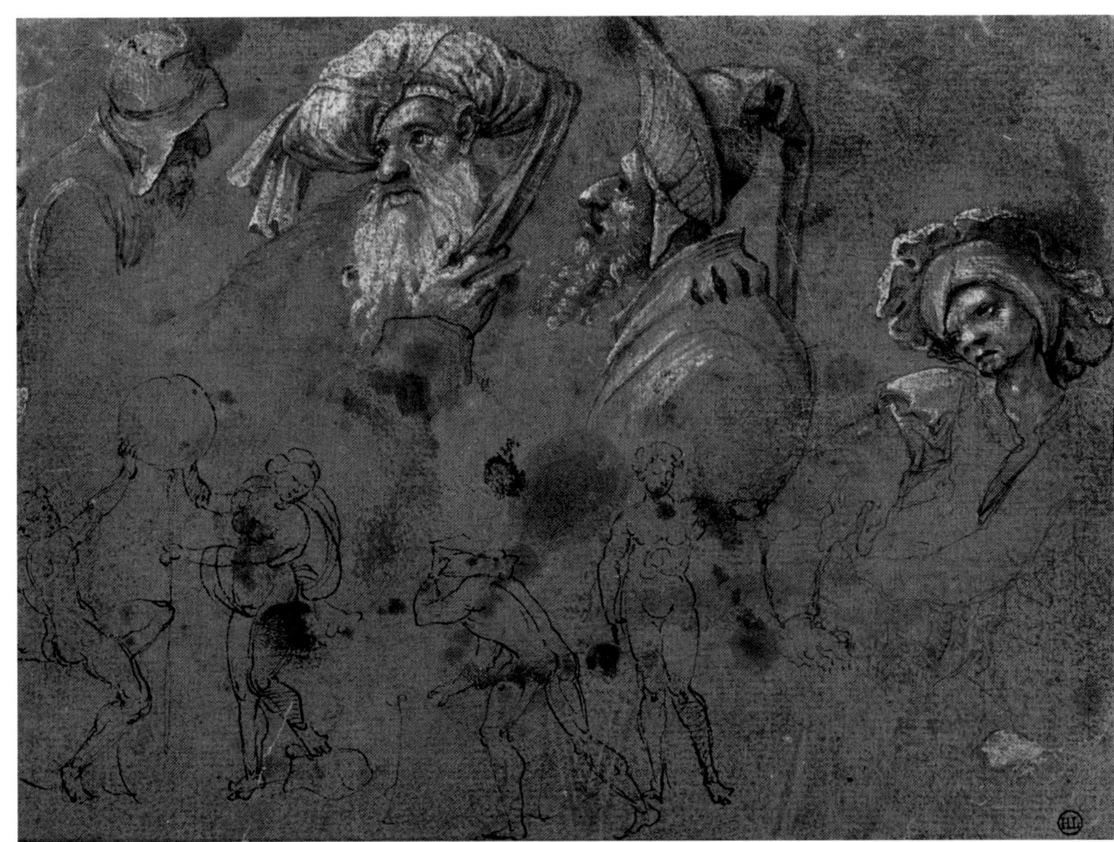

Abb. 2: Cornelis Engebrechtsz., *Musterblatt mit Köpfen und Akten,* um 1517, Feder und Pinsel in Grau und Braun, Pinsel in Weiß, auf blaugrau grundiertem Papier, 12,1 × 16 cm, Budapest, Szépművészeti Múzeum, Inv. 1413

mit exotischen Kopfbedeckungen (Abb. 2), am unteren Rand eine Reihe flüchtiger Skizzen nach Figuren aus einem Werk des italienischen Kupferstechers Marcantonio Raimondi (um 1470/82 – um 1527/34)[20] sowie eine aufwendige Gewandstudie auf der Rückseite. Druckgrafiken und gezeichnete Kopien derselben spielten eine zunehmend wichtige Rolle als Bestandteile von Musterbüchern; insbesondere die Rezeption von Albrecht Dürers Druckgrafik in der niederländischen Kunstproduktion ist gut dokumentiert.[21] Lehrlinge konnten detaillierte Modellzeichnungen – sogenannte »patronen« – kopieren, um sich in den Grundlagen der Zeichenkunst zu schulen. Und auch Gesellen, die Auftragsarbeiten im Stil des Meisters anzufertigen oder Details derselben zu ergänzen hatten, nahmen auf solche Blätter Bezug.[22]

Zeichnungen, die dem Auftraggeber zur Genehmigung vorgelegt wurden, waren als »vidimus« (von lat. »videre«, »sehen«) bekannt und wurden gelegentlich einem Vertrag beigefügt, um die Zufriedenheit des Kunden zu gewährleisten. Während sich aus den ersten Jahrzehnten des 16. Jahrhunderts keine Antwerpener Vertragszeichnungen erhalten haben, steht ein Adriaen van Overbeke (tätig 1508–1529) zugeschriebenes Blatt mit einer Skulpturengruppe seines dokumentarisch belegten Auftrags für ein Altarbild in Kempen aus dem Jahr 1513 in Zusammenhang (Abb. 3).[23] Die Hell-Dunkel-Technik verstärkt hier den Effekt von Dreidimensionalität und vermittelte dem Auftraggeber so einen Eindruck vom skulpturalen Volumen des geplanten Retabels. In den 1520er-Jahren wurde Antwerpen für den Export solcher Objekte bekannt: Auf den »panden« der Stadt wurden fertige Retabel mit bemalten Flügeln angeboten, die sich über einem skulptierten Altarkorpus öffnen ließen. Die lokalen Werkstätten offerierten für solche Ensembles eine standardisierte Auswahl von Kompositionen wie Passionszyklen

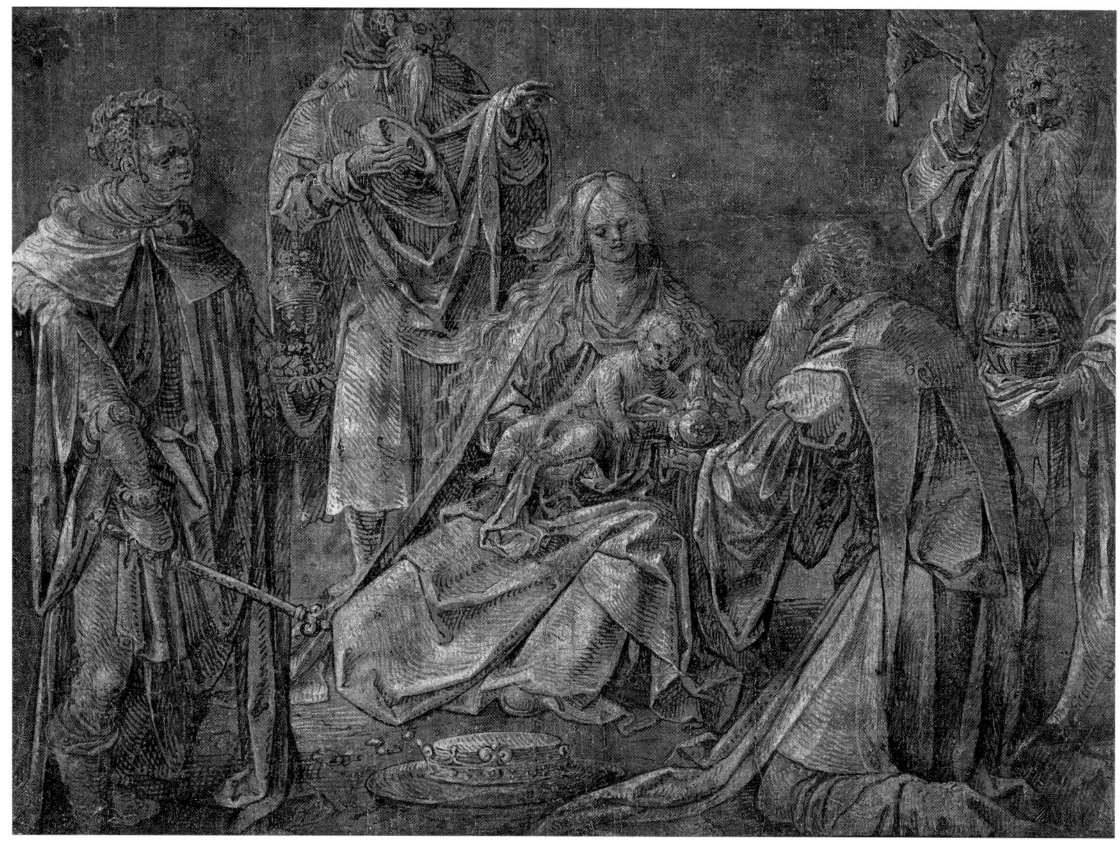

Abb. 3: Zugeschrieben an Adriaen van Overbeke, *Die Anbetung der Könige,* 1513/14, Feder in Schwarz, Pinsel in Weiß, auf grau grundiertem Papier, 18,6 × 24,7 cm, Berlin, Staatliche Museen, Kupferstichkabinett, Inv. KdZ 4635

oder Marienleben, die an die individuellen Wünsche der Kunden angepasst werden konnten. Da sie jedoch großteils auf vorhandenen Modellen basierten, war eine schnellere Ausführung möglich als bei Anfertigung eines völlig neuen Entwurfs.[24]

Während »vidimus«-Zeichnungen für den Auftraggeber oder Kunden angefertigt wurden, verblieben Scheibenrisse als Vorzeichnungen für Glasfenster meist in der Werkstatt des Künstlers: Sie dienten dazu, den im vorgesehenen Maßstab gezeichneten Entwurf in sein endgültiges Medium zu übertragen. Jan de Beers eindrucksvolle *Wurzel Jesse* stellt mit ihren insgesamt 16 Blättern den monumentalen Entwurf eines Lanzettfensters dar (Kat. 5, 6). Das Blatt weist jedoch weder Perforierungen noch Pausspuren auf, die auf die üblichen Methoden zur Übertragung der Komposition vom Papier auf das Glas verweisen würden. Die weißen opaken Flächen auf den Gewändern der Figuren überlagern die breiten horizontalen Doppellinien, die die Position der Bleistege markierten. Solche im Hinblick auf die Funktion als Vorzeichnung eigentlich unnötigen Detailgestaltungen lassen vermuten, dass der Zeichnung eine über die Instruktion des Glasmalers hinausreichende Rolle als Musterblatt oder Sammlerstück zuteilwurde.

Andere Zeichnungen wie de Beers *Vermählung Mariae* dienten möglicherweise als Belege für bereits realisierte Kompositionen und hatten das Ziel, die Produktion einer Werkstatt zu dokumentieren, weshalb sie als »ricordi« (von ital. »ricordare«, »erinnern«) bezeichnet werden (Kat. 7). »Ricordi« bildeten für die Werkstattmitarbeiter einen Fundus an potenziell wiederverwertbaren Motiven. Auch *Das Gleichnis von Lazarus und dem reichen Mann*, eventuell eine frühe Zeichnung Pieter Coeckes van Aelst des Älteren (1502–1550) oder – was wahrscheinlicher ist – eines begabten Künstlers aus der Werkstatt

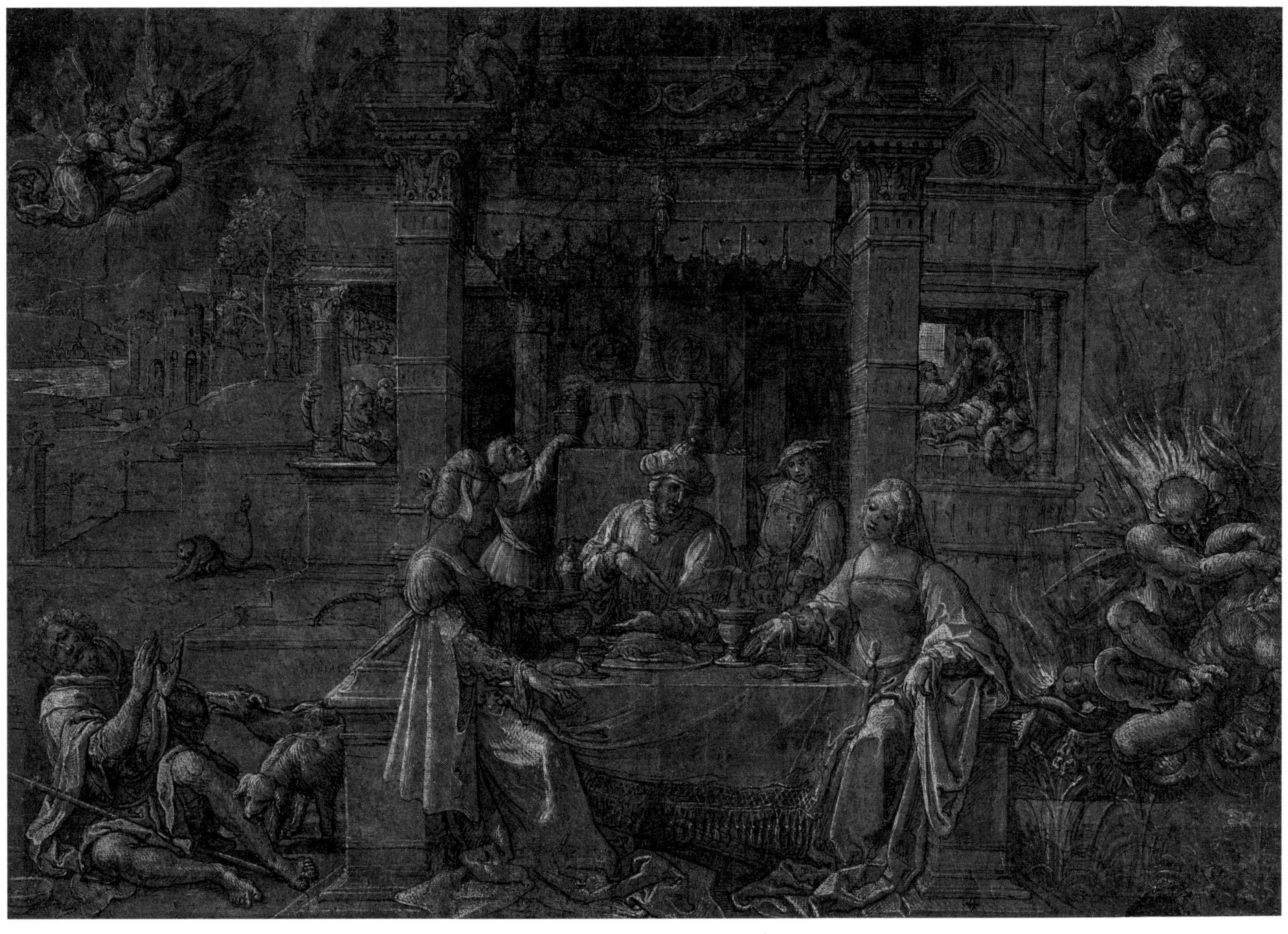

Abb. 4: Werkstatt des Bernard van Orley, *Das Gleichnis von Lazarus und dem reichen Mann,* um 1521, Feder in Schwarz, Pinsel in Weiß, grau laviert, auf grau grundiertem Papier, 38,6 × 54 cm, London, British Museum, Inv. 1899,0713.216

des Bernard van Orley (Abb. 4), dokumentiert die Komposition eines Entwurfs, zum Beispiel für einen Wandteppich oder ein Gemälde.[25]

Dabei ging es jedoch nicht nur um die Übertragung von Formen: Zeichnungen dieser Art demonstrieren auch, wie sich mit einer begrenzten Farbpalette diverse Lichteffekte erzeugen lassen.[26] Während Schattenpartien durch Lavierungen mit dem Pinsel oder Kreuzschraffuren mit der Feder angegeben und Glanzlichter mit weißer Deckfarbe gesetzt wurden, lieferte das farbig grundierte Papier den Mittelton. Ein solches mit drei Tonwerten operierendes Verfahren erwies sich in der Darstellung von Faltenwürfen – die Rückseite des Blattes von Engebrechtsz. zeigt eine Gewandstudie (Abb. 2) – sowie dem gesprenkelten Laub von Bäumen und anderen Landschaftselementen, wie sie in einer Studie des Errera-Skizzenbuchs auftauchen (Abb. 5), als besonders adäquat.[27] Die Technik dieser Blätter ermöglichte eine gesteigerte Modellierung der dargestellten Volumen sowie eine subtile Inszenierung des Lichteinfalls, und war damit ein ausgezeichnetes Mittel zur Erfassung malerischer Effekte. Die Hell-Dunkel-Zeichnung nahm in reduzierter

Form die Art und Weise vorweg, in der der Maler bestimmte Wirkungen mit einer breiteren Palette von Farbtönen erzeugen würde.

Farbig grundierte Landschaftsstudien waren auch häufig Kopien von Gemälden. Indem der Zeichner entsprechende Details aus bestehenden Kompositionen übernahm und sie als Einzelmotive zu Papier brachte, machte er einstige Landschaftskulissen zu eigenständigen Darstellungen, die wiederum in neue Kontexte integriert werden konnten.[28] Die schwankende Qualität vieler dieser farbig grundierten Blätter – häufig ein Hinweis auf die Beteiligung mehrerer Hände oder die Missverständnisse eines Kopisten – deutet darauf hin, dass solche Vorlagen nicht das starr vorgegebene Formenvokabular eines einzigen Meisters verkörperten. Vielmehr zeigen sie, dass sich Antwerpener Werkstätten an unterschiedlichsten Bildquellen in diversen Medien bedienten, um einen reichen Fundus an Formen und Gestaltungsmöglichkeiten zu schaffen.

Die beiden in der Albertina aufbewahrten Zeichnungen eines Nachfolgers von Jan Gossart auf blauem Grund scheinen detailgenaue Kopien von Entwürfen für Metallarbeiten zu sein (Kat. 16, 17): Die beiden Engel im *Entwurf für ein Ostensorium* flankieren ein Rund, bei dem es sich um einen Spiegel, eine Monstranz oder einen Rahmen handeln könnte; die Szene in der *Kartusche mit dem Urteil des Paris* scheint hingegen zur Ausführung als Hochrelief bestimmt gewesen zu sein. Wie bei Peter van den Brink dargelegt, konnten solche Zeichnungen auch als Vorlagen für jene reich verzierten Objekte dienen, die in den Gemälden der Werkstatt dargestellt sind.[29] Die lebendige Modellierung in Antwerpener Hell-Dunkel-Zeichnungen war also bei der Herstellung einer ganzen Reihe künstlerischer und kunsthandwerklicher Produkte gefragt, die von den verschiedenen in der Lukasgilde der Stadt vertretenen Berufsgruppen gefertigt wurden.

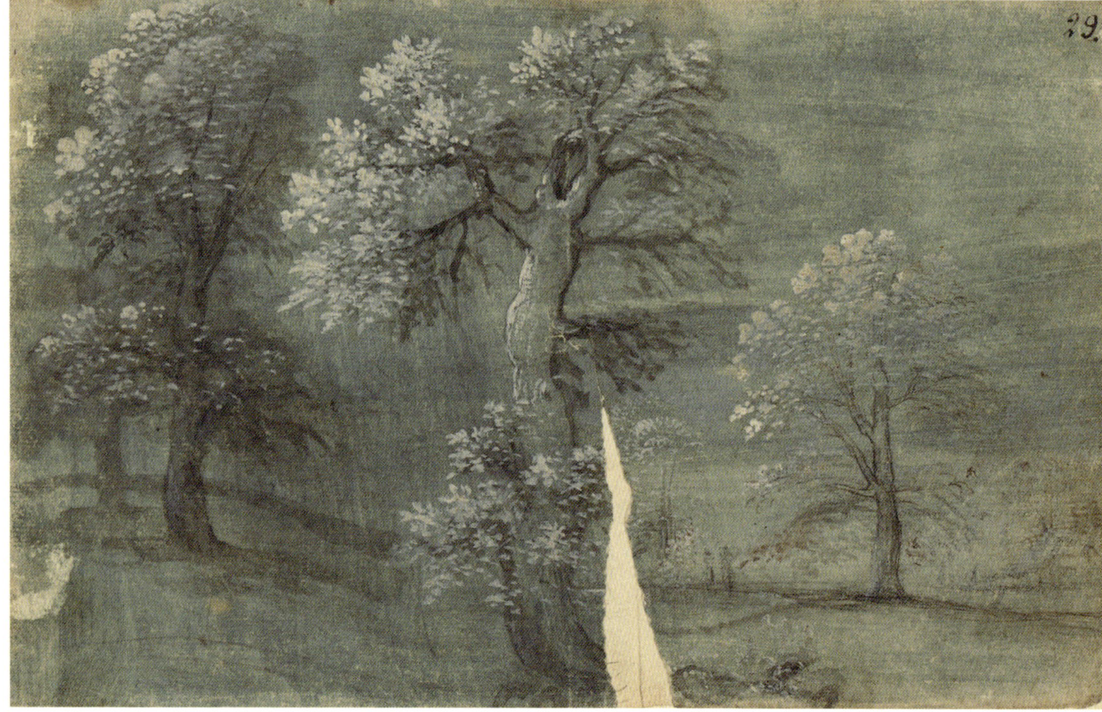

Abb. 5: Meister des Errera-Skizzenbuchs, *Landschaftsstudie*, um 1530, Feder und Pinsel in Braungrau, Pinsel in Weiß, auf hellgrün grundiertem Papier, 13,5 × 21 cm, Brüssel, Koninklijke Musea voor Schone Kunsten van België, Inv. 4630

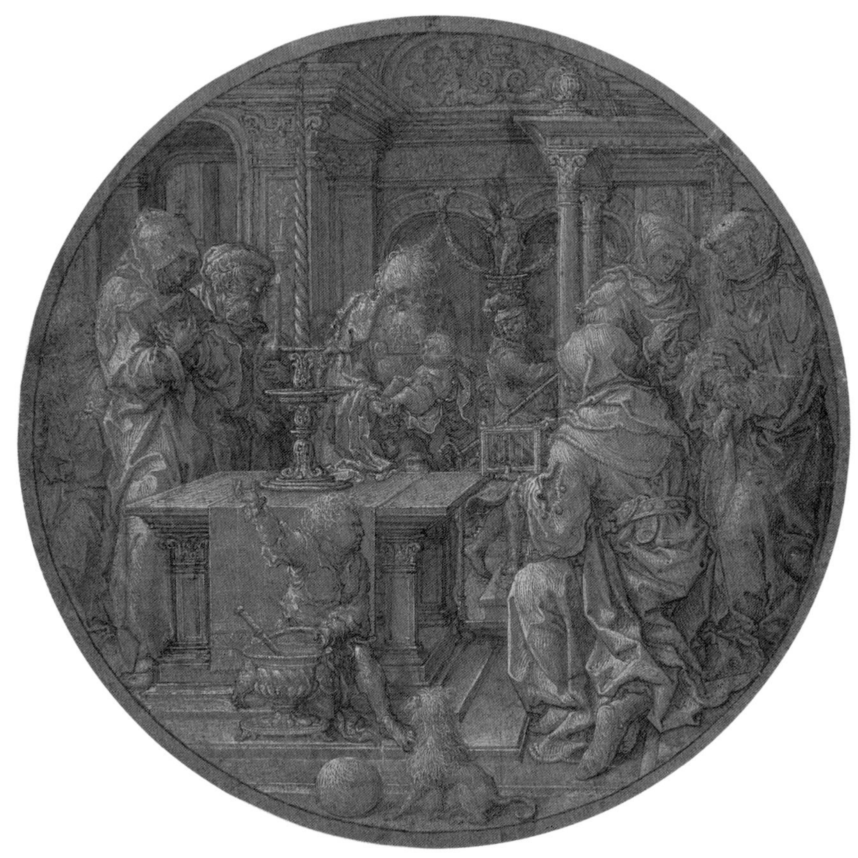

Abb. 6: Dirck Vellert, *Darbringung im Tempel,* um 1526–1544, Feder in Braun, Pinsel in Weiß, braun laviert, über schwarzer Kreide, auf graugrün grundiertem Papier, Ø 23,8 cm, London, British Museum, Inv. 1952,0121.85

Fruchtbare Kopien

Die Kopierbarkeit und Wiederverwendbarkeit von Hell-Dunkel-Zeichnungen zeigt sich besonders deutlich an den zahlreichen erhaltenen runden Exemplaren, die typischerweise im Rahmen der Herstellung von Glasmalereien verwendet wurden (siehe Kat. 3, 8, 9). Um 1500 entwickelten sich runde Glasscheiben mit figurativen Szenen für private und klerikale Kontexte zu einem immer beliebteren Antwerpener Exportprodukt, das in halbindustriellem Maßstab hergestellt wurde.[30] Entwürfe für Glasmalereien mussten in der Regel vervielfältigt werden. Dies geschah entweder durch Abpausen oder Durchnadeln, einem Verfahren, bei dem der Kopist die Zeichnung zur Reproduktion auf ein darunterliegendes Blatt entlang der Konturlinien perforierte. Diese durchlochte Vorlage konnte sodann auf ein weiteres Papier gelegt und die punktierten Umrisse der Komposition mithilfe von aufgetragener schwarzer Kreide übertragen und vom Kopisten nachgezeichnet werden. Entsprechende Hell-Dunkel-Zeichnungen geben uns somit eine Vorstellung davon, wie Künstlerwerkstätten auf die steigende Nachfrage nach Glasmalerei reagierten: Ältere Blätter konnten ganz oder teilweise wiederverwendet werden, Gesellen nutzten bereits vorhandene Entwürfe, um neue Kompositionen im Stil des Meisters zu schaffen und Farbgrundzeichnungen wurden kopiert, um weitere Varianten zu entwickeln, was ihre Datierung und Zuschreibung heute oftmals erschwert.

Ein erheblicher Teil der erhaltenen Antwerpener Zeichnungen aus dem ersten Drittel des 16. Jahrhunderts – etwa 60 Blätter – wird der Werkstatt des Glasmalers Dirck Vellert zugeschrieben. Seine farbig grundierten Werke wie die *Darbringung im Tempel*

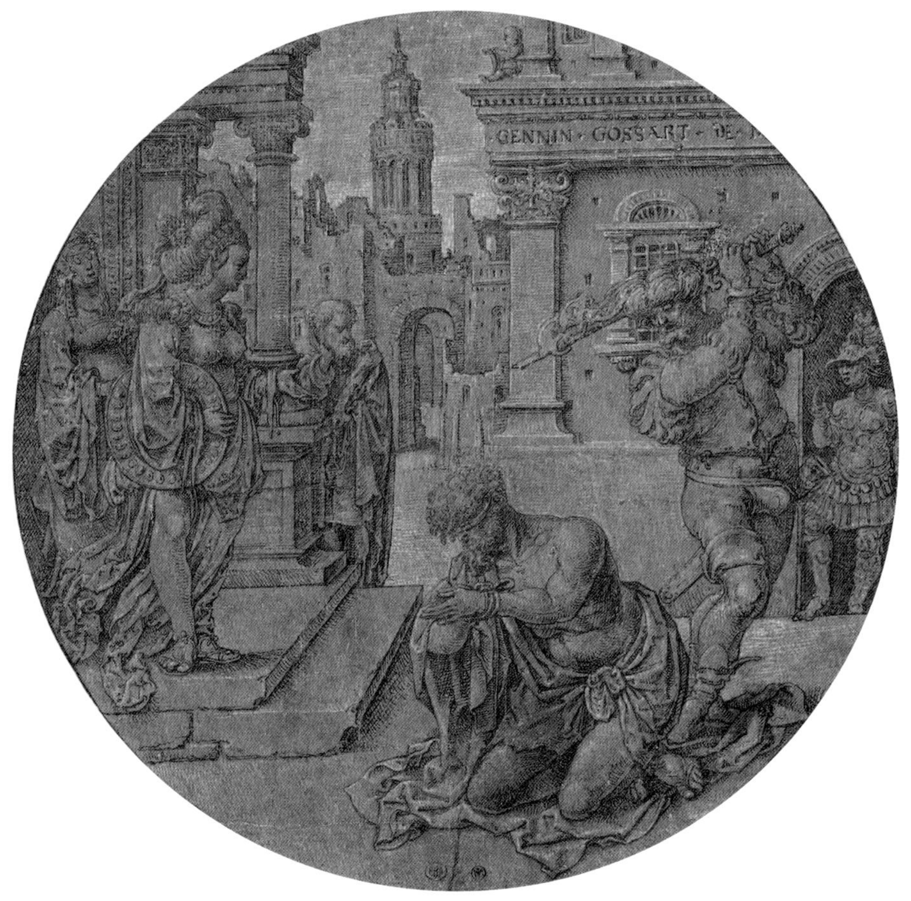

Abb. 7: Jan Gossart, *Die Enthauptung Johannes des Täufers,* um 1510–1515, Feder in Schwarz, Pinsel in Weiß, auf graubraun grundiertem Papier, Ø 24,5 cm, Paris, École nationale supérieure des Beaux-Arts, Inv. Mas487

sind reich an Details und zeichnen sich durch den nuancierten Einsatz von weißen Linien aus (Abb. 6). Es wurde vermutet, dass Vellerts Verwendung der Hell-Dunkel-Technik dem Glasmaler die Übertragung des Entwurfs erleichtern sollte. Doch wie Ellen Konowitz ausführt, pauste der Künstler seine farbig grundierten Zeichnungen häufig ab, um anschließend weitere Federzeichnungen auf weißem Papier anzufertigen, in denen er die ursprüngliche Komposition modifizieren oder den Entwurf vergrößern konnte. Dabei waren es vornehmlich diese zusätzlichen Federzeichnungen, die zur Verwendung an den Glasmaler weitergegeben wurden (siehe Kat. 10, 11, 12).[31] Vellerts Hell-Dunkel-Zeichnungen waren also strenggenommen keine Scheibenrisse, sondern bildeten vielmehr einen kompositorischen Ausgangspunkt für den Künstler und seine Werkstattmitarbeiter. Ihre hochgradig detaillierte Ausführung könnte darauf hindeuten, dass diese Blätter eine Art lose Mustersammlung mit repräsentativen Entwürfen darstellten, die potenziellen Käufern gezeigt und an deren jeweilige Wünsche angepasst werden konnten.[32] Insofern wurden diese Zeichnungen sowohl als Ausgangspunkt wie auch als Endprodukt betrachtet. Nur wenige davon lassen sich mit erhaltenen Rundscheiben in Verbindung bringen, wobei unzählige Glasmalereien im Lauf der Jahrhunderte verloren gingen. Unabhängig davon gab die differenzierte und höchst qualitätsvolle Ausführung von Blättern wie der *Darbringung im Tempel* oder jenen des nicht eindeutig identifizierten Meisters des Absalom[33] in der Forschung Anlass zur Annahme, dass es sich bei diesen runden Bildern entweder um Musterstücke für Käufer oder um eigenständige Kunstwerke handelte.

Das Vorhandensein einer Signatur in Jan Gossarts *Die Enthauptung Johannes des Täufers* im Fries hinter dem Scharfrichter könnte darauf hindeuten, dass auch dieses Werk als Teil einer Serie von eigenständigen Zeichnungen konzipiert wurde (Abb. 7). Ein erhaltenes Rundfenster gibt jedoch genau diesen Entwurf wieder.[34] Die Komposition orientiert sich an Albrecht Dürers themengleichem Holzschnitt von 1510, aber Gossarts Darstellung fixiert den Augenblick unmittelbar vor dem tödlichen Hieb und erhöht so die dramatische Spannung der Szene. Die Figuren sind nur sparsam mit weißen Glanzlichtern versehen, die weißen Flecken am Himmel tragen zur unheilvollen Stimmung bei. Das Blatt gehört zu einer Gruppe von mehreren Zeichnungen in der gleichen Technik und in durchwegs rundem Format, die mit Gossarts Werkstatt in Verbindung gebracht werden. Es ist unklar, ob sie allesamt aus derselben Zeit datieren; zahlreiche Blätter stammen eindeutig nicht von Gossart selbst, sondern scheinen nach heute verlorenen Entwürfen des Meisters entstanden zu sein (siehe Kat. 3). Diese komplexe Gruppe von Zeichnungen – deren Zuschreibung, Datierung und Funktion umstritten sind – spiegelt die Realität einer typischen frühneuzeitlichen Künstlerwerkstatt, in der die Reproduktion ein übliches Verfahren der täglichen Arbeitspraxis darstellte.

Myra D. Orth beschreibt den Entwurfsprozess der Antwerpener Manieristen als »Cut-and-Paste«, also als kreative Rekombination von Körperhaltungen und Motiven aus unterschiedlichen Quellen.[35] Diese Arbeitsweise setzte das Sammeln von Zeichnungen und Drucken sowie das Kopieren von ganzen Kompositionen und einzelnen Figuren voraus. So zeigt etwa das Berliner *Martyrium der heiligen Ursula und ihrer Gefährtinnen* die skizzenhaften Umrisse einer ganzen Figurenkomposition (Abb. 8). Nur an einer Handvoll von ihnen sind jedoch Differenzierungen wie die eigenwilligen Kopfbedeckungen von Ursulas Gefährtinnen oder die Anmut in der Gestalt des Ruderers zu erkennen. Trotz seines unvollendeten Zustands ist das Blatt – mit Ausnahme der Gesichter – zum

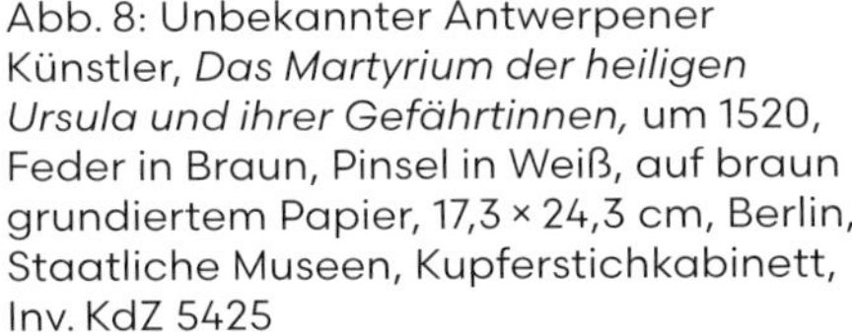

Abb. 8: Unbekannter Antwerpener Künstler, *Das Martyrium der heiligen Ursula und ihrer Gefährtinnen*, um 1520, Feder in Braun, Pinsel in Weiß, auf braun grundiertem Papier, 17,3 × 24,3 cm, Berlin, Staatliche Museen, Kupferstichkabinett, Inv. KdZ 5425

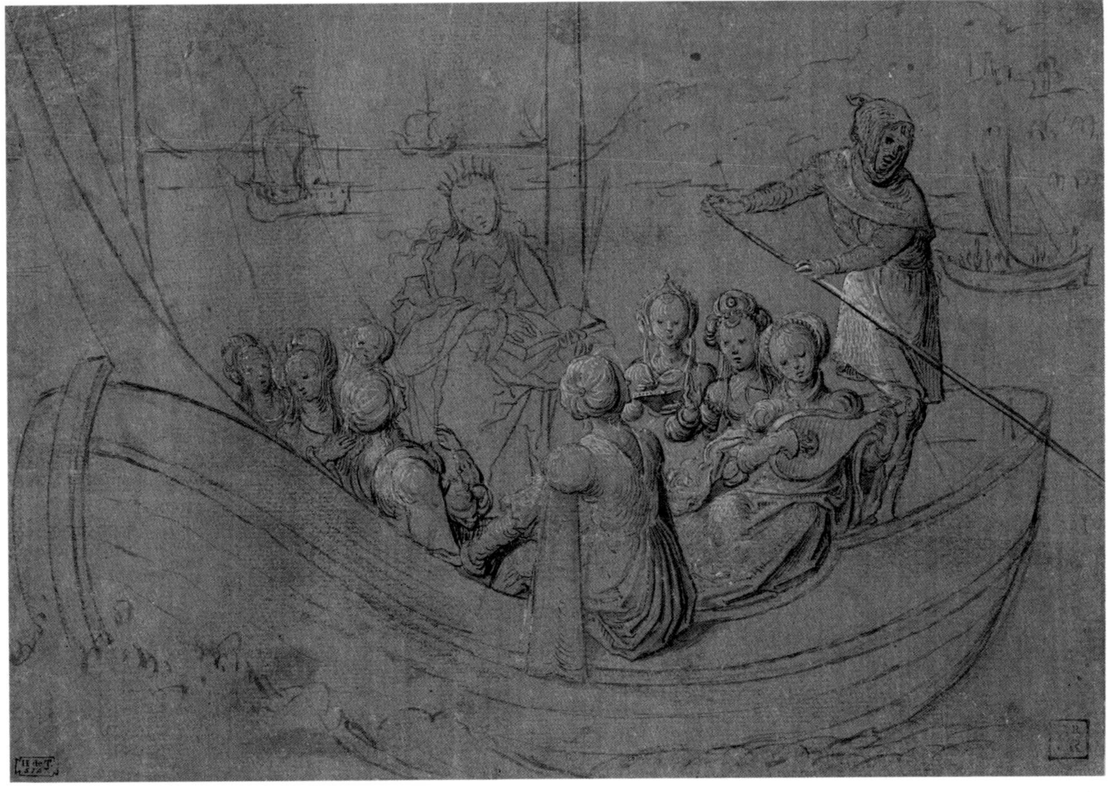

Zweck der Übertragung durchgenadelt worden.[36] Der Kopist war also an einer Wiederverwendung der Kompositions- und Kostümstudie interessiert, beabsichtigte allerdings die Mimik der Figuren neu zu erfinden, indem er die nur grob skizzierten Züge der Berliner Zeichnung an die künstlerische Handschrift der eigenen Werkstatt anpasste.

Verschiedene Zeichnungen aus dem Umfeld Jan de Beers deuten an, wie dieses selektive und wiederholte Kopieren erfolgte. So sind die beiden heute in Amsterdam und Dresden aufbewahrten Versionen von *Christus in Emmaus* in Größe und Gestaltung identisch, selbst die Schattierung wurde sorgfältig nachgeahmt.[37] Das Amsterdamer Blatt wurde zur Übertragung perforiert, in der Dresdner Zeichnung hingegen sind an der Figur auf der rechten Seite entlang der Konturen von Gewand und Hut Christi Ritzungen zu erkennen. Peter van den Brink zufolge könnte die Existenz mehrerer Fassungen dieser so erfolgreichen Komposition auf ihre Verwendung in unterschiedlichen Medien hindeuten: Runde Formate wurden schließlich nicht nur in der Glasmalerei, sondern auch für Stickereien oder Tafel- und Leinwandgemälde eingesetzt.[38] Beschränkten sich die Mitglieder der Brüsseler Lukasgilde ausschließlich auf Maler, so waren in der Antwerpener Gilde auch Goldschmiede, Sticker, Glasmaler, Bildhauer und Grafiker vertreten. Insofern muss den dortigen Malern ein medienübergreifender Ansatz näher gelegen sein als ihren Brüsseler Kollegen.[39] Die vielfältige Anwendbarkeit der Farbgrundzeichnung bot sich für diese Form der kreativen und kontinuierlichen Wiederverwendung geradezu an.

Grafische Meisterschaft

Hell-Dunkel-Zeichnungen wurden nicht nur in Teilen wiederholt, um als Vorlagen für neue Werke in unterschiedlichsten Medien zu dienen, sondern zur Demonstration künstlerischen Könnens auch als Gesamtkompositionen kopiert. Zahlreiche erhaltene Antwerpener Blätter, die die Entwürfe anderer Künstler ganz oder teilweise wiedergeben, zeichnen sich durch eine überaus sorgfältige und detailreiche Ausführung aus. Die anonyme *Beweinung Christi*, die sich heute im Louvre befindet, zeigt, wie einfallsreich solche Kopien bisweilen waren (Abb. 9). Die Zeichnung wiederholt – wie Peter van den Brink erörtert – Figuren, Gesten und Motive gleich mehrerer Antwerpener Vorläufer,[40] tritt jedoch durch eine ausdrucksstarke Linienführung hervor, die sich bei keinem namentlich bekannten Künstler beobachten lässt. Das Blatt bietet ein Beispiel für den großen Facettenreichtum im Umgang mit farbig grundiertem Papier im Antwerpen der 1520er-Jahre: Zwar basiert die Darstellung auf der Praxis des Kopierens, doch lässt die geschickte Rekombination bestehender Motive ebenso wie der unverwechselbare grafische Stil auf einen großen künstlerischen Erfindungsreichtum schließen.

Auch die Oberflächengestaltung der *Bathseba im Bade* eines anonymen Antwerpener Manieristen besticht durch ihren Detailreichtum – die fantastische Architektur und die aufwendigen Kostüme der gezeigten Figuren sind mit der Feder höchst präzise ausgeführt (Kat. 4). Die etwas unbeholfene Darstellung der nackten Protagonistin im Übergang vom Oberkörper zur ausgestreckten linken Hand lässt jedoch vermuten, dass es sich auch hier um das Werk eines geschickten Kopisten handelt, der, anstatt die anatomische Form zu beschreiben, einem vorgegebenen Schattierungsmuster folgte. Wie Myra D. Orth zeigt, wurden dieses und zahlreiche verwandte Blätter zu beliebten Vorlagen für eine Gruppe namentlich nicht bekannter französischer Buchmaler, die in der Forschung als »1520er-Werkstatt« bezeichnet wird. So wurde die Figur der Bathseba etwa vom Illuminator eines Stundenbuchs der Rosenwald Collection zitiert und bezeichnet einen von mehreren Antwerpener Entwürfen, auf die verschiedene in

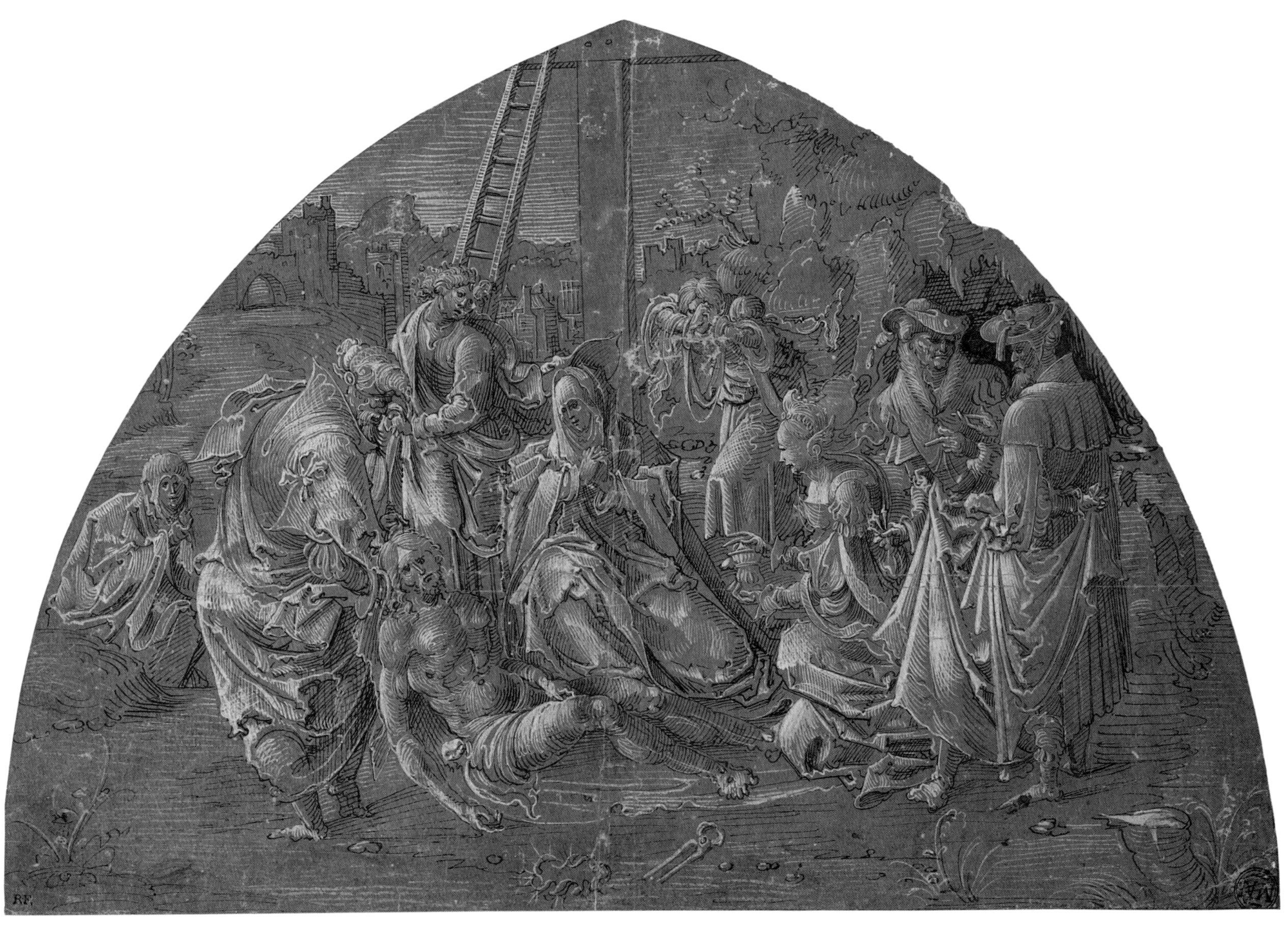

Abb. 9: Unbekannter Antwerpener Künstler, *Die Beweinung Christi*, um 1520, Feder und Pinsel in Schwarz, Pinsel in Weiß, auf blau grundiertem Papier, 20 × 28,8 cm, Paris, Musée du Louvre, Inv. 18890 recto

Paris, Rouen und Tours tätige Künstler zurückgriffen.[41] Blätter wie die *Beweinung Christi*, *Bathseba im Bade* und andere von Orth zusammengetragene Kopien bestechen durch ihren hohen Ausführungsgrad und die versierte Zeichenweise. Solche Werke erforderten Anstrengung und Kunstfertigkeit: Sie dienten der Replizierung von Kompositionen und stellten zugleich das Können des Zeichners unter Beweis.

Auch wenn über die frühen Besitzer- und Ortswechsel dieser Zeichnungen Unklarheit herrscht, ist es doch wahrscheinlich, dass sie mit ihren Urhebern reisten, die in Antwerpen ausgebildet worden und primär dort tätig waren. Künstlergesellen sind in den Archiven der Lukasgilde (»liggeren«) nicht verzeichnet – unabhängig davon, ob sie auf Arbeitssuche nach Antwerpen gekommen waren oder vor Ort ihre Ausbildung erhielten, aber keinen Meistertitel anstrebten.[42] Als Arbeitskräfte, die das außergewöhnliche Exportvolumen der Antwerpener Werkstätten in den ersten Jahrzehnten des 16. Jahrhunderts erst ermöglichten, waren sie jedoch von entscheidender Bedeutung für die Produktion vielbeschäftigter Ateliers wie jener des Jan de Beer oder des

Dirck Vellert. So schreibt van den Brink die *Salome mit dem Haupt Johannes des Täufers* im Louvre dem in Antwerpen ausgebildeten Maler Noël Bellemare zu und beruft sich dabei auf die Beziehung des Blattes zu verschiedenen Antwerpener Gemälden und Zeichnungen (Abb. 10). Ferner geht er davon aus, dass der Entwurf zusammen mit der *Beweinung Christi* (Abb. 9) im Gepäck des Künstlers nach Frankreich reiste und dort den Anstoß für weitere Varianten in Gemälden, Buchilluminationen und Glasmalereien gab.[43] Während ihrer Tätigkeit in Antwerpen fertigten Künstler wie Bellemare Kopien von Einzelmotiven und Kompositionen an und stellten so ihre persönliche Sammlung möglicher Bildvorlagen zusammen. Wie bereits beschrieben, konnten sie mit diesen Blättern darüber hinaus auch potenziellen Auftraggebern gegenüber ihre zeichnerische Meisterschaft unter Beweis stellen.

Obwohl die Herstellung gezeichneter Kopien für die Ausbildung von Lehrlingen und die Produktionskapazität einer Werkstatt unabdingbar war, deuten solche detailliert ausgeführten Exemplare darauf hin, dass die Zeichnung immer häufiger auch als Ausdrucksmittel künstlerischer Identität geschätzt wurde. Der vielzitierte Brügger Gerichtsstreit von 1519/20 zwischen dem Maler Gerard David (um 1450/60–1523) und dessen ehemaligem Gesellen Ambrosius Benson (um 1495–1550) zeigt, dass die Zeichnung sowohl als Werkstattkapital als auch als geistiges Eigentum verstanden werden konnte. Als Benson das Atelier seines Meisters quittierte, ließ er zwei Truhen mit Zeichnungen, Materialien und kleinformatigen Gemälden zurück. Später verlangte er die Herausgabe dieser Güter und stellte bei dieser Gelegenheit klar, dass einige der »diversen Muster« (»diversche projectiën of patronen … diversche andere patronnen«) in den Truhen von ihm selbst stammten.[44] Dabei beschuldigte Benson seinen ehemaligen Meister David, einige der Zeichnungen aus dem Atelier des Adriaen Isenbrandt (um 1485–1551) entwendet zu haben, während er andere »patronen« von Aelbrecht Cornelis (um 1475 – vor oder 1532) gegen Bezahlung geliehen hätte.[45]

Die Episode belegt, dass entsprechende Blätter in den städtischen Werkstätten auf vielfältigste Weise zirkulierten: Sie konnten kostenlos wie auch für Geld ausgeborgt oder sogar gestohlen werden. Der Künstlergeselle Benson jedenfalls forderte Zeichnungen zurück, die er nach den Kompositionen anderer Maler angefertigt hatte, doch David verweigerte ihm dieses Recht. In der Kunstgeschichtsschreibung wurde dieser Fall als Ausdruck eines sich formierenden Bewusstseins von geistigem Eigentum diskutiert: David betrachtete die fraglichen Entwürfe unabhängig davon, wer sie gezeichnet hatte, als Werkstattbesitz. Das Gerichtsurteil jedoch bestätigte Bensons Recht an seinen eigenen Zeichnungen; David wurde sogar inhaftiert, nachdem er die Rückgabe verweigert hatte. Zeichnungen von Künstlergesellen besaßen demnach – selbst

Abb. 10: Noël Bellemare, *Salome mit dem Haupt Johannes des Täufers*, um 1520, Feder in Schwarz, Pinsel in Weiß, auf grün grundiertem Papier, 28 × 21,2 cm, Paris, Musée du Louvre, Inv. 18874 recto

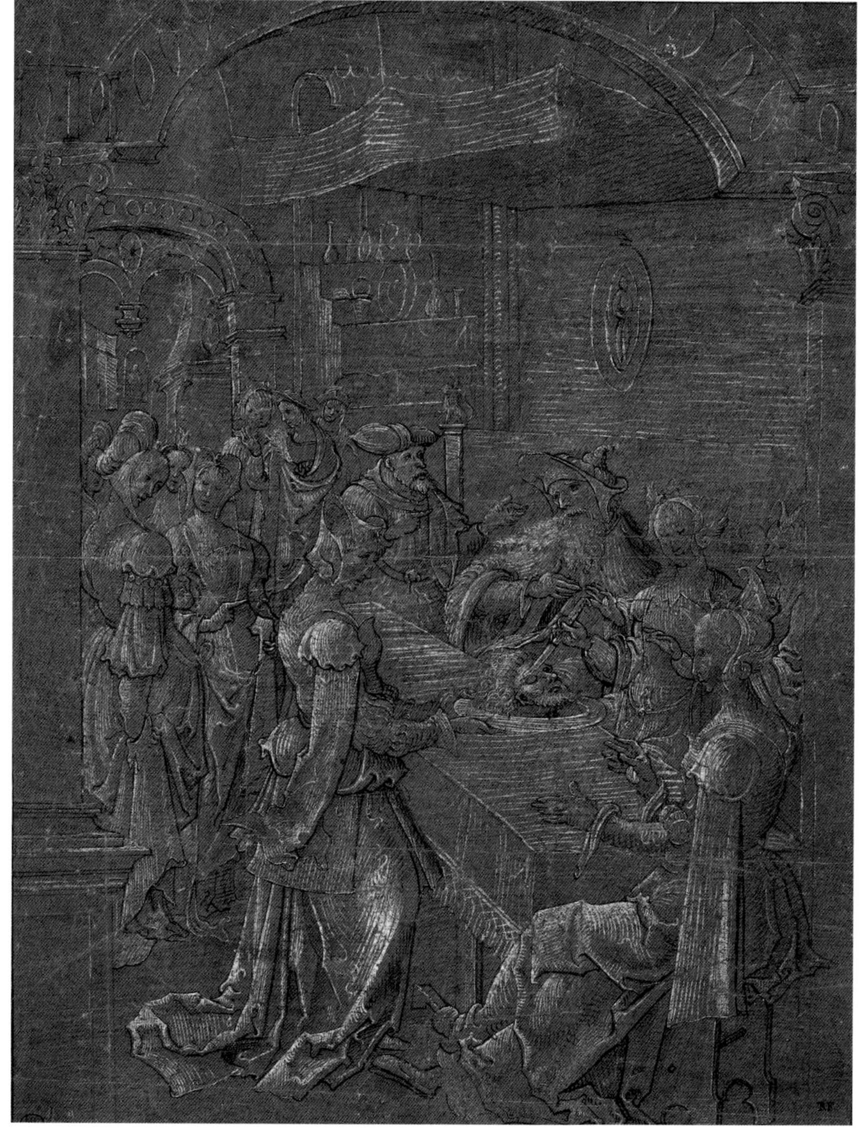

wenn es sich um Kopien handelte – einen eigenen Wert, nicht nur als Werkstattmaterial, sondern auch als persönliches Eigentum. Sie dienten als Beleg des eigenen Formenrepertoires und der individuellen zeichnerischen Fertigkeiten.

Das Sammeln von Zeichnungen

Einiges deutet darauf hin, dass Zeichnungen im Antwerpen des frühen 16. Jahrhunderts auch als eigenständige Kunstwerke gesammelt wurden. So fertigte Albrecht Dürer auf seiner niederländischen Reise 1520/21 neben verschiedenen Skizzen für Gemälde, Goldschmiedearbeiten und andere Medien auch zahlreiche Porträtzeichnungen an. In der Regel sind dies großformatige Blätter in Kohle auf weißem Papier. Doch einzelne Werke wie das Berliner Bildnis seines Freundes, des portugiesischen Kaufmanns Rodrigo Fernandes de Almada (1465/66–1530), sind laviert und mit weißer Deckfarbe auf grauviolett grundiertem Papier ausgeführt[46] oder wie das Porträt von Dürers Gemahlin in Steinkreide, aber ebenfalls auf einer grauvioletten Grundierung gezeichnet.[47] Auf einigen dieser Bildnisse sind bezahlte Modelle dargestellt, ein größerer Teil der in den Niederlanden angefertigten Porträtzeichnungen entstand aber im Tausch gegen Bargeld – in der Regel 1 bis 2 Gulden – oder wertvolle Gegenstände wie Samt oder Korallen.[48] Diese Blätter sind im Allgemeinen datiert und monogrammiert.

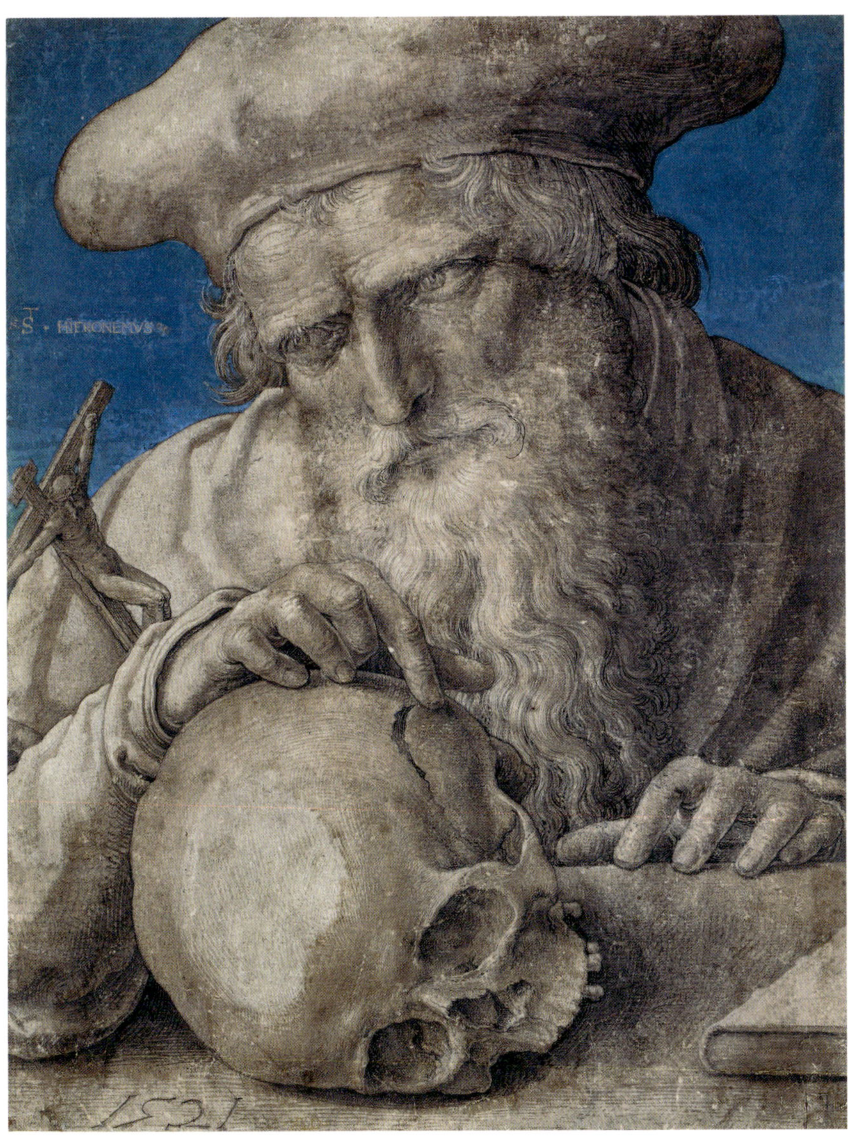

Abb. 11: Lucas van Leyden, *Der heilige Hieronymus,* 1521, Feder in Braun, Pinsel in Weiß, braun und grau laviert, über schwarzer Kreide, vor blau grundiertem Hintergrund, auf Papier, 37,6 × 28,1 cm, Oxford, Ashmolean Museum, Inv. WA1953.119

Das hell-dunkel gezeichnete *Bildnis eines 93-jährigen Mannes* vollendete Dürer im Januar 1521 in Antwerpen.[49] Der Künstler nutzte dieses Blatt und verwandte Studien für sein Gemälde *Der heilige Hieronymus im Studierzimmer*, das er für Fernandes de Almada malte. Diese Darstellung des Heiligen inspirierte wiederum mehrere Antwerpener Künstler zu eigenen Versionen – so inszenierten auch Joos van Cleve (um 1485–1540/41), Quinten Massijs und Marinus van Reymerswale (um 1490/95 – um 1546) den greisen Kirchenvater bei der Arbeit im Studierzimmer. In der für ihn eher seltenen Hell-Dunkel-Technik reagierte Lucas van Leyden (um 1494–1533) in seinem prominent auf 1521 datierten Werk *Der heilige Hieronymus* (Abb. 11) ganz gezielt auf Dürers Studie.[50] Die beiden Maler trafen sich in jenem Jahr in Antwerpen. Dürer zeichnete ein Silberstiftporträt des jüngeren Kollegen und druckgrafische Werke wurden ausgetauscht. Wie bei Dürer ist Hieronymus auch in Lucas' Bildnis bärtig und mit Mütze dargestellt, doch hat der Niederländer die Kopfstudie zu einem eindrücklichen Porträt des Heiligen weiterentwickelt. Obwohl Lucas später noch einen Kupferstich des heiligen Hieronymus schaffen sollte, betonen Ausführungsweise und Ambition dieses Blattes deutlich seinen Status als eigenständiges Werk und Antwort auf den Nürnberger Meister.

Verweist gerade das Vorhandensein einer Signatur auf die Bestimmung einer Zeichnung für einen weiteren Rezipientenkreis außerhalb der Werkstatt, so sind signierte

Zeichnungen unter den erhaltenen Blättern aus dem Antwerpen des frühen 16. Jahrhunderts doch selten. Eine wichtige Ausnahme bilden hier die Glasmalereientwürfe des Dirck Vellert. Sein heute erhaltenes zeichnerisches Œuvre übertrifft das seiner Zeitgenossen bei Weitem. Dabei signierte er medienübergreifend sowohl Rundscheiben als auch Druckgrafiken sowie einige seiner gezeichneten Entwürfe (siehe Kat. 10, 11, 12). Im Gegensatz dazu hat eine ganze Reihe von führenden Antwerpener Meistern des frühen 16. Jahrhunderts keinerlei sicher zuschreibbare Zeichnungen hinterlassen. So sind etwa von Massijs keine, von van Cleve nur eine Handvoll Blätter erhalten. Auch wenn Jan de Beers Name lediglich auf seiner *Studie von neun Köpfen* auftaucht (Abb. 1), handelte es sich bei diesem Geschenk an Joachim Patinir, wie beschrieben, nicht um eine eigenständige Zeichnung, sondern um ein Musterblatt. Jan Gossarts Name ist auf seiner *Enthauptung Johannes des Täufers* verzeichnet (Abb. 7) – einem vollendeten Entwurf, der aber auch als Vorlage einer Glasmalerei diente. Eine Zeichnung von Bäumen, die sich heute in Wien befindet, scheint hingegen nicht als solche genutzt worden zu sein. Das Blatt ist zwar nicht signiert, trägt aber eine frühe Inschrift, die sich wohl auf den einst vermuteten Urheber des Werks bezieht.[51] Inschriften sind auf niederländischen Zeichnungen aus dieser Zeit also selten und korrespondieren kaum mit deren Status als eigenständige Kunstwerke.

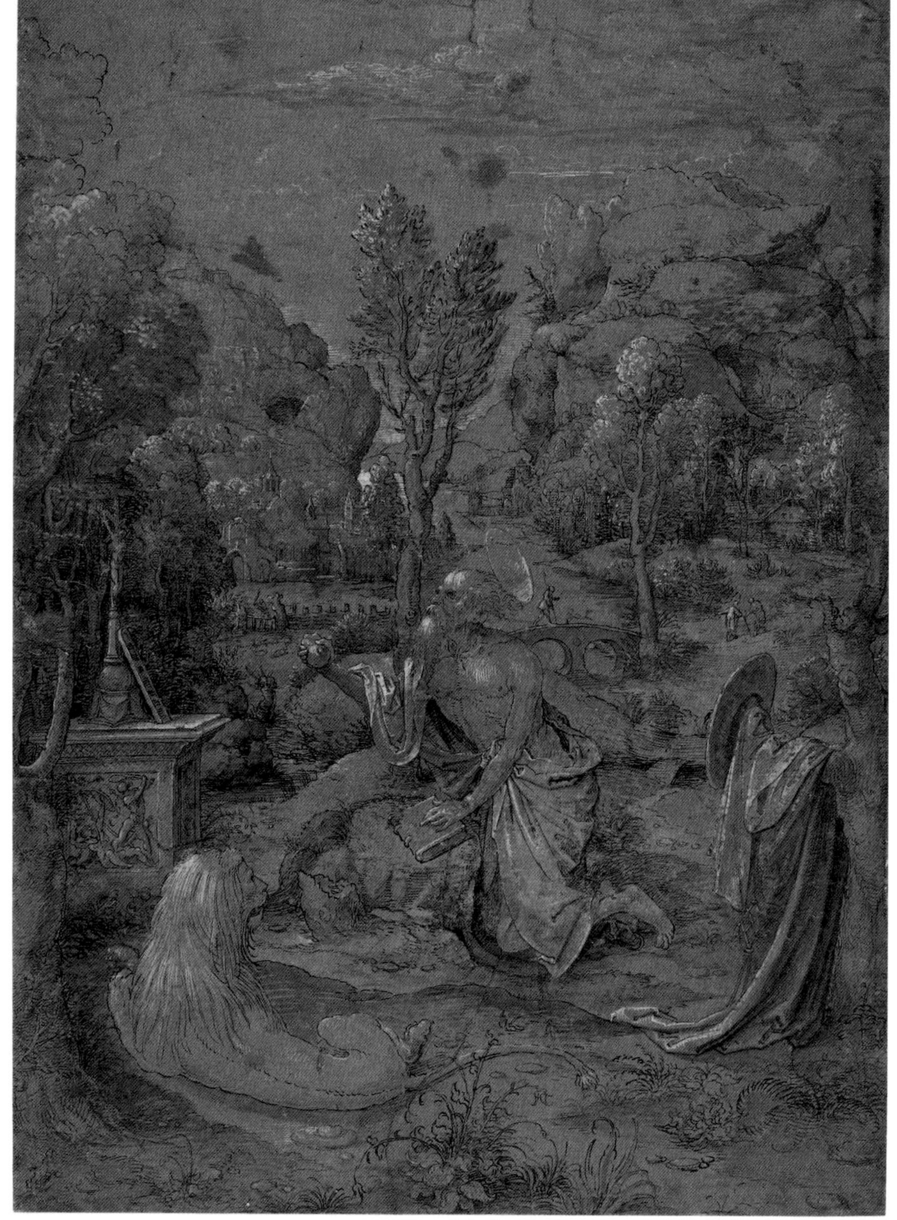

Abb. 12: Werkstatt des Jan de Beer, *Der büßende heilige Hieronymus*, um 1510–1525, Pinsel in Grau und Weiß, grau laviert, auf dunkelgrau grundiertem Papier, 37 × 26,2 cm, London, British Museum, Inv. 1912,1214.6

Der hohe Ausführungsgrad und die aufwendige Gestaltungsweise einiger Blätter lässt jedoch darauf schließen, dass Zeichnungen auch bei fehlender Signatur oder Beschriftung als wertvoll angesehen wurden. *Der büßende heilige Hieronymus* aus dem Kreis de Beers ist zwar unsigniert (Abb. 12), wurde aber dennoch als potenziell eigenständiges, möglicherweise vom Meister selbst oder einem talentierten Mitglied seiner Werkstatt gezeichnetes Werk diskutiert.[52] Die felsige Landschaft und das lebendige Blattwerk sind hier sicherlich anspruchsvoller ausgeführt als in anderen Blättern aus de Beers bekanntem Œuvre. Die hohe Qualität und der Detailreichtum der Zeichnung veranlassen Peter van den Brink zu der Vermutung, es könne sich um ein eigenständiges Kunstwerk oder aber um ein Musterblatt gehandelt haben, das potenziellen Auftraggebern vorgelegt werden konnte.[53] Was aber, wenn nicht der Meister selbst der Urheber war, sondern ein ehrgeiziger Geselle oder anderer Künstler aus seinem Kreis, der Zugang zu de Beers Vorlagen hatte? Diese Fragen von Autorschaft und Funktion gestalten sich im Fall der beschriebenen *Beweinung Christi* des Louvre als noch komplizierter (Abb. 9). Ausführung und Abmessungen der Zeichnung entsprechen denen eines Blattes zu Präsentationszwecken

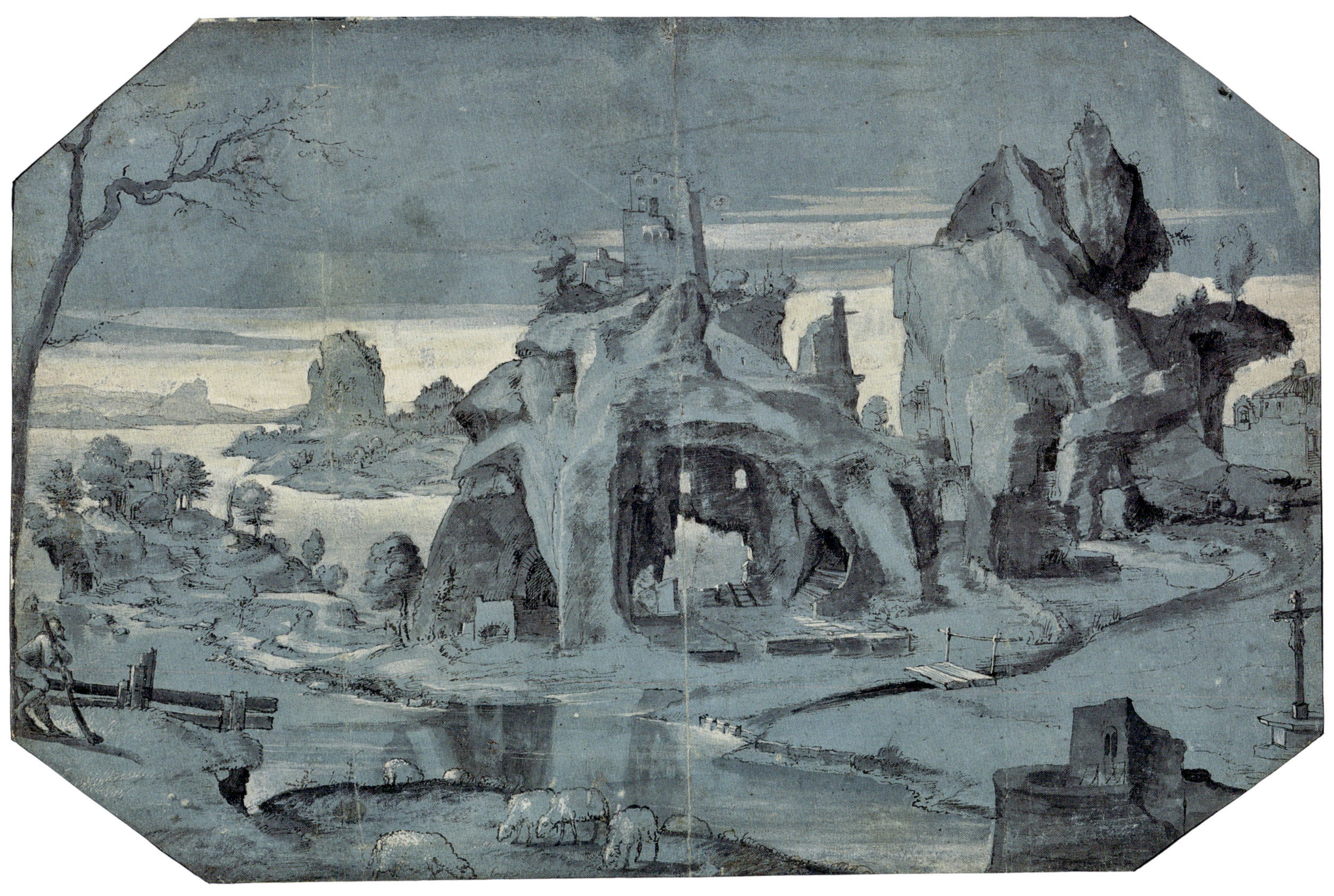

Abb. 13: Unbekannter Antwerpener Künstler, *Landschaft mit dem heiligen Hieronymus,* um 1525–1535, Feder in Schwarz, Pinsel in Weiß, braun laviert, auf blau grundiertem Papier, 27,5 × 41,6 cm, Darmstadt, Hessisches Landesmuseum, Kupferstichkabinett, Inv. AE 436

künstlerischer Könnerschaft, doch verarbeitet sie unterschiedliche Elemente mehrerer Antwerpener Werkstätten und lässt sich keinem konkreten Künstler zuordnen. Es ist unklar, ob solche differenziert ausgeführten Blätter als Arbeitsproben für mögliche Auftraggeber, als Werkstattübungen oder doch als eigenständige, wenn auch unsignierte Kunstwerke dienten.

Mehrere äußerst qualitätsvolle Landschaftszeichnungen auf blauem Grund wurden wegen ihres hohen Ausführungsgrades ebenfalls als eigenständige Kunstwerke bezeichnet.[54] Die *Landschaft mit dem heiligen Hieronymus* (Abb. 13), die lange Zeit Jan Wellens de Cock (um 1470–1521) zugeschrieben wurde, aber wahrscheinlich aus einer Antwerpener Werkstatt der Zeit um 1525 stammt, ist eines von drei Blättern mit identischen Falzlinienmustern, die auf eine einstmals gemeinsame Lagerung hindeuten.[55] Der Einsatz von Lavierungen und weißer Farbe ist hier sowie in der verwandten *Landschaft mit dem heiligen Christophorus* aus dem Louvre (Abb. 14) eher malerisch als linear. Das Pariser Blatt wird bisweilen Patinir zugeschrieben, der als Urheber jedoch umstritten ist.[56]

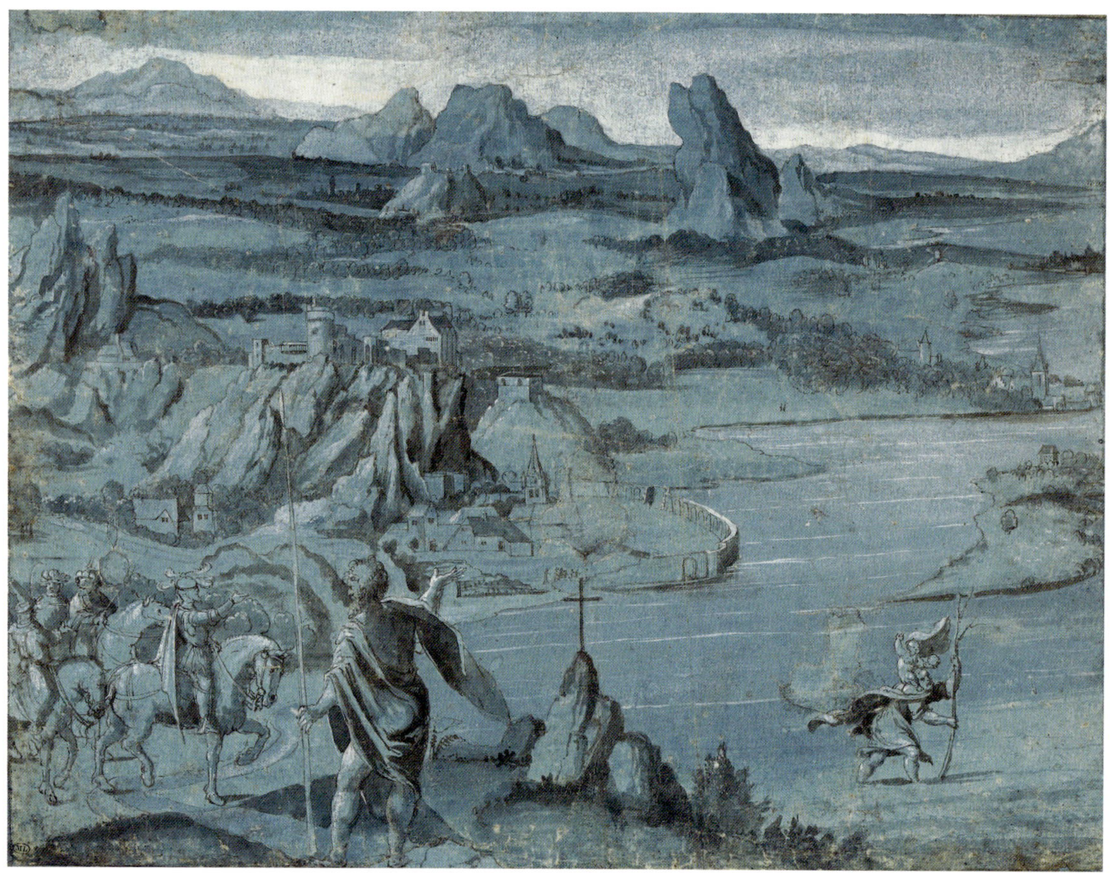

Abb. 14: Joachim Patinir, *Landschaft mit dem heiligen Christophorus*, um 1525–1540, Feder in Braun, Pinsel in Weiß, braun laviert, auf blau grundiertem Papier, 27 × 34,2 cm, Paris, Musée du Louvre, Inv. 18976 recto

Beide Landschaften stehen den weiten Ausblicken und unregelmäßigen Felsformationen Patinirs, dessen Werke in Antwerpen und weit darüber hinaus bekannt waren, sicherlich nahe. Es ist jedoch unklar, ob sie als »ricordi« bereits vollendeter Werke oder als Sammlerstücke dienten.

Da Patinir sowohl von de Beer als auch von Dürer mit Zeichnungen beschenkt wurde, ist anzunehmen, dass der Landschaftsmaler ebenso wie auch seine Antwerpener Kollegen die vielfältigen Potenziale des Mediums erkannte: In der Zeichnung ließen sich nicht nur Formen kopieren sowie Motive kreativ aneignen und neu kombinieren, sondern auch die eigenen künstlerischen Fertigkeiten unter Beweis stellen. In den ersten Jahrzehnten des 16. Jahrhunderts entwickelten Antwerpener Werkstätten innovative Arbeitspraktiken zur Herstellung einer breiten Palette hochspezialisierter Erzeugnisse – von Rundscheiben über Altarretabel bis hin zu Landschaftsgemälden –, die der steigenden kommerziellen Nachfrage nach Kunst entgegenkamen. Die im Atelier verwendeten Farbgrundzeichnungen regten die Kreativität und Produktivität der Antwerpener Künstler an. Zugleich konnten solche Blätter die Werkstatt aber auch verlassen und als ein weiteres Produkt auf dem wachsenden Kunstmarkt der Stadt an Wert und Bedeutung gewinnen.

1 Rupprich 1956, Bd. 1, S. 169.
2 Ebd., S. 172.
3 Albrecht Dürer, *Der heilige Christophorus*, um 1521, Feder in Schwarz, Pinsel in Weiß, auf dunkelgrau grundiertem Papier, 18,6 × 14 cm, London, British Museum, Inv. SL,5218.178. Siehe dazu Rowlands 1993, Bd. 1, S. 106, Nr. 2362, Bd. 2, Tafel 155.
4 Siehe dazu Popham 1926, S. 31f., Nr. 52; Ausst.-Kat. Antwerpen/Maastricht 2005, S. 95–97, Nr. 30 (Peter van den Brink) sowie Ewing 2016, S. 77–87.
5 Van Mander 1604, fol. 219r.
6 Ewing 1978, S. 42f. sowie ausführlicher Ewing 2016, S. 79–81.
7 Siehe Eichberger 2010.
8 Joachim Patinir und Quinten Massijs, *Die Versuchung des heiligen Antonius*, um 1520–1524, Öl auf Holz, 155 × 173 cm, Madrid, Museo Nacional del Prado, Inv. P001615.
9 »una fiera ... senza dubio è la prima de Christiani«. Siehe Beatis [1905], S. 513. Die Beschreibung stammt von Antonio de Beatis, Sekretär des Kardinals Luigi d'Aragona, der 1517 die Niederlande bereiste.
10 Ewing 1990, S. 559, 563 sowie Vermeylen 2003, S. 26f.
11 Vermeylen 2003, S. 18.
12 Cennini [1960], S. xv–xxii, 8–12. Siehe auch Brahms 2016, S. 81–88.
13 Cennini [1960], S. xv, 9.
14 Ausst.-Kat. Antwerpen 2002, S. 124, 138.
15 Wood 1998, S. 110.
16 Brahms 2016, S. 8.
17 Renger 1987.
18 Buck 2001, S. 236.
19 Zur niederländischen Tradition liegt bisher keine eigenständige Untersuchung vor. Zur italienischen Musterbuchtradition siehe Elen 1995. Als Grundlagenstudie zur mittelalterlichen Zeichnung gilt Degenhart 1950.
20 Marcantonio Raimondi, *Der Mann mit den zwei Trompeten*, um 1510–1517, Kupferstich. Siehe TIB 1978, Bd. 14, S. 272, Nr. 356. Zur Zeichnung siehe Ausst.-Kat. Budapest 2012, S. 20–22, Nr. 1 (Teréz Gerszi).
21 Siehe jüngst Preising 2021, S. 497–526.
22 Als »patronen« werden im Niederländischen Modellfiguren oder -kompositionen bezeichnet. Siehe Verdam/Verwijs 1885.
23 Siehe auch Adriaen van Overbeke, *Joachim und Anna spenden ihren Besitz an die Armen*, um 1513, Feder in Schwarz, Feder und Pinsel in Weiß, auf dunkelgrau grundiertem Papier, 19 × 27,9 cm, Stockholm, Kungliga Akademien för de fria konsterna, Inv. 6, Nr. 24. Van den Brink bringt diese Zeichnung sowie ein weiteres Blatt mit Schnitzereien in Verbindung, die für Overbekes 1513/14 geschaffenen *Annaenaltar* in Kempen entstanden. Siehe Dautermann/Schäfer 2005, S. 56–58 sowie Van den Brink 2006, S. 201f.
24 Jacobs 1989, S. 208–229.
25 Für die Zuschreibung an Pieter Coecke van Aelst d. Ä. siehe Ausst.-Kat. Washington 1987, S. 117–119, Nr. 38 (John Oliver Hand). Für die Verortung im Umkreis des van Orley siehe Alsteens 2014, S. 298f. sowie Ausst.-Kat. Brüssel 2019, S. 113f., Nr. 13 (Véronique Bücken).
26 So ließen sich etwa die hell-dunkel gezeichneten Studien im sogenannten Errera-Skizzenbuch, einer Vorlagensammlung, die heute in Brüssel aufbewahrt wird, nicht in derselben Weise übertragen wie die Konturen der mit einfacher Tinte ausgeführten Bergpanoramen und Dörfer, die durch Pausen kopiert werden konnten. Siehe dazu Ketelsen 2008.
27 Siehe Dunbar 1972; Wood 1998 sowie Ketelsen 2008.
28 Wood 1998, S. 104. Zu den Verbindungen zwischen den Landschaften im Errera-Skizzenbuch und verschiedenen Gemälden der 1520er-Jahre siehe Van den Brink 2006, S. 168f. sowie Ketelsen 2008.
29 Ausst.-Kat. Antwerpen/Maastricht 2005, S. 51–53, Nr. 15–16 (Peter van den Brink).
30 Husband 2019.
31 Konowitz 1990/91 sowie Konowitz 2013.
32 Konowitz 1990/91, S. 153.
33 Siehe Pokorny 2011, S. 138. Der Autor vermutet, dass es sich beim Künstler um Volckert Claesz. aus Haarlem handelt. Siehe auch Buck 2001, S. 236.
34 Caviness/Husband 1991, S. 20; Ausst.-Kat. New York 1995, S. 130, Nr. 58 (Timothy B. Husband); Ausst.-Kat. Antwerpen/Maastricht 2005, S. 44f., Nr. 11 (Ellen Konowitz) sowie Ausst.-Kat. New York 2010, S. 346–348, Nr. 84 (Stijn Alsteens).
35 Orth 1989, S. 79f.
36 Siehe Ausst.-Kat. Antwerpen/Maastricht 2005, S. 118f., Nr. 44 (Peter van den Brink).
37 Jan de Beer, *Christus in Emmaus*, um 1504–1536, Feder und Pinsel in Grau und Weiß, grau laviert, auf blaugrau grundiertem Papier, Ø 17,8 cm, Amsterdam, Rijksmuseum, Inv. RP-T-1939-7. Siehe dazu Ausst.-Kat. Antwerpen/Maastricht 2005, S. 108, Nr. 36 (Peter van den Brink). Umkreis des Jan de Beer, *Christus in Emmaus*, um 1520, Feder in Schwarz, Pinsel in Weiß, auf blaugrau grundiertem Papier, Ø 17,9 cm, Dresden, Staatliche Kunstsammlungen, Kupferstich-Kabinett, Inv. C 801. Siehe dazu Ausst.-Kat. Antwerpen/Maastricht 2005, S. 109, Nr. 37 (Peter van den Brink).
38 Ausst.-Kat. Antwerpen/Maastricht 2005, S. 108.
39 Leeflang 2004/05, S. 238.
40 Ausst.-Kat. Antwerpen/Maastricht 2005, S. 126–128, Nr. 48 (Peter van den Brink).
41 *Bathseba im Bade*, in: Rosenwald Hours, Washington, D.C., Library of Congress, Rosenwald 10, fol. 65. Siehe Orth 1989 sowie Emily J. Peters' Essay im vorliegenden Band. Orth verweist darüber hinaus auf zwei Hell-Dunkel-Zeichnungen der tiburtinischen Sibylle in Göttingen und Kopenhagen, die von zwei verschiedenen, sehr geschickten Künstlern ausgeführt wurden. Elemente dieser Komposition finden sich in französischen Handschriftenilluminationen sowie einem Leinwandgemälde (»tüchlein«), das sich heute in der Akademie der bildenden Künste Wien befindet.
42 Martens/Peeters 2006.
43 Ausst.-Kat. Antwerpen/Maastricht 2005, S. 148f., Nr. 61 (Peter van den Brink); siehe auch Gerbier 2018, S. 85.
44 Parmentier 1937, S. 92f.
45 Parmentier 1942.
46 Albrecht Dürer, *Rodrigo Fernandes de Almada*, 1521, Pinsel in Braun und Weiß, auf grauviolett grundiertem Papier, 37,3 × 27,1 cm, Berlin, Staatliche Museen, Kupferstichkabinett, Inv. KdZ 40.
47 Albrecht Dürer, *Agnes Dürer in niederländischer Tracht*, 1521, Steinkreide, auf grauviolett grundiertem Papier, 40,8 × 27,2 cm, Berlin, Staatliche Museen, Kupferstichkabinett, Inv. KdZ 36.
48 Unverfehrt 2007, S. 214f. sowie Ashcroft 2017.
49 Albrecht Dürer, *Bildnis eines 93-jährigen Mannes*, 1521, Pinsel in Schwarz, Grau und Weiß, auf grauviolett grundiertem Papier, 41,5 × 28,2 cm, Wien, Albertina, Inv. 3167. Zur Entstehung des Entwurfs siehe Harth/Martens 2021.
50 Kloek 2011 sowie Vogelaar 2021, S. 527–548.
51 Unbekannter niederländischer Künstler, *Baumgruppe*, um 1535, Pinsel in Schwarz und Weiß, auf blaugrün grundiertem Papier, 7,3 × 16,9 cm, Wien, Albertina, Inv. 26450. Siehe dazu Wood 1998, S. 106. Die Beschriftung lautet »von Hugos eigener Hand« (»von Hugo egenen hant«).
52 Popham klassifiziert das Werk noch als anonym. Siehe Popham 1926, S. 32, Nr. 54; ausführlicher auch Ausst.-Kat. Antwerpen/Maastricht 2005, S. 113–115, Nr. 42 (Peter van den Brink) sowie Ewing 2016, S. 339, Nr. 39.
53 Van den Brink 2006, S. 170.
54 Siehe Ausst.-Kat. Washington 1987, S. 109f., Nr. 33 (John Oliver Hand).
55 D'haene 2010, S. 20. Siehe Unbekannter niederländischer Künstler, *Landschaft mit fantastischer Stadt*, um 1525–1535, Feder in Schwarz, Pinsel in Weiß, braun laviert, auf blau grundiertem Papier, 26,9 × 41,3 cm, Florenz, Galleria degli Uffizi, Gabinetto Disegni e Stampe, Inv. 8701 S, sowie Unbekannter niederländischer Künstler, *Landschaft mit Leda und dem Schwan*, um 1525–1535, Feder in Schwarz, Pinsel in Weiß, braun laviert, auf blau grundiertem Papier, 27,9 × 42,1 cm, Florenz, Fondazione Horne, Inv. 5697.
56 Siehe Ausst.-Kat. Madrid 2007, S. 141–143; D'haene 2010 sowie D'haene 2012.

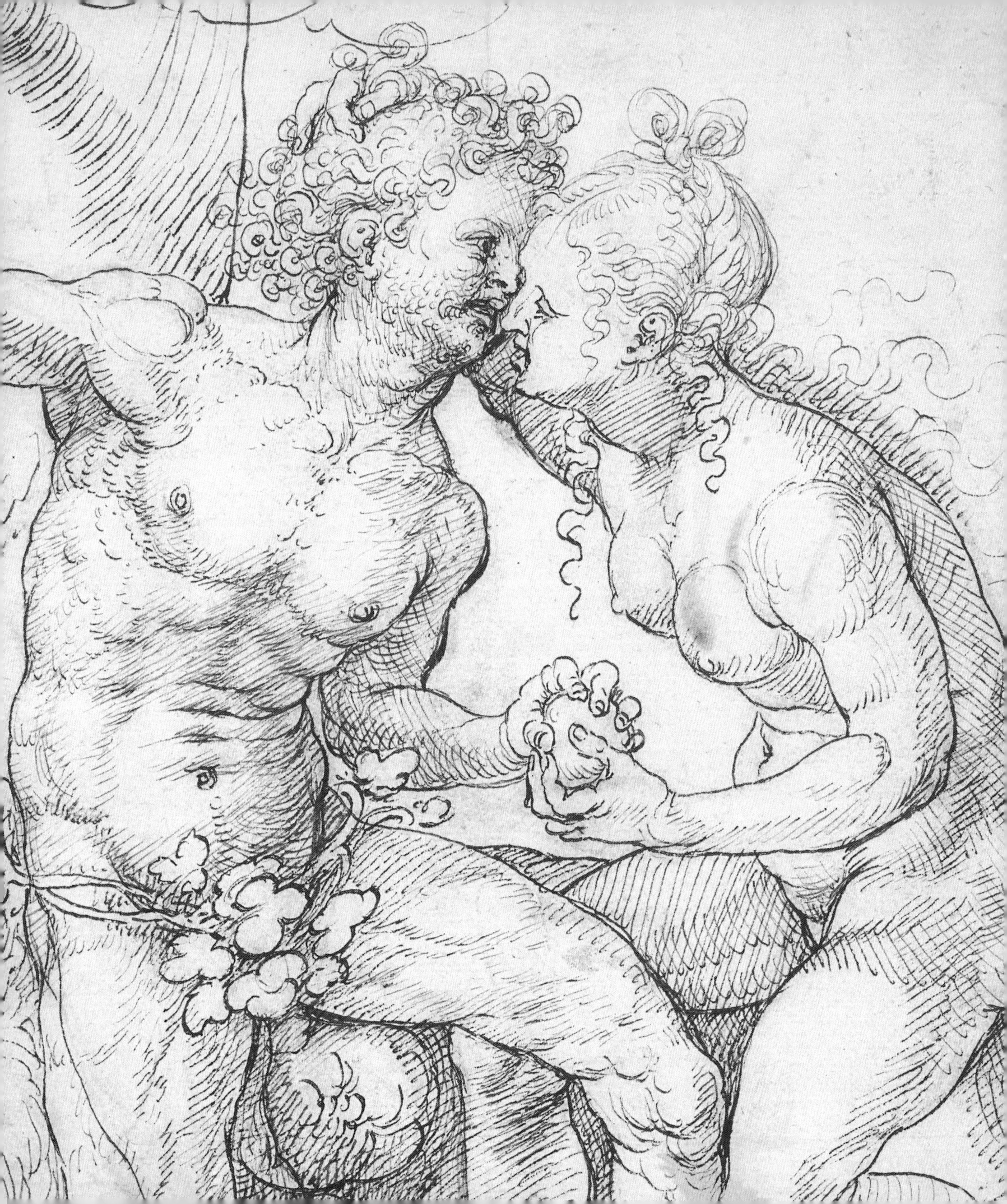

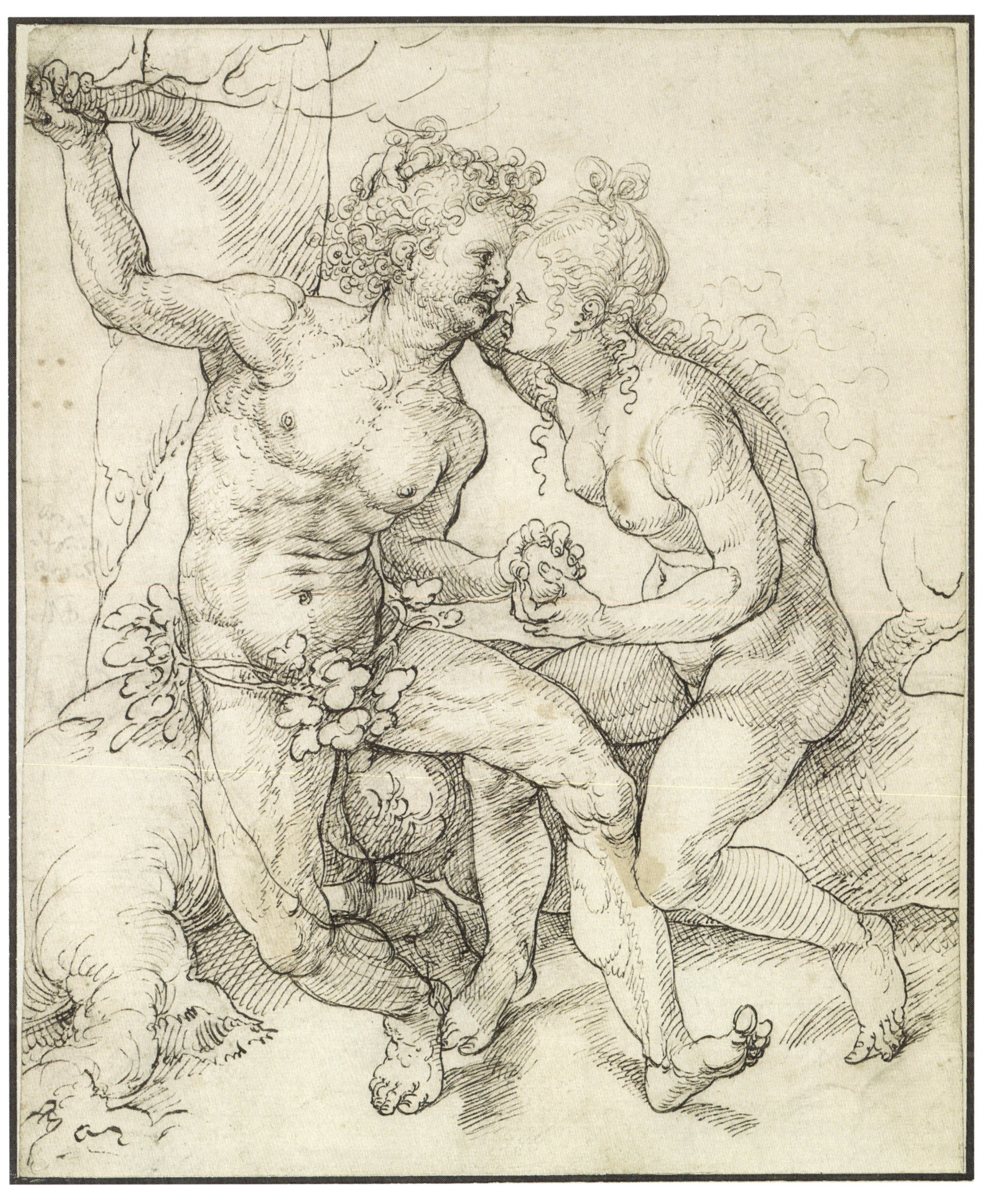

1 · Jan Gossart
Der Sündenfall, um 1520–1525

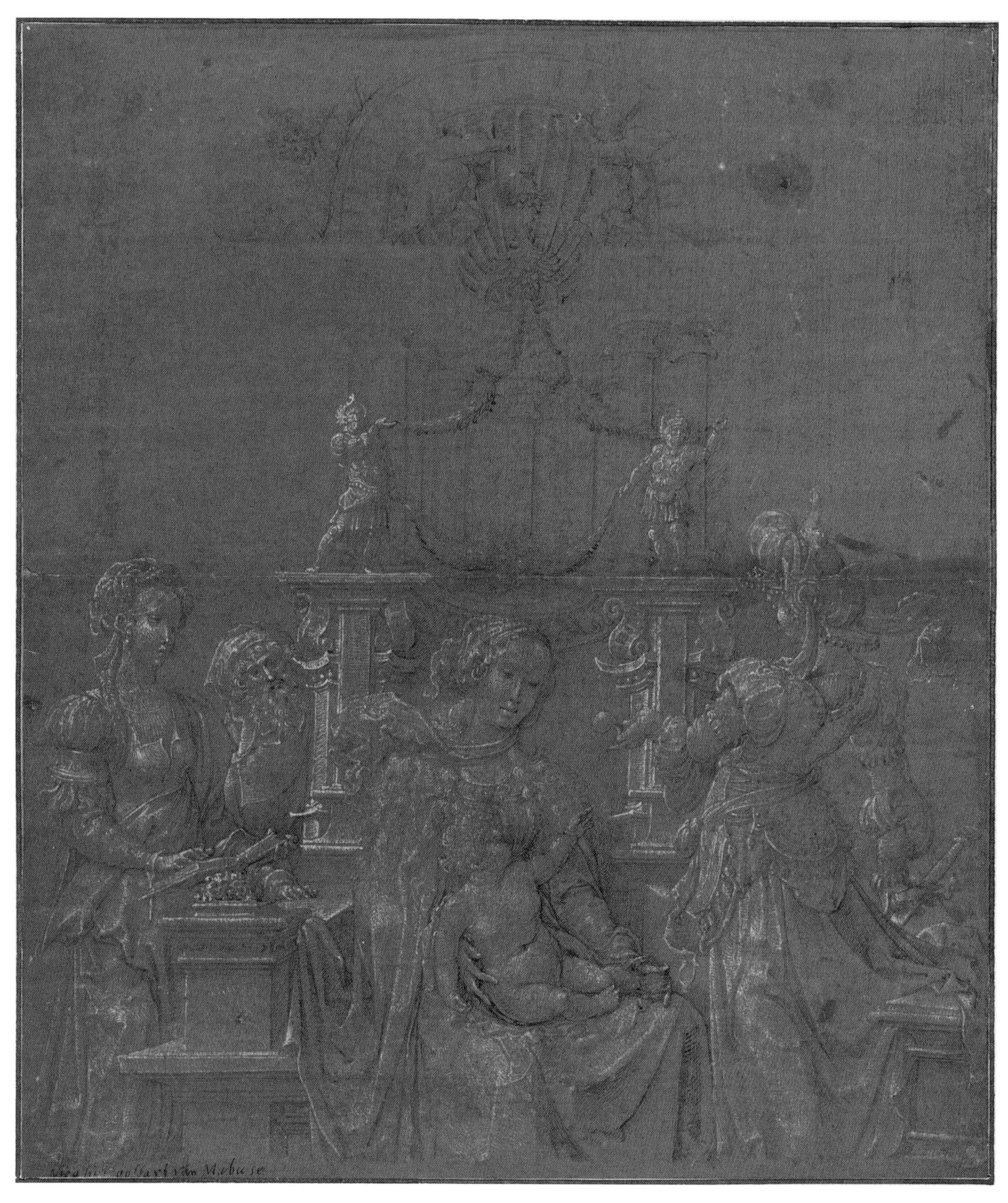

2 · Jan Gossart
Die heilige Familie mit Heiligen, um 1510–1515

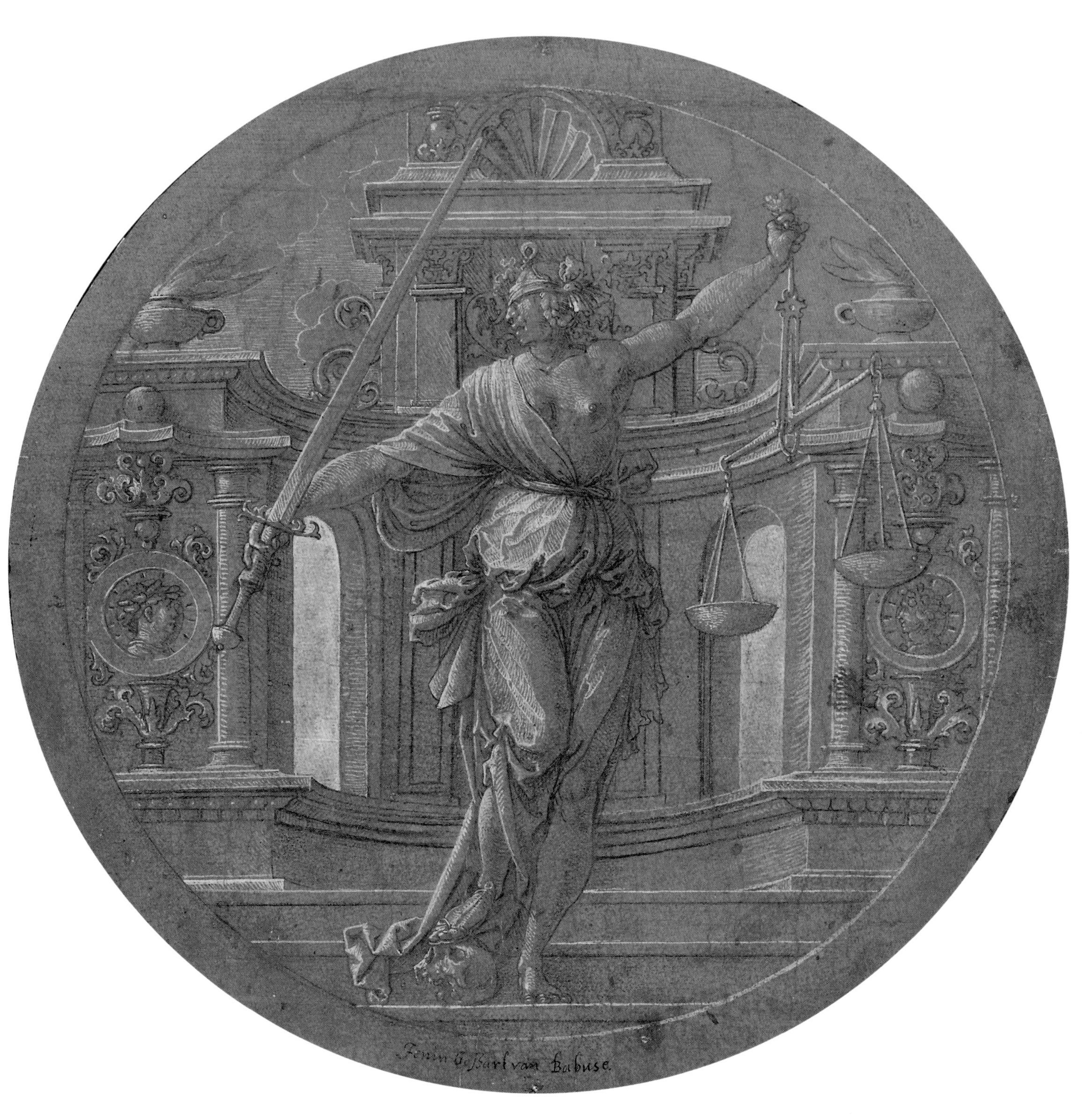

3 · Umkreis des Jan Gossart
Justitia (Die Gerechtigkeit), um 1520–1530

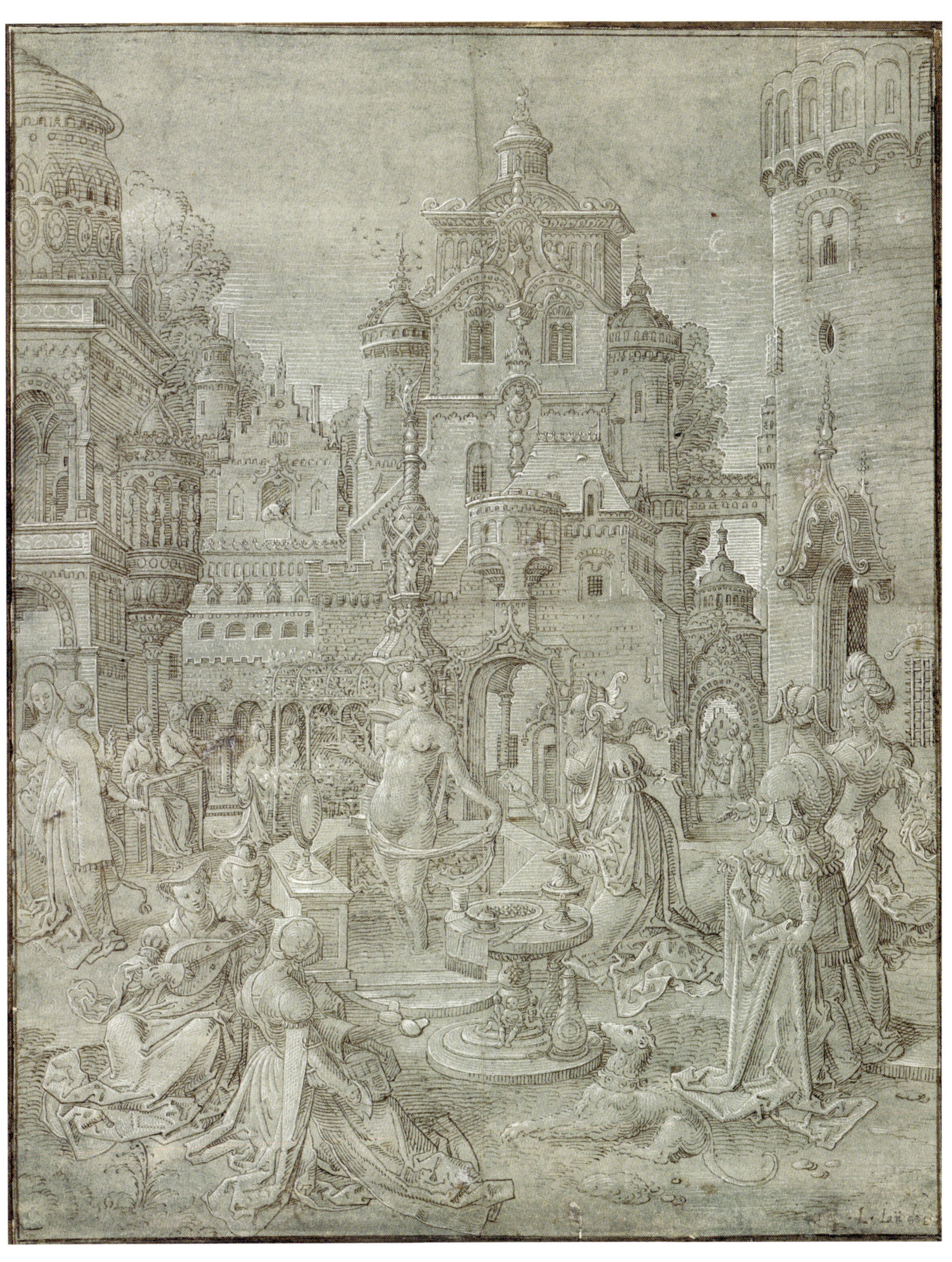

4 · Antwerpener Manierist
Bathseba im Bade, um 1520

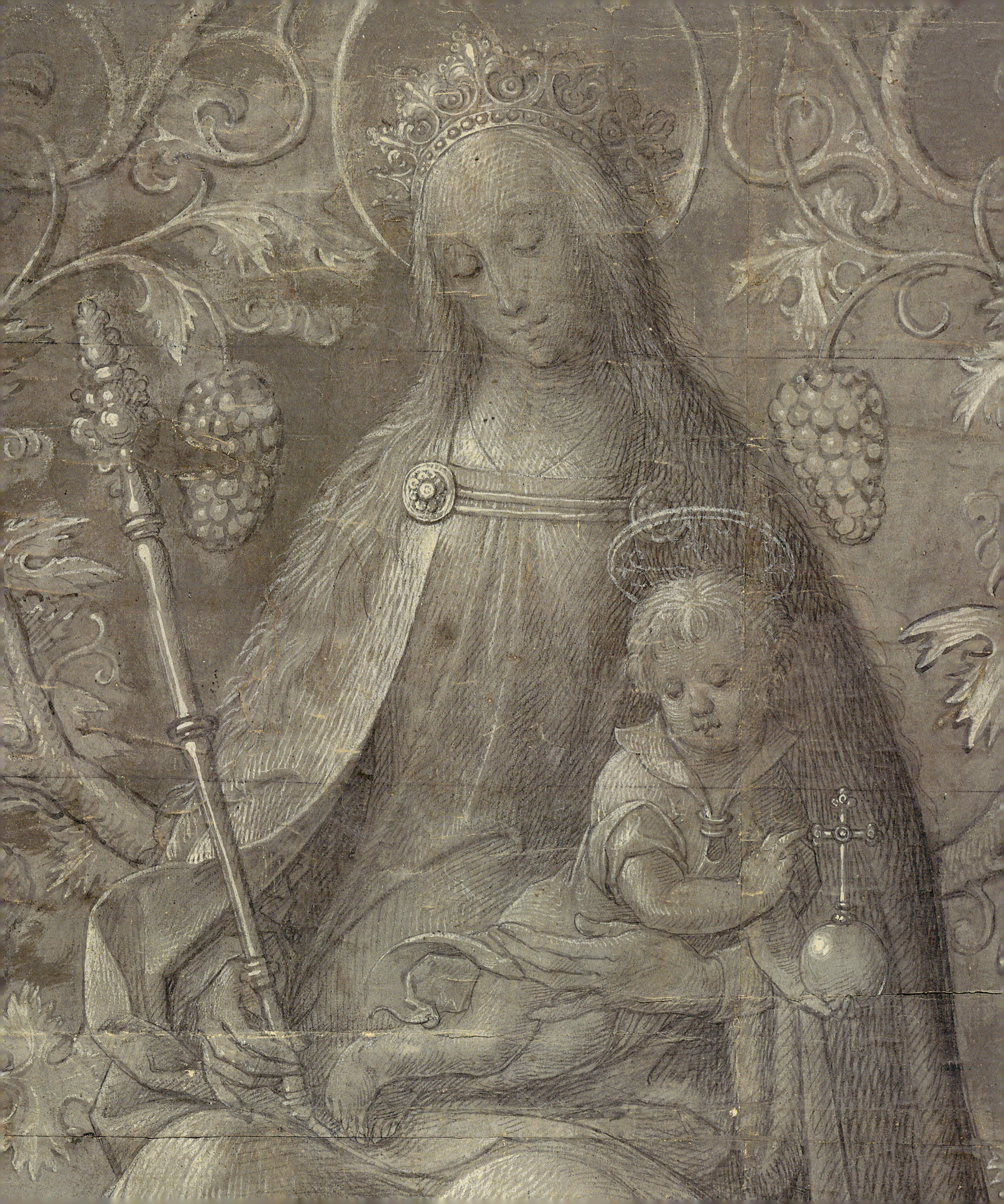

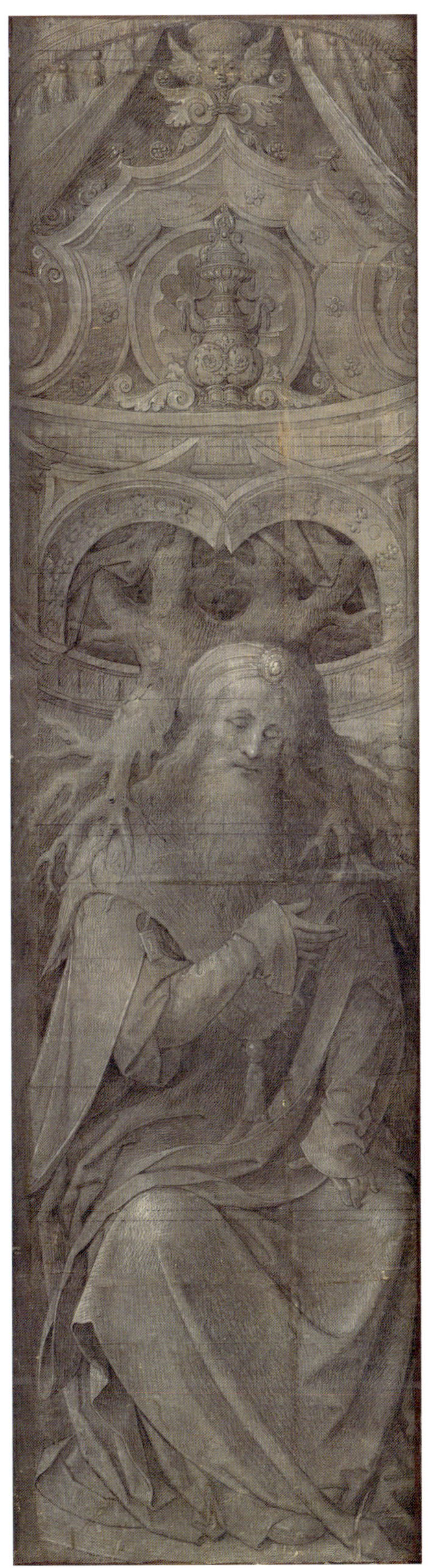

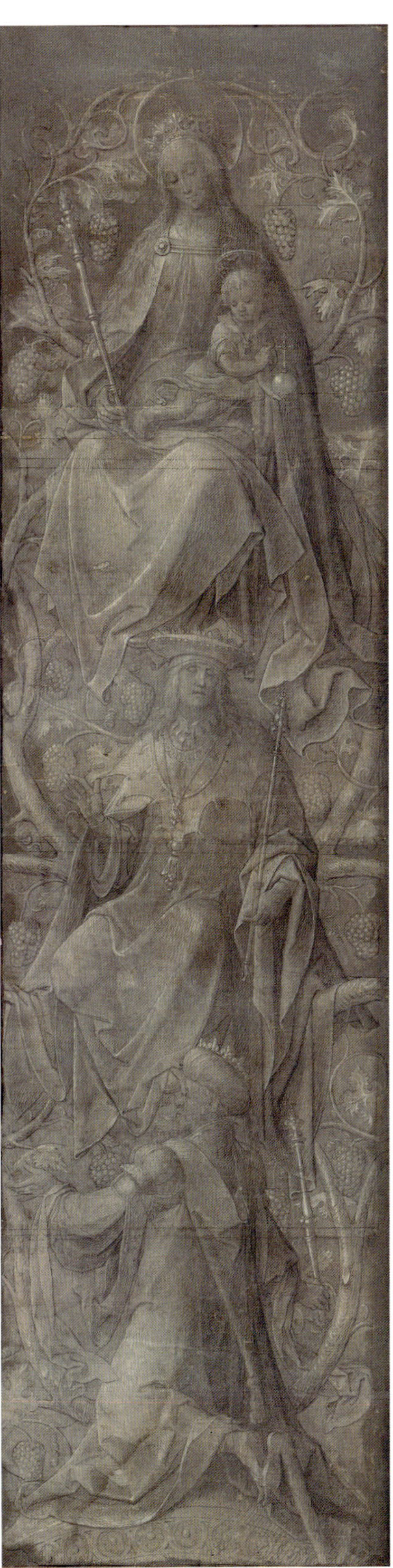

5, 6 · Jan de Beer
Die Wurzel Jesse: Jesse, David, Salomo und Maria mit Kind, um 1515–1520

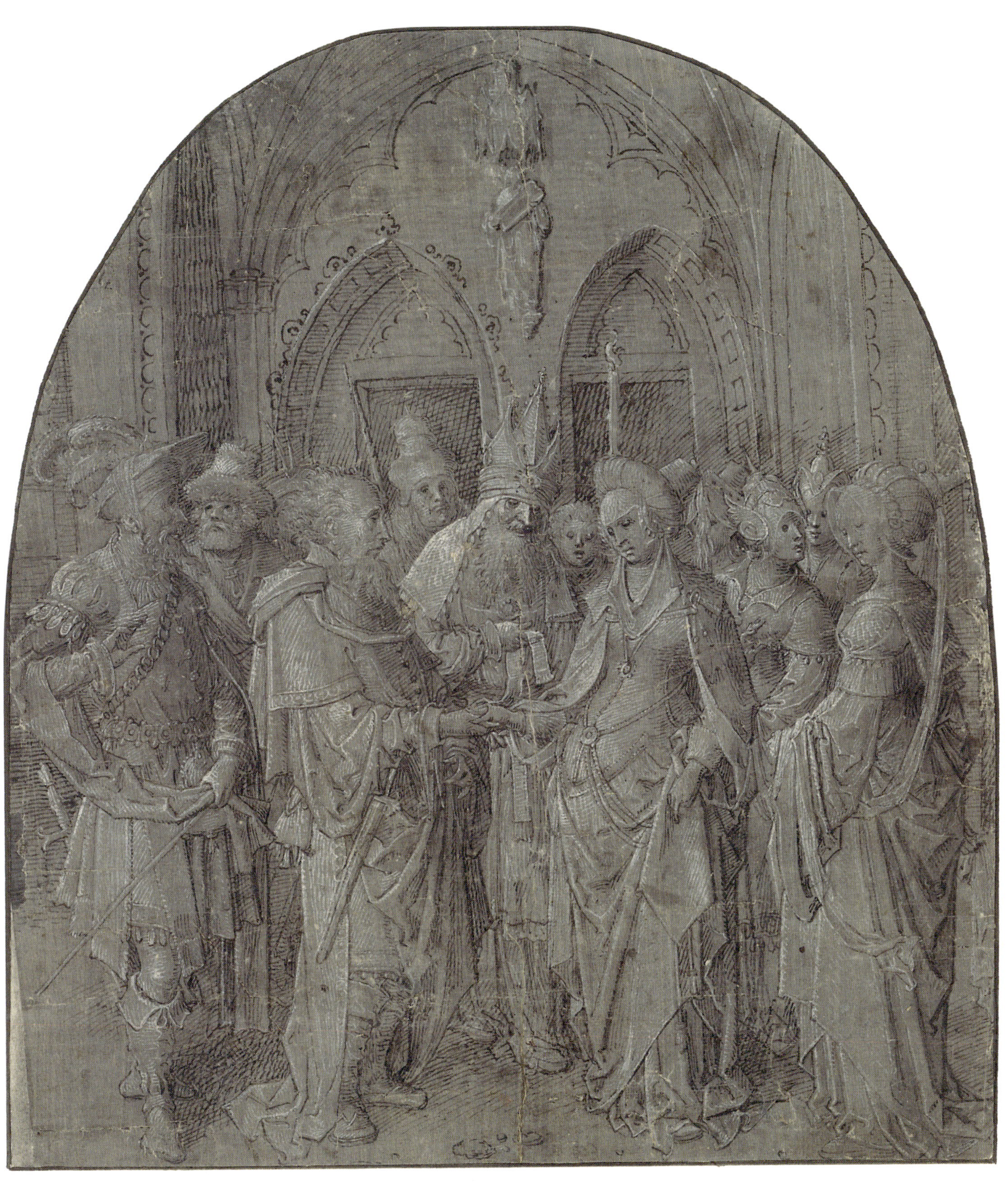

7 · Jan de Beer
Die Vermählung Mariae, um 1515–1520

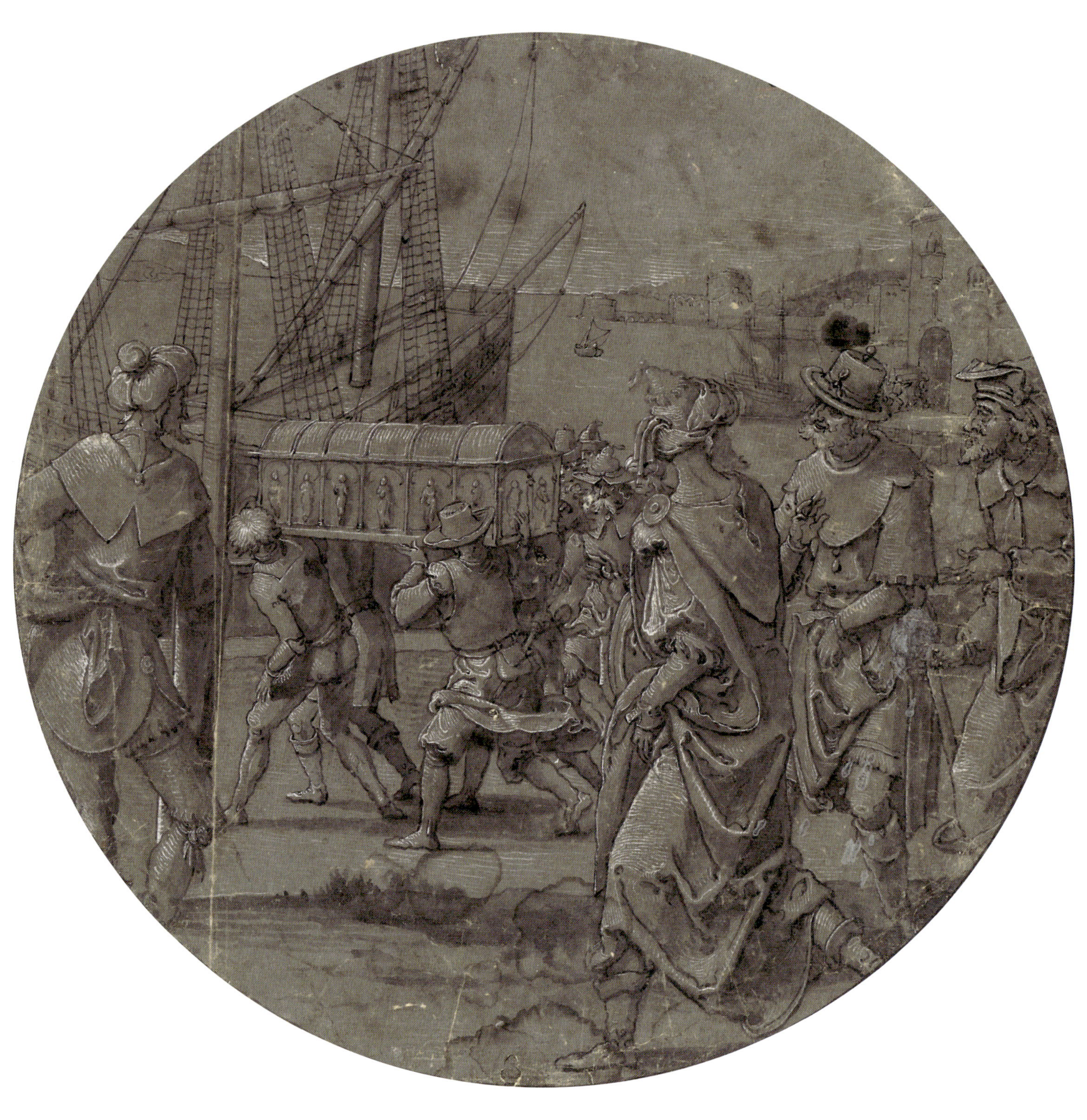

8 · Meister von 1518
Die Einschiffung eines Schreins, um 1525

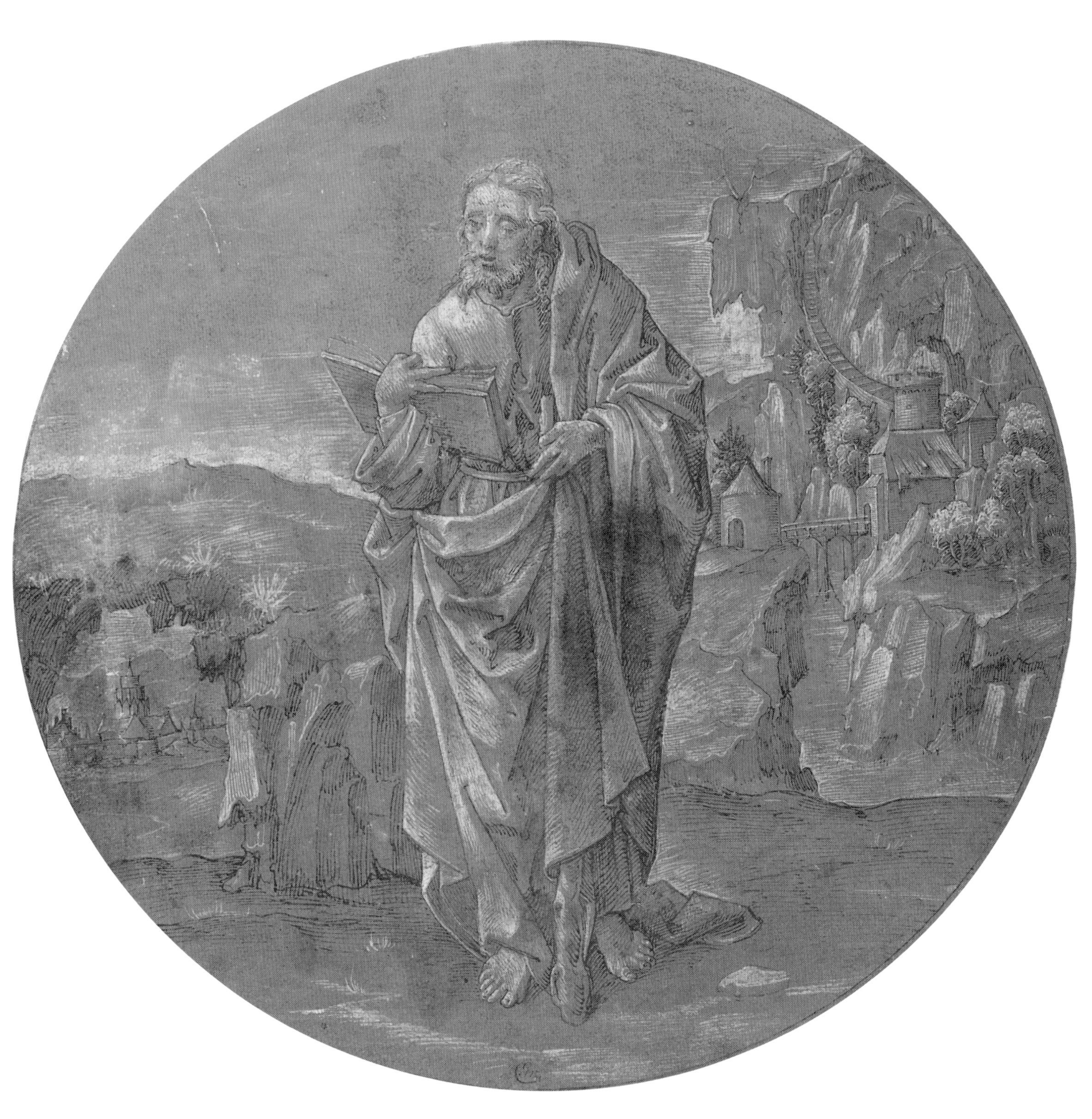

9 · Umkreis des Jan de Beer
Der heilige Judas Thaddäus, um 1520

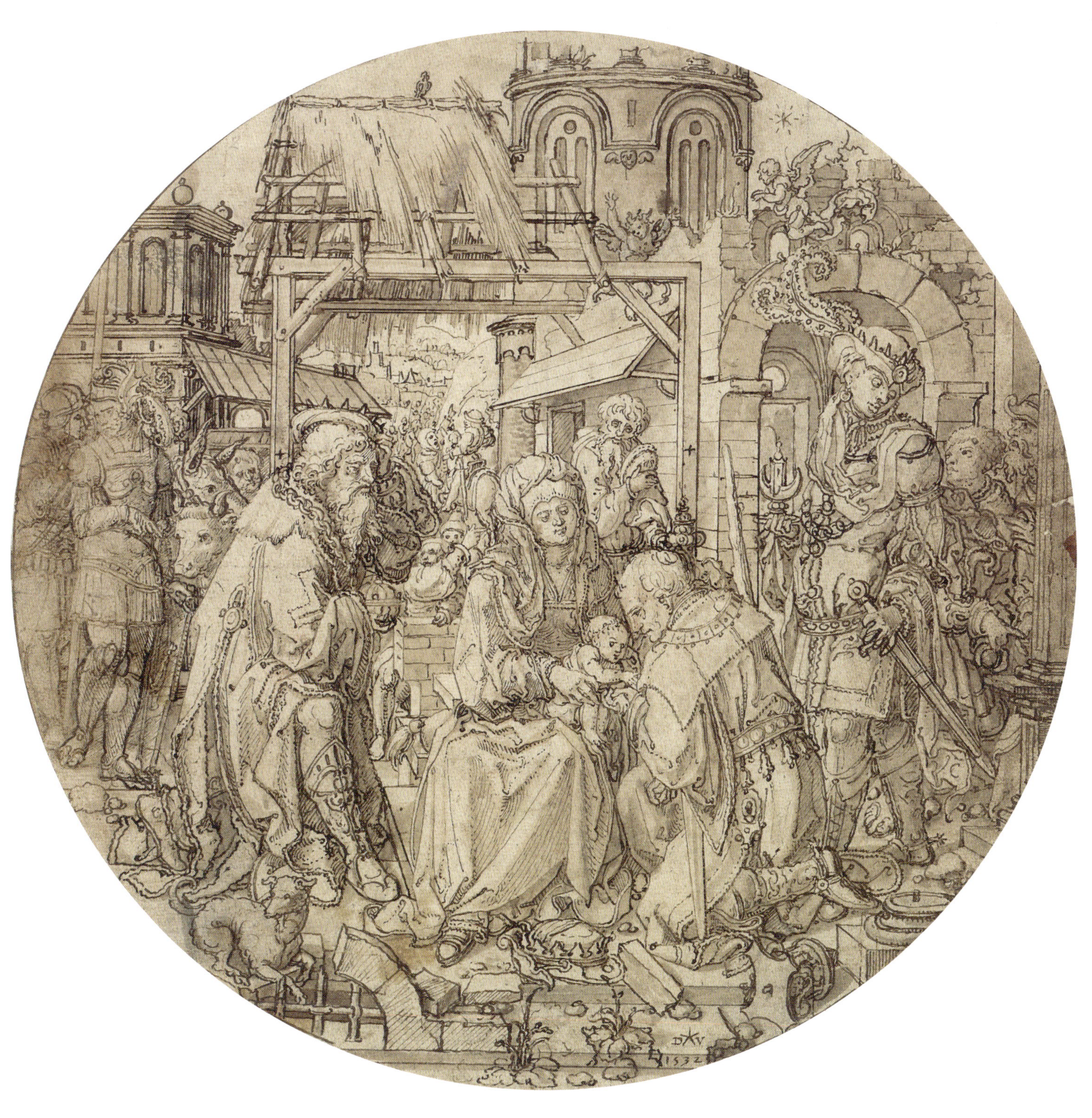

10 · Dirck Vellert
Die Anbetung der Könige, 1532

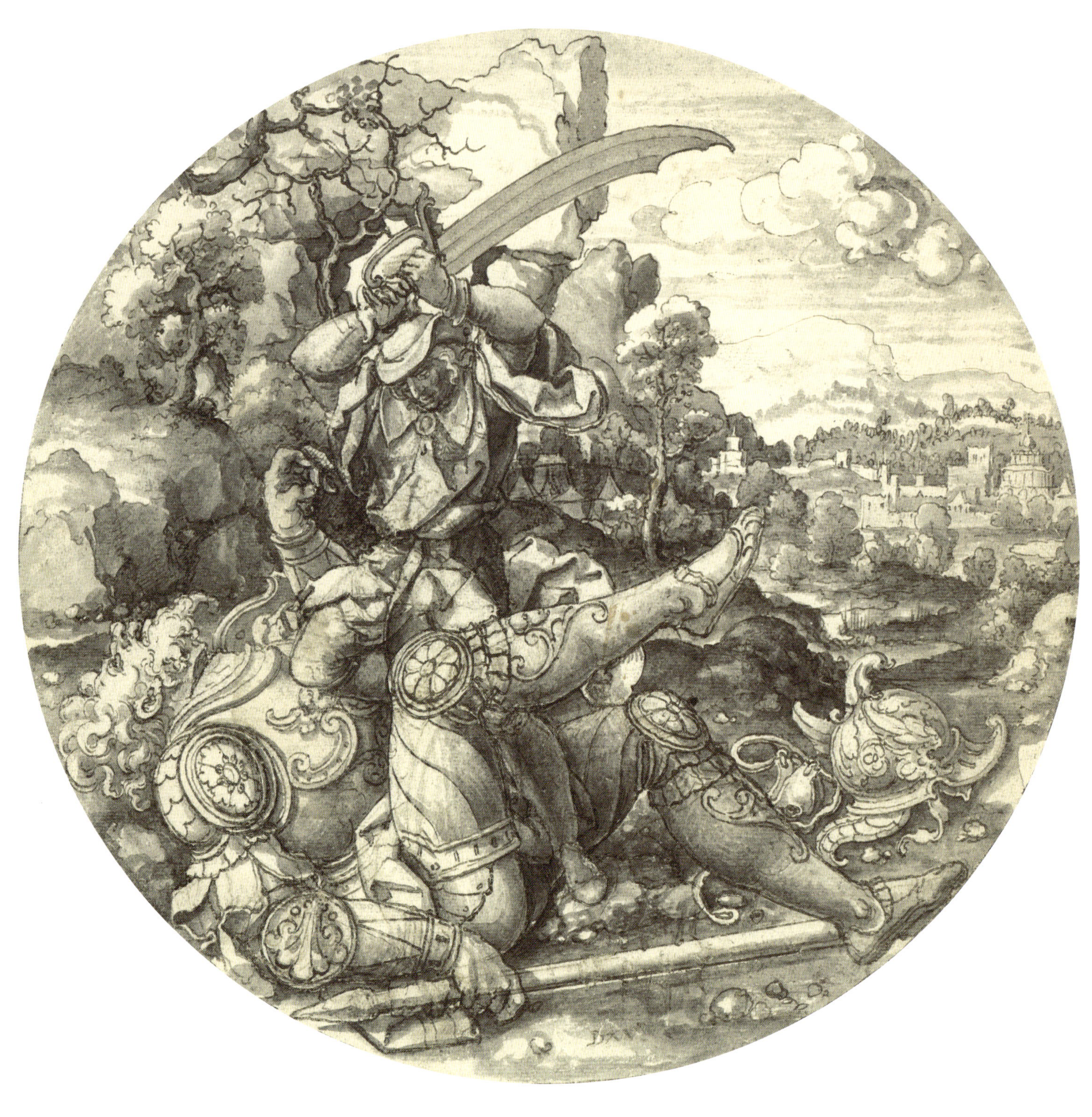

11 · Dirck Vellert
David tötet Goliath, um 1523

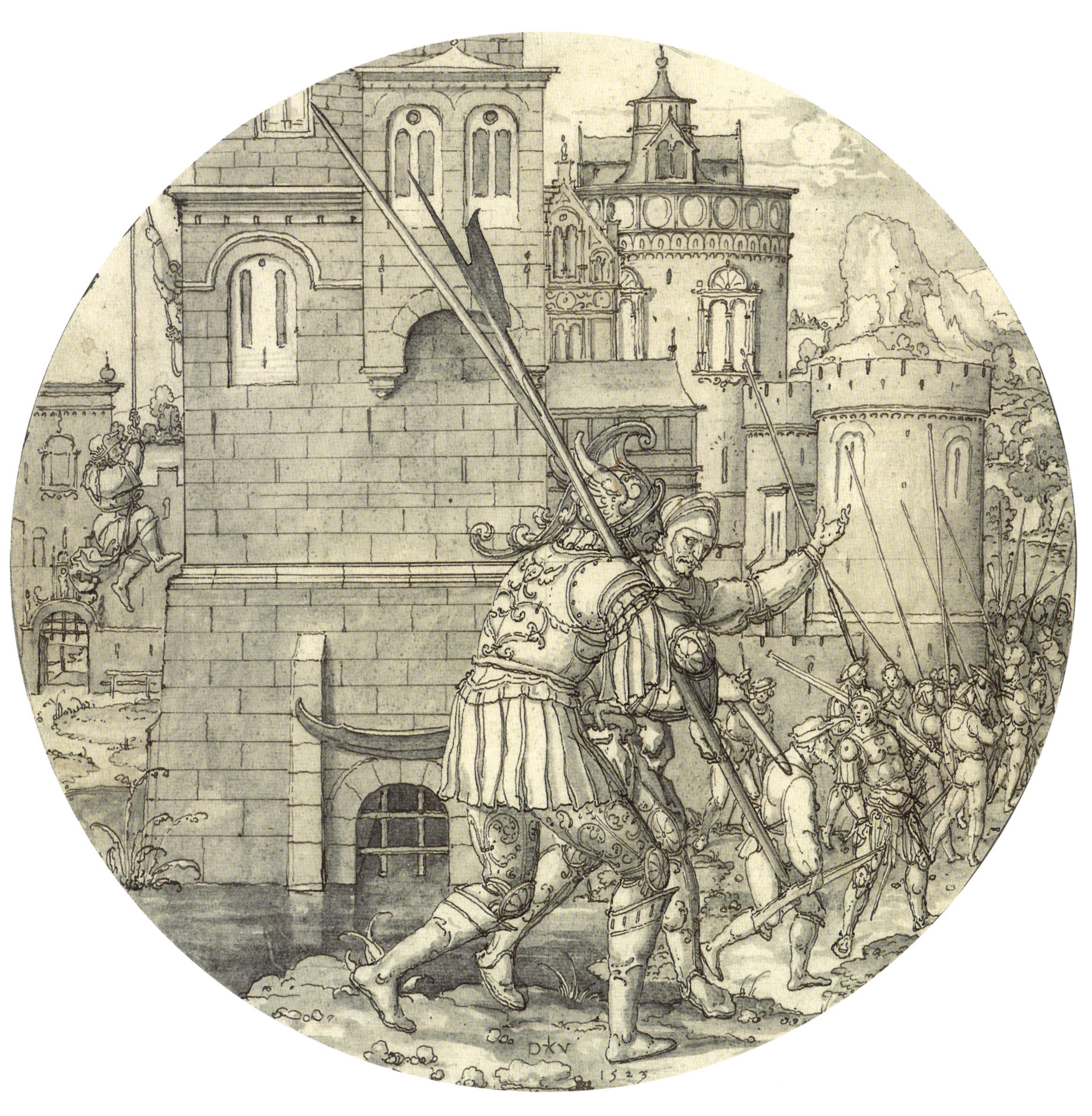

12 · Dirck Vellert
Davids Flucht, 1523

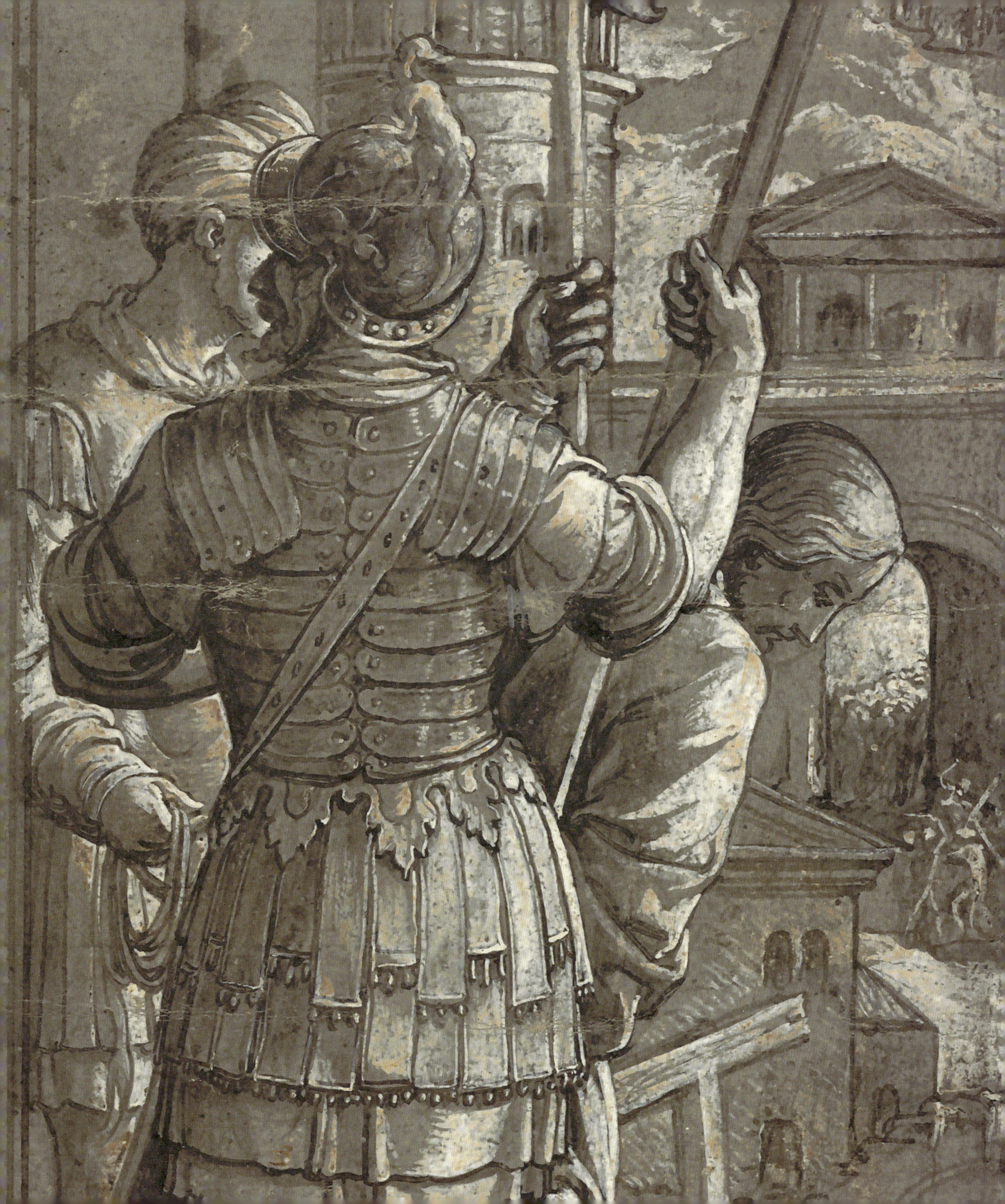

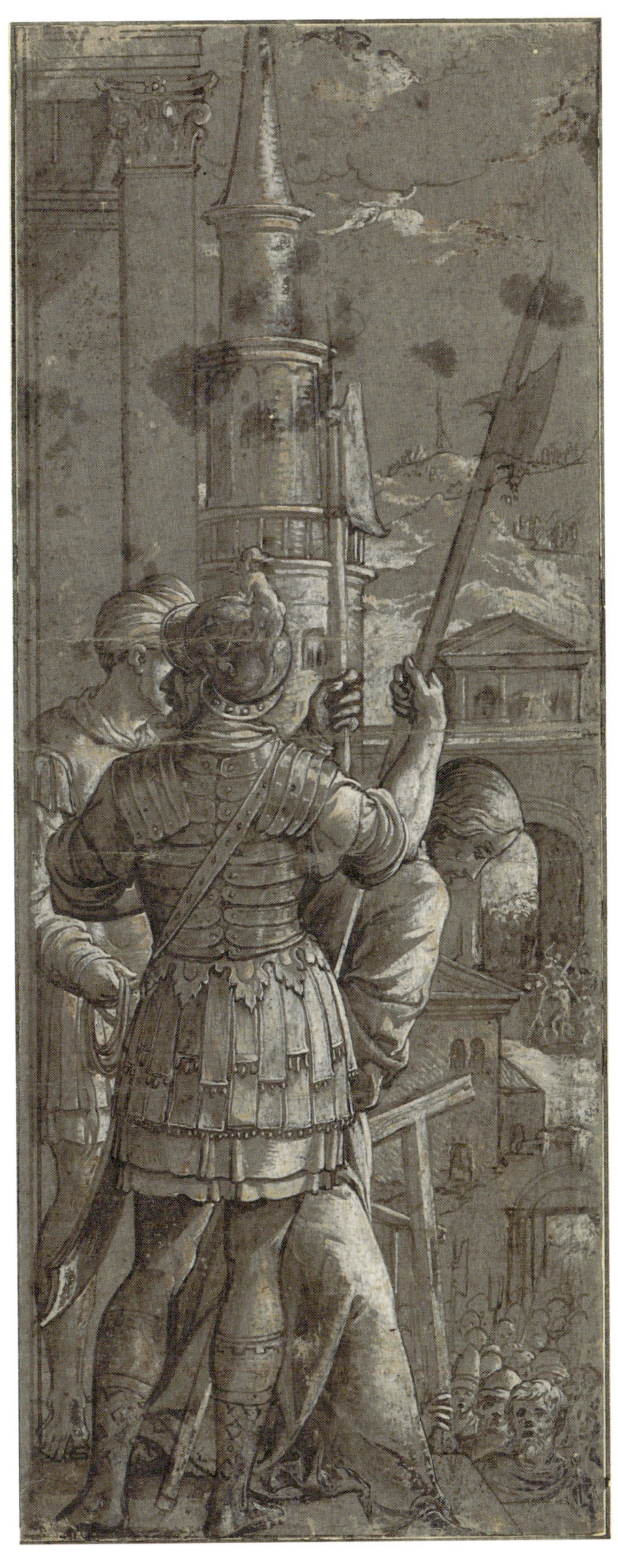

13 · Umkreis des Jan Swart van Groningen
Ecce homo, um 1550–1560

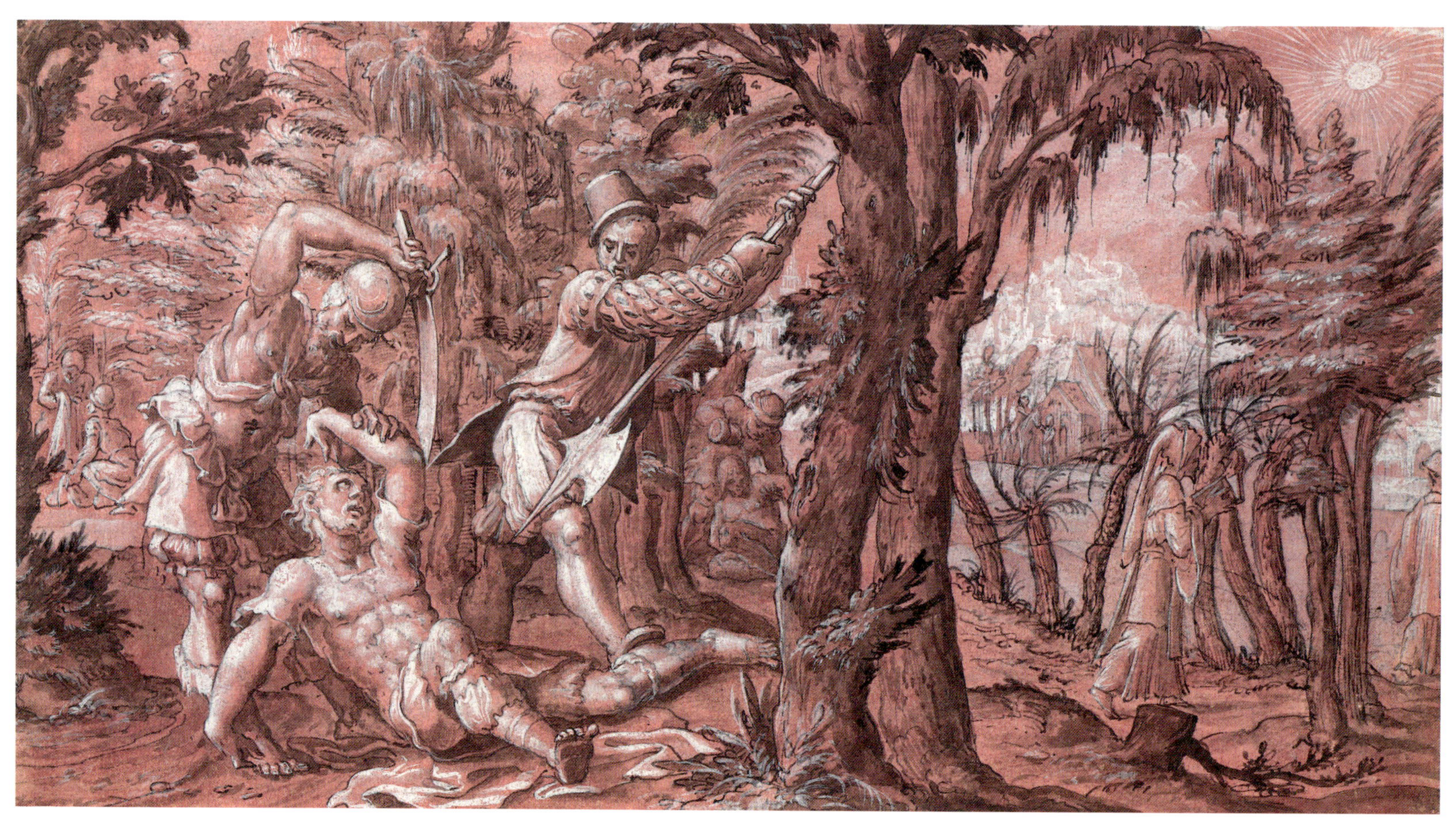

14 · Meister des Liechtensteinschen Kabinetts
Das Gleichnis vom barmherzigen Samariter, um 1550

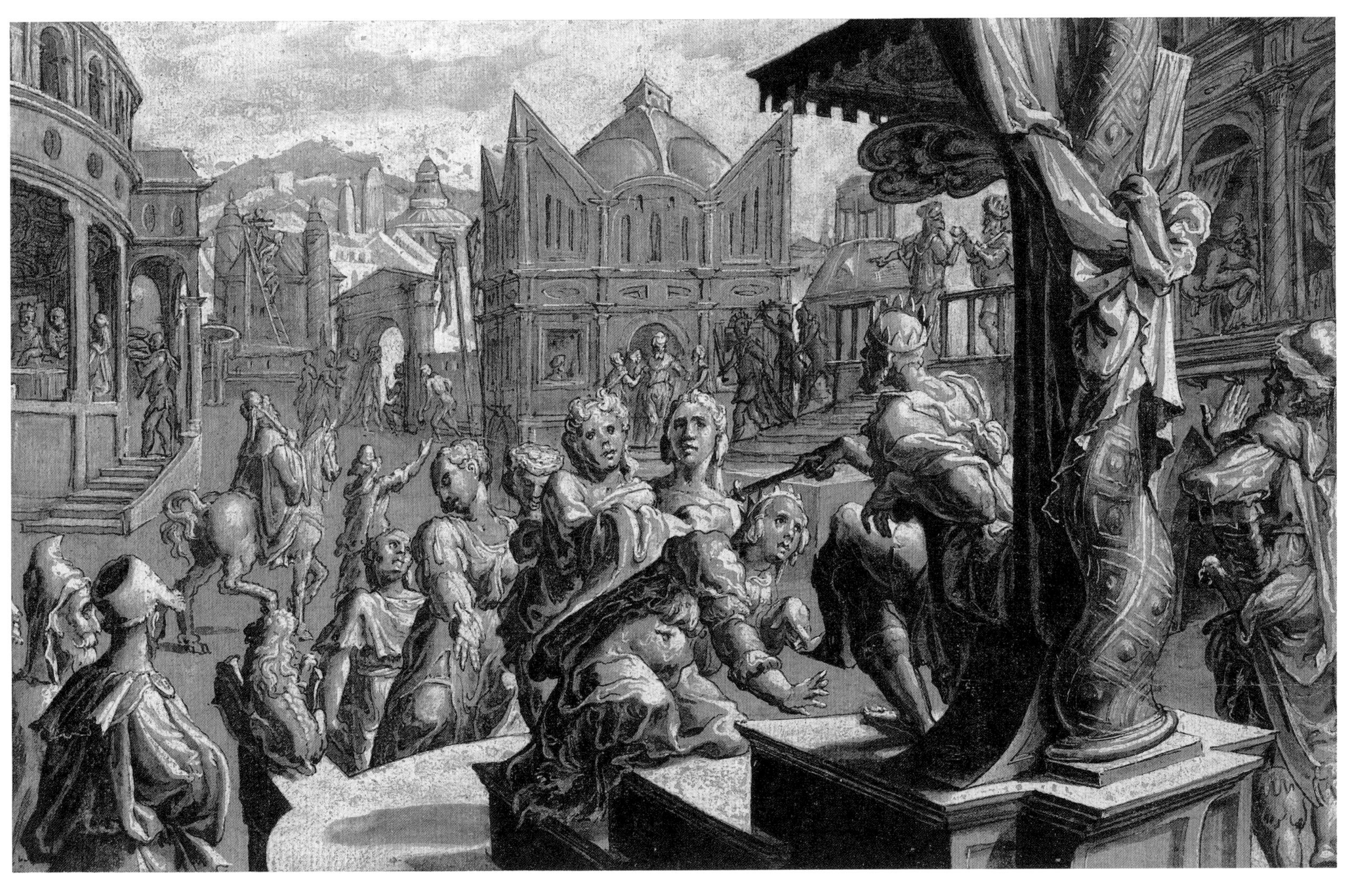

15 · Meister des Liechtensteinschen Kabinetts
Esther vor Ahasver, um 1550

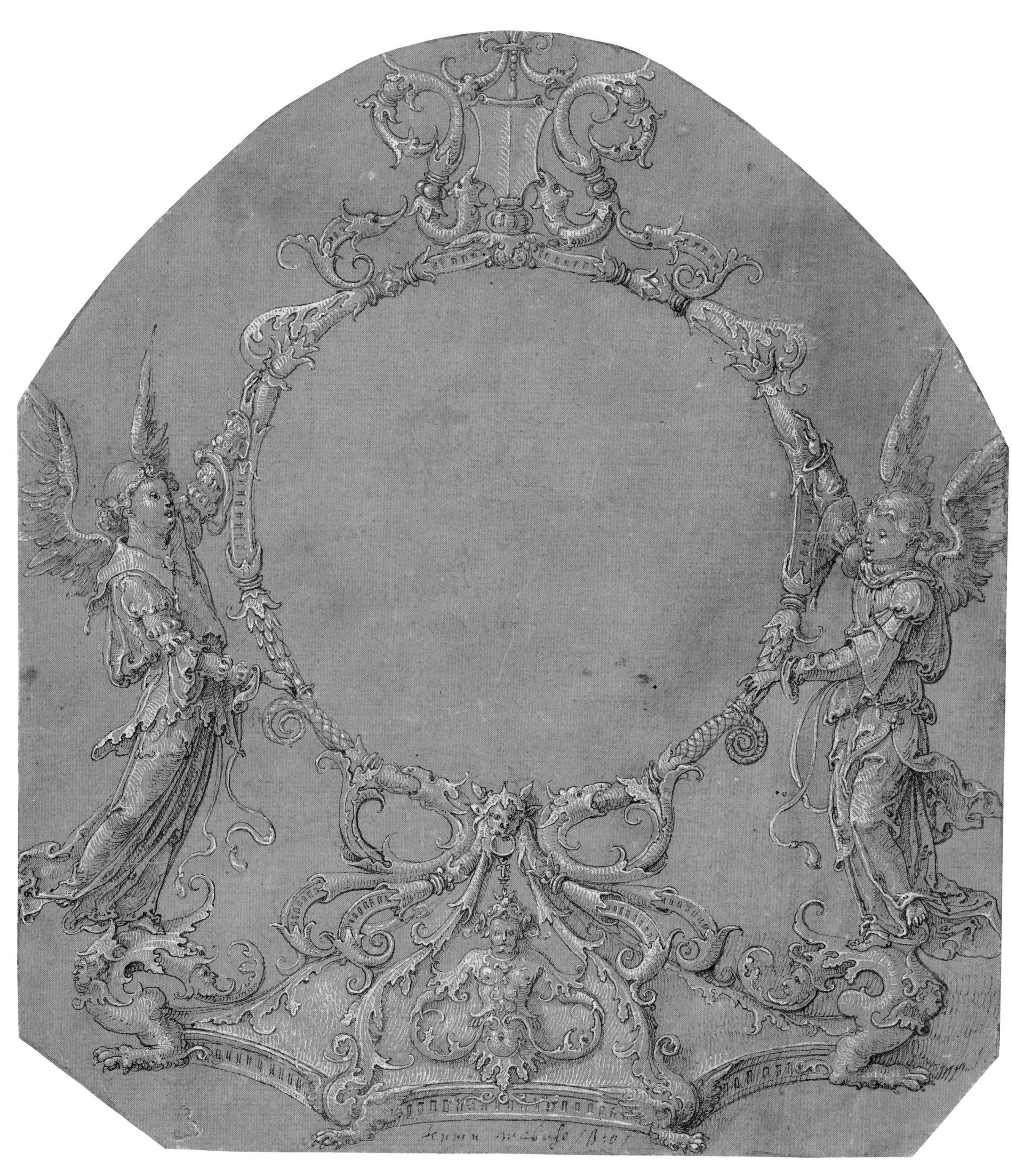

16 · Nach Jan Gossart
Entwurf für ein Ostensorium, nach 1520

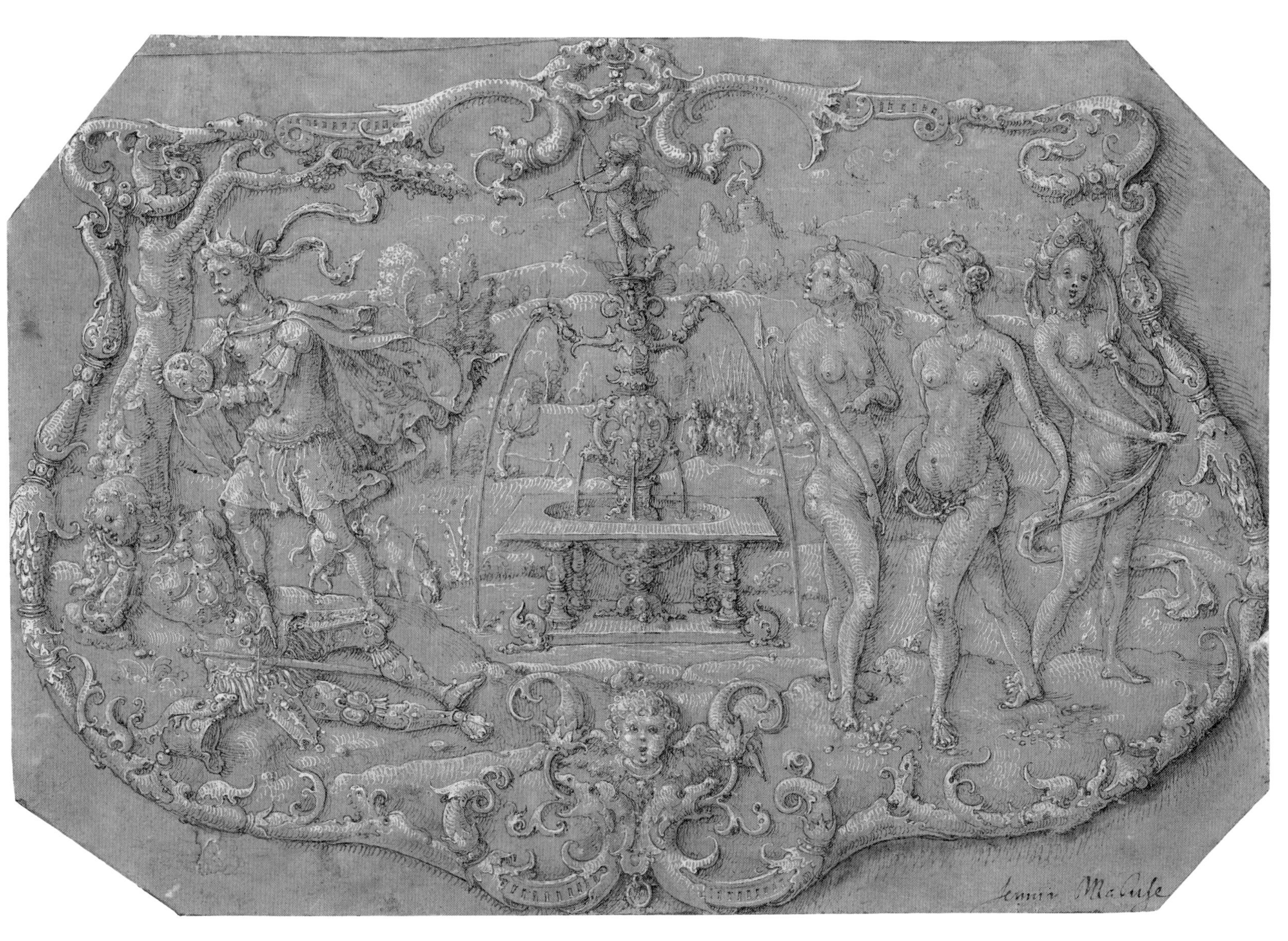

17 · Nach Jan Gossart
Kartusche mit dem Urteil des Paris, nach 1520

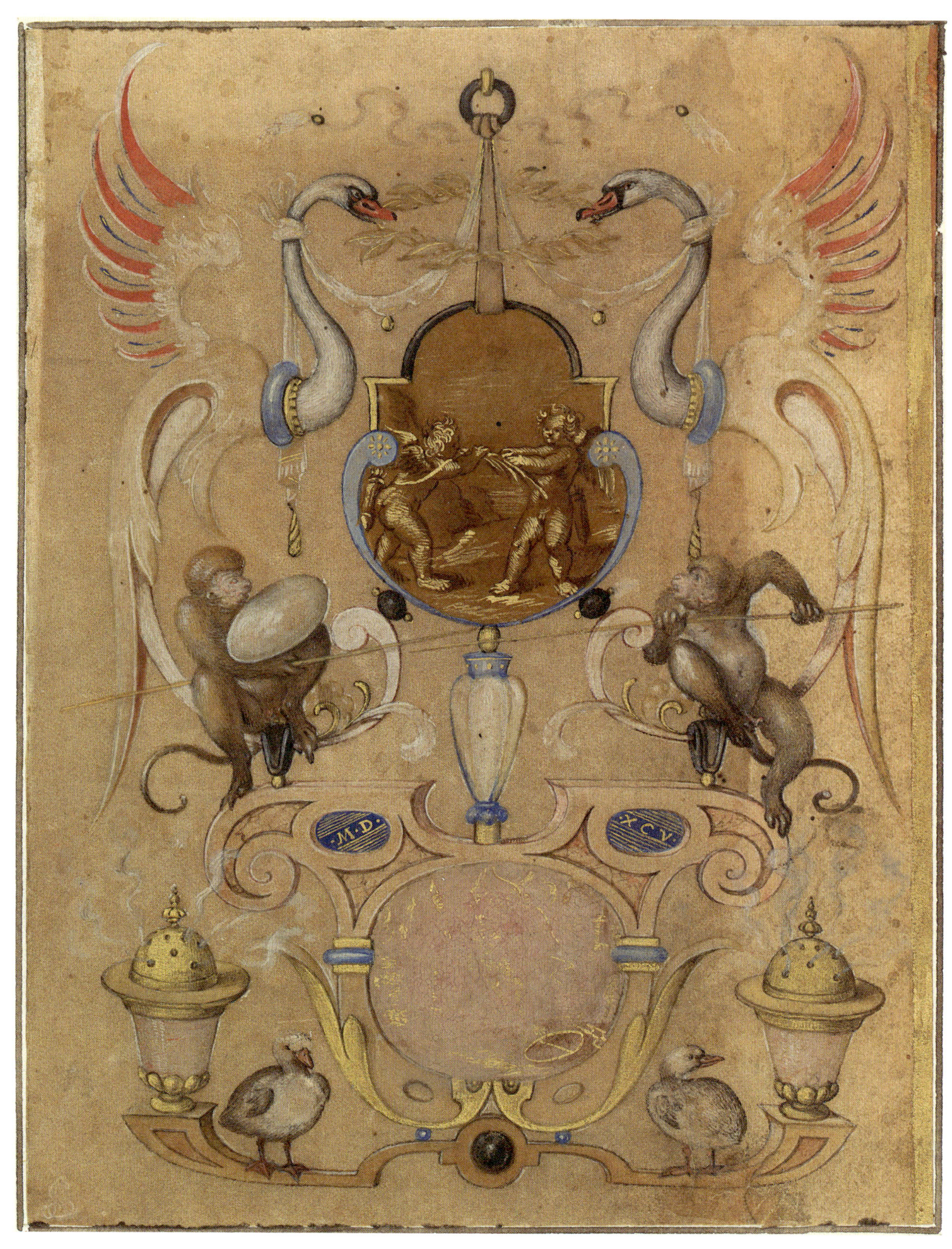

18 · Joris Hoefnagel
Groteske mit Schwänen und Affen, 1594/95,
mit Ergänzungen um oder nach 1608

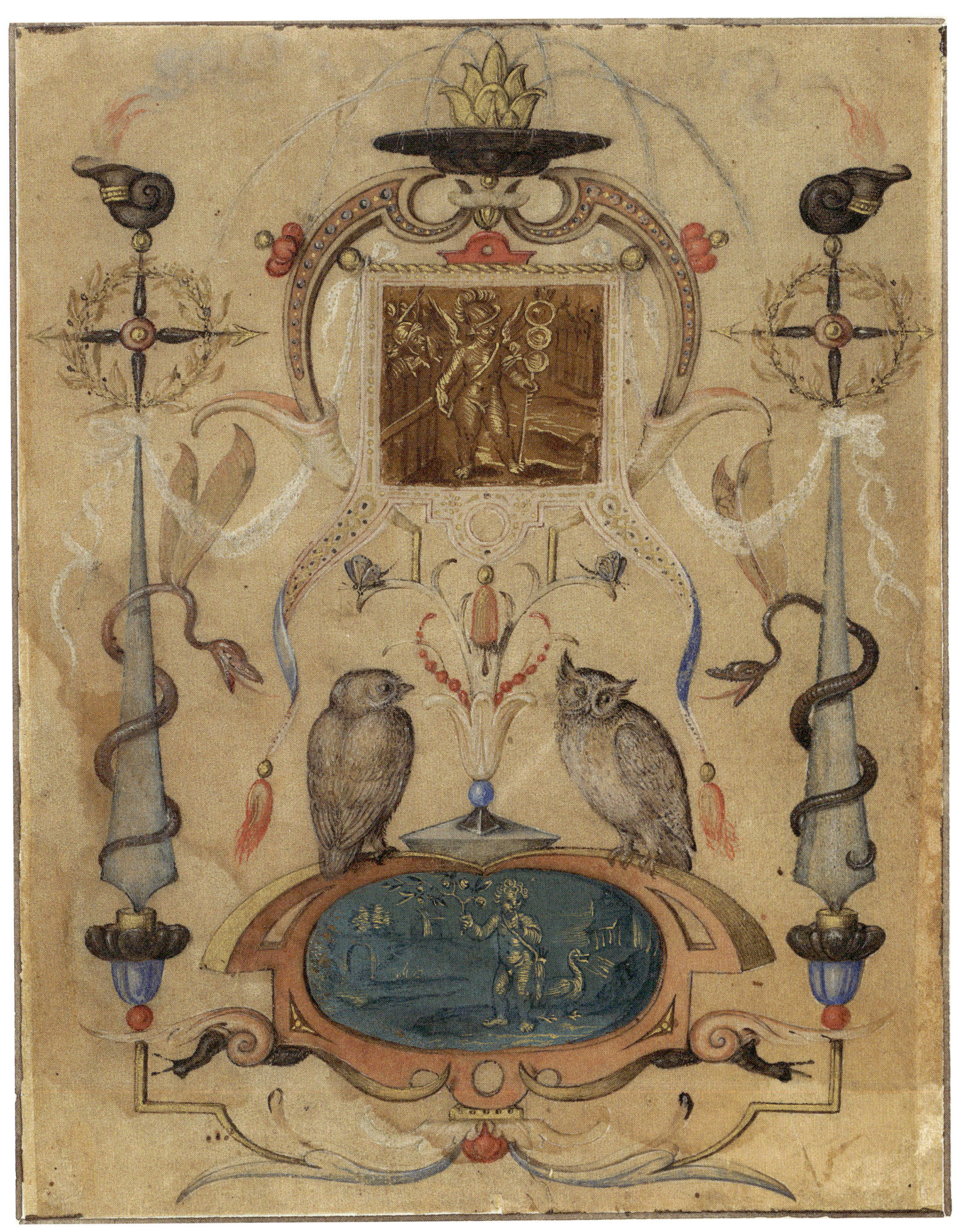

19 · Joris Hoefnagel
Groteske mit Eulen, 1594/95,
mit Ergänzungen um oder nach 1608

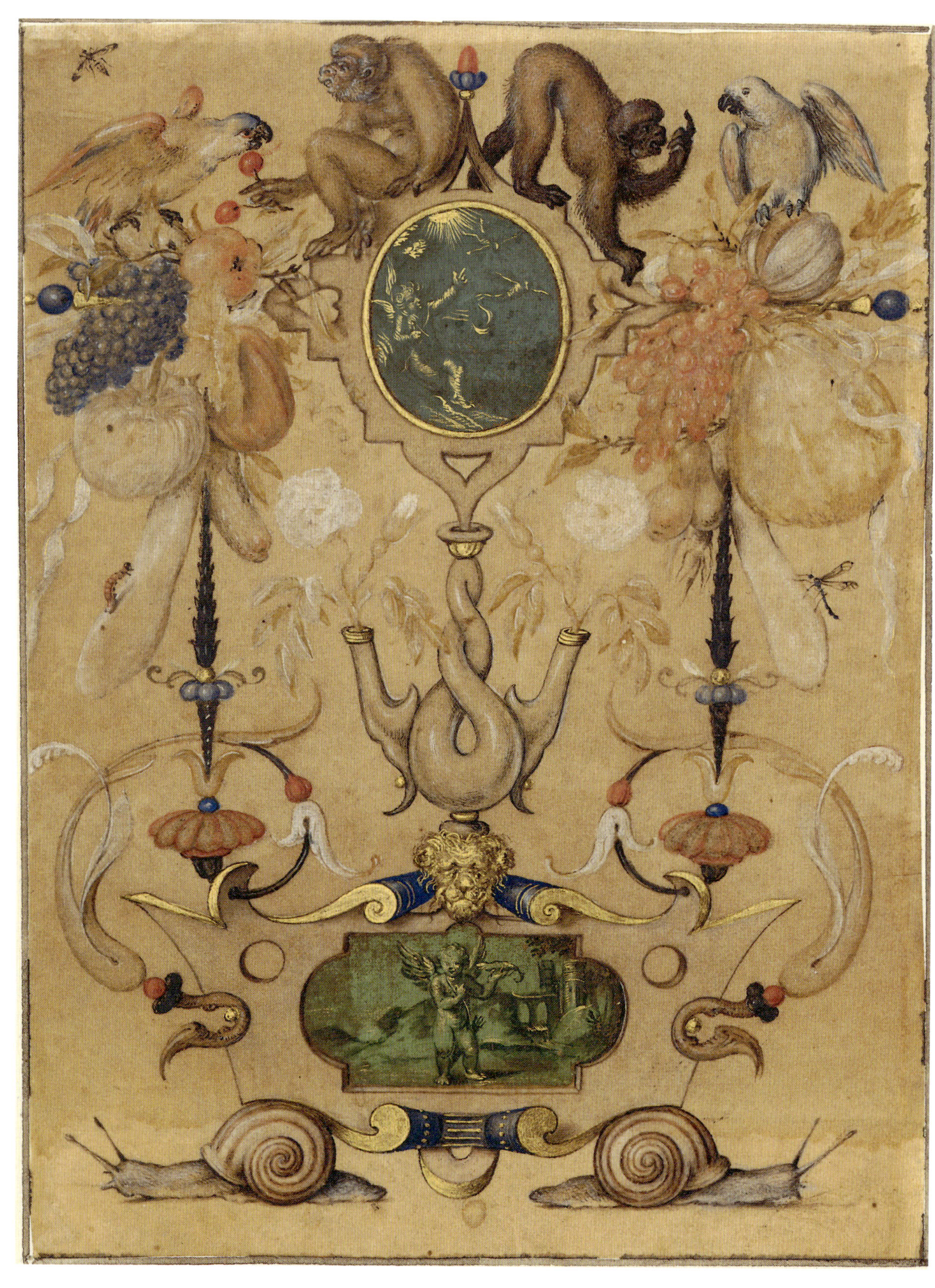

20 · Joris Hoefnagel
Groteske mit Affen und Papageien, 1594/95,
mit Ergänzungen um oder nach 1608

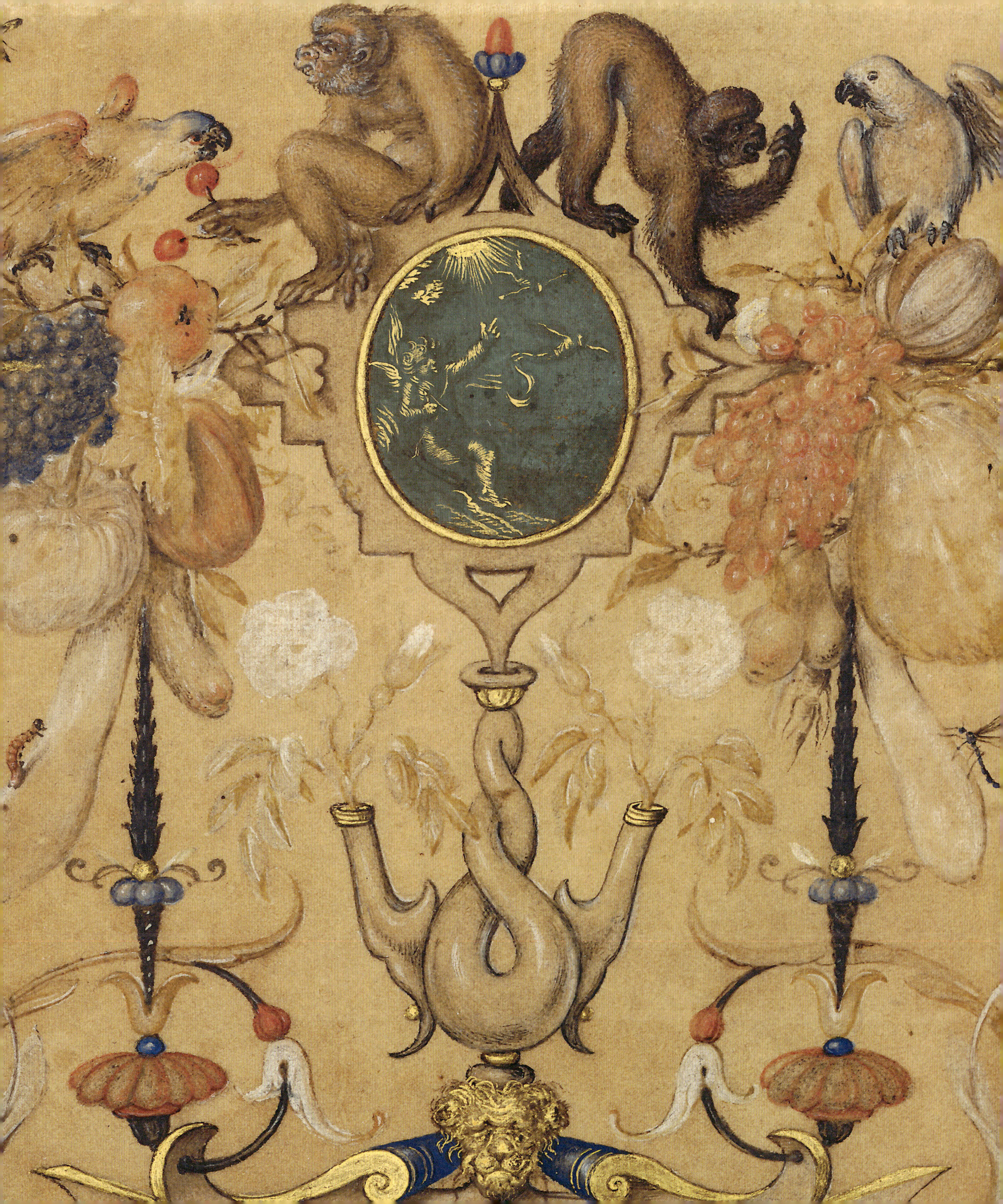

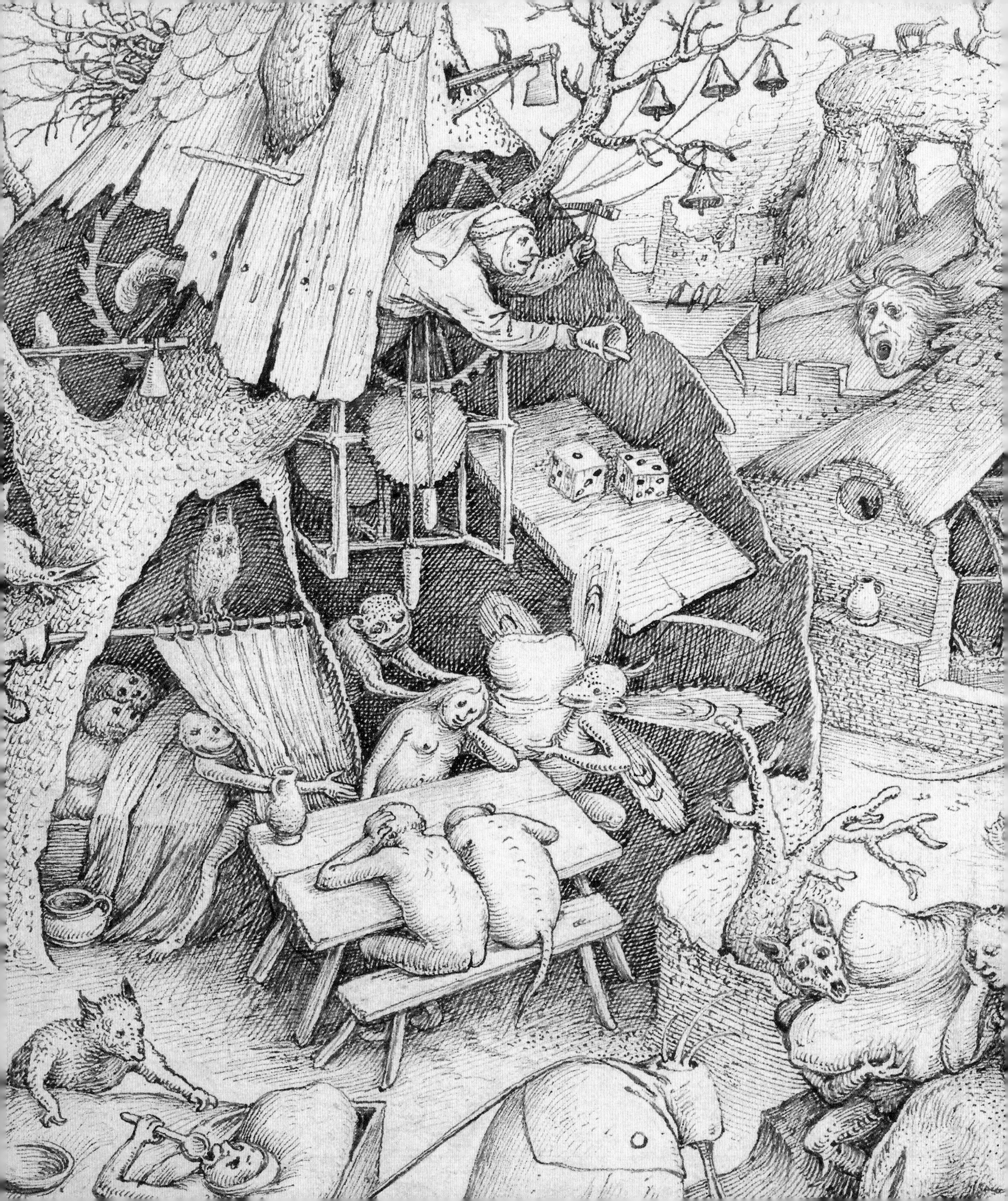

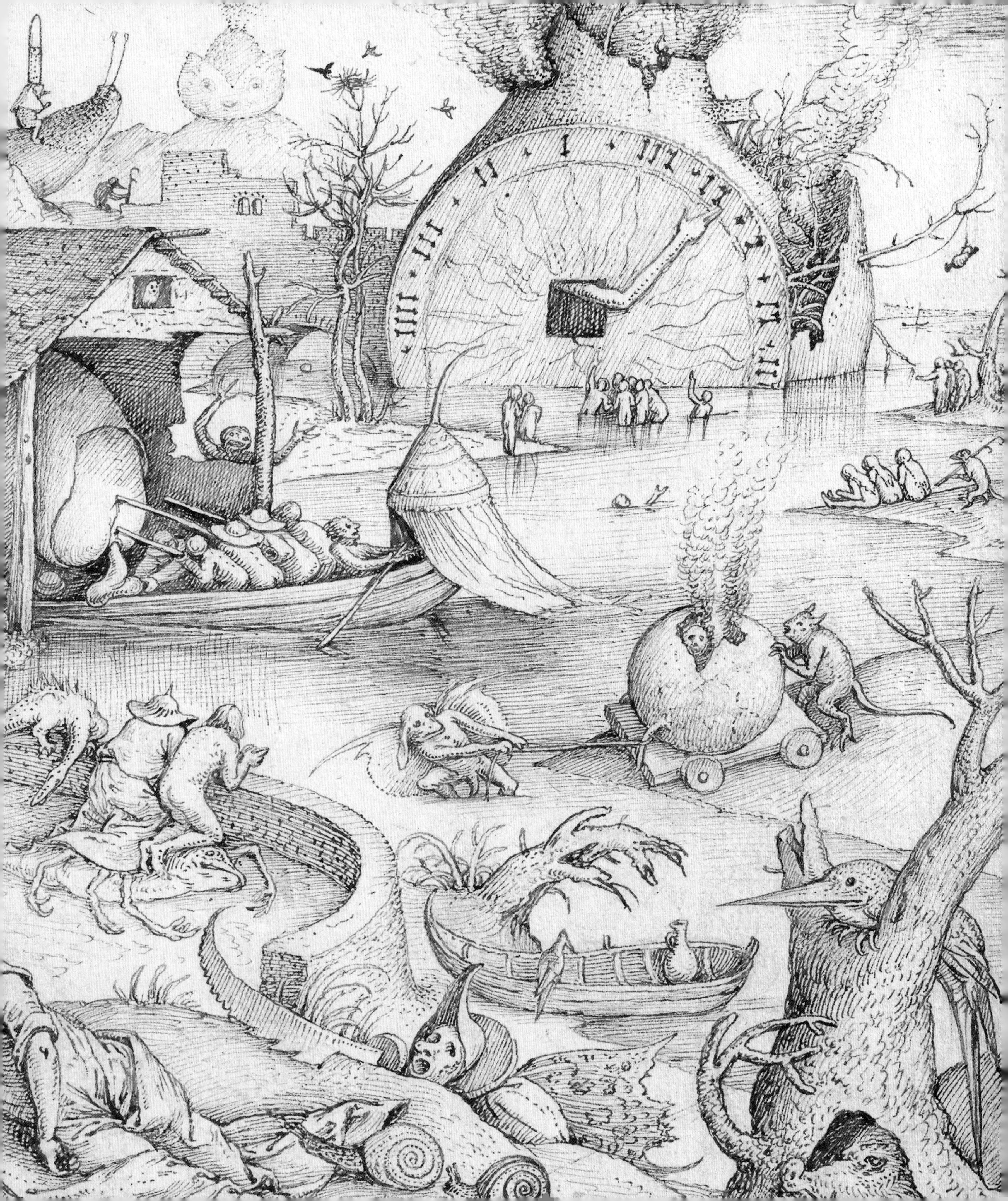

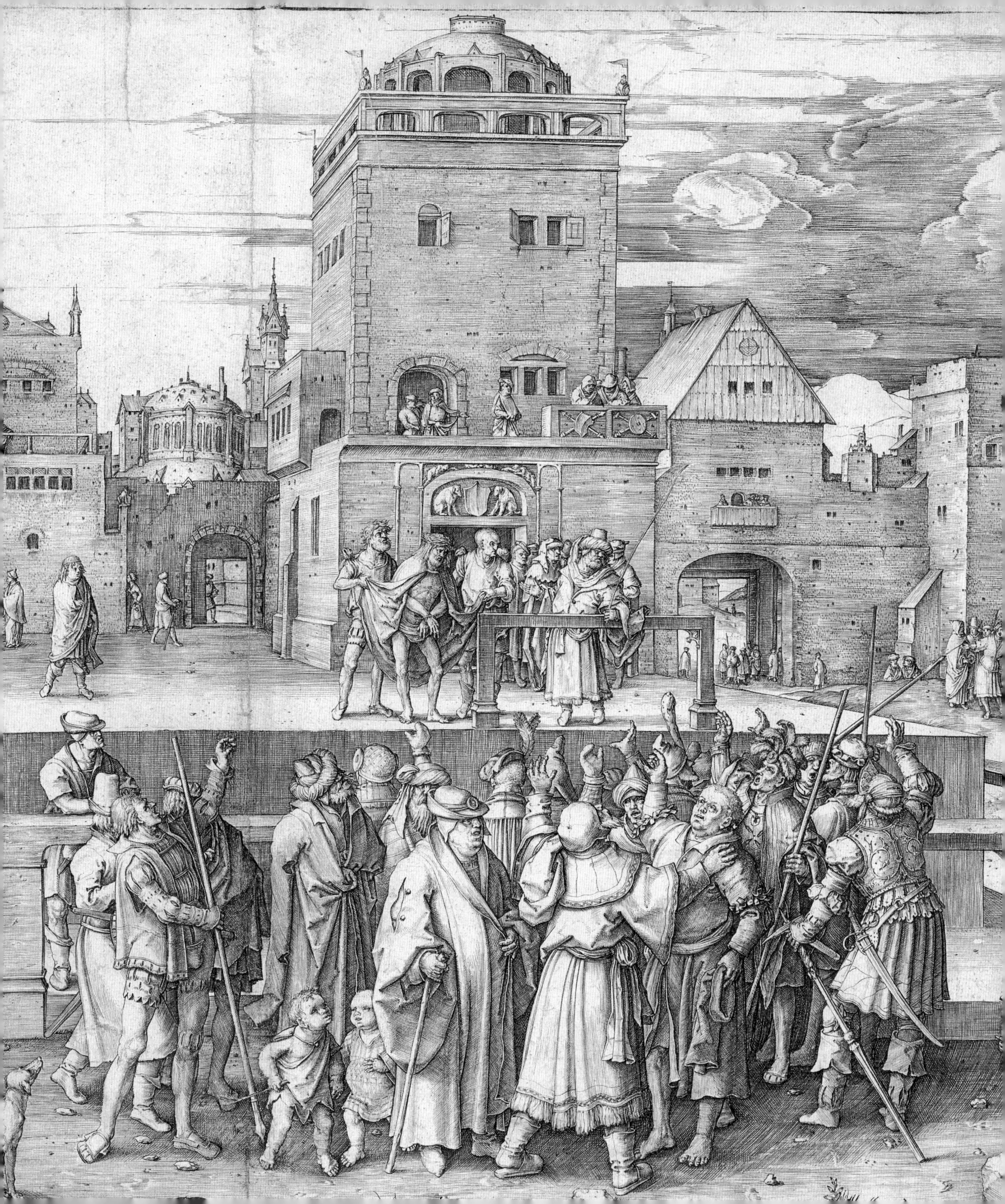

Die Stadt als Bühne

Zeichnen als Form der Kommunikation im urbanen Kontext

Emily J. Peters

Eine der außergewöhnlichsten niederländischen Zeichnungen des 16. Jahrhunderts stammt vom Antwerpener Künstler Chrispijn van den Broeck (1530–1590/91) und stellt eine sogenannte Heckenpredigt (»hagenpreek«) dar (Kat. 28). Das kleinformatige, um 1566 entstandene und heute in Wien aufbewahrte Blatt zeigt vier Prediger, die von schlichten Kanzeln aus mit oratorischer Geste das Wort Gottes verkünden. Eingebettet in eine weite Landschaft hat sich in geordneten Kreisen um jeden von ihnen eine begeisterte Zuhörerschaft versammelt. Im Vordergrund sind einige Beteiligte deutlicher zu erkennen: Ihre Hüte, Mäntel und Kleider weisen die überwiegende Mehrzahl der Anwesenden als Stadtbewohner aus, als Kaufleute und vornehme Damen des wohlhabenden Bürgertums. Ein Buchhändler bietet rechts im Bild seine Waren feil, während ein anderer Verkäufer links einem Zuschauer ein Liedblatt oder Pamphlet reicht. Der Inhalt der so vertriebenen Schriften steht vermutlich in Verbindung zu der im Bild verhandelten religiösen Thematik. Etwas abseits, vor zwei großen Wagen, haben sich einige Soldaten versammelt, die womöglich als Mitglieder der Stadtwache verstanden werden müssen. Obschon auch sie der Predigt zu lauschen scheinen, verleihen sie der Szene eine latente Atmosphäre drohenden Unheils.

Van den Broecks ungewöhnliches Sujet nimmt Bezug auf die calvinistischen Gottesdienste, die im Juni und Juli des Jahres 1566 im Umland von Antwerpen stattfanden. Einer der vielen Predigten, die in jenem Sommer in verschiedenen Sprachen den neuen Glauben verkündeten, wohnten gar 20 000 Menschen bei.[1] Obwohl die Behörden das Predigen direkt vor den Toren der Stadt verboten hatten, fanden sich Scharen von Zuhörern dort ein – die Stadtwache leistete kaum Widerstand.[2] Der Künstler muss bei einer dieser Veranstaltungen persönlich zugegen gewesen sein: In seiner *Heckenpredigt* griff er sowohl auf eigene Erfahrungen als auch auf die konventionellen Visualisierungsformen vergleichbarer Bildthemen zurück. Eine solche Quelle waren Darstellungen des predigenden Johannes des Täufers, von dem van den Broeck etwa zur selben Zeit eine Zeichnung anfertigte (Kat. 29). Auch Pieter Bruegel der Ältere (1526/27–1569) malte das Sujet in diesem Jahr (Abb. 1). Während Bruegels Gemälde Menschen aus

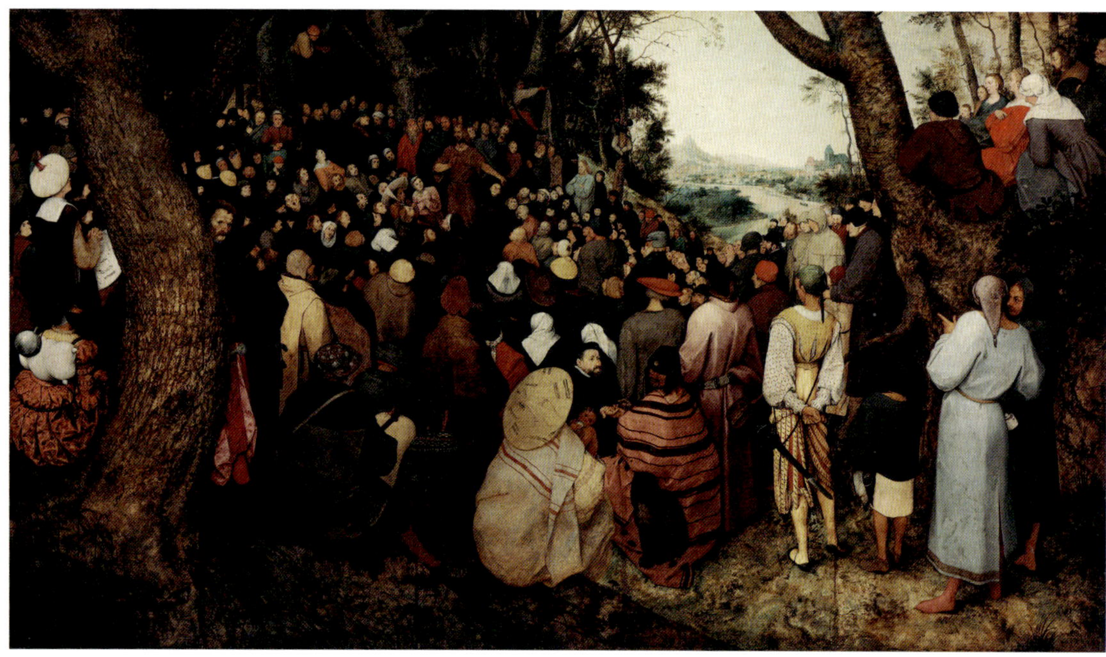

Abb. 1: Pieter Bruegel d. Ä., *Die Predigt Johannes des Täufers*, 1566, Öl auf Holz, 95 × 160,5 cm, Budapest, Szépművészeti Múzeum, Inv. 51.2829

sämtlichen Gesellschaftsschichten zeigt und die Betrachtenden auf Augenhöhe platziert – so als versuchten sie aus dem Abseits einen besseren Blick zu erhaschen –, weist van den Broecks Zeichnung die distanzierte Objektivität eines Augenzeugenberichts auf. Jener betont die universelle Anziehungskraft der Botschaft des Täufers, dieser das konkrete, reale Ereignis.

Wie nahezu alle Künstler in den Niederlanden um 1560 lebte und arbeitete van den Broeck im städtischen Umfeld. Er war Schüler des Antwerpener Meisters Frans Floris des Älteren (um 1515/20–1570), wurde 1555 Mitglied der Lukasgilde und erwarb 1559 das lokale Bürgerrecht.[3] Im Zuge seiner künstlerischen Laufbahn kam er mit den Druckerzirkeln der Stadt in Kontakt, seine Entwürfe wurden von einigen der namhaftesten Vertreter der zeitgenössischen Antwerpener Kunstszene gestochen und publiziert. Unter ihnen waren Peeter Baltens (1527/28–1584), Mitglied einer Dichter- oder Rhetorikerkammer (»rederijker«) und Herausgeber von politischen Druckgrafiken, Christoffel Plantijn (um 1519/21–1589), international führender Verleger der Niederlande, und Willem van Haecht der Ältere (1527 – um 1583/93), leitender Dichter (»factor«) der Rhetorikerkammer De Violieren, der auch van den Broeck selbst angehörte. Der Kunstschriftsteller Karel van Mander (1548–1606) bezeichnete van den Broeck nicht nur als »Erfinder« (»inventeur«) – womit er sich auf dessen Status als Entwerfer von Grafiken und Gemälden bezog –, sondern auch als »Architekten« (»architect«),[4] da der Künstler wohl auch ephemere Bauten für Aufführungen und Prozessionen der Antwerpener Bürgerschaft entwarf. Diese Tätigkeit sowie seine Verbindung zu den Violieren brachten ihn auch mit Lyrik, Theater und öffentlichen Festzügen in Berührung, in denen oft auf allegorischer Ebene eine tiefgreifende Auseinandersetzung mit den wirtschaftlichen, politischen und religiösen Debatten der Zeit stattfand.[5]

Es ist nicht überliefert, warum oder für wen van den Broeck die *Heckenpredigt* zeichnete; zugehörige Werke in anderen Medien sind nicht bekannt.[6] Wie beschrieben näherte er sich dem neuen Sujet auf innovative Weise, indem er gewisse künstlerische Vorbilder mit seinen eigenen Erfahrungen als Augenzeuge verband. Analog zu den Rhetorikern, Dichtern oder Predigern seiner Zeit war der Künstler aufgrund seiner sozialen und religiösen Prägung sowie der erworbenen professionellen Fertigkeiten in der Lage, zeitgenössische Diskurse interpretierend ins Visuelle zu übertragen. Die Zeichnung bot dabei ein niederschwelliges Medium, um mit neuen Themen zu experimentieren und gleichzeitig die wachsende Nachfrage nach einer Kunst zu bedienen, die sich auf die sichtbare Wirklichkeit bezog.[7] Mit der *Heckenpredigt* gelang van den Broeck der Spagat zwischen diesen beiden Anliegen.

Die Entwicklung der Zeichnung in den Niederlanden des 16. Jahrhunderts ist eng mit den besonderen sozialen, religiösen und politischen Bedingungen der dortigen Städte verwoben. So entstand eine zeichnerische Gestaltungs- und Typenvielfalt, die eine einfache Klassifizierung nach Art oder Funktion häufig unmöglich macht. Im vorliegenden Essay soll aufgezeigt werden, dass die Entwicklung dieser Gattung untrennbar mit den neuen, für das urbane Milieu des 16. Jahrhunderts charakteristischen Formen der Produktion und Kooperation verbunden war. Zwei Begriffe beschreiben das Verständnis der Stadt in dieser Zeit: »urbs« als physischer Ort städtischen Lebens und »civitas« als dessen spezifische soziale Struktur. Die Ordnung der niederländischen Stadt fußte auf einer Verschmelzung religiöser und bürgerlicher Diskurse,[8] die sich wiederum aus dem Zusammenspiel von architektonischem Raum und gesellschaftlichen Faktoren – der Verschränkung von »urbs« und »civitas« – ergab. Im Folgenden soll erörtert werden, welche tragende Rolle die Zeichnung bei der Verbindung von physischer und sozialer Sphäre spielte. In kurzen Skizzen werden einige Vertreter und Neuerer der Gattung vorgestellt, darunter van den Broeck, Pieter Coecke van Aelst der Ältere (1502–1550) und Hans Bol (1534–1593). Die zeichnerische Praxis soll dabei als Form der Übersetzung, Innovation und Kommunikation zwischen Medien, Rezipienten und kollektiver Wissensproduktion im städtischen Milieu untersucht werden. Jedes der angeführten Beispiele wird zeigen, dass die kommunikative Rolle einer konkreten Zeichnung innerhalb des urbanen Gefüges oft nicht auf eine einzige Funktion beschränkt war und das Zeichnen auch als Bindeglied zwischen den unterschiedlichen Aufgaben, die Künstler im städtischen Kontext zu bewältigen hatten, fungierte.

Urbane Ikonografie

Viele niederländische Zeichnungen des 16. Jahrhunderts inszenieren biblische, historische oder mythologische Szenen in einer städtischen Umgebung – ein Phänomen, das Jelle de Rock als »urbane Ikonografie« bezeichnet hat.[9] So verorten etwa Lucas van Leyden (1494–1533) und andere ihre *Ecce Homo*-Darstellungen des angeprangerten Christus auf einem großen öffentlichen Platz (Abb. 2; siehe Kat. 13, 36). Die archetypische öffentliche Verurteilung vollzieht sich hier in einer zeitgenössischen Stadtkulisse. Dass sich Verurteilung, Lobpreisung oder stillschweigende Zustimmung offenbar am wirkungsvollsten in einer öffentlichen, das heißt städtischen Umgebung zum Ausdruck bringen ließen, zeigt sich auch anhand einer Vielzahl von Zeichnungen, die im Laufe des Jahrhunderts, vor allem aber vor 1550, entstanden. In der Hell-Dunkel-Zeichnung *Esther vor Ahasver* beispielsweise machte sich der Meister des Liechtensteinschen Kabinetts (tätig um 1545–1560) die Verortung an einem öffentlichen Schauplatz zunutze und schuf durch die Verschmelzung von höfischem und städtischem Raum zusätzliche Narrationsebenen (Kat. 15). Dem biblischen Buch Esther zufolge wird der persische König Ahasver von Esther, seiner jüdischen Ehefrau, und deren Cousin Mordechai überzeugt, seinen Befehl zur Vernichtung aller Juden im Reich zurückzuziehen. Der Erlass war von Ahasvers Günstling und höchstem Regierungsbeamten Haman geplant worden. Obwohl auf unaufgefordertes Vorsprechen beim König die Todesstrafe steht, erscheint Esther vor dem König, um Gnade für ihr Volk zu erbitten und mit ihm zu speisen. Ahasver erfährt so von Mordechais zahlreichen Heldentaten und wird zur Umkehr bewegt. Der König ehrt Mordechai daraufhin mit einer Parade, die Haman anführen muss, bevor er schließlich zur Strafe für seine Intrige hingerichtet wird. Die von einer Berglandschaft umgebene Szene verbindet in der Zeichnung auf originelle Weise Stadtplatz und Palastkomplex, vor deren fantastischen Bauten neun Episoden der Geschichte dargestellt sind. Der Standpunkt der Betrachtenden liegt hinter dem Thron des Ahasver, der Esther gerade begrüßt und mit seinem goldenen Zepter auserwählt. Der Empfang vollzieht sich in aller Öffentlichkeit, im Freien und in Anwesenheit des Gefolges der Königin und einiger Schaulustiger. Diese Hauptszene wurde um einige, sich simultan abspielende Episoden auf dem Platz und in den umliegenden Gebäuden ergänzt. So paradiert etwa im Mittelgrund Mordechai über das Areal, nachdem er vom König für seine Dienste belohnt wurde. Im Hintergrund empfängt der sitzende Mordechai Haman am Königstor, dahinter ist der Galgen als dessen finale Richtstätte zu erkennen.

Der Rückgriff auf die urbane Architektur verdeutlicht nicht nur den Einfallsreichtum des Künstlers und dessen Vertrautheit mit klassischen Formen, sondern stellt auch eine Verbindung zwischen Vergangenheit und Gegenwart her, indem ein Resonanzraum zwischen der alttestamentarischen Geschichte der Esther und der Lebensrealität der zeitgenössischen Rezipienten geschaffen wird. Das als Triumphbogen visualisierte Stadttor bildet eine Schwelle zwischen dem städtischen Umfeld, das den Herrschaftsbereich des Königs umreißt, und dem unregulierten, ländlichen Raum außerhalb der Stadt. Dieser Triumphbogen muss beim urbanen Publikum darüber hinaus eine Assoziation mit jenen Ehrenpforten hervorgerufen haben, die in den niederländischen Städten häufig für den Einzug gekrönter Häupter errichtet wurden – so etwa bei der Ankunft Prinz Philipps II. (1527–1598) in Antwerpen im Jahr 1549. Neben solchen eher außergewöhnlichen Ereignissen wurde der städtische Raum auch im Rahmen von Theateraufführungen, höfischen Festen, religiösen Prozessionen (»ommegangen«), Märkten und Messen mit steter Bedeutung versehen.[10] Ein Werk wie *Esther vor Ahasver* verknüpfte somit die »urbs« im Sinne der gebauten Architektur mit der »civitas« als Verkörperung und Gedächtnis der Gesellschaft und verlieh der Erzählung so eine zusätzliche, über ihre religiöse Thematik hinausgehende Bedeutung. Der städtische Rahmen setzte dabei sowohl tatsächliche als auch imaginäre Grenzen, war Quelle der Macht und beschränkte sie zugleich. Der umgekehrte Fall findet sich dagegen im *Gleichnis vom barmherzigen Samariter* (Kat. 14) des Meisters des Liechtensteinschen Kabinetts. Das Geschehen ereignet sich hier außerhalb der geordneten Autorität der Stadt: Die Grausamkeit der Wildnis spielt als Gegenstück zur »civitas« auch in dieser Geschichte eine entscheidende Rolle.

Die Verortung der Narration im städtischen Raum dominierte den Antwerpener Manierismus, eine lokale Kunstströmung zwischen etwa 1500 und 1540. So sollte, wie Dan Ewing darlegt, das wohl beliebteste und am reichsten ausgestattete Bildsujet der Zeit – die Anbetung der Könige – durch Einbettung in einen urbanen Rahmen sowie Bezugnahme auf den internationalen Reise- und Handelsverkehr in erster Linie die Kaufleute der Städte ansprechen.[11] Auch zahlreiche andere historische Bildthemen fanden auf diese Weise ihren Weg in das städtische Umfeld (siehe Kat. 10, 12, 33). In einigen Fällen wechselten diese Blätter schon früh ihren Ort und Besitzer und wurden damit zu Vorbildern für andere Werke. So nutzten etwa französische Buchmaler die Federzeichnung *Bathseba im Bade* (Kat. 4) eines namentlich nicht bekannten Manieristen als Quelle für ihre eigenen Bildschöpfungen. Merkwürdigerweise wurde die auf der Zeichnung in einer fiktiven Stadt präsentierte Figurengruppe in den Illuminationen

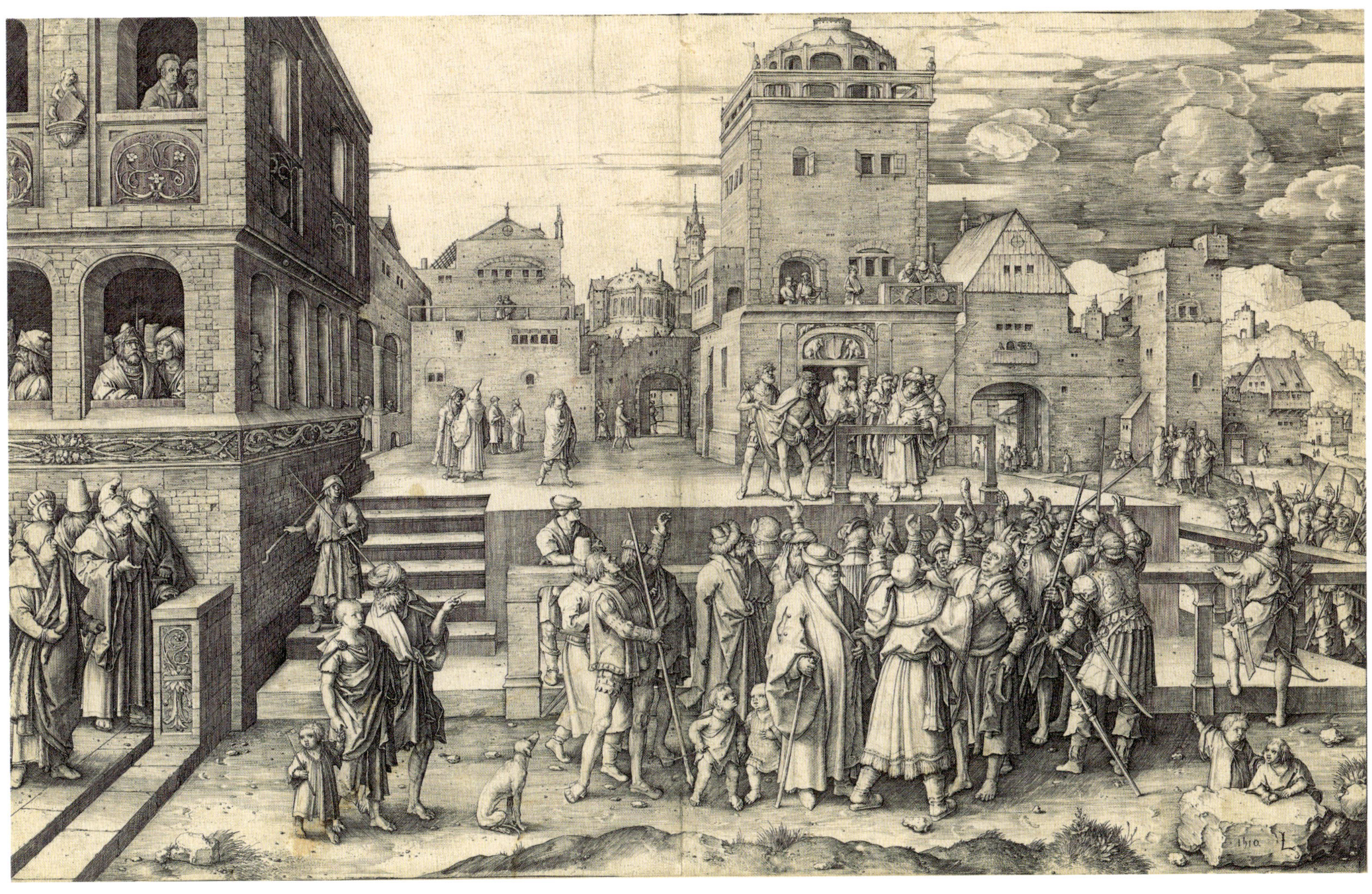

Abb. 2: Lucas van Leyden, *Ecce Homo*, 1510, Kupferstich, 28,7 × 45,2 cm, Wien, Albertina, Inv. DG1926/1965

gleich mehrerer Stundenbücher zitiert, wobei die urbane Umgebung jedoch weitgehend getilgt wurde.[12] Was sagt diese Tatsache über die Wirkmacht urbaner Milieus (oder deren Fehlen) außerhalb der Niederlande aus?

Im weiteren Verlauf des Jahrhunderts wurde auch der städtische Raum selbst zu einem umkämpften Bereich, insbesondere als der Calvinismus nach 1550 in den Niederlanden Fuß fasste und die Spannungen zwischen ansässigem Adel, städtischem Bürgertum und der katholisch-habsburgischen Krone zunahmen. Religiöse Prozessionen, die seit jeher durch die Straßen der Städte gezogen waren, wurden von beiden Seiten abwechselnd abgelehnt oder für sich vereinnahmt und führten in vielen Fällen zu Unruhen.[13] Die in diesem Kontext zunehmende Bedeutung einer urbanen Ikonografie wird vielleicht gerade durch deren Absenz in Werken deutlich, die das Thema unter anderen religionspolitischen Umständen aufgegriffen hätten. So schuf der überaus produktive Haarlemer Zeichner Maarten van Heemskerck (1498–1574) beispielsweise zahlreiche Entwürfe für Druckgrafiken, die auf der Grundlage von verschiedenen Episoden des Alten Testaments die Götzenverehrung und den Ikonoklasmus thematisieren. Als Vertreter des italianisanten Stils im Norden stellte Heemskerck in der Mehrzahl seiner Kompositionen architektonische Bezüge zu Rom her. Seine *Plünderung und Zerstörung des Tempels von Jerusalem* zeigt eine fiktive Ruine, deren offensichtliches

Vorbild – das Kolosseum – der Künstler während seines Aufenthalts in der Ewigen Stadt zwischen 1532 und 1536/37 mehrfach skizziert hatte (Kat. 27). Die Kassettendecke der Tempelkuppel erinnert darüber hinaus an das römische Pantheon. Die dargestellten Soldaten, die diese Gebäude zertrümmern und religiöse Kultgegenstände plündern, stellen implizite Bezüge zum reformatorischen Diskurs der Zeit her, der sowohl Sakralgegenstände als auch Gotteshäuser selbst als Götzenbilder verdammte.[14]

Nicht nur aber auch in materieller und wirtschaftlicher Hinsicht war die Zerstörung von Kulturgütern fatal für Künstler wie Heemskerck: Auch ihre Werke fielen dem protestantischen Bildersturm zum Opfer, der 1566 über die niederländischen Städte hereinbrach.[15] Vermutlich waren die Spuren der Verwüstung nur allzu präsent, als er die *Plünderung und Zerstörung des Tempels von Jerusalem* in Angriff nahm, eine Szene aus dem 1569 publizierten Zyklus der *Großen Katastrophen des Jüdischen Volks*, der das Unglück der Juden in alttestamentarischer Zeit detailliert schildert.[16] Heemskerck vermied dabei jedoch jeglichen direkten Bezug zur niederländischen Stadtikonografie oder zu aktuellen Ereignissen und verlegte die biblische Geschichte in eine antike Vergangenheit, wodurch die Handlung in zeitliche Ferne rückt und damit ebenso zeitlos wie universell erscheint. Anstatt die eindrucksvollen Geschehnisse im Bild konkret zu verorten, lässt diese suggestive aber distanzierte Anordnung Raum für Diskussionen und zieht die Möglichkeit einer absoluten Antwort auf damals noch ungelöste Fragen in Zweifel.[17]

Kooperation und Bedeutung in situ

Kein Ort der niederländischen Stadt verfügte über eine größere visuelle Resonanz als die Pfarrkirche oder Kathedrale, in der unterschiedliche gesellschaftliche Gruppierungen, religiöse Vereinigungen und Individuen darauf vertrauten, dass ihre jeweiligen Identitäten und Werte einer breiten Öffentlichkeit durch Altarbilder, Skulpturen, Paramente und Glasfenster künstlerisch vermittelt wurden. Im Laufe des 15. und 16. Jahrhunderts wurde die Antwerpener Liebfrauenkirche und spätere Liebfrauenkathedrale im Auftrag verschiedener Stifter von den bedeutendsten Künstlern der Stadt ausgestattet. Maler, Glasmaler oder Bildschnitzer wetteiferten um jene Kapellen und Säulen, die innerhalb des gewaltigen Innenraums am besten zu sehen waren.

Pieter Coecke van Aelsts des Älteren heute in Wien befindlicher Scheibenriss *Die Bischofsweihe des heiligen Nikolaus* (Abb. 3) ist eine Auftragsarbeit aus dem Jahr 1537 für das Glasfenster der Kapelle der Kaufmannsgilde (»meerseniers«), deren Schutzpatron Nikolaus war. Die hier vermutlich als »vidimus«, also als Erstentwurf für den Auftraggeber vorliegende Komposition war wohl für den unteren Teil eines gotischen Fensterbogens von etwa 9,5 auf 4,6 Meter bestimmt.[18] Das Fenster selbst fiel vermutlich 1566 oder 1581 dem Bildersturm zum Opfer. Auf fünf geplanten Glasscheiben zeigt Coecke van Aelst in seinem brillanten Entwurf das Innere einer Kathedrale mit Altar sowie einem der Jungfrau Maria gewidmeten Altarbild und interpretiert den tatsächlichen Innenraum der Kirche, in den das Fenster eingebaut werden sollte, so gleichsam als Fortsetzung des fiktiven Bildraums.

Das Blatt verkörpert den gemeinschaftlichen Entwurfsprozess, in dem sakrale Architektur und verschiedene für diese Räume typische Kunstformen zusammenwirken. Die Kombination unterschiedlicher Techniken und Zeichenmittel belegt, dass Coecke van Aelst bei der Erstellung des Entwurfs direkt mit der Glasmacherwerkstatt zusammenarbeitete. Auch wenn die lange Lagerung des Blattes in einem Sammlungsalbum zweifelsohne einige physische Spuren verwischt hat, deutet eine erhaltene Ritzung im Zentrum auf den ursprünglichen Entwurfs- und Konstruktionsprozess des Fensters

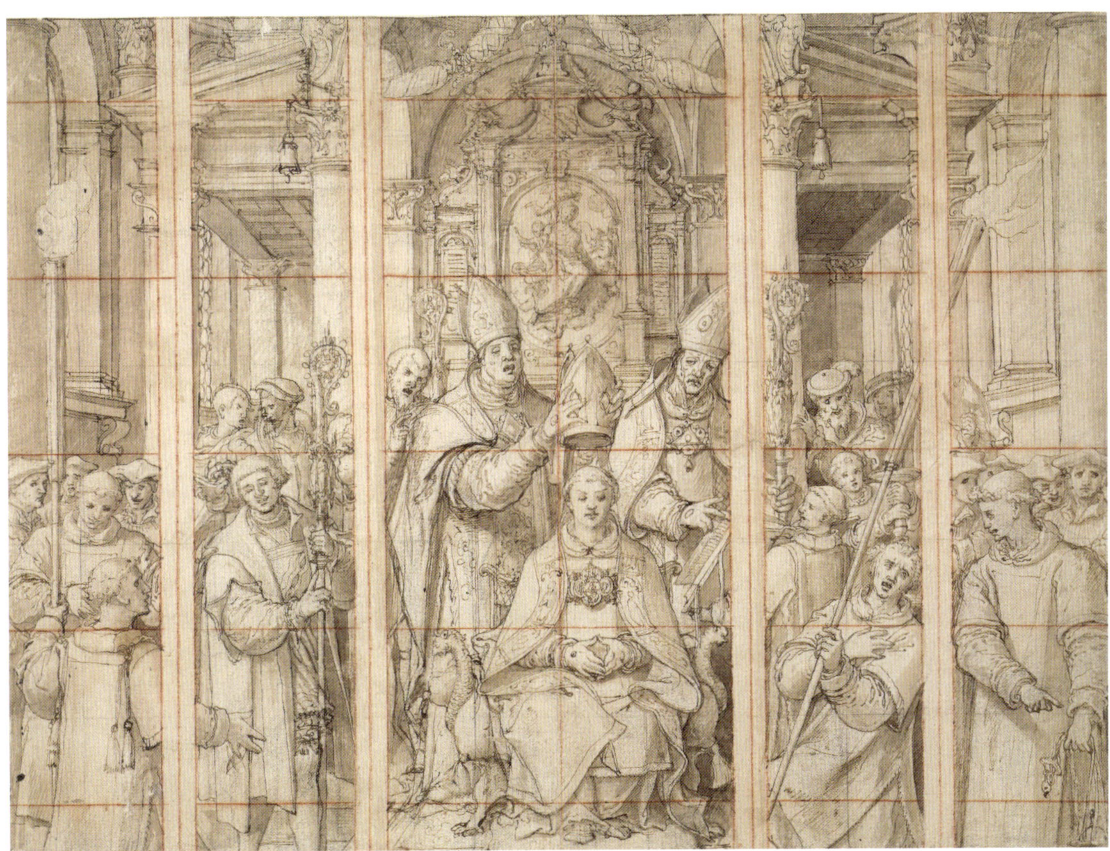

Abb. 3: Pieter Coecke van Aelst d. Ä., *Die Bischofsweihe des heiligen Nikolaus,* um 1537, Feder in Dunkel- und Hellbraun, braun laviert, über schwarzer Kreide und Rötel, auf Papier, 41,3 × 54 cm, Wien, Albertina, Inv. 15122

hin. Sowohl diese als auch jene Linien, die den vertikalen Rändern der einzelnen Bildfelder entsprechen, wurden wahrscheinlich vom Glasmacher eingeritzt, bevor Coecke van Aelst mit dem Zeichnen begann. Ausgehend von den so festgelegten Proportionen und unter Rückgriff auf frühere Studien legte er dann die Komposition für den fertigen »vidimus« an.[19] Spuren schwarzer Kreide deuten auf das ursprüngliche Vorhandensein einer weitgehend gelöschten Unterzeichnung hin, nach der der Künstler den Entwurf mit Bleigriffel, Feder und Pinsel ausführte. Coecke van Aelst behielt dabei stets die Konstruktion und Herstellung der fertigen Glasscheiben im Kopf. So wich er in seiner Bildanlage geschickt den vorgesehenen Bleiruten aus, indem er die Figur des Nikolaus leicht rechts der Mitte platzierte. Zur Erzeugung tonaler Abstufungen griff er mehrheitlich nicht auf Schraffuren, sondern auf Lavierungen zurück, da dies dem Glasmacher die Ausarbeitung der Formen in den breiten Farbflächen des Fensterglases erleichterte.[20] Vermutlich wurde die Zeichnung dann den Meistern der Gilde zur Genehmigung vorgelegt. Alternativ könnte dies aber auch erst nach Fertigstellung der Konstruktionslinien geschehen sein, wie weiter unten ausgeführt wird.

Anschließend wurde der Entwurf für die Übertragung auf den originalgroßen Karton mit schwarzer Kreide quadriert. Wo genau dieser Schritt erfolgte, hing davon ab, welche Werkstatt für den Karton verantwortlich war: Die Glasmacher waren durchaus in der Anfertigung solcher großformatiger Werkszeichnungen geschult, bei der sowohl trockene Medien wie Kreide als auch Tinte und Wasserfarben auf aneinandergefügte Papierbögen aufgetragen wurden. Coecke van Aelst war jedoch für die Herstellung seiner eigenen Kartons bekannt, sodass auch er hier als Urheber infrage kommt.[21] Der nächste Schritt bestand darin, mit Rötel jene Konstruktionslinien einzuzeichnen, die die

Position der vertikalen Scheiben und der horizontalen Bleiruten markieren.[22] Einige dieser Linien decken sich mit den beschriebenen Ritzungen des Glasmachers, der diesen Planungsschritt höchstwahrscheinlich selbst ausführte. Während die Verwendung von Rötel in Handwerksbetrieben durchaus üblich war, wurde er von niederländischen Künstlern damals eher selten als Zeichenmittel eingesetzt. Die roten Linien dienten sowohl dem Karton- als auch dem Glasmacher zur Orientierung, denn diese mussten bei ihrer Arbeit auf die Zeichnung zurückgreifen. Es ist dabei durchaus vorstellbar, dass das Blatt in den verschiedenen Stadien des Produktionsprozesses zwischen den Werkstätten hin- und herwanderte. Coecke van Aelst sah sich die finale Fassung möglicherweise noch einmal an, um seine Zustimmung zur Komposition mit den festgelegten Unterteilungen zu geben. Einige Details der Zeichnung deuten darauf hin, dass er bestimmte Konturen oder Feinheiten des Ausdrucks im Zuge dessen in einem feuchten Medium nachträglich hervorhob.

Wie dieses aufwändige Hin und Her zeigt, erfüllte die Zeichnung im Rahmen der Übertragungs- und Verhandlungsprozesse, die ein solcher Auftrag mit sich brachte, mehrere Funktionen. Sie kommunizierte Konzeption und technische Daten an die beteiligten Parteien und diente der Orientierung beim Austausch von Kenntnissen und zentralen Informationen zwischen Entwerfer, Kartonmacher und Glasmaler. Daneben vermittelte sie dem Auftraggeber die Vorstellungen des Künstlers: dessen Kenntnis klassischer Formen, den eleganten Figurentypus, hagiografisches Fachwissen sowie die kluge Einbeziehung des Kontexts durch die Darstellung eines Hintergrundraums, der sich in der Kirche selbst spiegelte. Letztlich sollte die Komposition die Kaufmannsgilde von den anderen Zünften unterscheiden, die in diesem riesigen öffentlichen Raum vertreten waren. Zugleich musste sie auch den Bedürfnissen der Mitglieder gerecht werden, die vor dem fertigen Fenster wichtige Zeremonien wie etwa Beerdigungen feierten. Coecke van Aelst leitete die entsprechenden Verhandlungen und bewies dabei die außerordentliche Fähigkeit, auf etablierten Traditionen aufzubauen, neuere künstlerische Strömungen – etwa aus Italien – aufzugreifen und gleichzeitig höchste technische Anforderungen zu erfüllen, um die Betrachter so für innovative Ausdrucksformen gemeinschaftlicher Identität zu gewinnen. Ähnlich wie das Gotteshaus selbst brachte die Zeichnung somit verschiedenste Überschneidungen von Identität zum Ausdruck und bildet darin ein Paradebeispiel für das Prinzip der Kooperation, das für die Produktion von Bedeutung im urbanen Kontext prägend war.

Zwischen gelebtem und gedrucktem Bild

Zeichnungen vermittelten auch zwischen unterschiedlichen Betrachtungskontexten. Crispin van den Broeck nutzte das Medium wie eingangs beschrieben, um sich als Grafiker, Maler und »Architekt« von Herrschereinzügen verschiedenen Zielgruppen anzupassen. Auch *Die Einschiffung Annas von Österreich nach Spanien* (Kat. 30) entstand in Zusammenhang mit einem solchen Einzug, dem Besuch der Erzherzogin Anna (1549–1580), Tochter Kaiser Maximilians II. (1527–1576) und Verlobte des spanischen Königs Philipp II., in Antwerpen im August 1570. Die Zeichnung diente als Vorlage für einen Kupferstich von Harmen Jansz. Müller (um 1540–1617), der vom Antwerpener Verleger Gerard de Jode (1516–1591) herausgegeben wurde (Abb. 4). Die Darstellung zeigt Anna von Österreich, gekrönt und in kostbare Gewänder gekleidet, wie sie von Neptun und einem jungen Soldaten zu einem Boot geleitet wird. Zu ihrer Rechten sehen wir Diana, Venus, Amor, Minerva und die drei Grazien. Im Hintergrund ist jenes Schiff zu erkennen, das die Braut nach Spanien bringen wird; darüber bläst die Personifikation des Windes kräftig, um das Gefährt voranzutreiben.

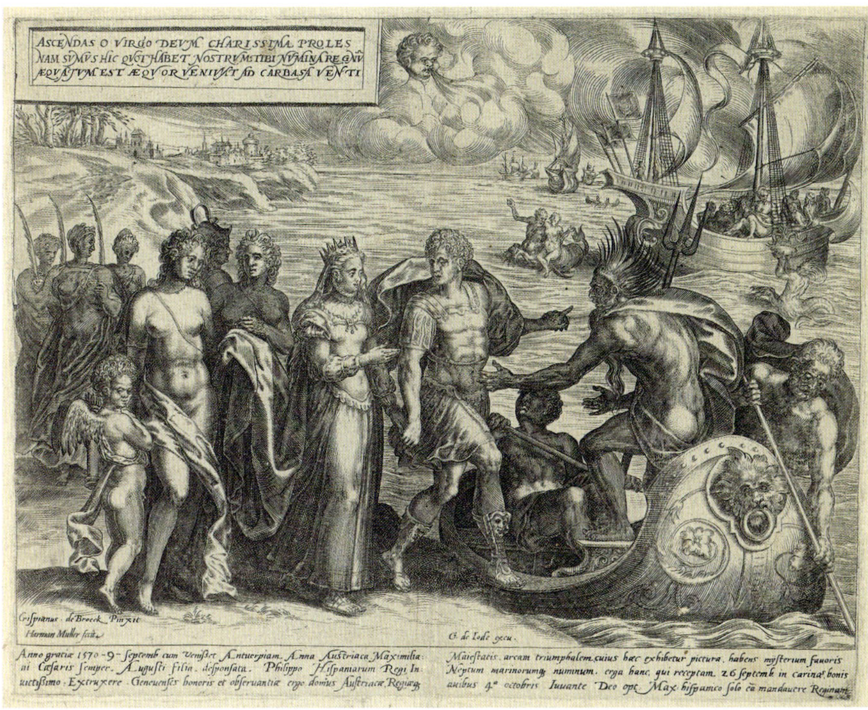

Abb. 4: Harmen Jansz. Müller, nach Chrispijn van den Broeck, *Die Einschiffung Annas von Österreich nach Spanien,* 1570, Kupferstich und Radierung, 26,6 × 32,5 cm, Wien, Albertina, Inv. DG60648

Ein Vermerk im historischen *Cahier* der Albertina brachte die Ikonografie zunächst mit dem Raub der Helena in Zusammenhang, wobei Anna mit Helena und der junge Soldat mit Paris assoziiert wurde.[23] Benesch identifizierte den Jüngling später als Merkur.[24] Doch keine dieser Interpretationen lässt sich ikonografisch belegen; der Soldat trägt keinerlei Attribute, die ihn als konkrete Persönlichkeit ausweisen. Vielmehr bleibt die Bildsprache vage und zeigt Anna von den Göttinnen der Liebe, Fruchtbarkeit und Weisheit umsorgt und von Neptun auf ihrer Seereise nach Spanien beschützt. Die lateinischen Verse im oberen Teil der Druckgrafik betonen zusätzlich die göttliche Intervention bei ihrer Reise.[25]

Auch anhand dessen lässt sich der junge Soldat also nicht eindeutig identifizieren, doch kann der Kontext von Annas Besuch in Antwerpen hier Aufschluss geben. Wie der in Müllers Kupferstich abgedruckte Text verrät, schuf van den Broeck eine Malerei (»pictura«) derselben Szene für eine zu diesem Anlass errichtete Ehrenpforte (»arcam triumphalem«), die von der Genueser Handelsnation in Antwerpen in Auftrag gegeben worden war.[26] Beim feierlichen Empfang für Anna, die nach einer Überlandreise aus Wien in der Scheldestadt eintraf, kamen ephemere Bauten und festlich geschmückte Motivwagen zum Einsatz. Mehrere dieser Wagen fußten auf Versatzstücken der alljährlich veranstalteten großen religiösen Prozessionen, so die Jungfrau von Antwerpen, der Riese Druon Antigoon, der Elefant sowie der traditionell von Neptun, dem mythologischen Wächter der Hafenstadt, gerittene Wal.[27] Ehrenpforten, Bühnen und Portale wurden in der Regel aus Holz, Stuck, Stoff und Farbe gefertigt und an zentralen Punkten wie dem Stadttor und dem Marktplatz aufgestellt. Führende Künstler bemalten Leinwände, die in eigens dafür vorgesehenen Nischen an Bögen oder Bühnen befestigt wurden. Dies war wohl auch der Kontext, in dem van den Broecks Gemälde aus dem Jahr 1570 ursprünglich betrachtet wurde.

Die Ikonografie der Herrschereinzüge des 16. Jahrhunderts verband antike und allegorische mit dynastischen Motiven. Die meist von den städtischen Magistraten organisierten Prozessionen banden das urbane Gefüge in das Narrativ der Legitimität eines Herrschers ein und demonstrierten so die der Stadt vom Potentaten zugestandenen Rechte und Privilegien. In Antwerpen ansässige Handelsnationen wie die Genueser Kaufleute stifteten häufig die von den Künstlern der Stadt verzierten Ehrenpforten, um ihren eigenen Wohlstand zur Schau zu tragen und sich gleichzeitig bei den hohen Gästen ins rechte Licht zu rücken (Abb. 5). Der Ablauf des Einzugs der Erzherzogin ist nicht überliefert. Auf der Grundlage früherer wie späterer Beispiele ist jedoch davon auszugehen, dass van den Broecks Komposition Teil eines größeren Programms war, das Annas Tugend, Abstammung sowie ihre bevorstehende Heirat mit Philipp II. feierte. Das politische Klima während der Verlobungszeit des spanischen Königs war dabei ungewöhnlich angespannt, seit dieser drei Jahre zuvor den dritten Herzog von Alba, Fernando Álvarez de Toledo y Pimentel (1507–1582), zum neuen Statthalter der Niederlande ernannt hatte. Die Herrschaft des berüchtigten »eisernen Herzogs« in

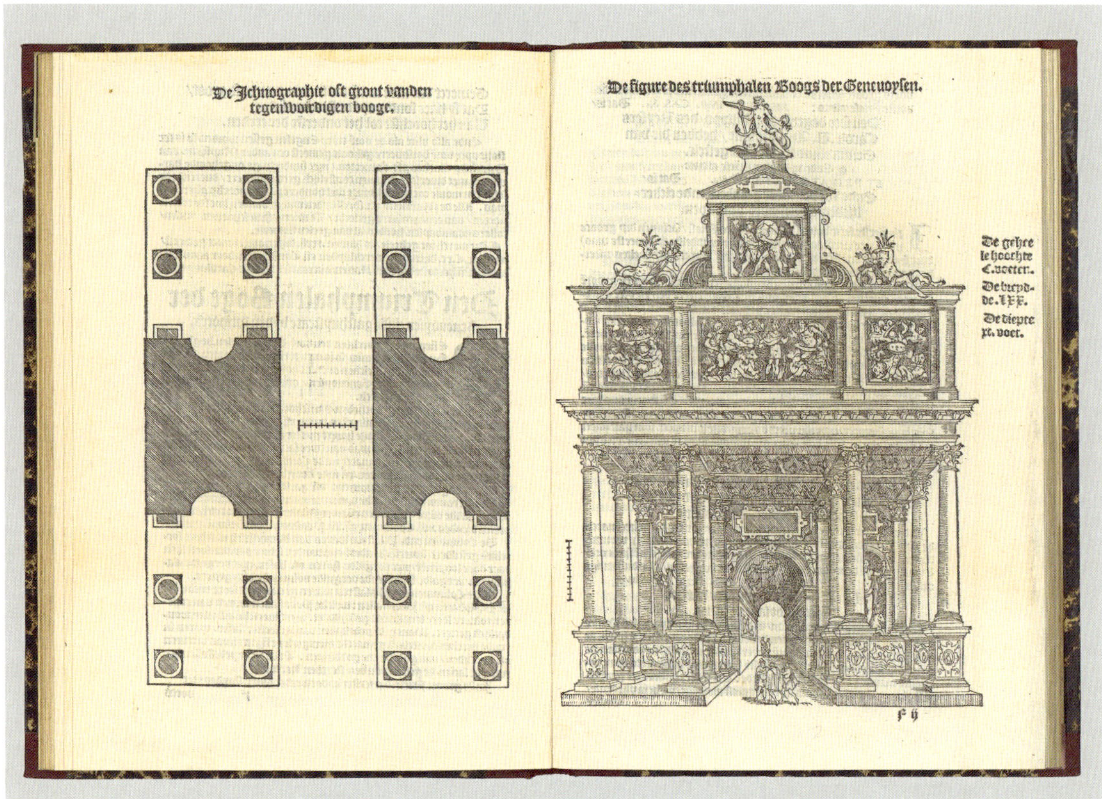

Abb. 5: Unbekannter niederländischer Künstler, nach Pieter Coecke van Aelst d. Ä., *Bogen der Genuesischen Handelsnation,* in: Cornelis Grapheus, *De seer wonderlijcke, schoone, triumphelijcke incompst, van den hooghmogenden Prince Philips, Prince van Spaignen, Caroli des vijfden, Keysers sone. Inde stadt van Antwerpen, Anno M.CCCCC.XLIX,* Antwerpen 1550, Wien, Albertina, Cim. Kasten F. VII, Nr. 13, fol. F II

Antwerpen war geprägt von Unterdrückung und Angst unter den Bürgern der Stadt, die nun ohne Vorwarnung wegen Ketzerei und Ungehorsam verurteilt und hingerichtet werden konnten: Dies betraf auch mehrere Mitglieder der Rhetorikerkammern, deren Schriften in den Jahren um 1566 als aufrührerisch angesehen wurden.[28] Bei ihrem Einzug in Antwerpen ritt der Herzog von Alba an Annas Seite,[29] weshalb davon auszugehen ist, dass seine Anwesenheit die ikonografischen, allegorischen und typologischen Entscheidungen der Künstler und Veranstalter des Ereignisses maßgeblich prägte. Entsprechend der komplexen politischen Situation boten vage verherrlichende Bezüge auf die Antike sicherlich die geringste Angriffsfläche.

Dennoch werden die Stadt und ihre Künstler die Gelegenheit genutzt haben, um das Einzugsprogramm mit Referenzen an das Bürgertum anzureichern. In gedruckten Berichten vergleichbarer Ereignisse ist überliefert, dass neben gemalten Bildern auch zwei- oder dreidimensionale allegorische Figuren und Personifikationen die Bögen und Tableaus zierten.[30] Die Gestalt des Neptun findet sich – als Gemälde, Skulptur oder sogar mimisch dargestellt – wiederholt in Antwerpener Prozessionen der Zeit. In Analogie zu anderen Beispielen darf vermutet werden, dass van den Broecks Neptun von den ebenfalls häufig auftretenden Personifikationen der Schifffahrt und des Handels flankiert wurde. Diese wachten von alters her über die maritime Vormachtstellung Antwerpens und dürften als Motive auch bei den Genueser Kaufleuten Gefallen gefunden haben.[31] Neben Bauten und Bildern waren auch gesprochene, geschriebene und gesungene Elemente Teil der Inszenierung von Herrschereinzügen. So mag ein Gedichtvortrag oder ein Tableau vivant durchaus zur Identifizierung von van den Broecks ambivalentem jungem Soldaten beigetragen haben. Hatte er in diesem Einzug eine wiederkehrende Rolle? Repräsentierte er Genua? Oder Antwerpen, also Silvius Brabo[32]? Oder Philipp II. oder gar den »eisernen Herzog« selbst? Zweifellos muss die spezifische Bedeutung von van den Broecks Ikonografie aus dem größeren Kontext des Einzugsprogramms hervorgegangen sein.

Wie auch immer sich die ikonografische Zuordnung ursprünglich gestaltet hatte – sie ging im Zuge des medialen Transfers verloren. Größe und Material der Zeichnung sind für die druckgrafischen Entwürfe Antwerpens typisch und deuten ebenso wie die Inschrift des Kupferstichs darauf hin, dass van den Broeck das Blatt erst anfertigte, als das Gemälde bereits fertiggestellt war. Es fungierte wohl als Dokumentation seines Entwurfs mit dem Ziel der Publikation. Aus der Zeichnung geht eindeutig hervor, welche Elemente des Bildes und der Inszenierung van den Broeck von einem Betrachtungskontext in den anderen übertragen wollte. Indem er die Komposition aus ihrer architektonischen Umgebung herauslöste, tilgte er bewusst den ursprünglichen räumlichen Zusammenhang und unternahm dabei keinen Versuch, die genaue Bedeutung der Ikonografie zu klären. In der Bildwelt Antwerpens finden sich durchaus frühere Beispiele für diese Art der kontextuellen Extraktion, etwa in Zusammenhang mit den allegorischen »Wagenspielen«, die während der städtischen Umzüge aufgeführt wurden. Maarten van Heemskerck und andere fertigten Druckgrafiken davon an, wobei sie die Szenen aus dem explizit urbanen Kontext herauslösten.[33] Vermutlich geschah dies in der Absicht, den allegorischen und didaktischen Gehalt der Bilder zu bewahren, diese aber zugleich an die Bedürfnisse eines breiteren Rezipientenkreises von druckgrafischen Blättern anzupassen. Durch die Entfernung des performativen und sozialen Kontexts von Annas Einzug transformierte van den Broeck in seiner Zeichnung die Figur des Neptun vom Emblem Antwerpens bzw. Genuas zum allgemeinen Beschützer der Meere. Der Soldat wiederum ist als generischer Liebhaber ambivalent geworden und seine spätere Verwechslung mit Paris oder Merkur somit durchaus nachvollziehbar.

Auch in dieser zeichnerischen Praxis zeigt sich die Vielseitigkeit und Flexibilität des urbanen Künstlers. Wie beschrieben entschied sich van den Broeck in seiner *Heckenpredigt* bewusst für das Spezifische; einige Jahre später wiederum, nachdem der Herzog von Alba Antwerpen 1574 verlassen hatte, sollte die protestantische, antispanische Gesinnung des Künstlers in Bildern kulminieren, die eindeutig Partei ergriffen.[34] Mit der *Einschiffung Annas von Österreich nach Spanien* jedoch bediente van den Broeck sowohl das ortsansässige Publikum, dem der konkrete Bedeutungskontext des Bildes klar erinnerlich war, als auch eine breitere, potenziell internationale Käuferschaft von Druckgrafik, die auf die vage mythologische – und zugleich imperiale – Bildsprache ihre eigenen Interpretationen projizieren konnte.

Hybride Stadtansichten

Chrispijn van den Broecks zwischen zwei Betrachtungskontexten oszillierende Zeichnung belegt, wie sehr sich Künstler der Varianz in den Erwartungen verschiedener – lokal ansässiger oder örtlich distanzierterer – Zielgruppen bewusst waren. Neue zeichnerische Praktiken in der zweiten Hälfte des Jahrhunderts reflektieren die veränderten Ansprüche der Kunstkäuferschaft sowie die Art und Weise, wie Künstler darauf reagierten. Ein anschauliches Beispiel dafür bieten Hans Bols Stadtansichten (Kat. 72). Bol begann seine künstlerische Laufbahn in Mecheln als Wasserfarbenmaler und schuf sogenannte »Weltlandschaften« in der Tradition von Joachim Patinir (um 1475/80–1524), Herri met de Bles (geb. um 1510) und Pieter Bruegel dem Älteren. Die aus der Vogelperspektive bzw. als »Welt«-Ansicht gegebene Landschaft bildete dabei meist eine Folie für mythologische oder biblische Erzählungen. Nach der Einnahme Mechelns

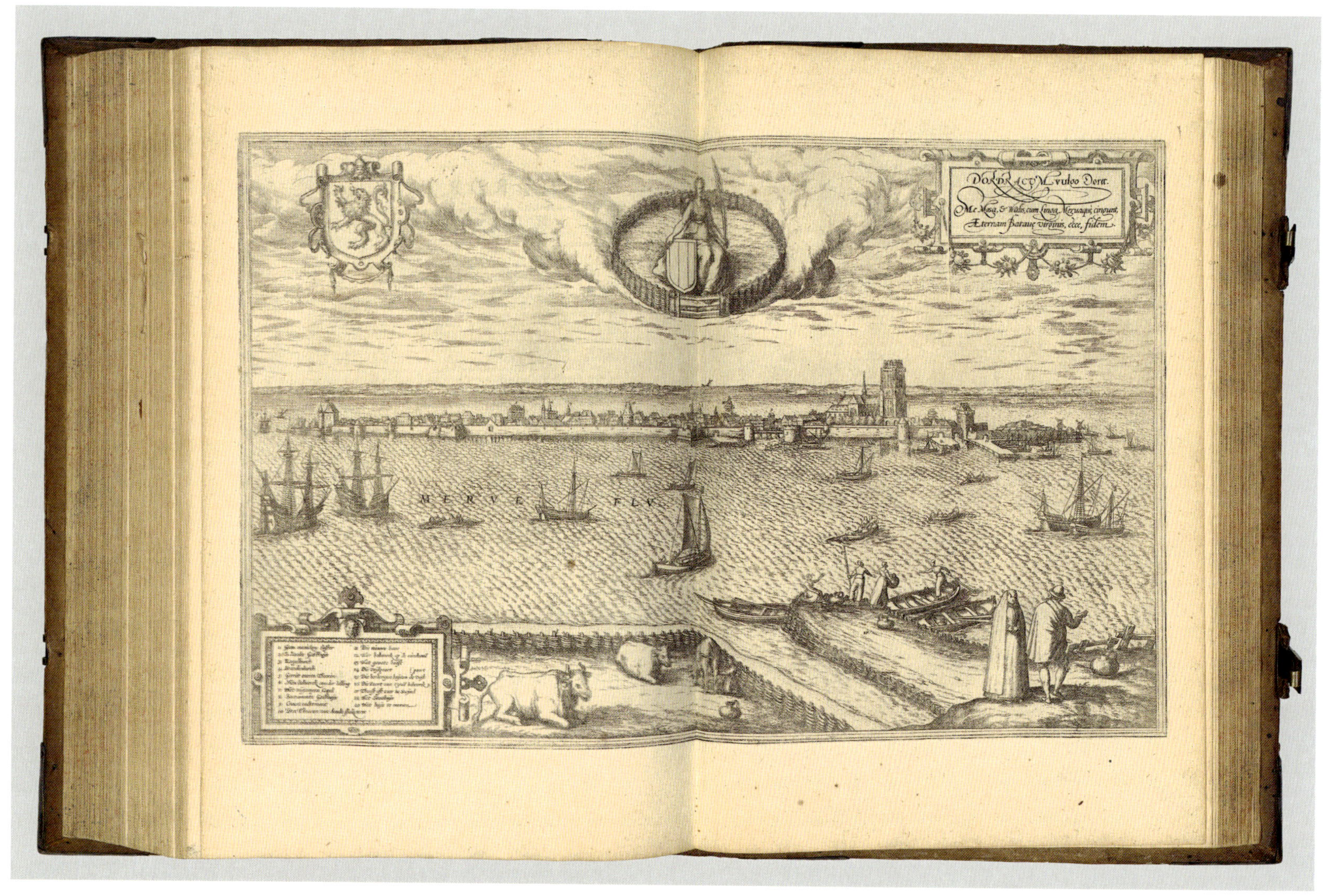

Abb. 6: Unbekannter niederländischer Künstler, *Ansicht von Dordrecht,* in: Georg Braun, Frans Hogenberg et al., *Civitates Orbis Terrarum,* Antwerpen 1593, Wien, Albertina, Cim. Kasten F. I, Nr. 13/I, Bd. 2, Nr. 24

durch die Spanier zog der Künstler 1572 nach Antwerpen, wo in Verlagskreisen neue kartografische und chorografische Darstellungsansätze Einzug hielten. Zu diesen gehörten Georg Brauns (1540/41–1622) und Frans Hogenbergs (um 1538/40–1590) *Civitates Orbis Terrarum* (Abb. 6), ein mehrbändiges Werk mit Stadtansichten aus der gesamten damals bekannten Welt, sowie Abraham Ortelius' (1527–1598) erst zwei Jahre zuvor, nämlich 1570, erschienenes *Theatrum Orbis Terrarum*, das als erster moderner Atlas in Europa gilt.[35] Diese Publikationen enthielten chorografische Beschreibungen von Städten sowie die zugehörigen, einzeln gedruckten Stadtansichten, in denen Antwerpen nicht selten als regionaler Hauptumschlagplatz des internationalen Handels gepriesen wurde.[36]

Bald nach seiner Übersiedlung nach Antwerpen begann Bol mit der Produktion von Feder- und Gouachezeichnungen, die auf eigenen Beobachtungsskizzen niederländischer Städte und Dörfer basierten.[37] Viele dieser Werke zeigen narrative Szenen vor dem Hintergrund realer niederländischer Topografien: Die Federzeichnung *Landschaft mit der Verstoßung Hagars (Ansicht von Dordrecht;* Abb. 7) inszeniert die biblische Szene der Vertreibung Hagars und Ismaels durch Abraham vor dem sorgfältig gezeichneten Porträt der Hafenstadt Dordrecht in der Ferne. Bols Ansichten sind nur selten beschriftet, und noch bis vor Kurzem galten viele seiner Stadtlandschaften als generische Kulissen.[38] Vermutlich ging der Künstler jedoch davon aus, dass seine Zeitgenossen die dargestellten Orte erkennen würden. Wie schon in *Esther vor Ahasver* (Kat. 15) stellt die Stadtkulisse auch bei Bol eine Verbindung zwischen biblischer Geschichte und zeitgenössischer Gegenwart her – die Verbannung von Hagar und Ismael in die Wüste mag jedoch weniger beunruhigend erscheinen, wenn eine der wohlhabendsten Handelsstädte der Welt nur einen Tagesmarsch entfernt liegt. Die alttestamentarische Narration sollte die Brücke zu den ausgedehnten Weltlandschaften von Bols Vorgängern und Zeitgenossen unter den Antwerpener Malern schlagen, während der Künstler mit der naturgetreuen Stadtansicht wiederum unmittelbar auf das wachsende kartografische Interesse an Städten und Dörfern reagierte.

Im Vorder- und Mittelgrund der Zeichnung setzte Bol lange geschwungene Federlinien und definierte mittels feiner Lavierungen Textur, Licht und Schatten. Die Ansicht von Dordrecht im Hintergrund ist hingegen in kurzen Linien angegeben – der Fokus liegt hier auf der präzisen Wiedergabe der Architektur. Die knappen kantigen Striche der Stadtansicht könnten ein Hinweis auf die Verwendung einer vorab angefertigten Beobachtungsskizze sein, die eine möglichst exakte Reproduktion der Vedute von Dordrecht erlaubte. Tatsächlich ist eine solche vor Ort gefertigte Skizze von Dordrecht aus Bols Œuvre überliefert.[39] Seine hybride Zeichentechnik entspricht dem eklektischen Charakter seiner unterschiedlichen Vorbilder.[40] Es ist verlockend, den parallelen Einsatz zweier Zeichentechniken – die anmutigen Linien des frei Erfundenen und die Kurzschrift der Naturbeobachtung – mit den damals aufkommenden Konzepten von »aus der Fantasie« (»uyt den gheest«) und »nach dem Leben« (»naer het leven«) in Verbindung zu bringen, die Karel van Mander wenige Jahre später eingehend erörtern

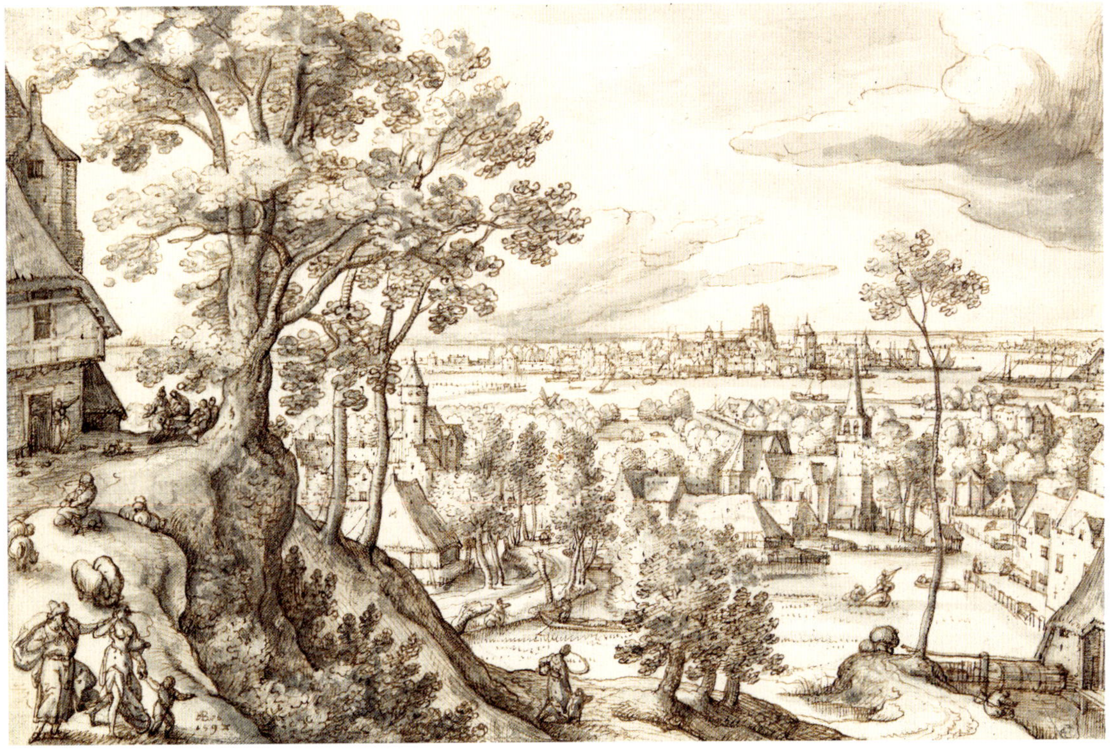

Abb. 7: Hans Bol, *Landschaft mit der Verstoßung Hagars (Ansicht von Dordrecht)*, 1592, Feder in Braun, grau laviert, auf Papier, 14,8 × 21,6 cm, New York, Privatsammlung

sollte.[41] Es scheint, als markiere ihre gleichzeitige Präsenz auf demselben Blatt einen Moment des Übergangs. Bols beharrliche Verwendung der Zeichnung als Medium seiner Stadtlandschaften suggeriert zudem – wie Claudia Swan in einem anderen Zusammenhang dargelegt hat –, dass sich die Erwartungen der Kunstkäuferschaft in Bezug auf das Verhältnis zwischen Zeichnung und beobachteter Wirklichkeit veränderten.[42] Das Medium der Zeichnung diente dazu, eine scheinbar wahrhaftige Verbindung zwischen Repräsentation und Realität herzustellen und zugleich die Erfindungsgabe des Künstlers zu demonstrieren. Indem Bol auf dem künstlerischen Wert solcher Stadtansichten bestand, stellte er also letztlich auch traditionelle Darstellungsansätze infrage.[43]

Die Vielseitigkeit und Flexibilität der niederländischen Künstler des 16. Jahrhunderts tritt nirgends deutlicher zutage als in der Untersuchung der Zeichnung. Zeichnend wurde der urbane Künstler den vielen Anforderungen seines städtischen Lebensumfelds gerecht, konnte neue Strategien der Darstellung erproben, von anderen Kunstgattungen profitieren oder deren Formen in neue Medien übertragen. Wie sich zeigte, erfüllten Zeichnungen häufig mehr als eine Funktion in den Kommunikations- und Austauschprozessen, die mit der künstlerischen Produktion einhergingen. So vermittelten diese Werke zwischen verschiedensten Arten von Bedeutungszusammenhängen: materiell und konzeptionell, innovativ und traditionell, generisch und spezifisch, lokal und international. Als im 16. Jahrhundert soziale, religiöse und politische Veränderungen zunehmenden Druck auf die Städte und ihre Künstler ausübten, bot die Zeichnung ein Mittel, um mit den neuen, oftmals umstrittenen Realitäten umzugehen.

1 Marnef 1996, S. 88.

2 Für eine genauere Beschreibung dieser Ereignisse siehe Jonckheere 2012, S. 21–23.

3 NHDF (Crispijn van den Broeck), Bd. 1, S. xxiii.

4 Van Mander 1604, fol. 242v.

5 Zur Auseinandersetzung der Dichtergilden mit religiösen Debatten siehe Peters 2005 sowie Van Bruaene 2019, S. 373–379.

6 In einem Bereich des Blattes sind jedoch Spuren eines (möglicherweise unvollendeten) Übertragungsrasters zu erkennen.

7 Für eine ausführliche Diskussion dieses Aspekts siehe u. a. Swan 1995; Ausst.-Kat. Cambridge 2011; Onuf 2018 sowie Bass 2019.

8 De Rock führt aus, dass diese Fusion mit bürgerlichen Ideologien nach einem Bottom-up-Modell in den historischen Niederlanden deutlicher ausgeprägt war als etwa in Italien oder Deutschland, wo die Gestaltung der gesellschaftlichen Ordnung stärker an die städtischen Behörden und Eliten gebunden war. Siehe De Rock 2019, S. 280.

9 Siehe De Rock 2019, insbes. S. 25–28 mit einem einleitenden Überblick über die bisherige Forschung zur urbanen Ikonografie.

10 De Rock 2019, S. 146. Zur Bespielung des urbanen Raums siehe auch Arnade 1996 sowie Van Bruaene 2008.

11 Zur Käuferschaft von Dreikönigsdarstellungen sowie zur Identifikation Antwerpens und seiner Kaufleute mit dieser biblischen Episode siehe Ewing 2006.

12 Orth 1989, insbes. S. 77–82; siehe auch Van den Brink 2006, S. 170. Die Manuskripte stammen aus dem Kreis der sogenannten 1520er-Werkstatt,die sich vermutlich in der Nähe von Tours befand. In jenen Illuminationen, die auf der Antwerpener Zeichnung beruhen, tritt die Stadtarchitektur zugunsten einer gartenartigen Umgebung in den Hintergrund. Vgl. etwa die entsprechende Darstellung in einem Stundenbuch der Rosenwald Collection (*Bathseba im Bade*, in: Rosenwald Hours, 1524, Washington, D.C., Library of Congress, Rosenwald 10, fol. 65). Für eine ausführliche Diskussion der Antwerpener Zeichnung siehe auch Stephanie Porras' Essay im vorliegenden Band.

13 Für eine ausführliche Diskussion dieses Phänomens siehe Peters 2015.

14 Jonckheere 2014, S. 189–195.

15 Saunders 1979, S. 59.

16 Siehe NHDF (Maarten van Heemskerck), Bd. 1, S. 199–203, Nr. 237–258; der entsprechende Kupferstich auf S. 203, Nr. 255.

17 Jonckheere führt aus, dass im damaligen Wertediskurs die Andeutung eine höhere Wirksamkeit besaß als die Tatsachenaussage. Siehe Jonckheere 2014, S. 187f.

18 Friedländer 1917, S. 91 sowie Ausst.-Kat. New York 2014, S. 78 (Stijn Alsteens). Zum Auftrag allgemein siehe auch Bungeneers/Grieten 1996, S. 181f. sowie Ausst.-Kat. New York 2014, S. 80, Nr. 13f. (Stijn Alsteens).

19 Für eine Diskussion der verschiedenen Zeichnungstypen, die bei der Vorbereitung von Glasmalereien zum Einsatz kamen, siehe Butts/Hendrix 2000, S. 6–9.

20 Für eine Beschreibung des Übertragungsprozesses siehe ebd., S. 6–9.

21 Siehe Marlier 1966, S. 318–320 sowie Delmarcel 2004, S. 26.

22 Butts/Hendrix 2000, S. 8.

23 Der entsprechende Eintrag im *Cahier* lautet: »Helena von Pallas, Venus, Diana und der Liebe

begleitet, von Paris in das Boot geführt, wo sie Neptun empfängt um sie zur Flotte überzusetzen, die sie in der Reede erwartet, während die Tritonen und Najaden auf den Wellen reiten und die Winde die Luft bewegen, um ihre Abfahrt zu beschleunigen« (»Helêne accompagnée de Pallas, Vénus, Diane, et de l'amour, conduite par Paris dans la barque où Neptune les reçoit pour les passer sur la flotte que les attend dans la Rade, tandis que les Tritons et Nayades voltigent sur les Ondes, et que les vents agitent l'air pour hâter leur départ«). Siehe Wien, Albertina, Sammlungsarchiv, Cahier Inv. 7869. Die sogenannten *Cahiers* stammen aus der Zeit des Sammlungsgründers Albert von Sachsen-Teschen und wurden sehr wahrscheinlich von einem professionellen Schreiber transkribiert. Der Inhalt geht möglicherweise auf François Lefèbvre zurück, der ab 1783 in der Sammlung tätig war. Auch Adam von Bartsch hat seine Expertise fallweise beigetragen. Für diese Information sei Laura Ritter herzlich gedankt.

24 Benesch 1928, S. 18, Nr. 122.

25 »Steig ein, o Jungfrau, liebstes Kind der Götter, denn wir sind hier, all wir Gottheiten, die unser Reich für dich hat: Das Meer ist beruhigt, die Winde kommen zu den Segeln« (»ASCENDAS O VIRGO DEVM CHARISSIMA PROLES / NAM SVMVS HIC QVOT HABET NOSTRVM TIBI NVMINA REGNVM / AEQVATVM EST AEQVOR VENIVNT AD CARBASA VENTI«). Für die Übersetzung dieser und der folgenden zitierten Inskription des Kupferstichs sei Karin Zeleny herzlich gedankt.

26 »Als am 9. September im Jahr der Gnade 1570 Anna von Österreich, Tochter des allzeit erhabenen Kaisers Maximilian, die mit Philipp, dem unbesiegten König beider Spanien, verlobt war, nach Antwerpen kam, errichteten die Genuesen um der Ehrerbietung und Hochachtung gegenüber dem Hause Österreich und Seiner königlichen Majestät willen einen Triumphbogen, dessen Bemalung hier gezeigt wird, welche das Mysterium der ihr erwiesenen Gunst des Neptun und der Meeresgottheiten enthält, die sie, nachdem sie am 26. September an Bord empfangen worden war, unter guten Vorzeichen am 4. Oktober mit der Hilfe des besten und größten Gottes dem spanischen Boden als Königin anvertrauten.« (»Anno gratiae 1570 - 9 - septemb[ris] cum venisset Antuerpiam . Anna Austriaca Maximiliani Caesaris semper . Augusti filia . desponsata . Philippo Hispaniarum Regi Inuictissimo . Extruxere . Geneuenses [corr.: Genuenses] honoris et obseruantiae ergo domus Austriacae Regiaeq[ue] Maiestatis . arcam [corr.: arcum] triumphalem . cuius haec exhibetur pictura . habens mysterium fauoris Neptum [corr.: Neptuni] marinorumq[ue] numinum . erga hanc . qui receptam . 26 septemb[ris] in carinas . bonis auibus 4 octobris Iuuante Deo opt[imo] Max[imo] hispanico solo ea[m] mandauere Reginam«). Der lateinische Originaltext enthält, wie in der Transkription vermerkt, einige orthografische Ungenauigkeiten.

27 Van Loon 1743, fol. 220 sowie Prims 1943, Tl. 8, Buch 3, S. 112; siehe auch Peters 2008.

28 So wurde etwa Peter Schuddematte, ein Schulmeister, der mit antiklerikalen Theaterstücken, Gedichten und anderen Schriften Aufsehen erregt hatte, 1547 hingerichtet. Frans Fraet, der lutherische Werke gedruckt und ebenfalls Theaterstücke verfasst hatte, wurde 1558 in Antwerpen enthauptet. Des Weiteren wurden Ambrosius van Molle und Jeronimus vander Voort, Theaterautoren zweier Rhetorikerkammern der brabantischen Stadt Lier, 1568 zum Tode verurteilt, wobei vander Voort die Flucht gelang. Siehe Van Bruaene 2019, S. 365–384, insbes. S. 377.

29 Van Loon 1743, fol. 220 sowie Prims 1943, Tl. 8, Buch 3, S. 112.

30 Siehe etwa Grapheus 1550.

31 Diese Kombination erscheint beispielsweise auch auf einer Ehrenpforte des Herrschereinzugs von Prinz Philipp im Jahr 1549. Siehe Grapheus 1550.

32 Die Figur des römischen Soldaten Silvius Brabo ist eng mit dem Gründungmythos Antwerpens verbunden. Der Legende nach terrorisierte ein furchterregender Riese namens Druon Antigoon die auf der Schelde vorbeifahrenden Schiffe, indem er den Seeleuten die Hände abschlug und in den Fluss warf. Brabo forderte den Riesen heraus, besiegte ihn, schlug ihm seinerseits eine Hand ab und warf diese ebenfalls in den Fluss. Die Legende gilt als etymologischer Ursprung des Stadtnamens, eines Kompositums aus »Hand« (»ant« bzw. »hant«) und »werfen« (»werpen«). Auf Brabo geht zudem die Bezeichnung der Provinz Brabant zurück. Siehe hierzu Britannica Academic, »Druon Antigonus«, URL: <https://www.britannica.com/topic/Druon-Antigonus> [gelesen am 16.12.2022].

33 In Antwerpen wurden zwischen 1566 und etwa 1590 mehr als 15 druckgrafische Prozessionsserien entworfen, darunter jene von van Heemskerck, Philips Galle, Maerten de Vos oder Gerard van Groeningen. Für eine vollständige Auflistung siehe Peters 2005, S. 378–380.

34 Siehe etwa seine zweiteilige Kupferstichserie der *Allegorien auf das Plündern und Niederbrennen Antwerpens (Spanische Furie)*, die 1577 von Hans Collaert d. Ä. gestochen wurde. Ikonografie und Text stammen vom »factor« der Violieren, Willem van Haecht. Siehe NDHF (Crispijn van den Broeck), Bd. 2, S. 64f., Nr. 233f. Ein anderes Beispiel ist die Radierung *Der Schild der Weisheit (Wilhelm der Schweiger als Befreier der Niederlande)*, die nach 1577 wohl von einem Mitglied der Familie Wierix gestochen wurde. Siehe NHDF (Crispijn van den Broeck), Bd. 2, S. 70f., Nr. 236.

35 Braun/Hogenberg 1572–1618 sowie Ortelius 1570.

36 Siehe De Rock 2019, S. 276–282. Für ein Beispiel siehe Unbekannter niederländischer Künstler, *Antwerpia Mercatorum Emporium*, um 1515–1518, Holzschnitt, 81 × 247 cm, Antwerpen, Museum Plantin Moretus, Inv. PK.OP.20839. Zugleich könnte Bol auch Zeichnungen gekannt haben, die im Kontext militärischer Feldzüge mit imperialer Ambition entstanden und genaue Beschreibungen von Städten und Dörfern enthielten. Siehe dazu Serebrennikov 2001.

37 Die wichtigste Studie zu Bols Zeichnungen ist Hautekeete 2012. Für die großzügigen Einblicke in seine Untersuchungen sei Stefaan Hautekeete herzlich gedankt.

38 Hautekeete hat die konkreten Orte sowohl in Hautekeete 2012 als auch in bisher unveröffentlichten Untersuchungen identifiziert; siehe auch Hautekeete 2000.

39 Hans Bol, *Ansicht von Dordrecht*, 1580er-Jahre, Metallstift und Grafit auf teilweise grundiertem Papier, 12,3 × 35,1 cm, Paris, Fondation Custodia – Collection Frits Lugt, Inv. 1997.T.20, 1998-T.1. Siehe Hautekeete 2012, S. 343–345, Abb. 23, 353n18. Für die Bereitstellung dieser Angaben sei Rhea Sylvia Blok herzlich gedankt.

40 De Rock beschrieb diese Hybridität als Charakteristikum von Stadtansichten der 1550er-Jahre. Siehe De Rock 2019, S. 282–297.

41 Onuf untersuchte die Auslegung des Terminus »naer dleven« in der fraglichen Zeit. Siehe Onuf 2018, S. 20–23 sowie auch Swan 1995, S. 554–579.

42 Ebd. sowie Onuf 2018, S. 22.

43 Ähnlich argumentiert Onuf in Bezug auf die von Hieronymus Cock herausgegebenen flämischen Landschaftsbilder. Siehe Onuf 2018, S. 44. Auch De Rock diskutiert die Entwicklung des Stadtporträtisten vom Landvermesser hin zum Künstler. Siehe De Rock 2019, S. 273.

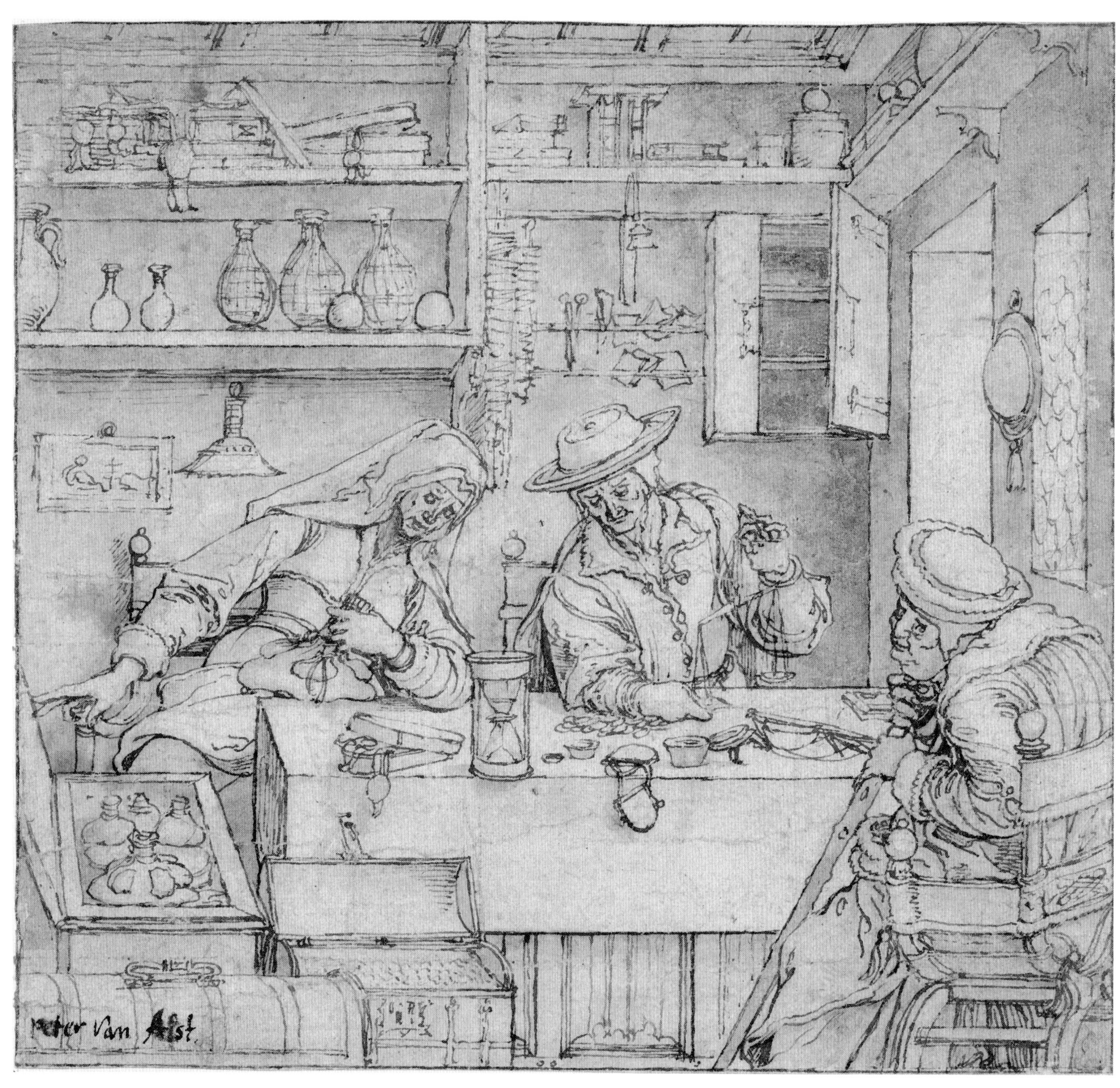

21 · Pieter Coecke van Aelst d. Ä.
Der Geldwechsler und seine Frau, um 1535–1540

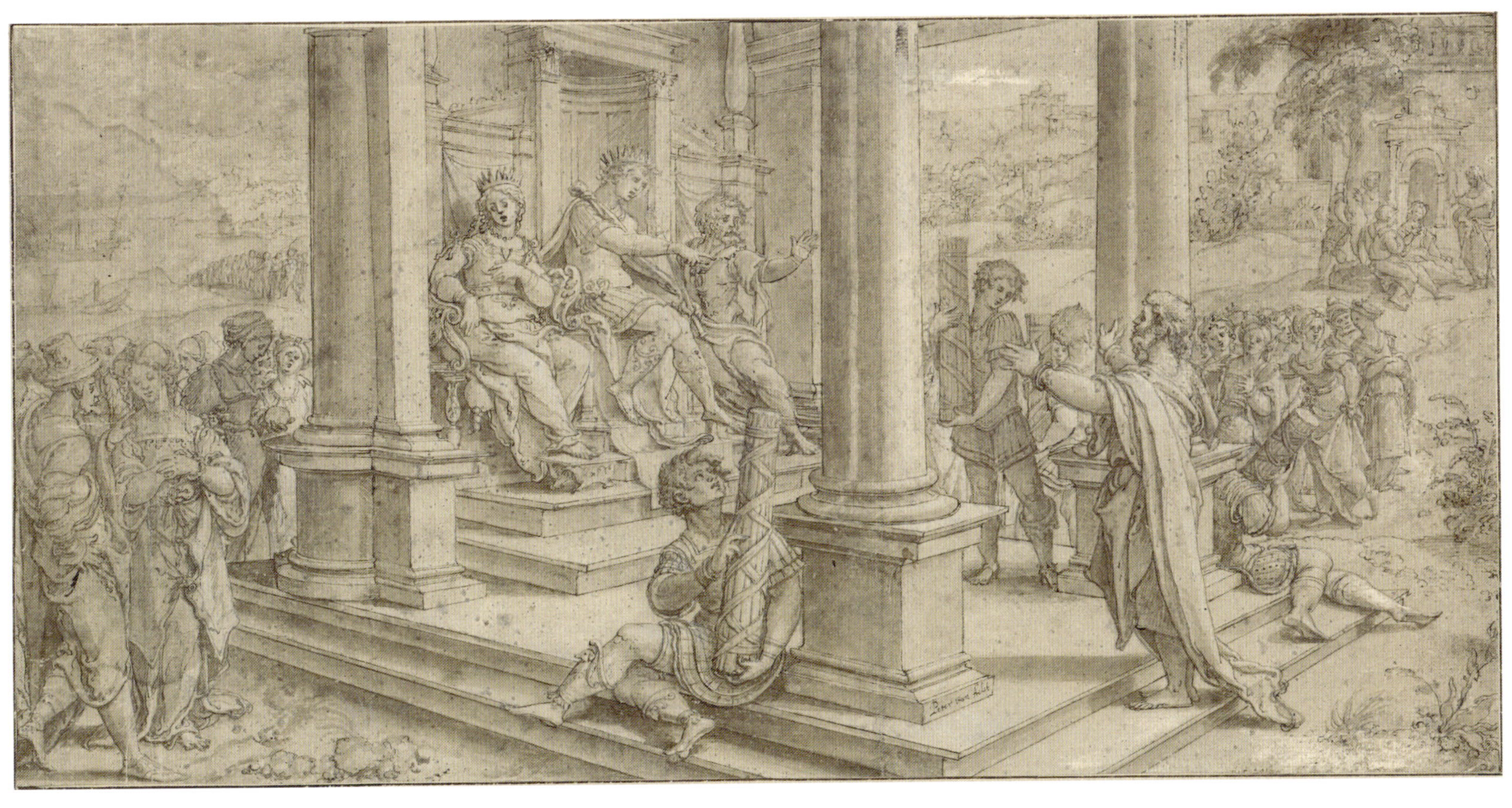

22 · Pieter Coecke van Aelst d. Ä.
Der Apostel Paulus vor Agrippa, 1529/30

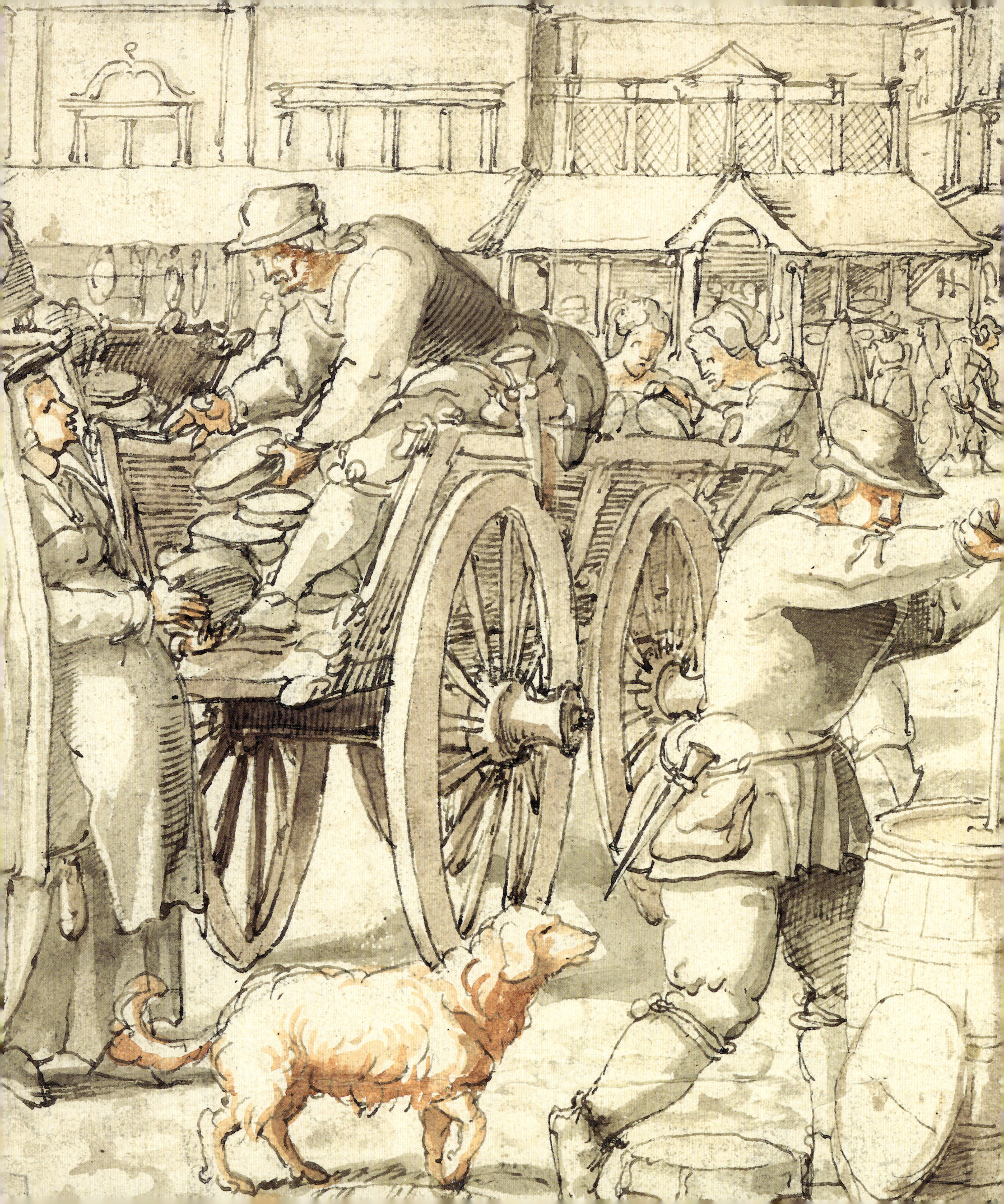

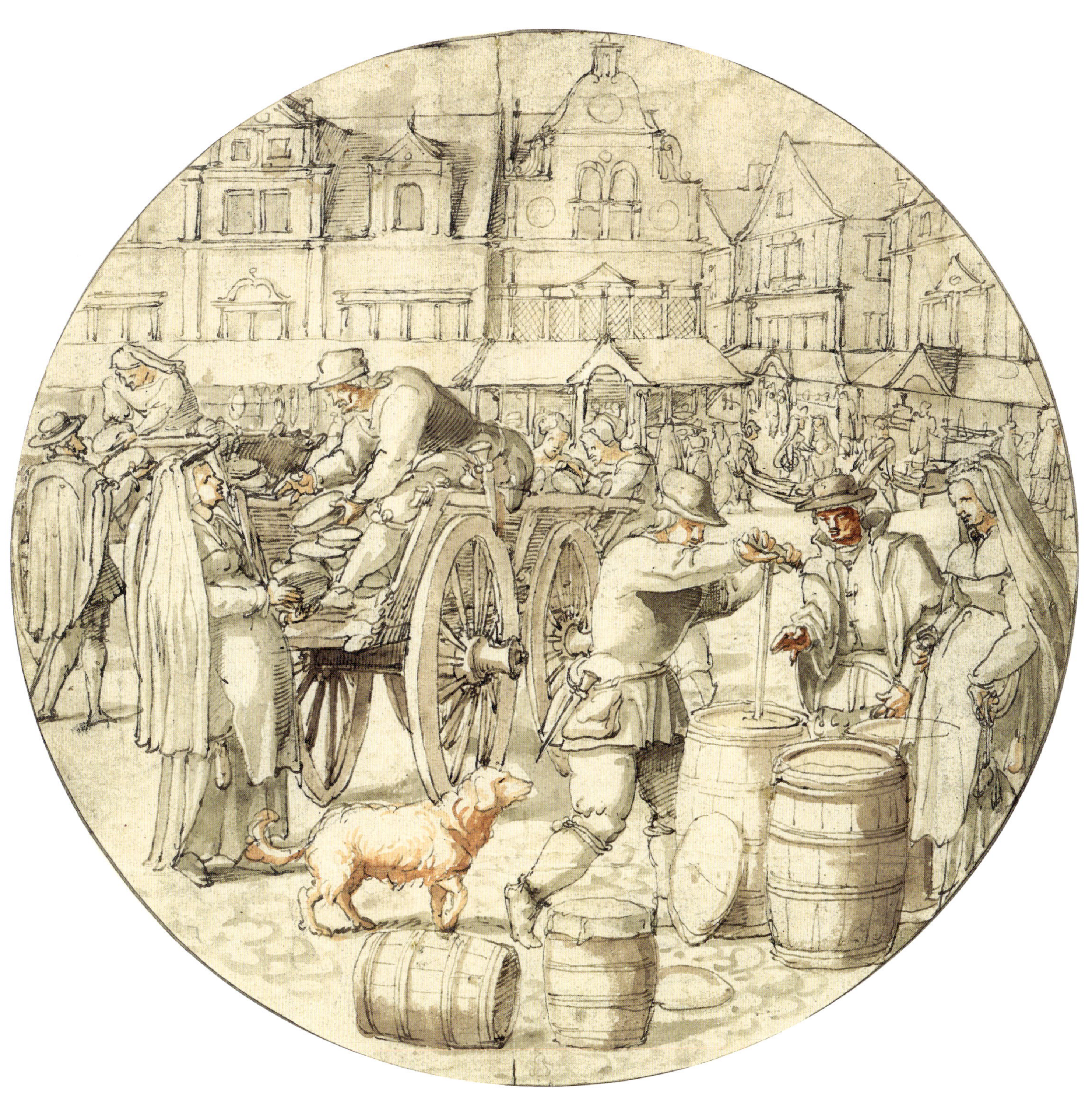

23 · Umkreis des Aertgen Claesz. van Leyden
Der Käse- und Buttermarkt (in Delft?), um 1530–1540

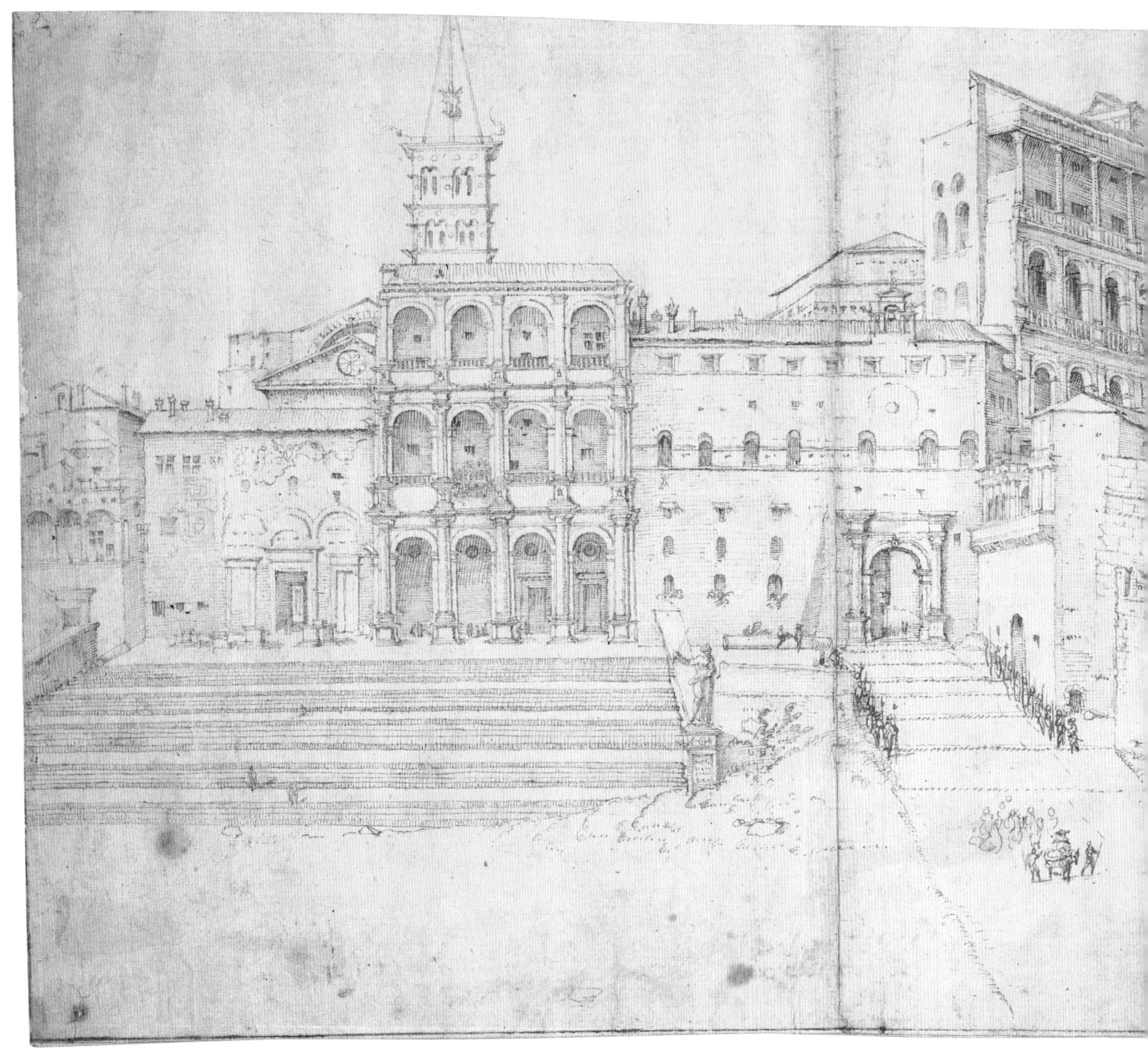

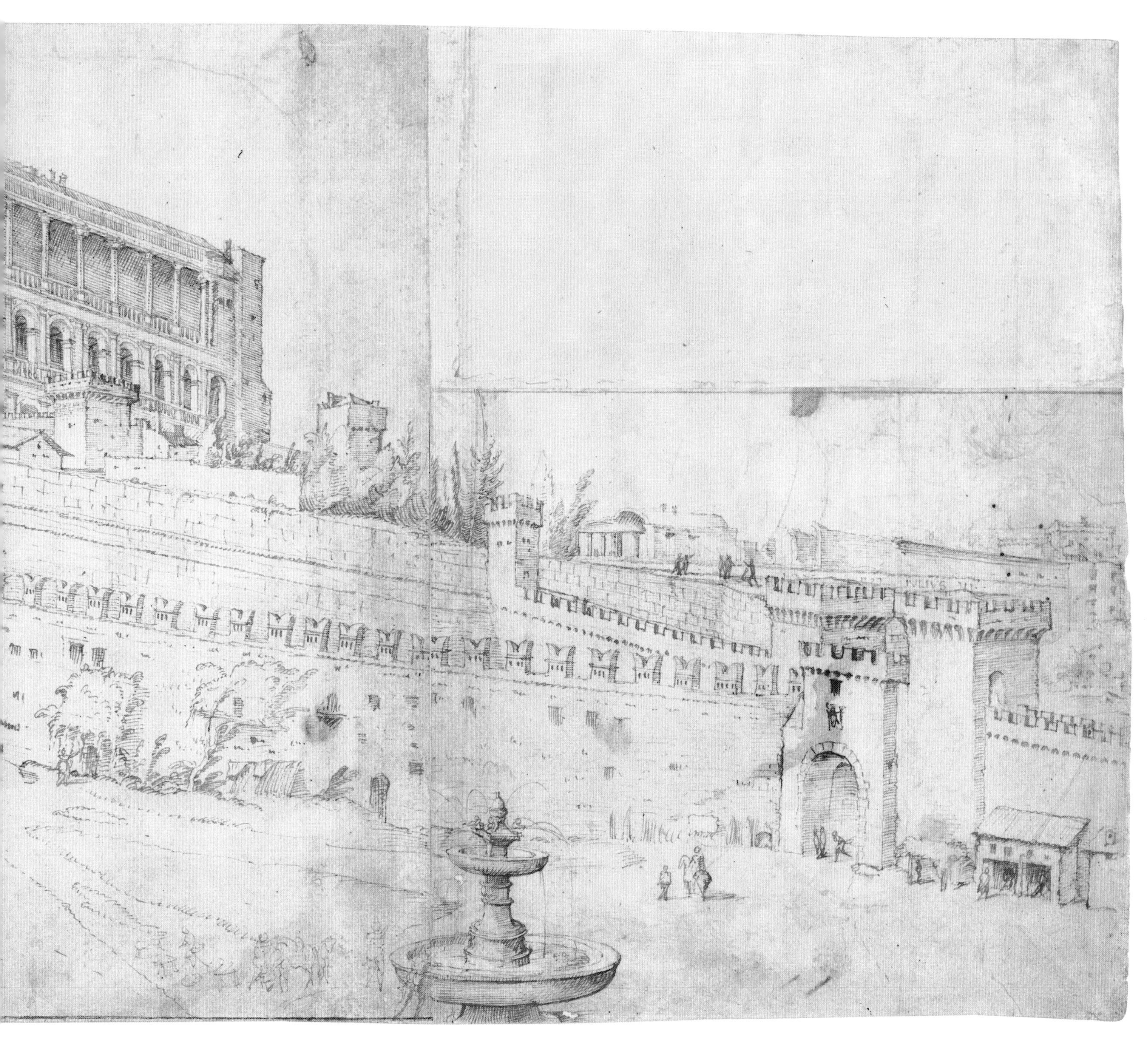

24 · Maarten van Heemskerck
Die Vorbauten von Alt St. Peter und der Vatikanische Palast, 1533/34

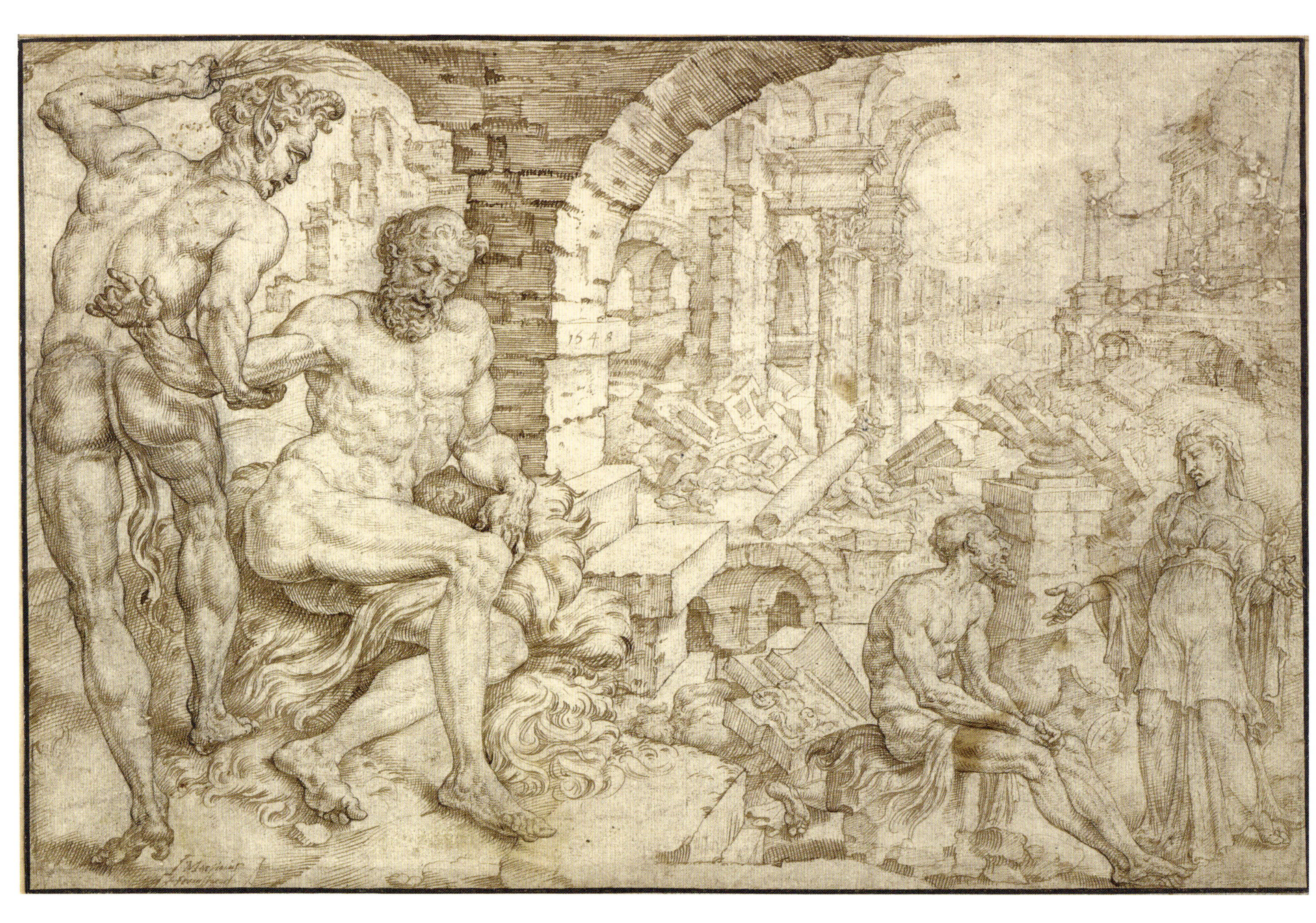

25 · Maarten van Heemskerck
Hiob, vom Satan gepeinigt, 1548

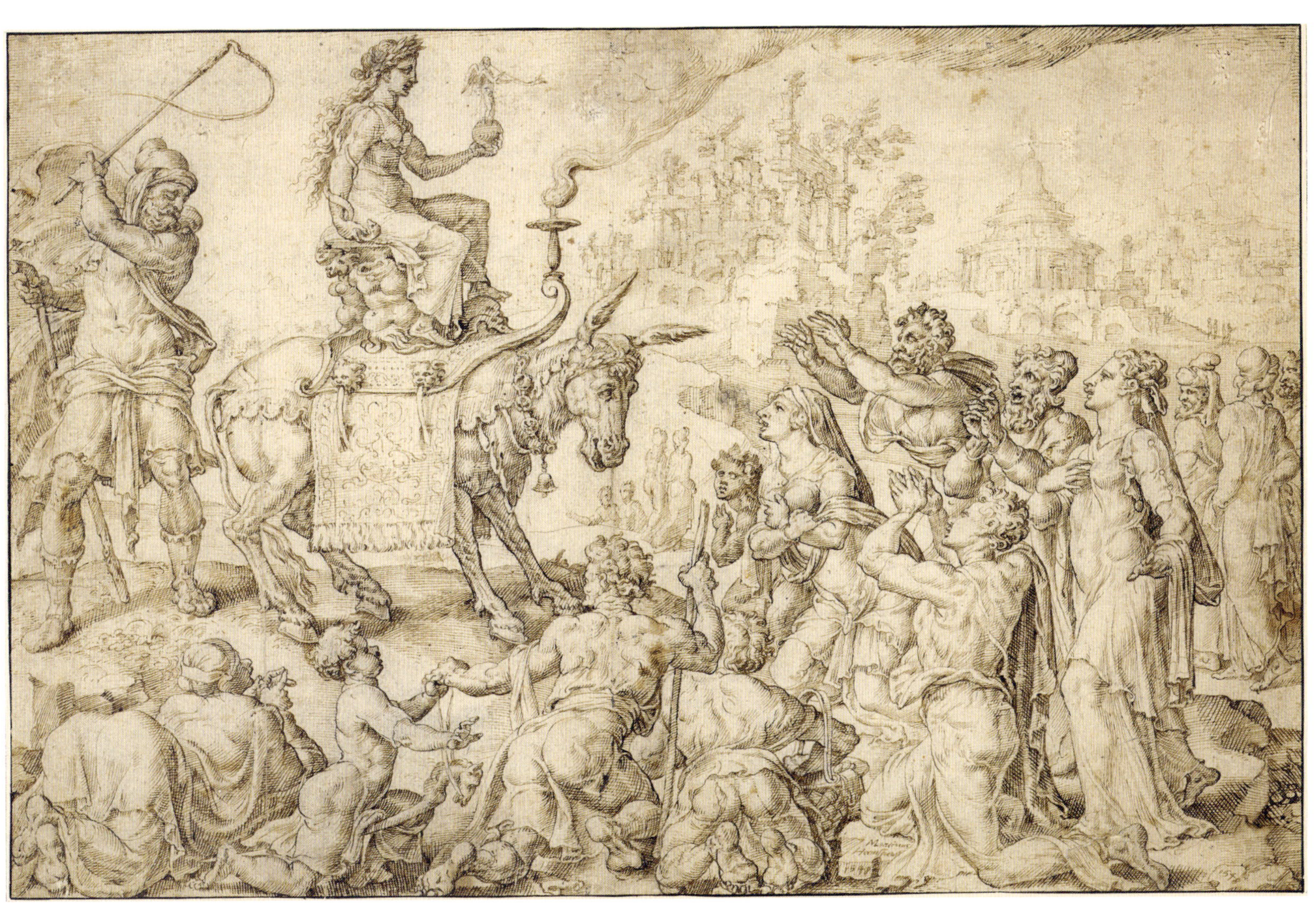

26 · Maarten van Heemskerck
Der Isiskult, 1548

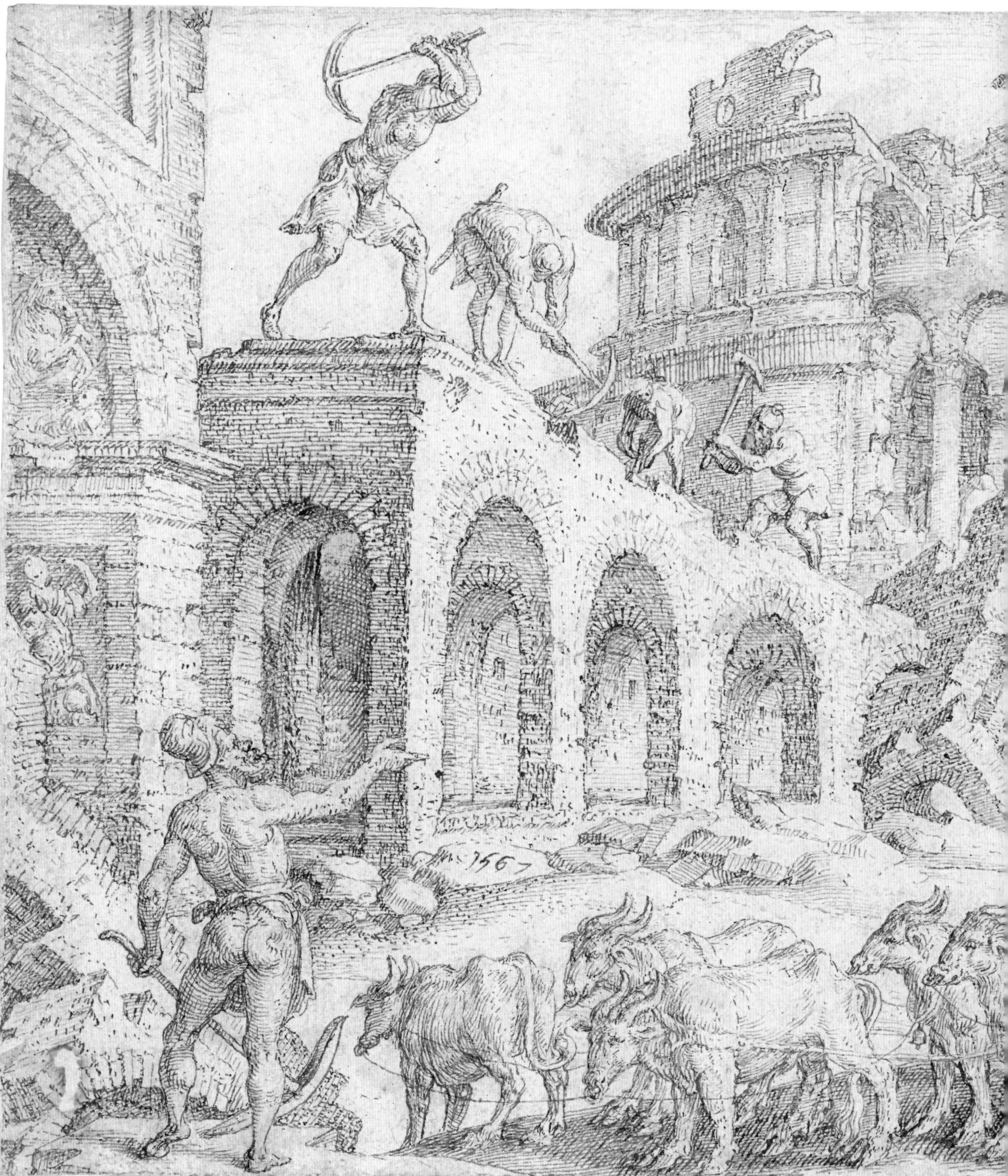
1567

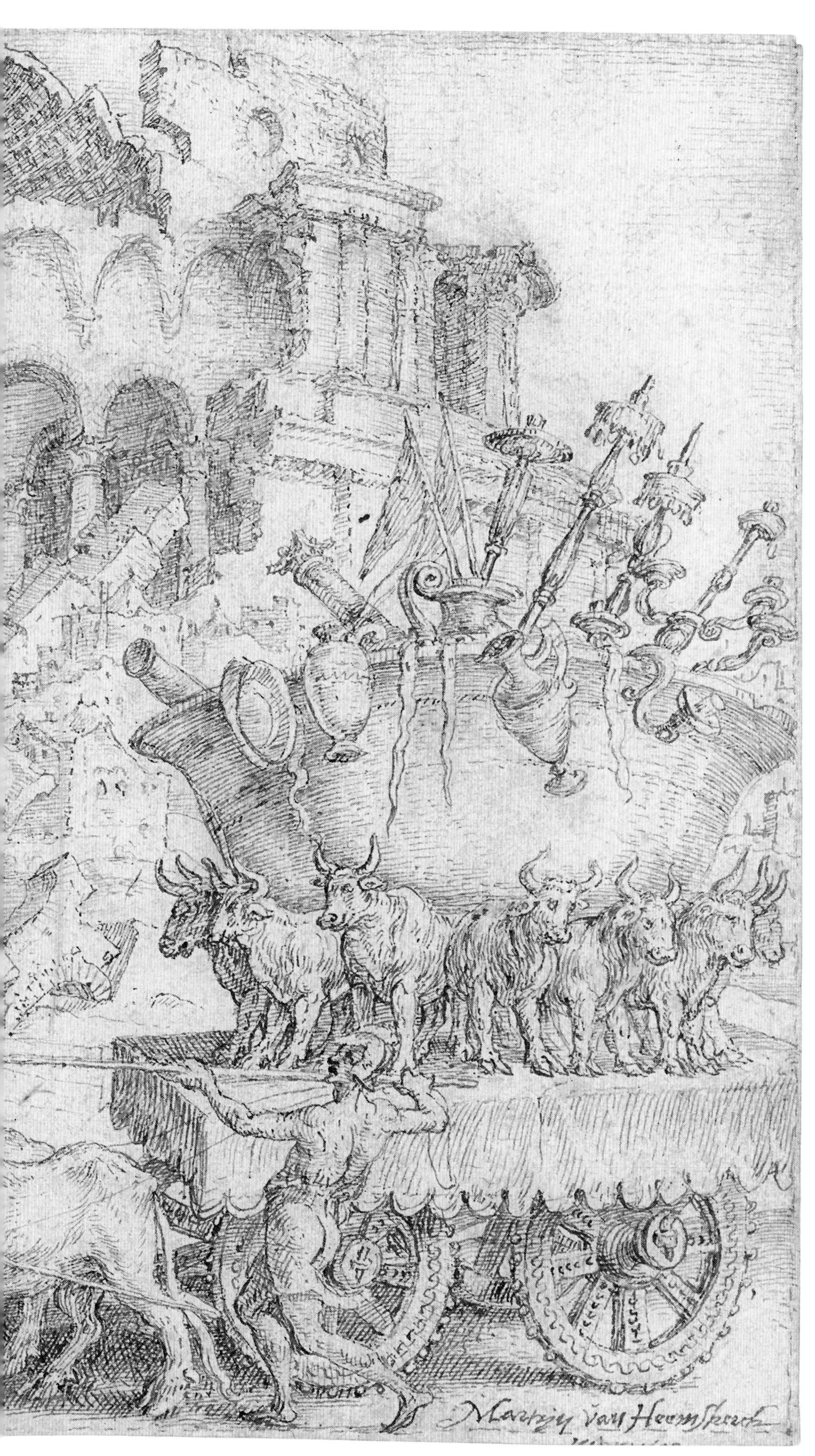

27 · Maarten van Heemskerck
Plünderung und Zerstörung des Tempels von Jerusalem, 1567

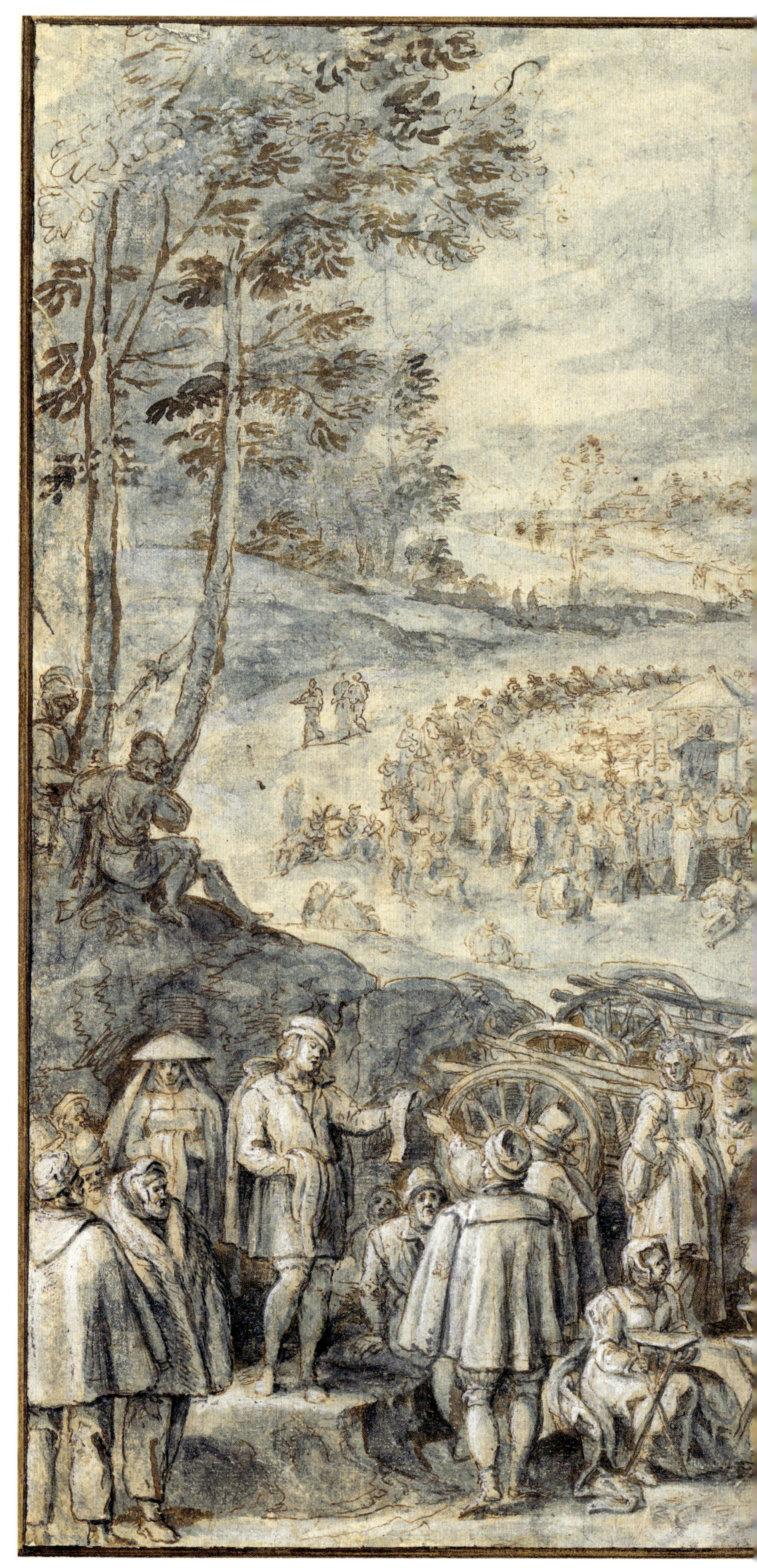

28 · Chrispijn van den Broeck
Heckenpredigt, um 1566

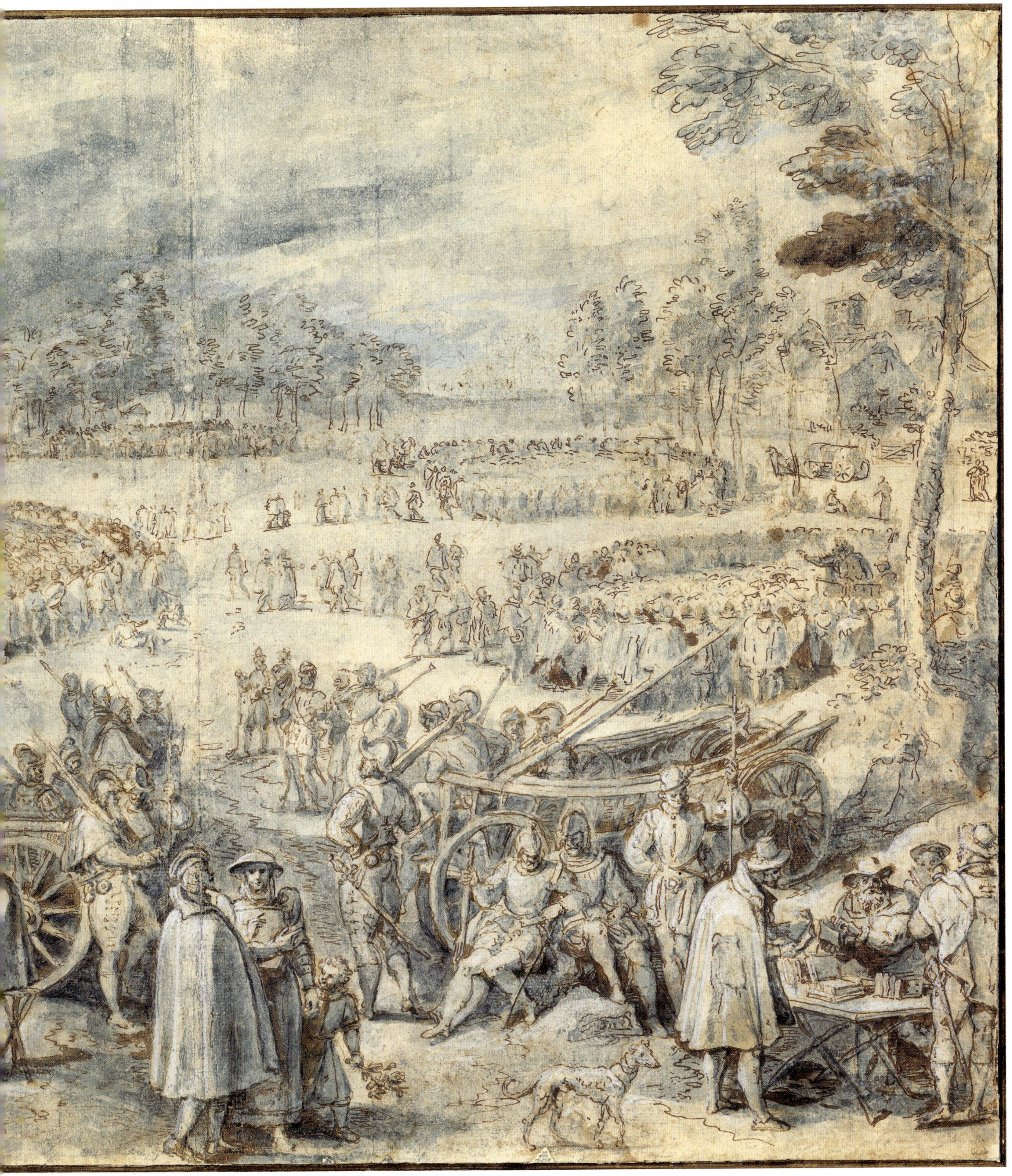

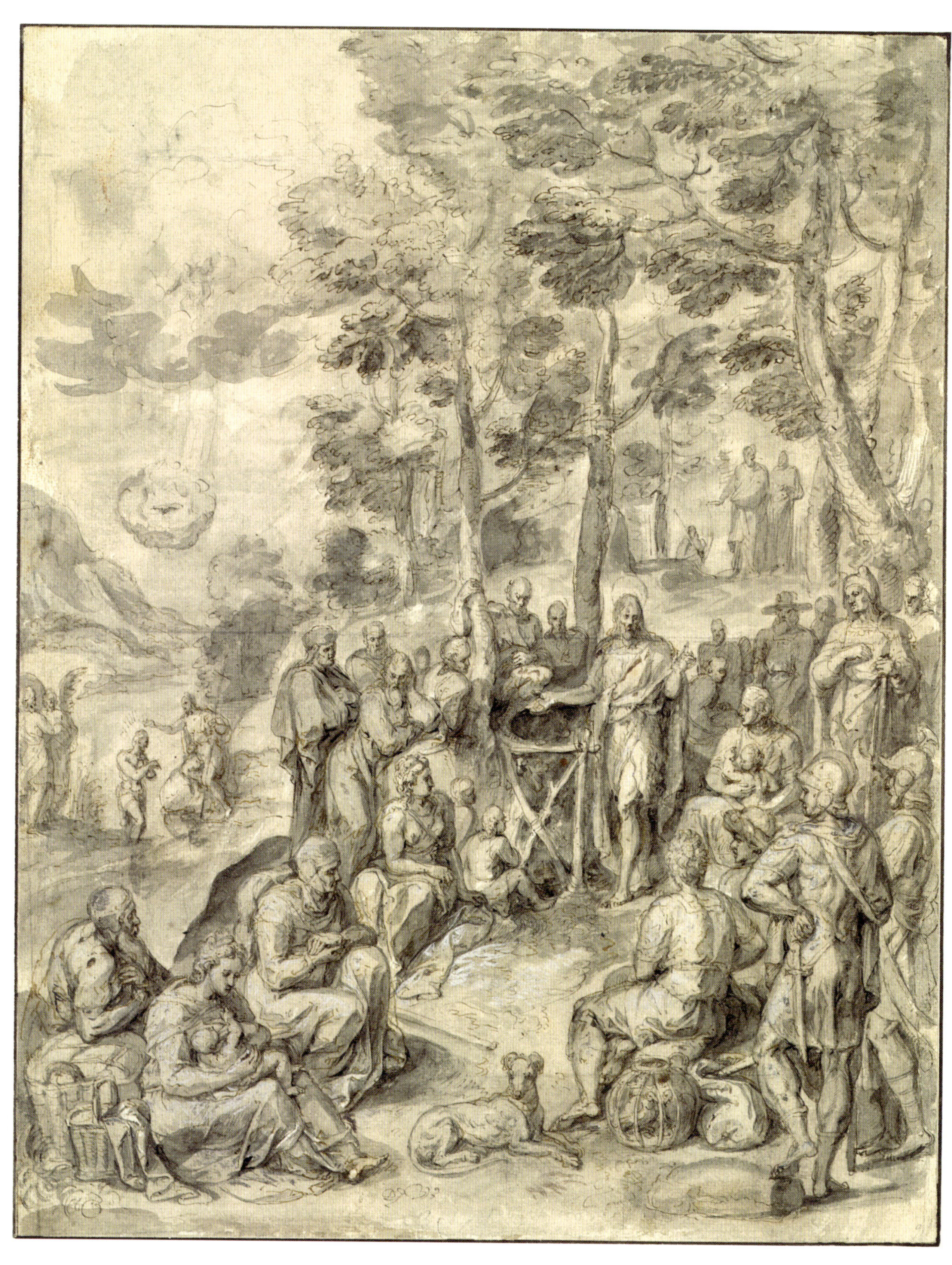

29 · Chrispijn van den Broeck
Die Predigt Johannes des Täufers, um 1566

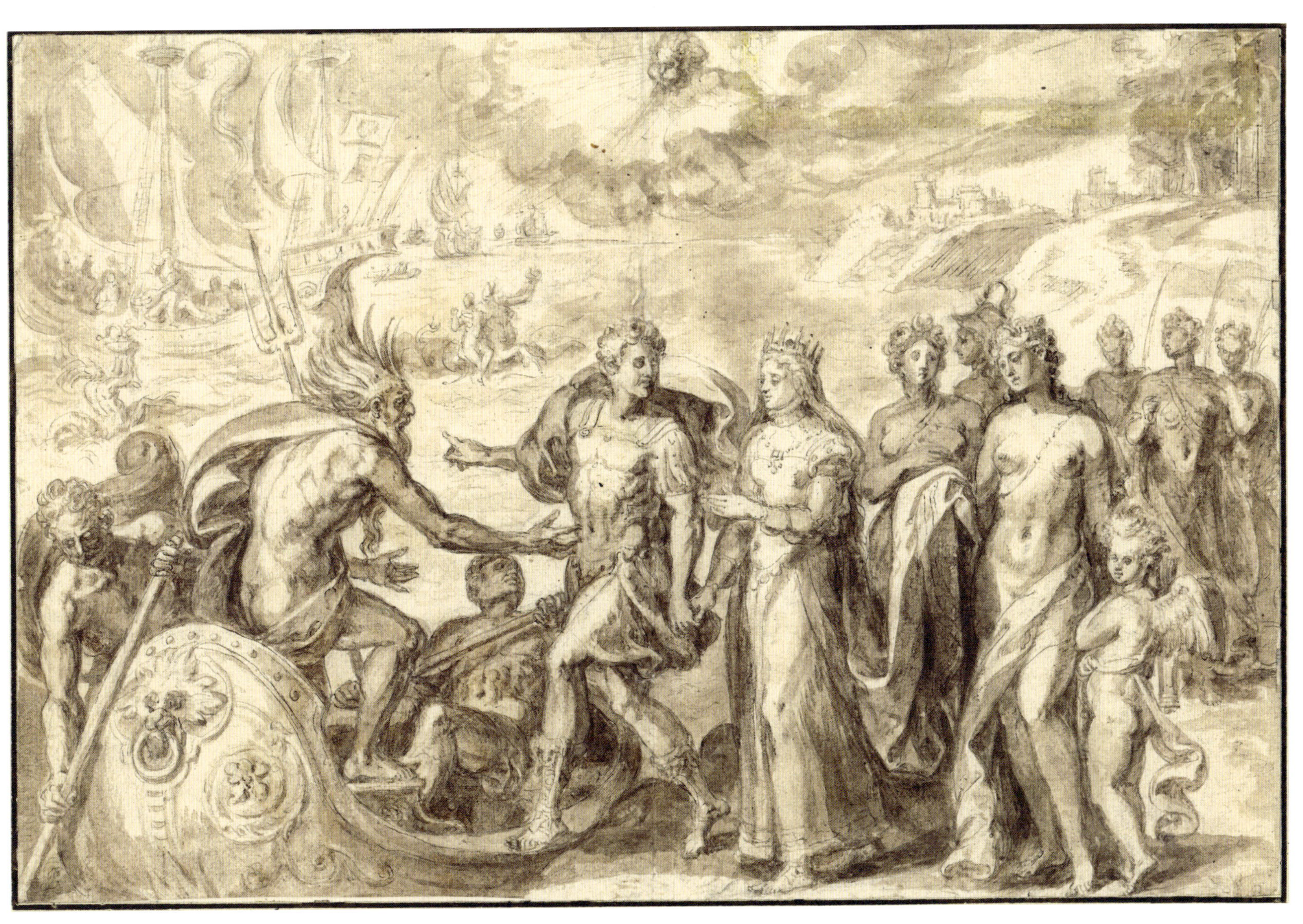

30 · Chrispijn van den Broeck
Die Einschiffung Annas von Österreich nach Spanien, 1570

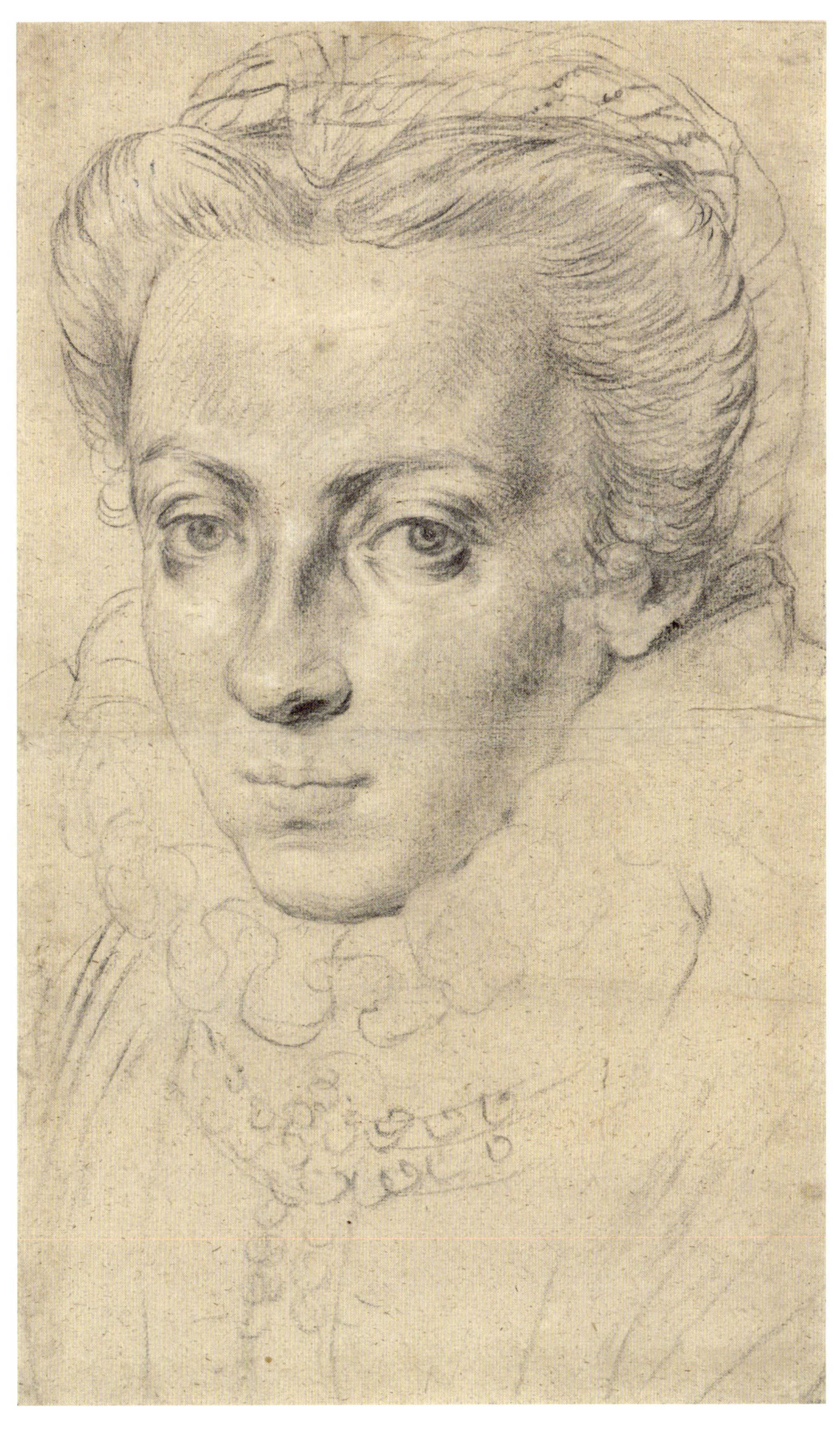

31 · Zugeschrieben an Peter de Witte I.
Porträt der Anna von Österreich, vor 1570

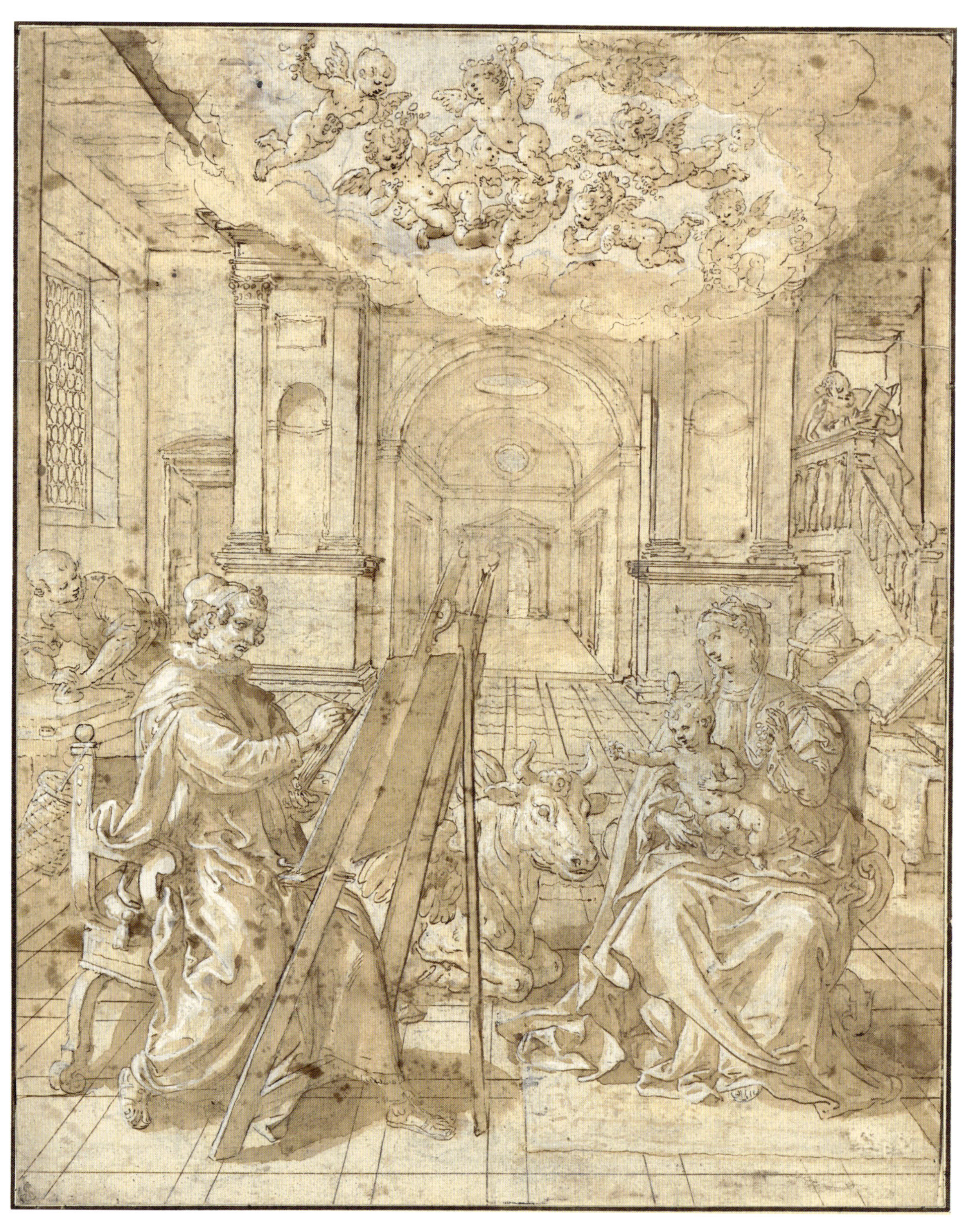

32 · Maerten de Vos
Der heilige Lukas malt die Madonna, um 1585–1602

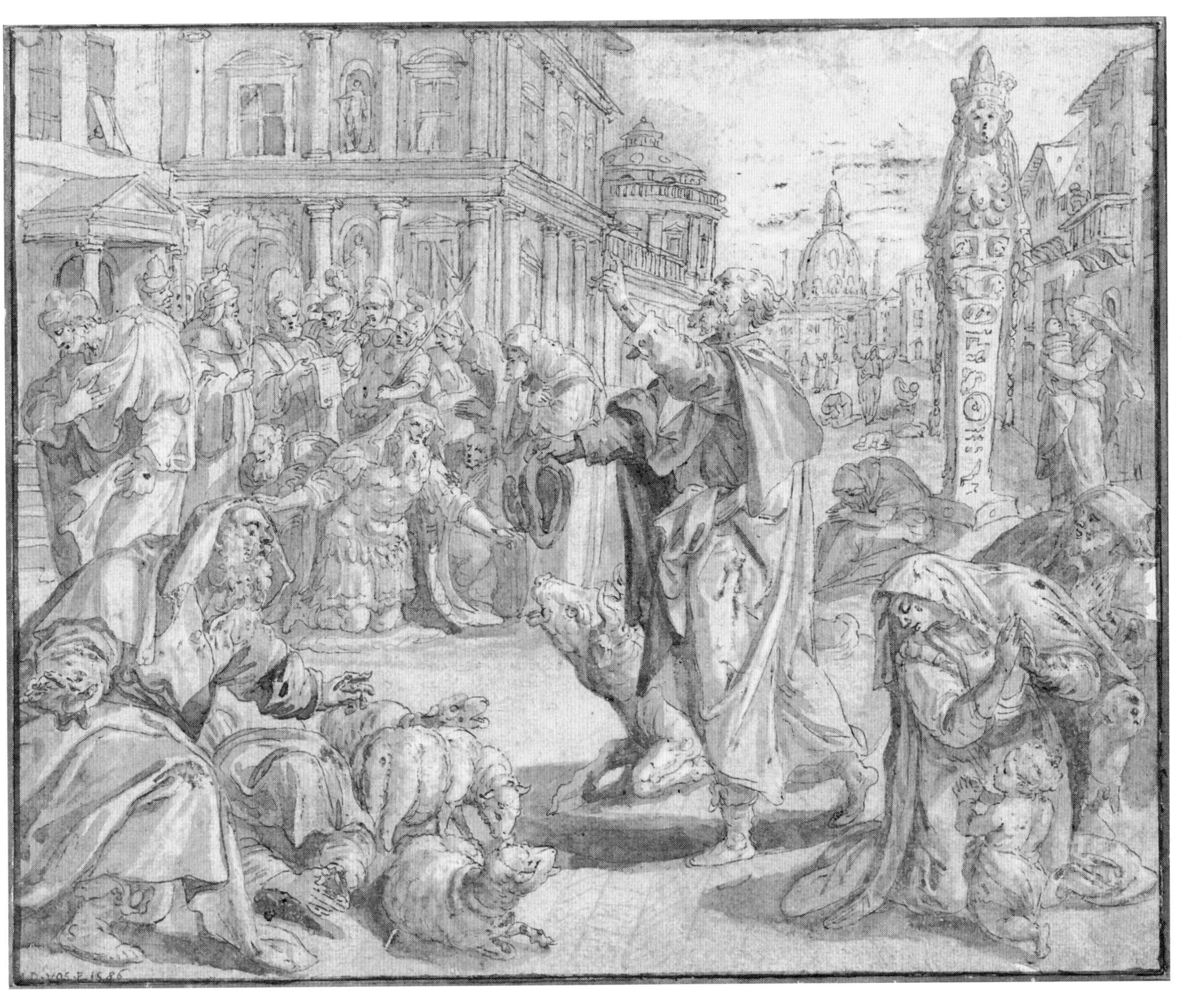

33 · Maerten de Vos
Der Prophet Jonas predigt in Ninive, 1586

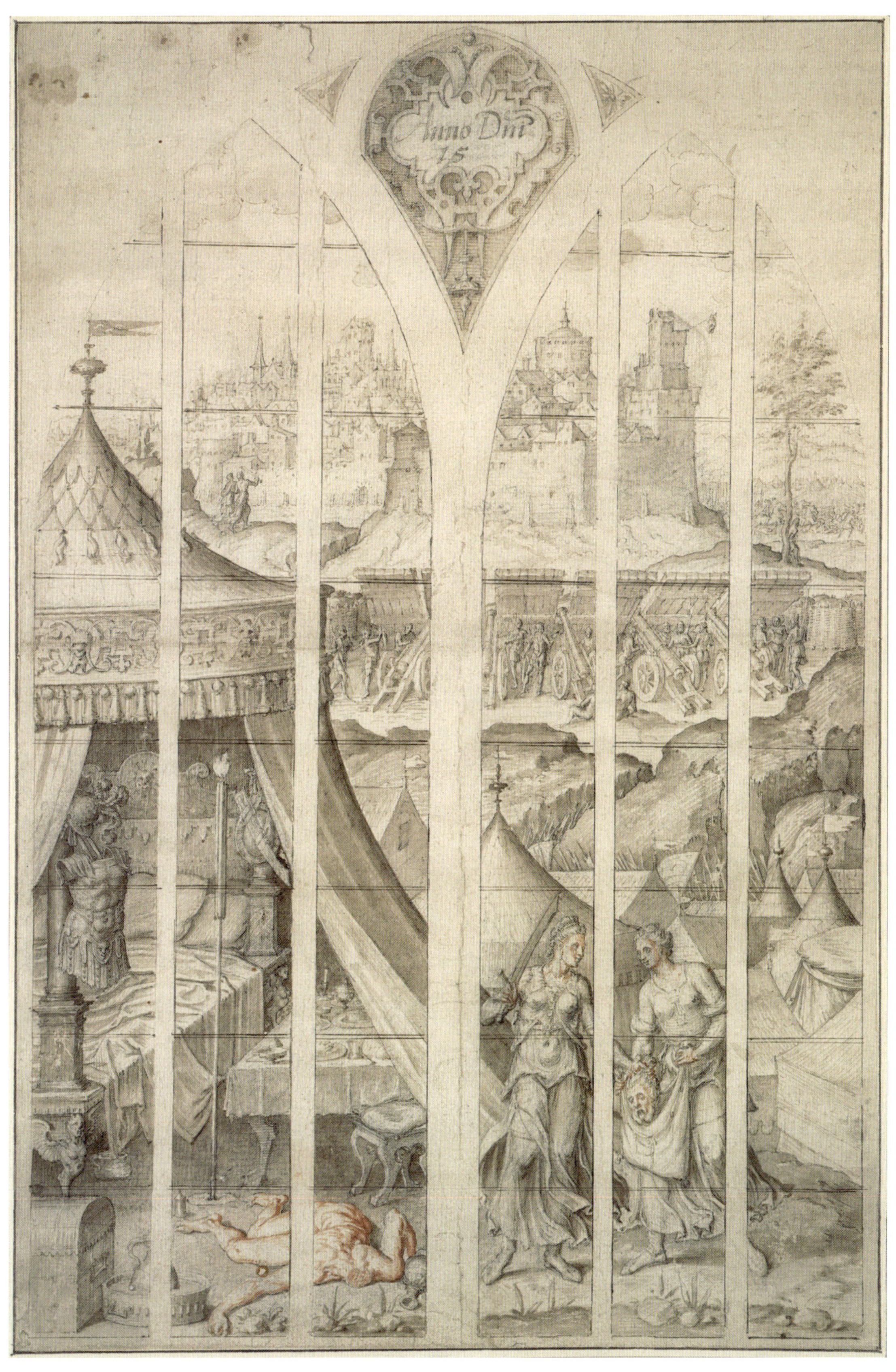

34 · Dirck Crabeth
Judith und Holofernes, um 1570

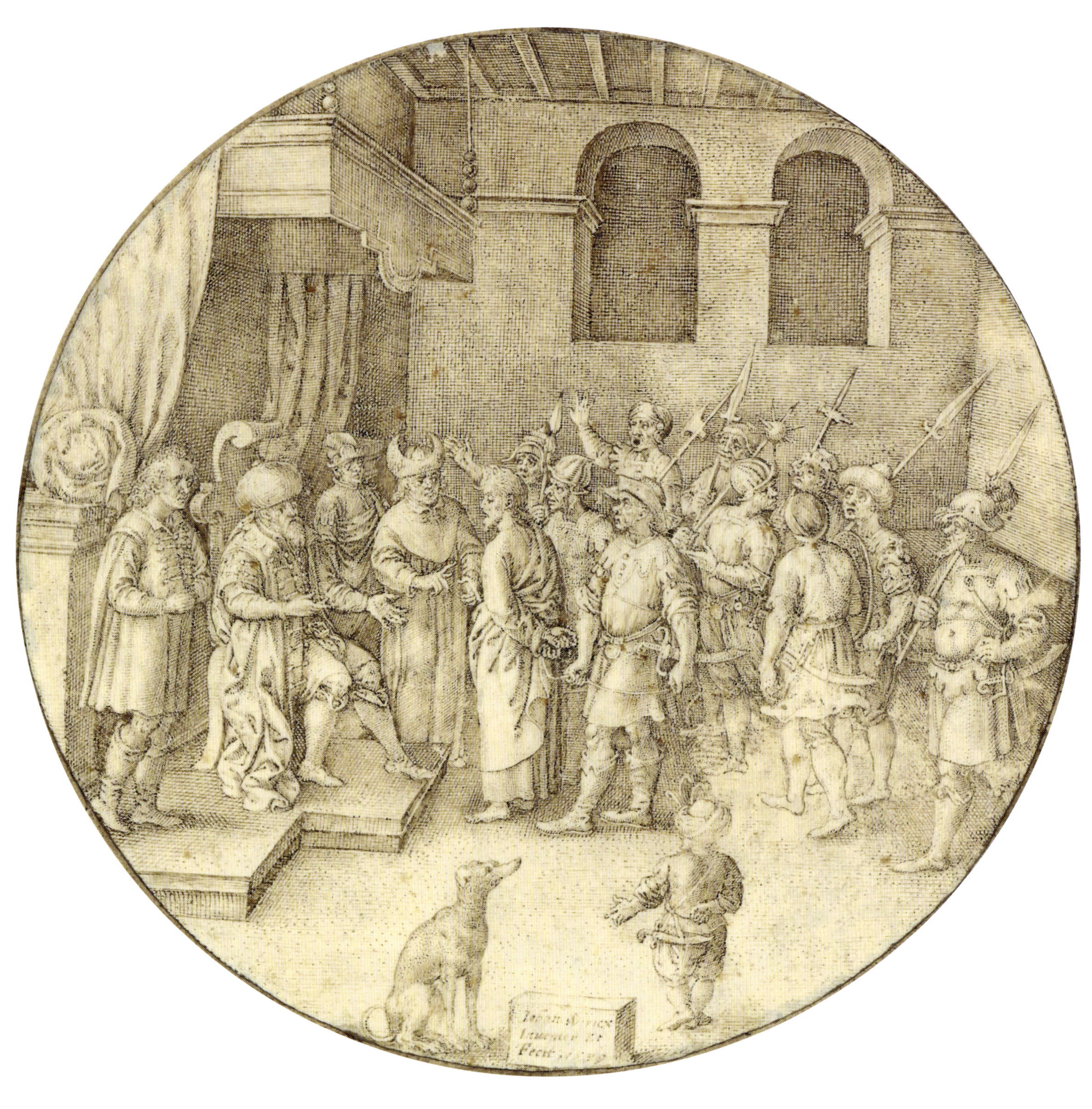

35 · Johannes Wierix
Christus vor Pilatus, 1599

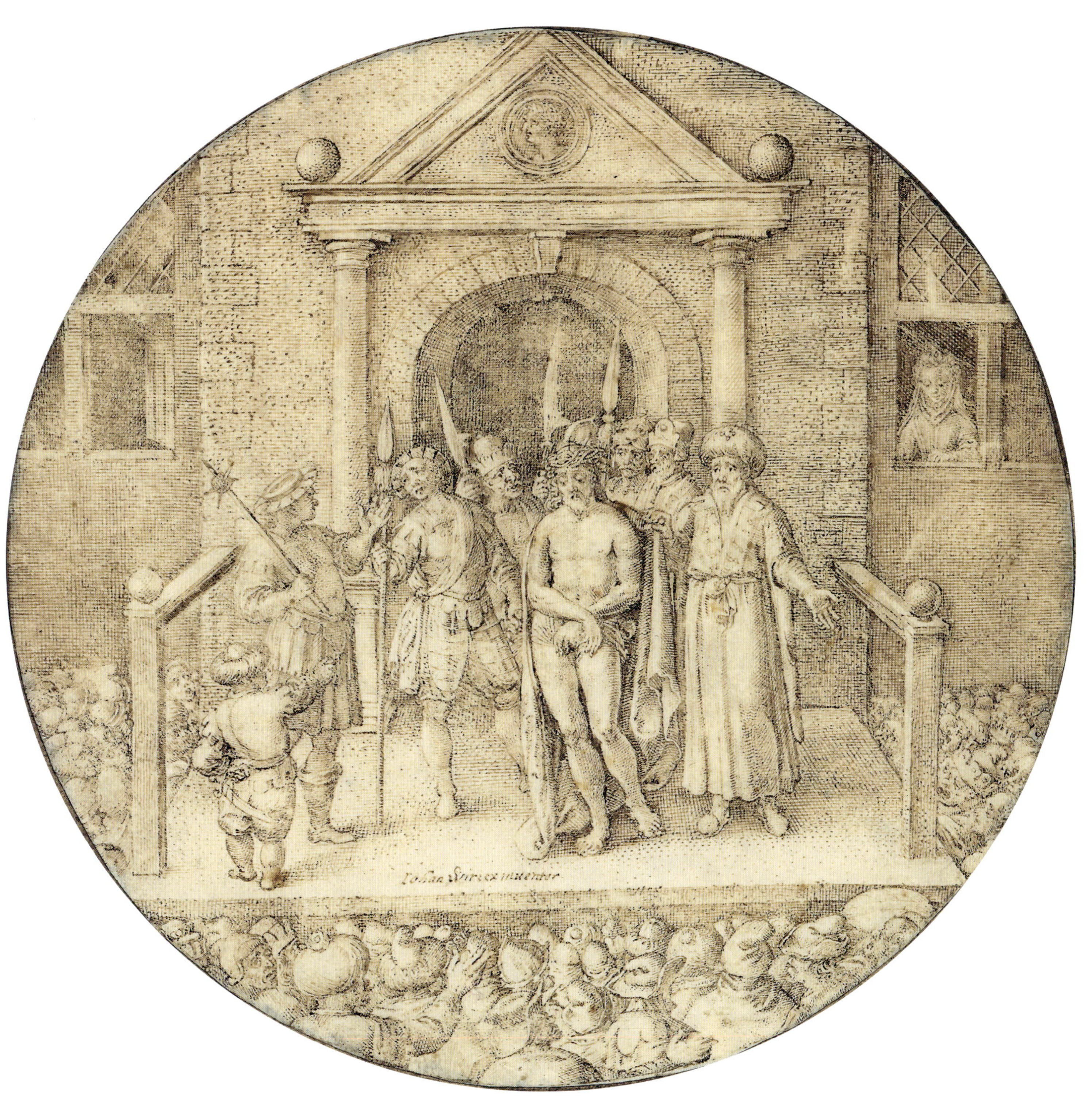

36 · Johannes Wierix
Ecce homo, 1599

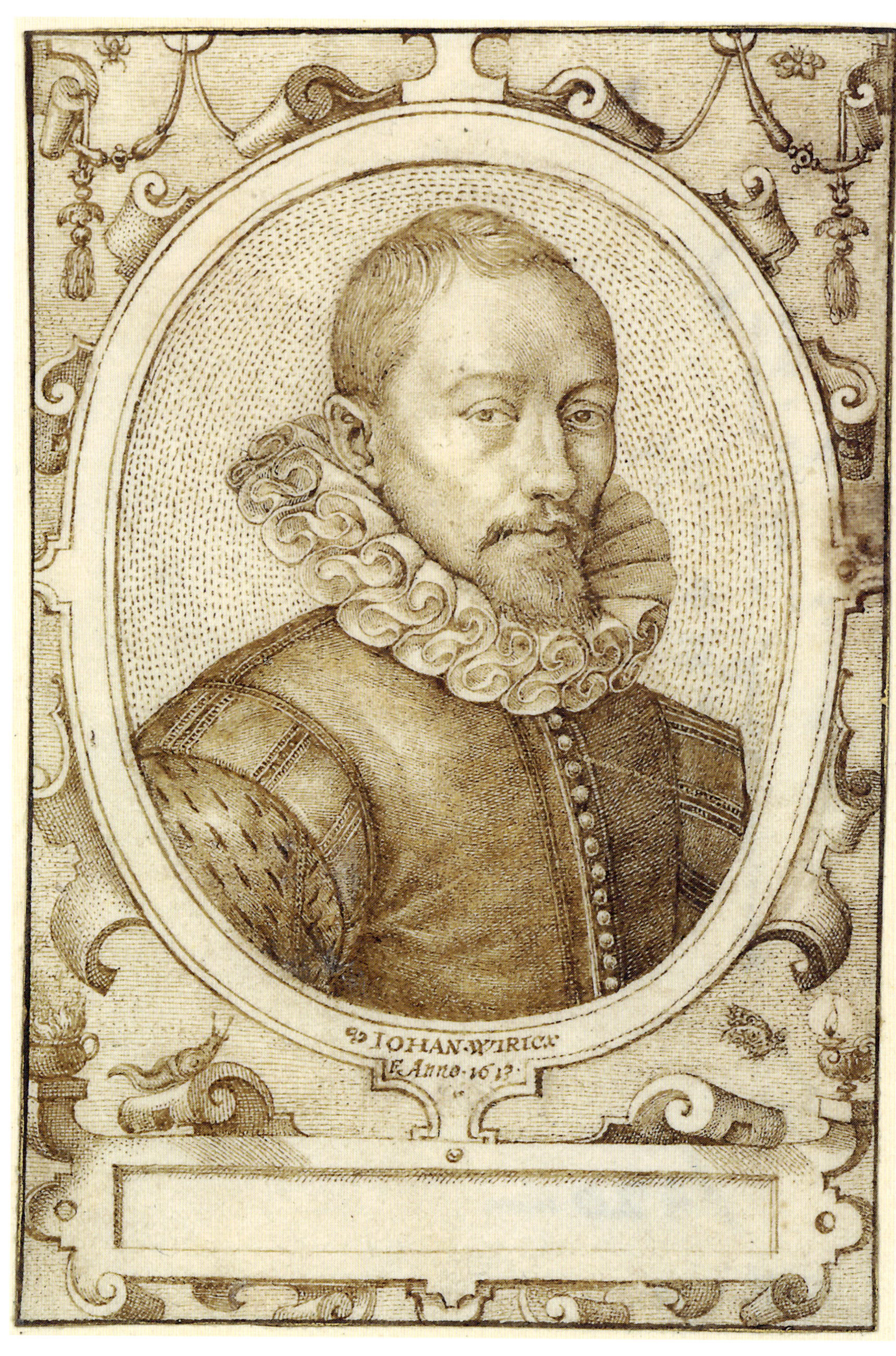

37 · Johannes Wierix
Porträt eines Unbekannten, 1613

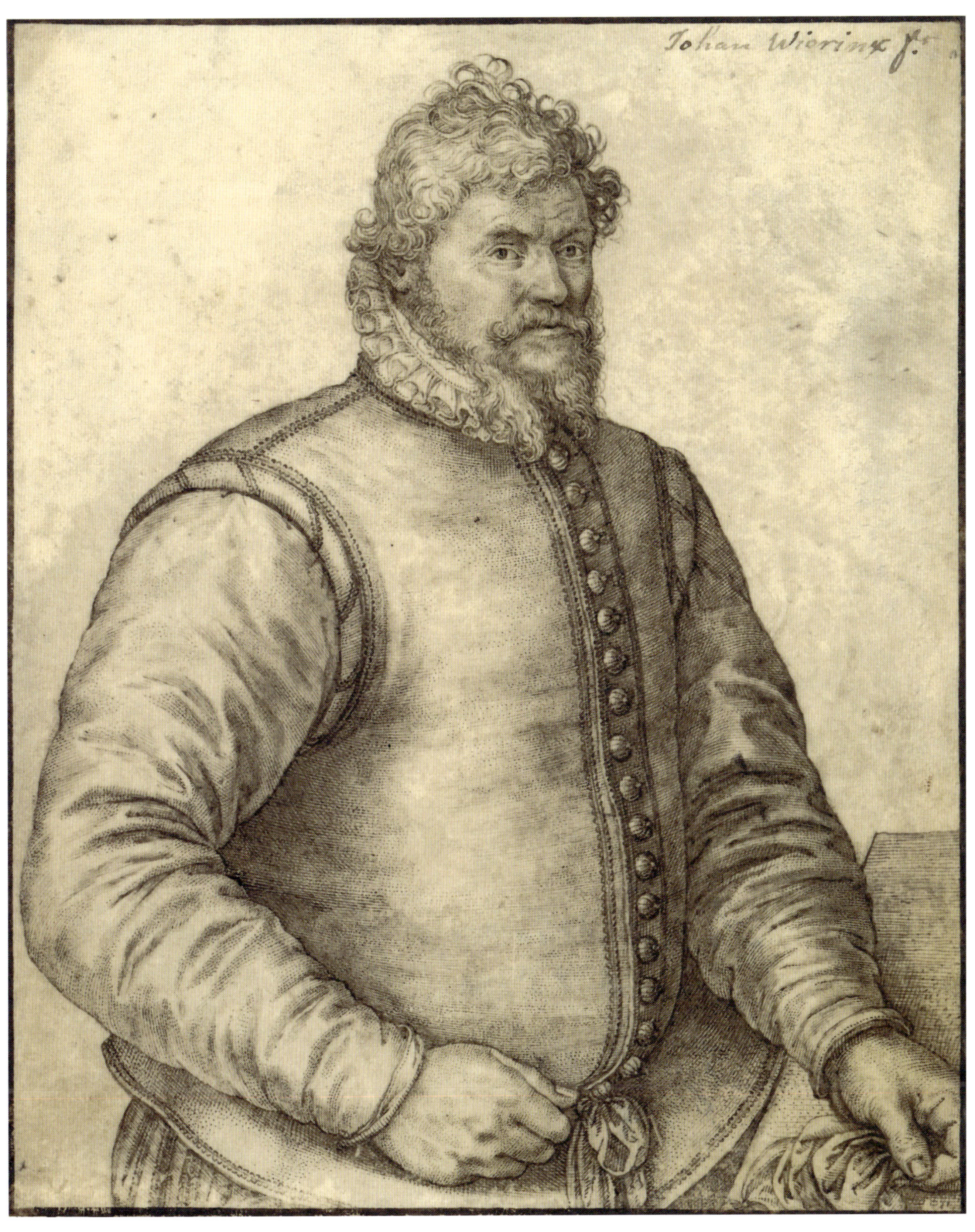

38 · Umkreis des Johannes Wierix
Porträt eines Unbekannten, erstes Viertel 17. Jahrhundert

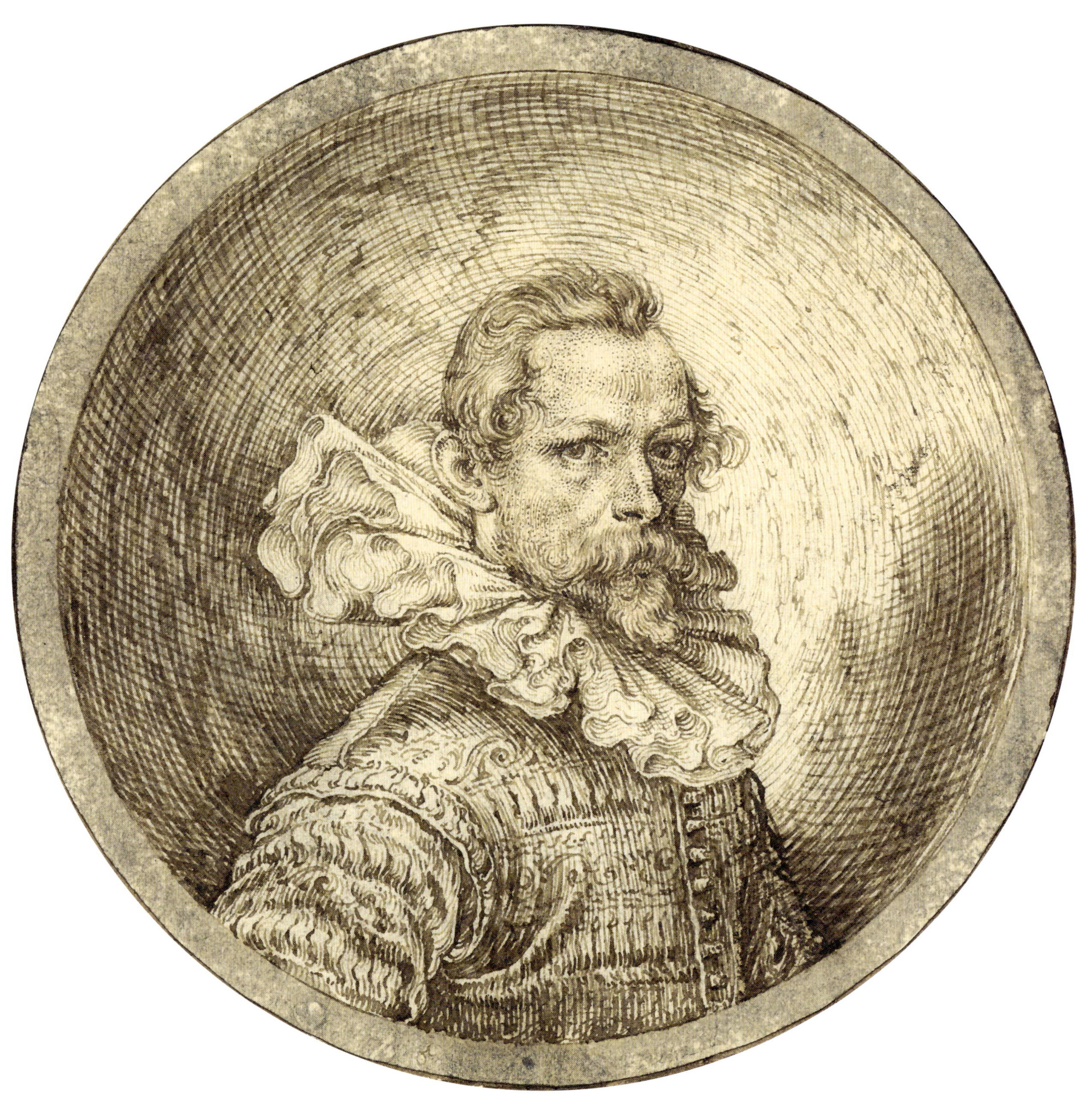

39 · Jacques de Gheyn II.
Selbstbildnis, um 1595–1600

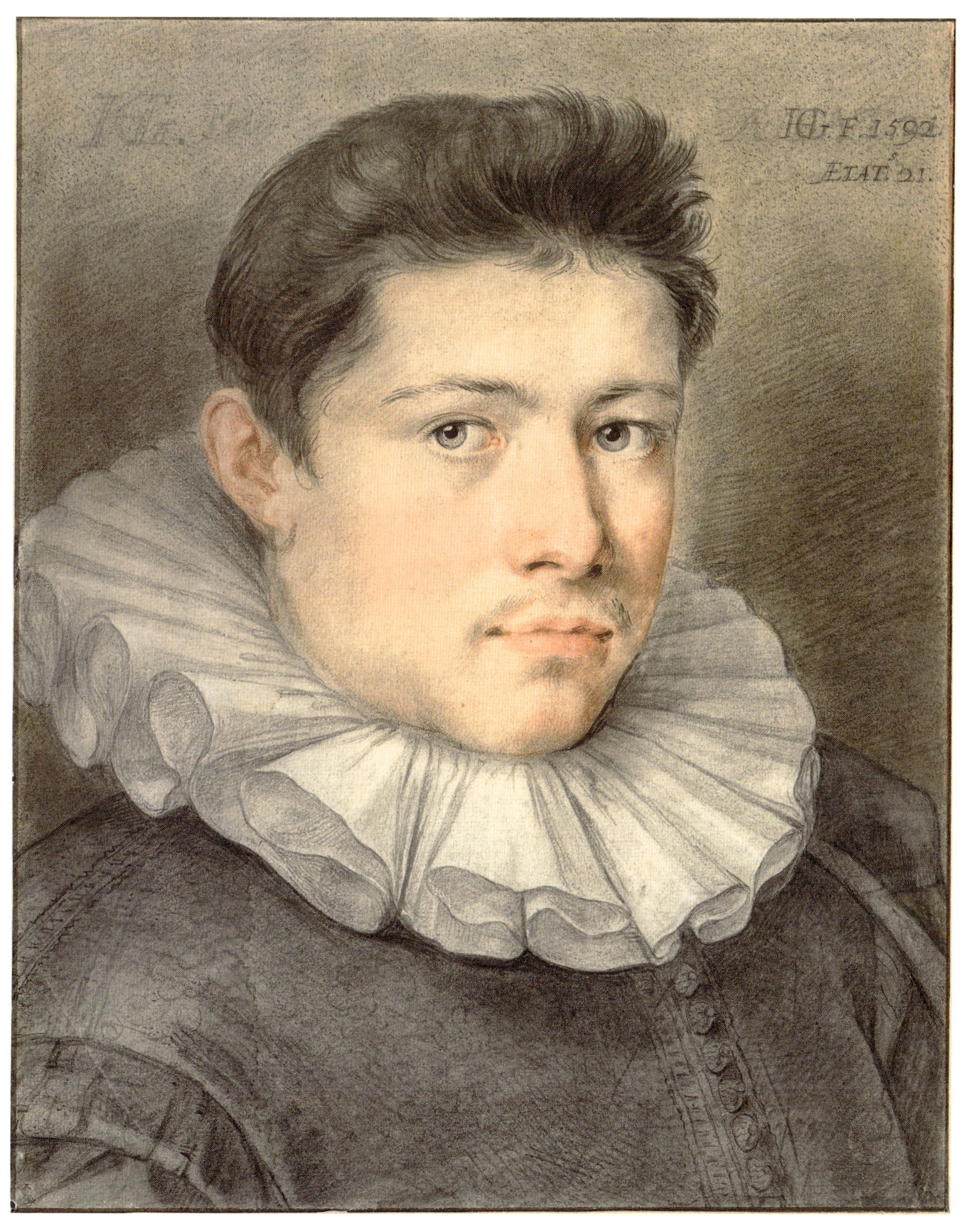

40 · Hendrick Goltzius
Porträt des Jacob Matham, 1592

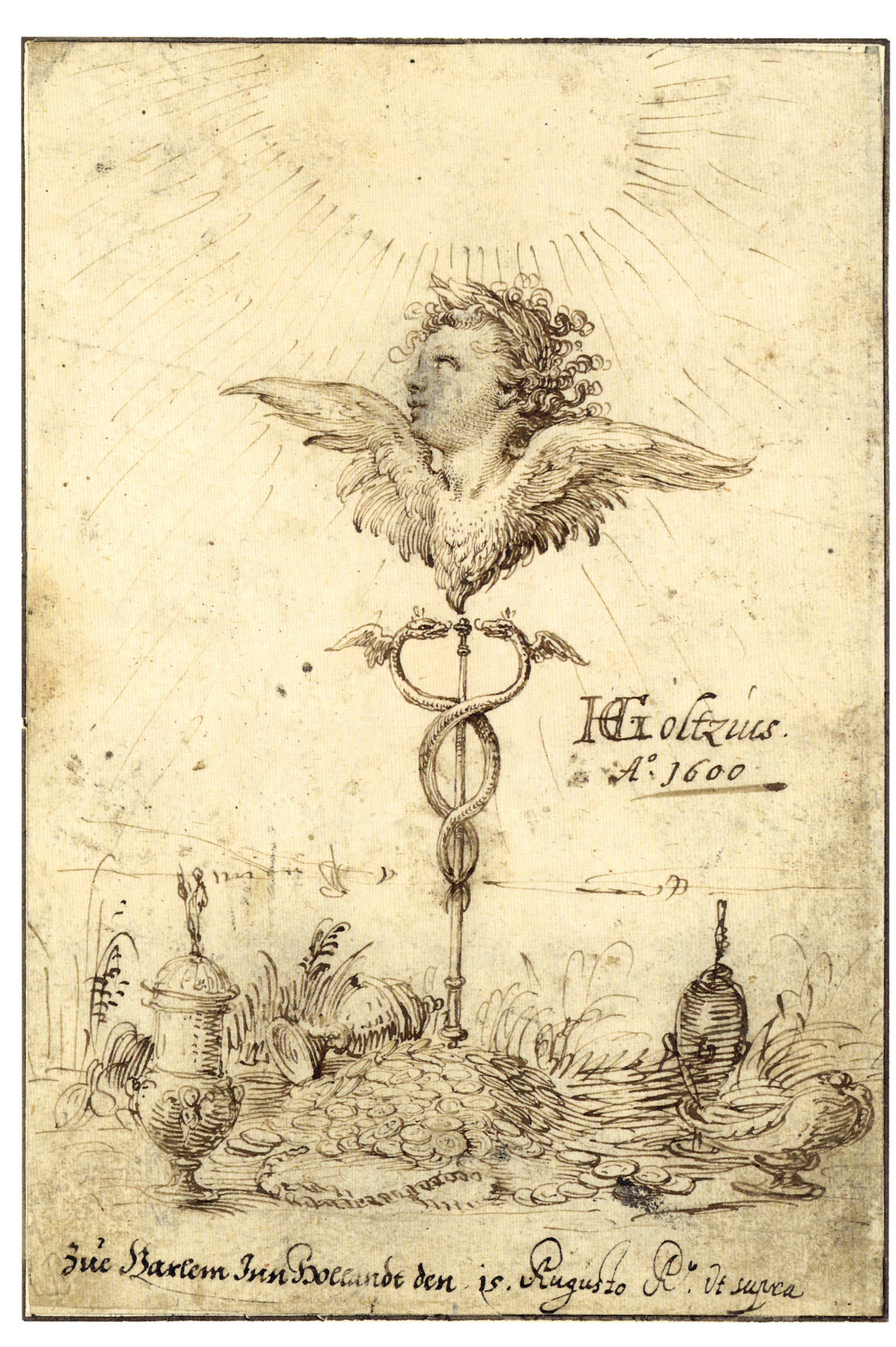

41 · Hendrick Goltzius
Die Devise des Künstlers, 1600

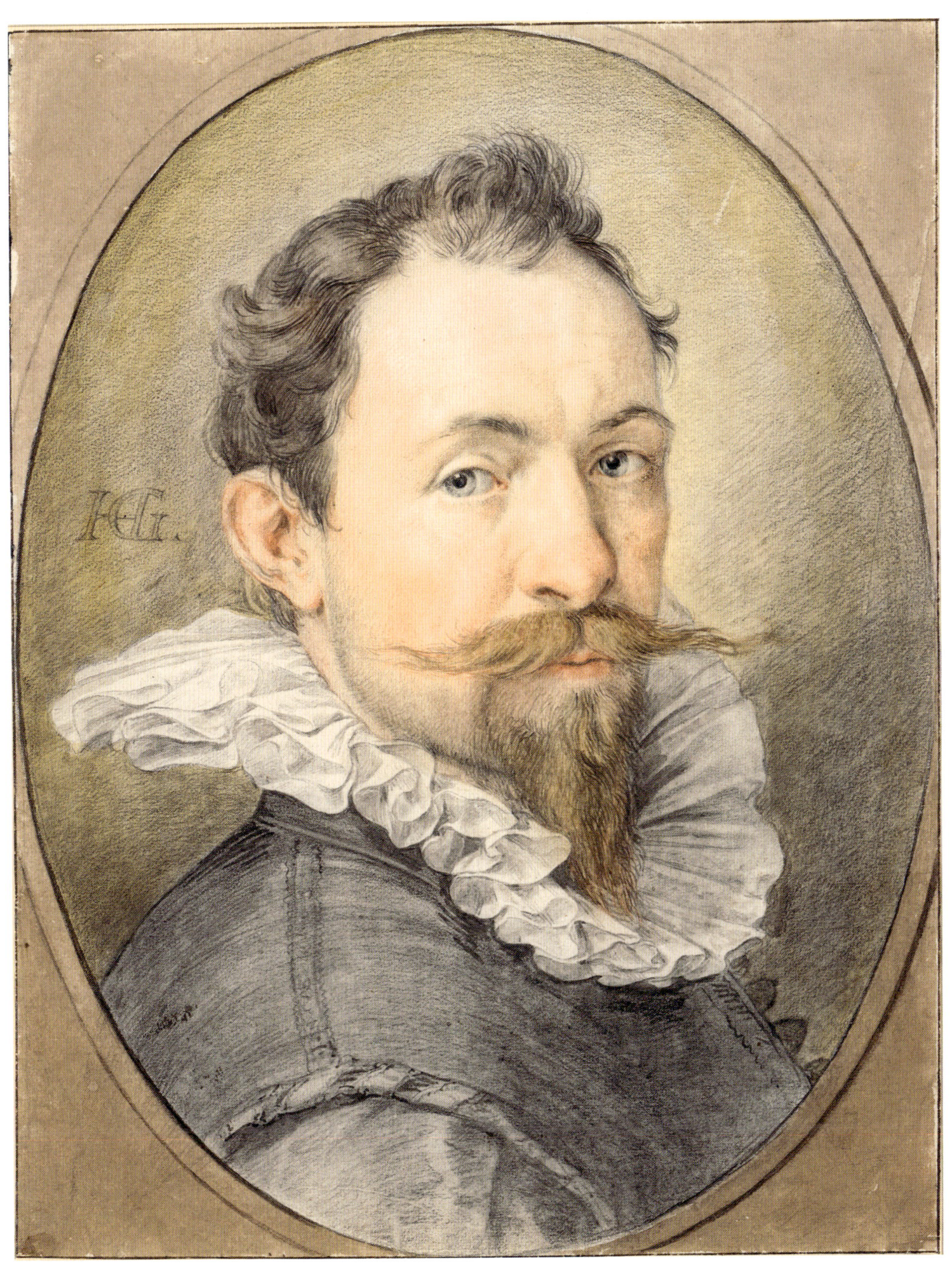

42 · Hendrick Goltzius
Selbstbildnis, um 1593–1595

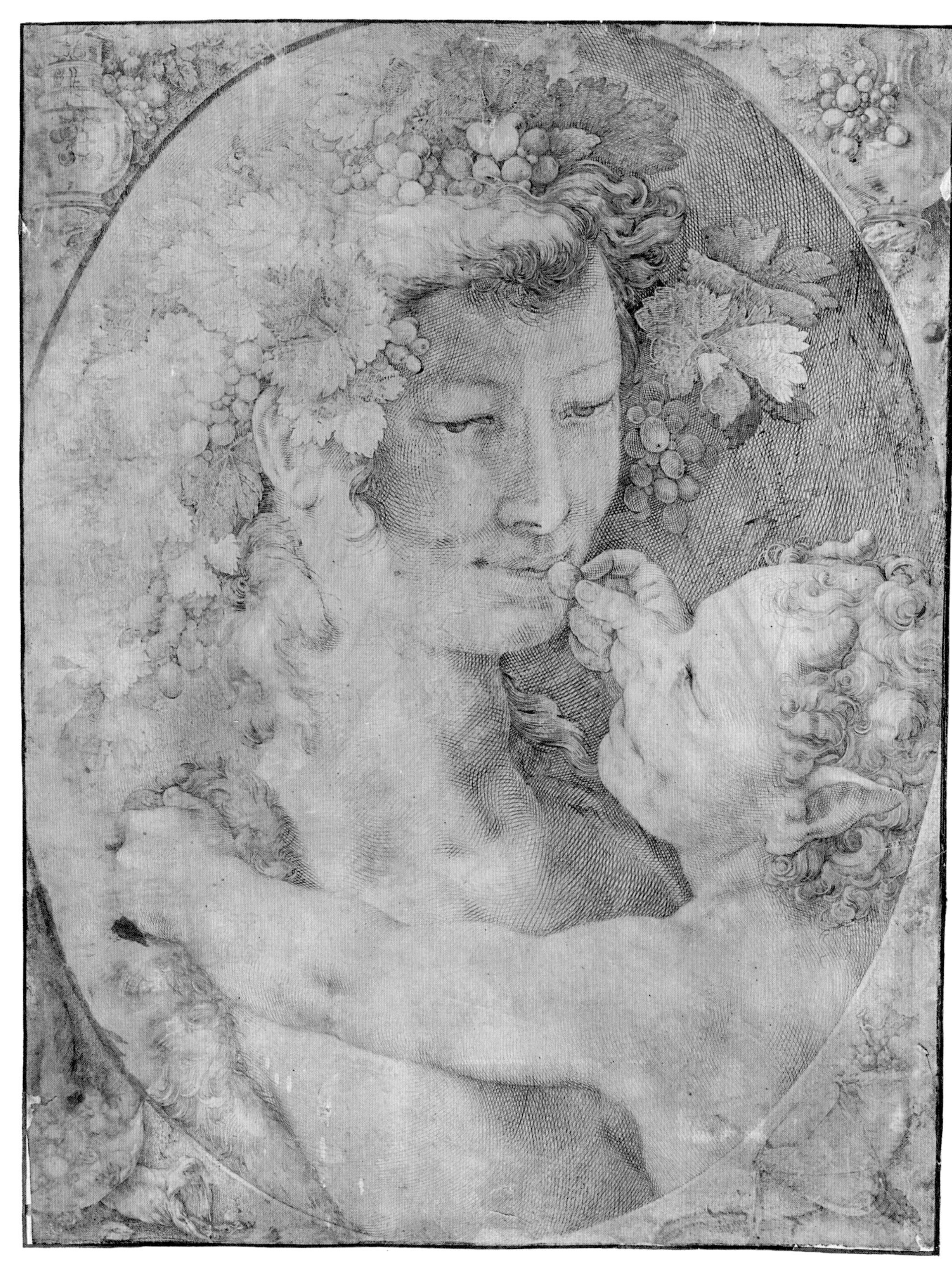

43 · Hendrick Goltzius
Bacchus mit jungem Faun, um 1595–1600

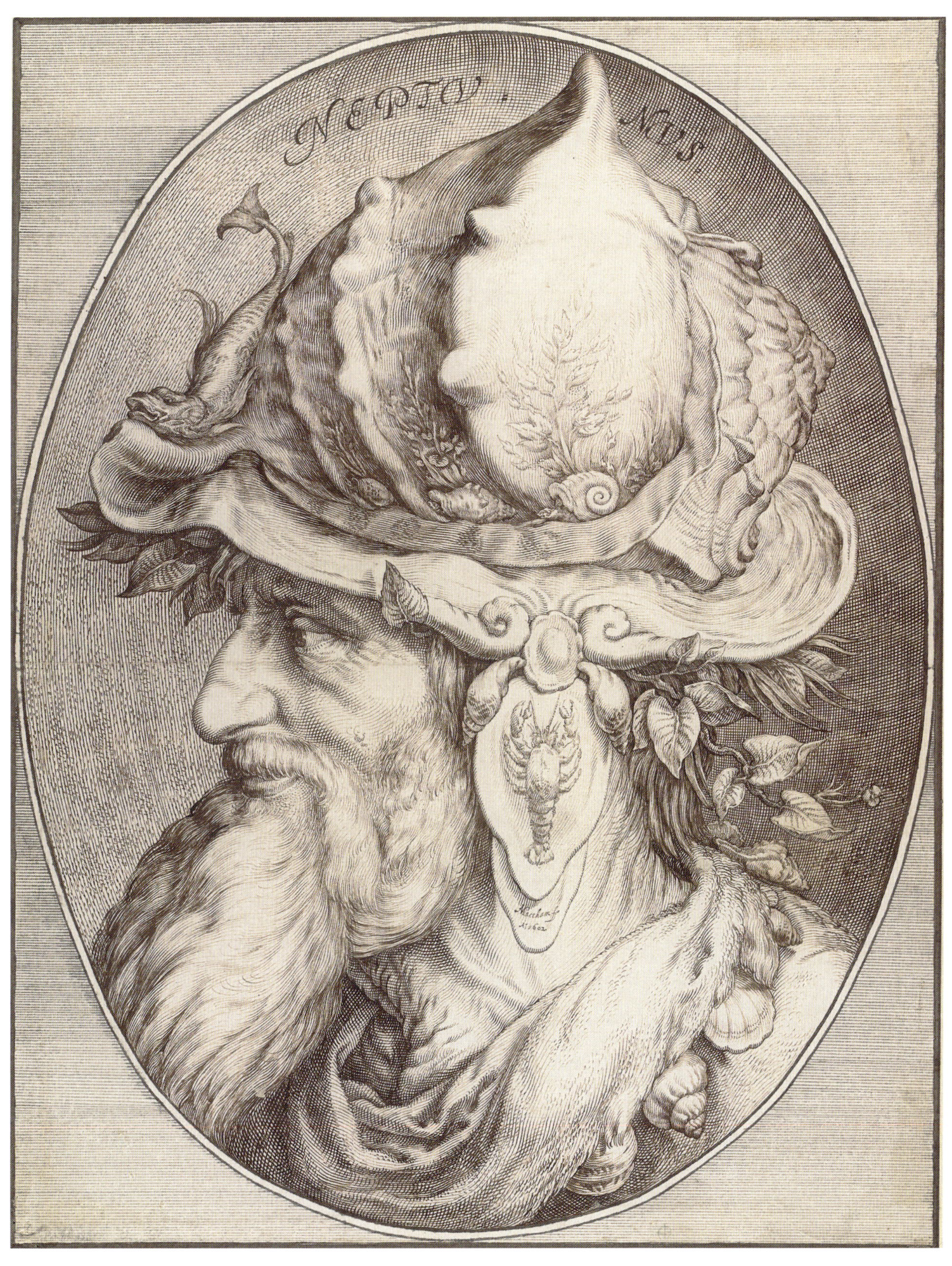

44 · Jacob Matham
Neptun, 1602

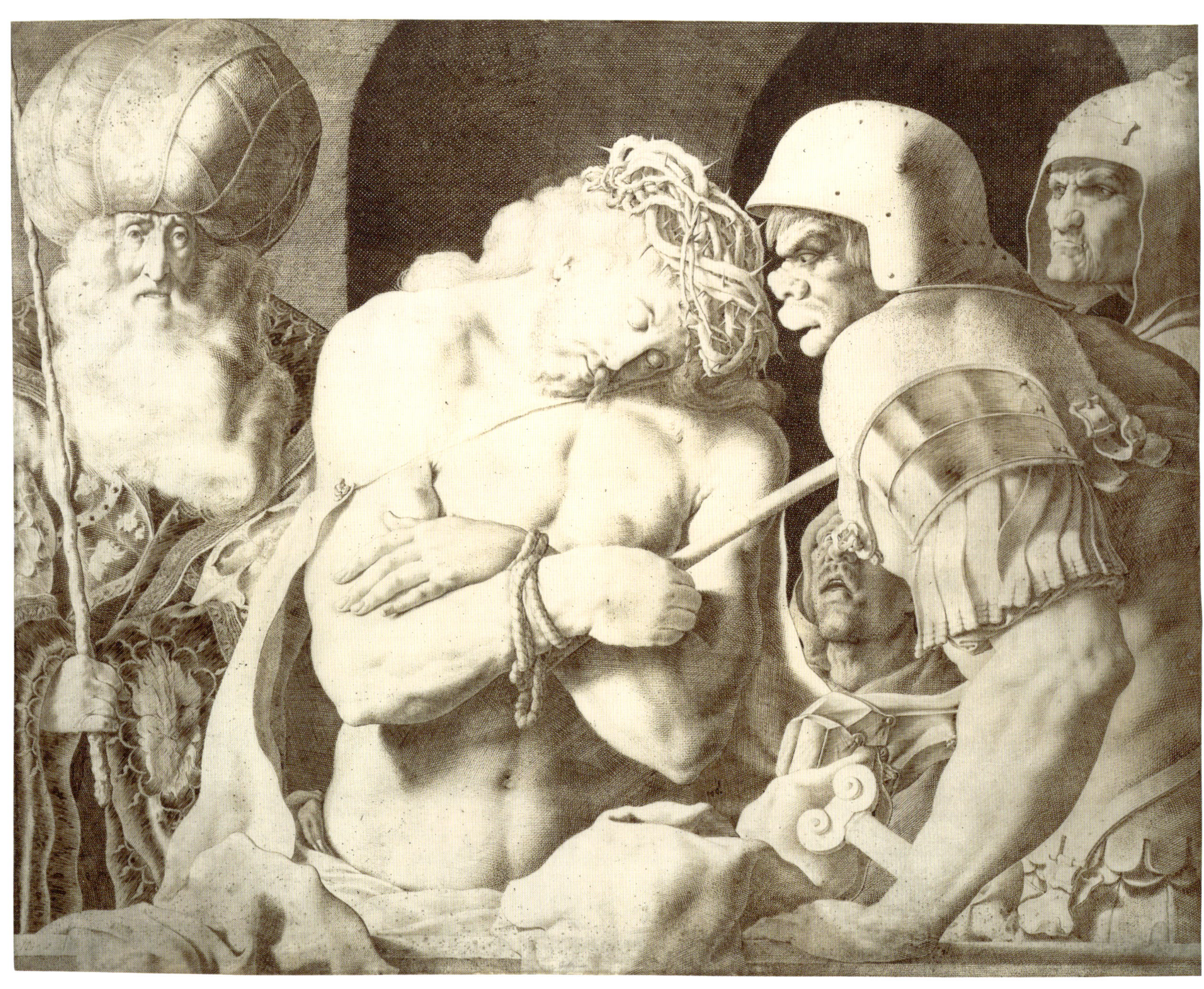

45 · Jacques de Gheyn III.
Ecce homo, 1616

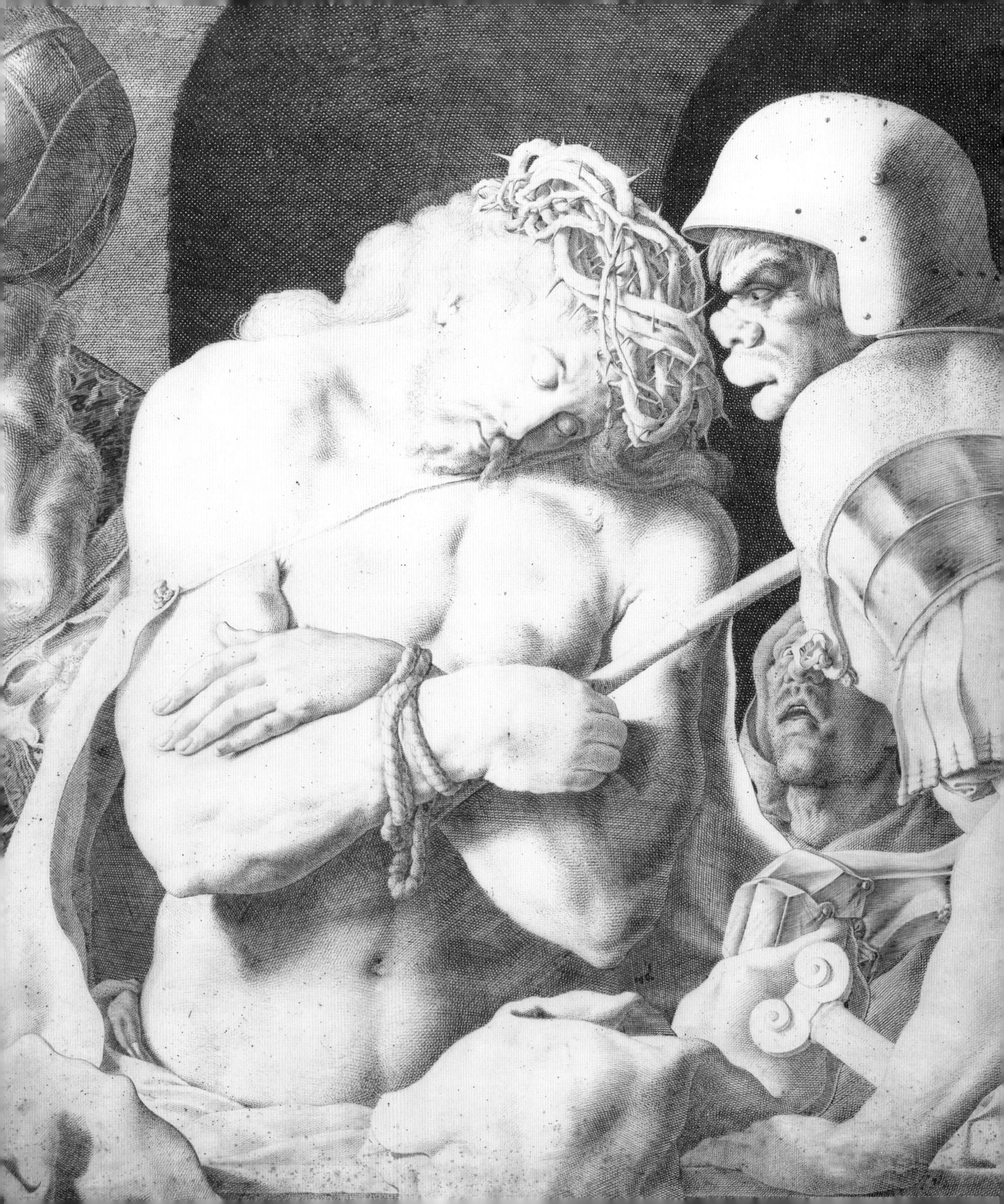

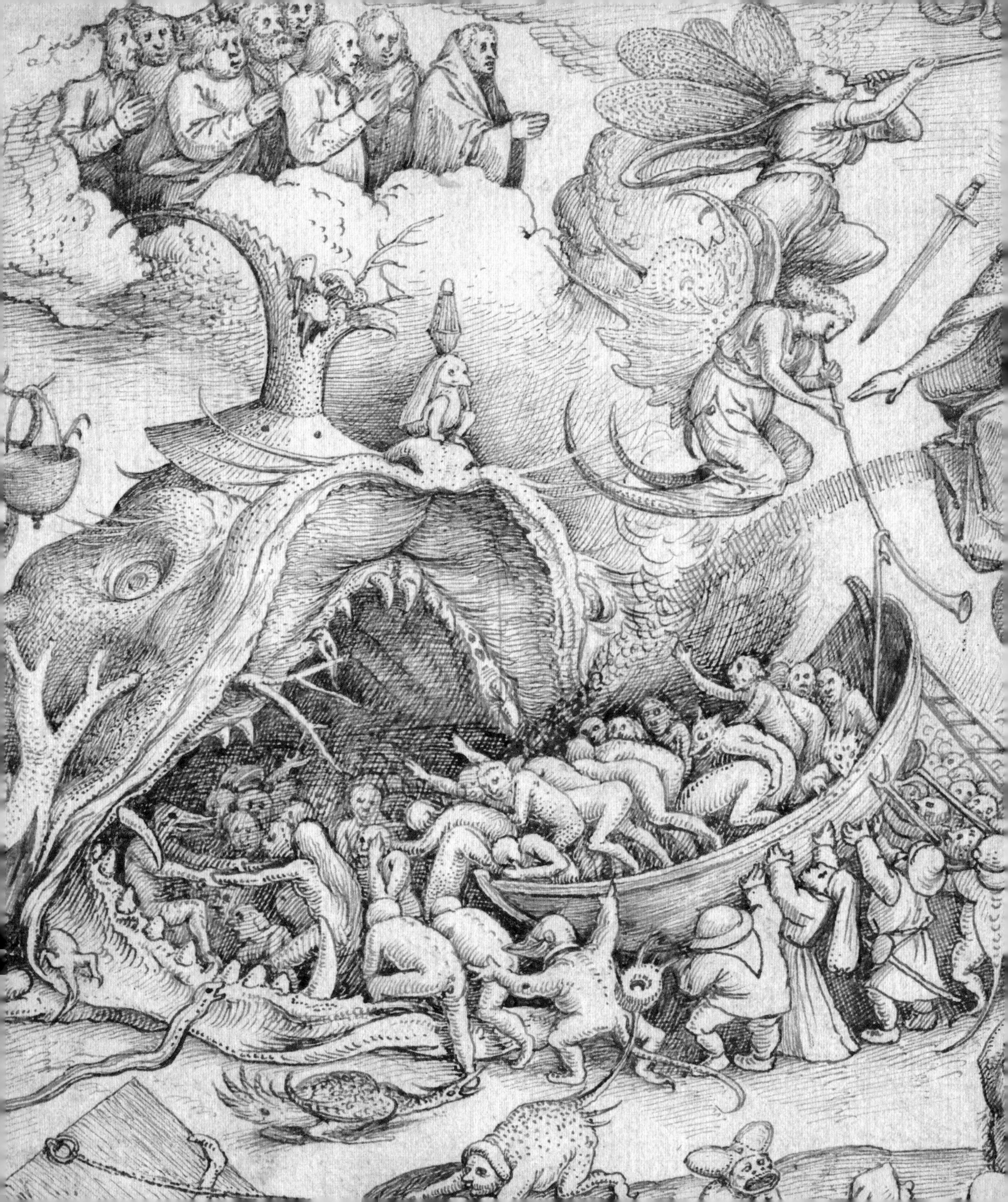

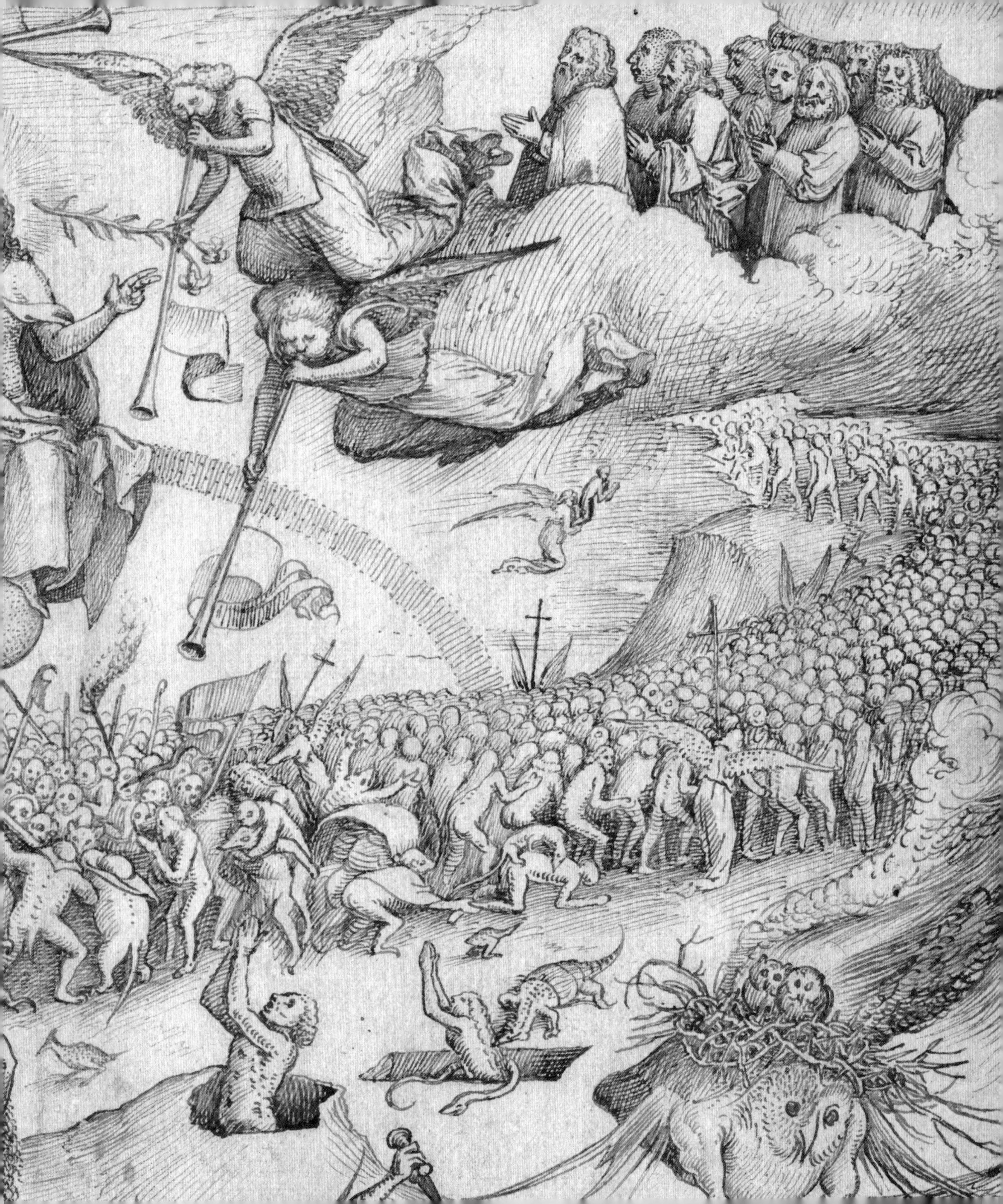

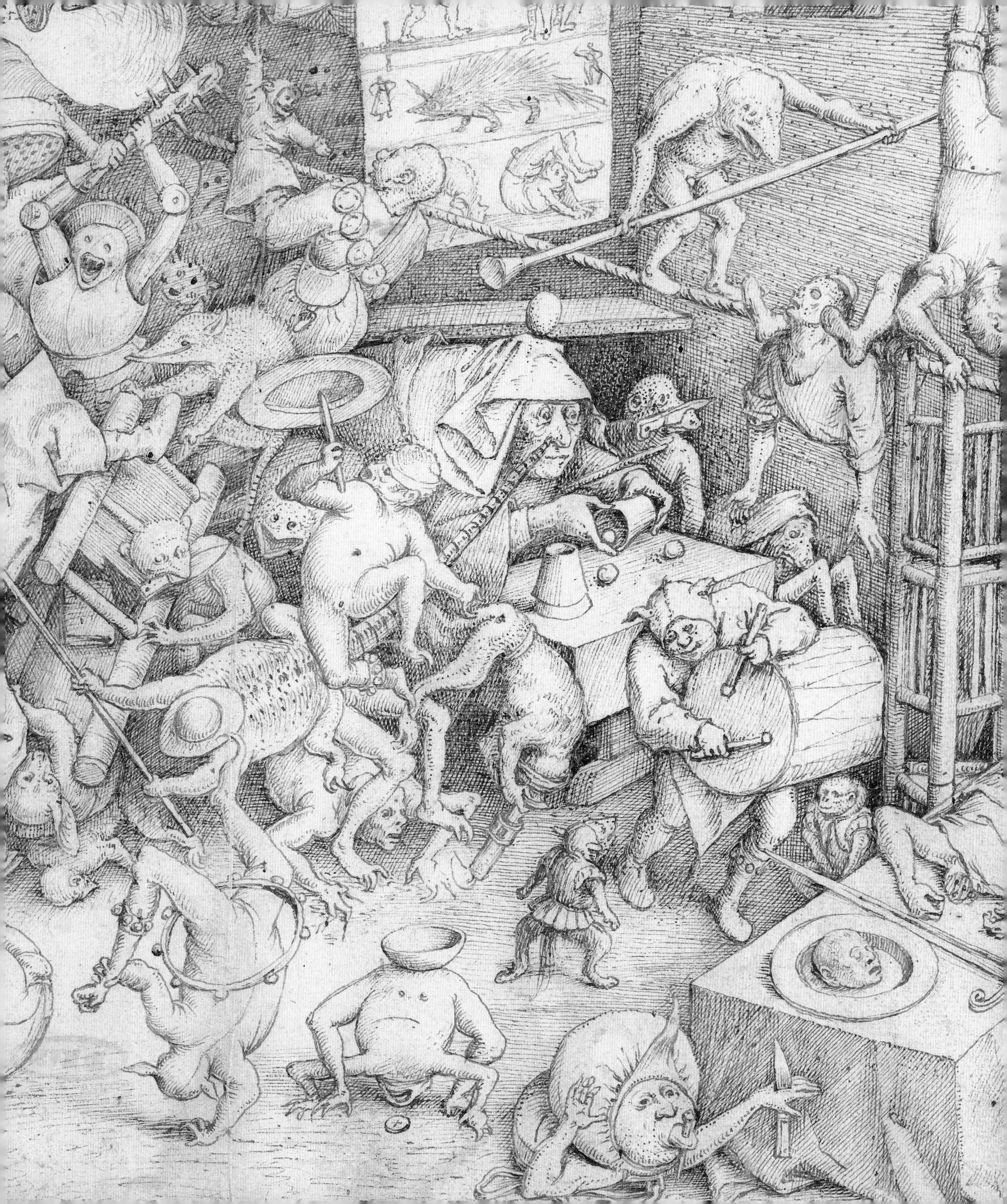

Die Heiligen und die Anderen

Bürgerliche Identität in der niederländischen Grafik nach Hieronymus Bosch

Laura Ritter

Die Stadt als Verhandlungsraum

Die Niederlande des 16. Jahrhunderts waren von tiefgreifenden Veränderungen geprägt, die eine fundamentale Infragestellung der konventionellen Wertesysteme bedingten. Die Reformation und das Aufblühen des Kolonialhandels führten ebenso zu einer Neudiskussion gesellschaftlicher Normen wie einschneidende politische Umwälzungen oder die allgemeine Aufwertung von Technik und experimenteller Naturbeobachtung. Als zentrale Orte der Neuverhandlung moralischer Maximen etablierten sich die niederländischen Städte und allen voran Antwerpen, das – wie der spanische Geschichtsschreiber Juan Cristóbal Calvete de Estrella (um 1520–1593) 1552 notierte – »sich mit viel Recht die Hauptstadt der Welt nennen kann«.[1]

Die frühneuzeitliche Stadt bildete dabei keine abgeschlossene Einheit, sondern einen durchlässigen Rahmen, in dem verschiedene Individuen und Gesellschaftsgruppen, Institutionen, Praktiken oder materielle Kulturen ineinandergriffen.[2] Eine wesentliche Position innerhalb dieses Verhandlungsraums nahm die wachsende und heterogene Klasse des urbanen Bürgertums ein. Im sozialen wie politischen Sinn war der Stand des »burger« oder »poorter« im 16. Jahrhundert noch nicht scharf konturiert. Vom wohlhabenden Handelsbürgertum bis zur Gruppe der städtischen Magistrate unterschieden sich seine Mitglieder in Herkunft, Vermögen und Beruf. Ganz allgemein bezeichneten die Begriffe eine innerhalb der Stadtmauern wohnhafte Elite, die in den Steuerlisten aufschien. Allen Bürgern gemein war also eine enge Bindung an die Stadt, die an sozioökonomischem Gewicht gewann und eine zunehmend wichtige Rolle in der Selbstwahrnehmung ihrer Bewohner spielte.[3] Anders als aristokratische, klerikale oder bäuerliche Kreise konnte diese erst in der Formation begriffene Klasse ihre idealtypischen Denk- und Handlungsweisen nicht aus tradierten Standesidentitäten ableiten. Sie war in der Definition ihrer moralischen Prinzipien auf die Abgrenzung von bestehenden Gruppen innerhalb der Gesellschaft, auf die »Anderen« also, angewiesen.[4]

Mit der Befragung traditioneller Bildthemen auf ihre Bedeutung für die zeitgenössische Gegenwart wurde auch die bildende Kunst zu einem Motor der Ausverhandlung bürgerlicher Identität. Die wirtschaftlich günstige Situation in den Niederlanden hatte bereits zu Beginn des 16. Jahrhunderts die Entstehung eines florierenden Kunstmarkts bedingt. Als neue Gruppe von Käufern und Sammlern trat eine genuin städtische Klientel neben die traditionellen Auftraggeber von Hof und Kirche und wurde Teil eines weitverzweigten Netzwerks aus Herstellung, Vertrieb und Erwerb von Werken. Als erschwingliche, äußerst mobile und funktional diverse Gattung wurde insbesondere die Grafik zu einem zentralen Medium der Konstruktion von Werten.[5]

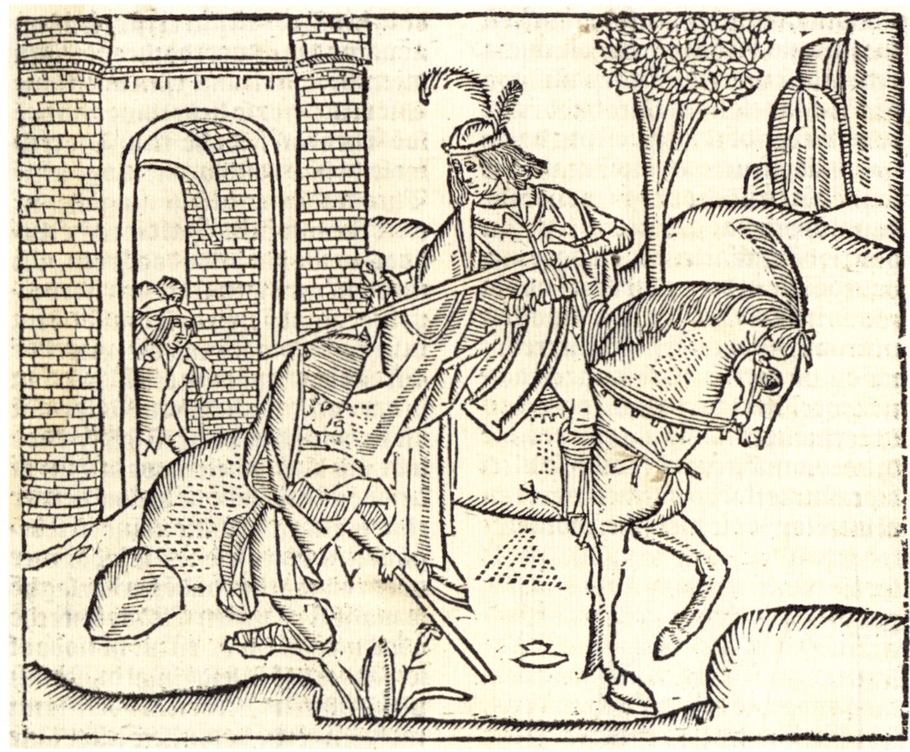

Abb. 1: Unbekannter niederländischer Künstler, *Der heilige Martin und der Bettler*, in: *Passionael. Darmen heet die gulden legende,* Antwerpen 1516, The Library of Congress, Washington, D.C., Incun. 1499.J3, winterstuck, fol. xv recto

Seit frühchristlicher Zeit hatten Bilder von Heiligen über die Vorbildfunktion der Dargestellten ethische Normen mitdefiniert. Auch dieser althergebrachte ikonografische Bereich erfuhr im Kontext einer sich konkretisierenden Bürgermoral eine Aktualisierung. Die protestantische Infragestellung des Heiligenkults und die katholische Gegenreaktion, die 1563 im Konzil von Trient formalisiert wurde, machten das Heiligenbild zu einem religionspolitisch brisanten Feld.[6] Vor allem Darstellungen von Nothelfern, Aposteln oder Schutzpatronen, die der Überlieferung nach gegen den Teufel und das Böse in seinen mannigfaltigen Ausformungen gekämpft hatten, boten einen idealtypischen Rahmen für die Inszenierung von Andersartigkeit. In ihrer Visualisierung wurde entsprechend häufig auf die Werke des um 1500 in 's-Hertogenbosch tätigen Künstlers Hieronymus Bosch (um 1450–1516) zurückgegriffen: Schon zu Lebzeiten als Meister des Fantastischen, Abseitigen und Grotesken bekannt, erfuhren seine Bildfindungen über das gesamte 16. Jahrhundert hinweg vor allem in Antwerpen eine breite Rezeption.[7] Der künstlerische Rückbezug auf Bosch wurde so zu einem bildlichen Modus, der gleichermaßen ästhetisch erfreuen wie zur Verhandlung moralischer Fragen einladen konnte.

Der heilige Martin und die Bettler

Eine in diesem Kontext interessante Figur ist der heilige Martin von Tours (gest. 397 n. Chr.). Als römischer Soldat zum christlichen Glauben konvertiert, wurde er schon früh zu einem Symbol der Mildtätigkeit und der Nächstenliebe und erfreute sich auch in der Volkskultur der Frühen Neuzeit großer Beliebtheit. Die Grundlage dieser Besetzung bildete die wohl bis heute bekannteste Episode seiner Vita, die auch im *Passionael* – der niederländischen Fassung von Jacobus de Voragines (1228/29–1298) weitverbreiteter hagiografischer Sammlung *Legenda Aurea* – beschrieben wird.[8]

> »Eines Winters begab er sich zu Amiens in der Stadt durch das Tor. Und er traf einen armen Mann. Und da dieser arme Mann von niemandem Almosen bekam, verstand der heilige Martin, dass er dazu verpflichtet war. Und er zog sein Schwert und teilte seinen Mantel, den er als Überwurf trug. Und einen Teil gab er dem armen Mann, den anderen Teil zog er wieder an.«[9]

Entsprechend dieser Schilderung war der Heilige durchwegs als berittener Mantelspender dargestellt worden, der den zu seinen Füßen knienden Bettler beschenkt. Der dem Legendentext beigefügte Holzschnitt aus dem *Passionael* vermag einen Eindruck von dieser verbreiteten Art der Verbildlichung zu vermitteln (Abb. 1).[10]

Vollkommen anders ist die Geschichte hingegen in einer wohl kurz nach der Mitte des 16. Jahrhunderts im Antwerpener Verlag Hieronymus Cocks (1518–1570) erschienenen Druckgrafik inszeniert (Abb. 2). Erst auf den zweiten Blick ist der inschriftlich ausgewiesene Martin hier im unübersichtlichen Getümmel zahlreicher, in ihrem Variantenreichtum kaum zu überbietender Bettlerfiguren zu erkennen: Links des Zentrums neben seinem Pferd in einer Barke stehend hat er seinen langen Mantel abgelegt, um ihn mit einer am Ufer kauernden Figur zu teilen. Die Ausführung des Kupferstichs wird den Brüdern Johannes (um 1530–1605) und Lucas van Doetecum (gest. vor 1598) zugeschrieben.[11] Seine Vorzeichnung ist nicht erhalten, wohl aber eine seitengleiche Nachzeichnung (Abb. 3).[12] Als im Detail vereinfachte, in den Proportionen leicht veränderte und stark verkleinerte Wiederholung des Stichs hatte das zuletzt 1908 im Kunsthandel aufgetauchte Blatt wohl die Funktion einer Erinnerungsstütze: Der heute unbekannte Künstler besaß möglicherweise keinen dauerhaften Zugang zur Druckgrafik und mag die erfolgreiche Komposition für seinen Werkstattbestand kopiert haben.

Obgleich das Bild also lange nach den um 1500 geschaffenen Werken Hieronymus Boschs entstanden ist, wird dieser in der Druckgrafik inschriftlich als Erfinder ausgewiesen: »Hieronymus Bosch Erfinder« (»Iheronimus bos inuetor«). Es ist unklar, ob ein

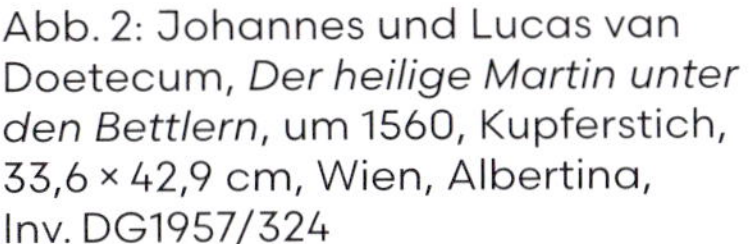
Abb. 2: Johannes und Lucas van Doetecum, *Der heilige Martin unter den Bettlern*, um 1560, Kupferstich, 33,6 × 42,9 cm, Wien, Albertina, Inv. DG1957/324

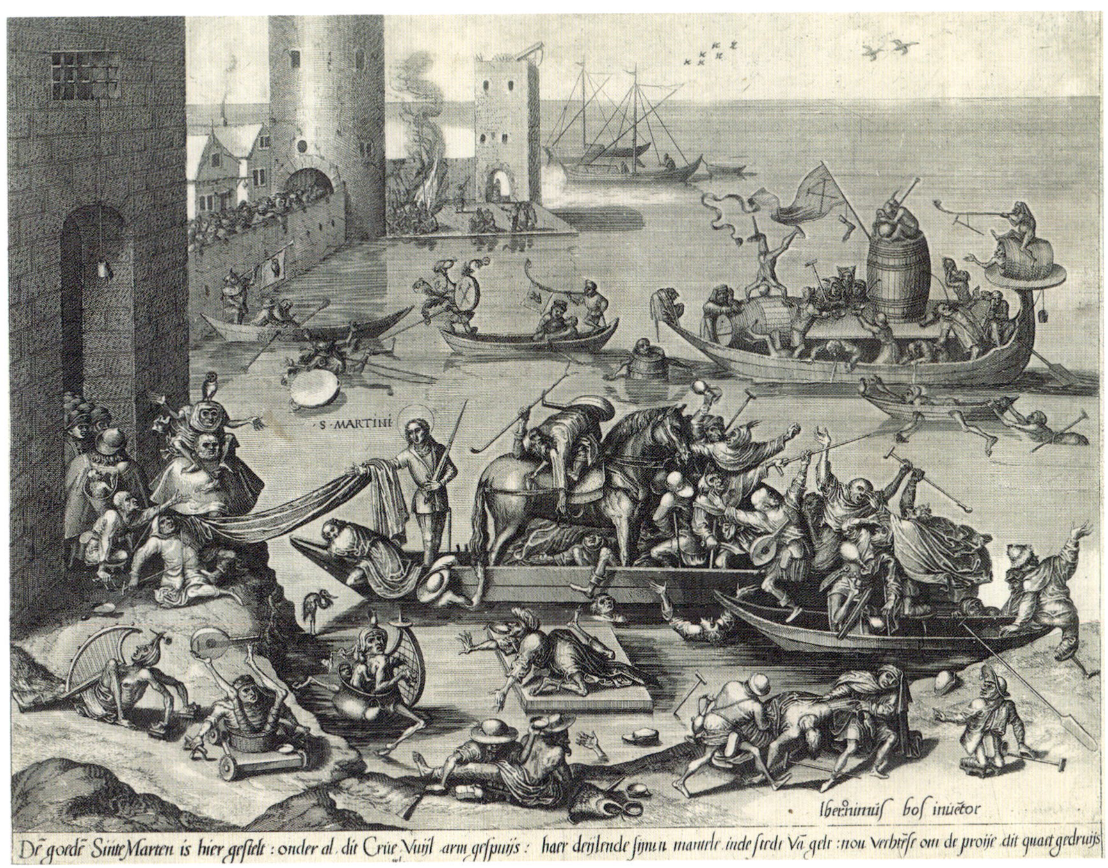

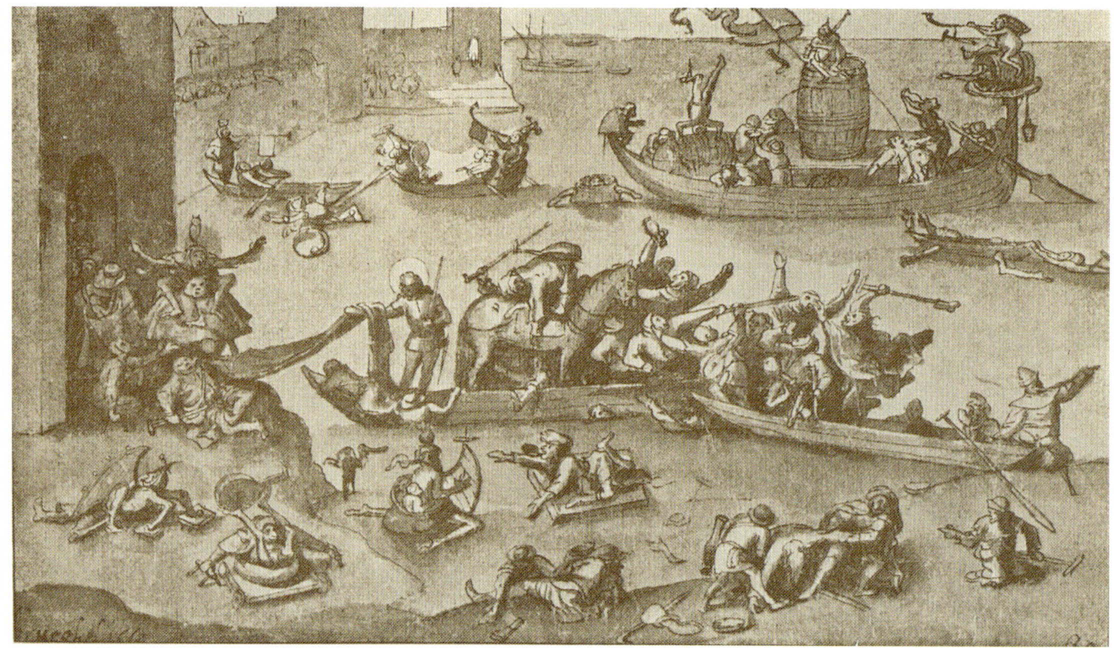

Abb. 3: Unbekannter niederländischer Künstler, *Der heilige Martin unter den Bettlern,* nach 1560, Feder in Braun, braun laviert, auf Papier, 11,3 × 19,5 cm, Verbleib unbekannt

konkretes Vorbild des Themas von der Hand des 's-Hertogenboscher Meisters existierte. Die Inventare der Sammlung König Philipps II. (1527–1598) nennen gleich drei Martinsdarstellungen Boschs, eine davon mit einem Schiff.[13] Die tatsächliche Urheberschaft dieser nicht erhaltenen Werke muss aufgrund der in erster Linie motivbezogenen und weniger an die handwerkliche Ausführung gebundenen Zuschreibungspraxis der Zeit jedoch offen bleiben. Dass die Darstellung von Bettlern und Behinderten eng mit dem Figurenrepertoire Boschs assoziiert war, belegen auch Giorgio Vasaris *Vite*, in denen »ein Blatt mit dem heiligen Martin mit einer Barke voller Teufel in den bizarrsten Formen« explizit als Werk des Künstlers beschrieben wird.[14] Bereits in der ersten Jahrhunderthälfte waren gezeichnete Musterblätter entstanden, die als Motivsammlungen einzelner Figuren eine inhaltliche Verquickung von Armut, Körperbehinderung und sozialer Randständigkeit vornahmen und auch im Druck eine weite Verbreitung fanden (siehe Kat. 48). Noch der 1599 in Antwerpen erschienene Kupferstich mit Bettlern und Behinderten des nicht identifizierten Meisters »AI« verweist auf Bosch als Erfinder.[15] Die autorschaftliche Verknüpfung der so vielfältig und einfallsreich ins Bild gesetzten Bettlergestalten mit Boschs Namen beruhte dabei sicher auch auf der ihnen zugrundeliegenden künstlerischen Erfindungsleistung. Die Werke des 's-Hertogenboscher Meisters wurden schließlich vor allem für ihre absonderlichen Fantasiegestalten geschätzt. Neben dieser ästhetischen Komponente barg die Bezugnahme auf Bosch jedoch auch eine moralisierende Konnotation: Häufig als Hybride zwischen monströsen Mischwesen und körperbehinderten Menschen gefasst, waren seine grotesken Figuren durchwegs negativ besetzt.[16]

Mit zahlreichen Referenzen auf das zeitgenössische Brauchtum stellt der in Cocks Verlag erschienene Druck eine Verbindung zu seinem Entstehungskontext her: Die traditionell am Martinitag, dem 11. November, zu Ehren des Heiligen entfachten Feuer und um diese Jahreszeit erstmals angezapften Fässer neuen Weins sind ebenso verbildlicht wie die ausgelassenen Spaßturnierkämpfe, denen alle gesellschaftlichen Klassen beiwohnten.[17] Gemäß der schriftlichen Überlieferung des *Passionael* ist die Szene auch hier unmittelbar an einer Stadtmauer verortet. Aus dem Tor im linken Vordergrund und von der Bastion dahinter blicken die städtischen Bewohner auf das bunte Treiben. Entgegen der ikonografischen Tradition wurde das Geschehen hier jedoch zum Großteil auf eine Wasserfläche verlagert: Wohl kaum auf die Binnenstadt Amiens als historischen Ort der Handlung bezogen, reflektiert sie die verbreitete Darstellungsweise niederländischer Hafenstädte.[18] Anders als im Legendentext hat Martin zudem nicht nur einen Bedürftigen vor sich: Mit deformierten Gliedmaßen, Krücken, Prothesen, in bizarren Verrenkungen begriffen und mit verschiedenen Musikinstrumenten ausgestattet, nehmen die in Kleingruppen arrangierten Bettlergestalten einen Großteil der Bildfläche ein. Vom übermäßigen Weinkonsum betrunken, scheinen sie ins Wasser gefallen zu sein, übergeben sich oder gehen mit ihren Stöcken aufeinander los.

Diese Potenzierung und satirische Zuspitzung bezieht sich unmittelbar auf die urbanen Diskurse der Zeit. Die bürgerliche Gesellschaft des 16. Jahrhunderts erachtete das rechte Maß auch in ökonomischen Fragen als zentrale Tugend, extremer Armut stand man dementsprechend skeptisch gegenüber. Weder exzessive Prasserei noch übertriebener Geiz, vielmehr ein standesgemäßer, moderater Umgang mit Geld und Besitz galten als moralisch erstrebenswert.[19] Anders als noch in früheren Jahrhunderten, wurden Behinderte und mittellose Menschen daher nicht mehr als würdige Adressaten einer christlichen Nächstenliebe wahrgenommen, sondern galten zunehmend als selbstverschuldete Außenseiter, die eine Gefahr für die soziale Ordnung darstellten. Körperliche Leiden wie Wunden, Missbildungen oder amputierte Gliedmaßen wurden als Resultate von Raufereien unter den Bettlern angesehen oder als gerechte Strafe für begangene Missetaten interpretiert. Äußerliche Deformation und innerlich-moralischer Verfall waren damit gleichgesetzt. Die schriftlichen Zeugnisse der Zeit reflektieren einen tiefgreifenden Argwohn der urbanen Eliten gegenüber einer wachsenden Zahl von Bittstellern und Armen, die sich auch in gesetzlichen Erlässen äußerte: Insbesondere nicht ortsansässige Bettler sollten aus den Städten ferngehalten werden, um die befürchtete Überlastung der lokalen Armenfürsorgesysteme zu verhindern.[20]

Demgemäß wird die Mildtätigkeit des Martin hier nicht mehr als vorbildliche karitative Leistung inszeniert, sondern scheint angesichts der vollkommenen Überzahl der gezeigten zudringlichen Bettler fast müßig. In ihrem ausgelassenen Verhalten werden die grotesk überzeichneten Figuren zu bildlichen Platzhaltern von Betrug, Gier und Boshaftigkeit, wie auch die niederländische Inschrift der Grafik verdeutlicht: »Der gute Sankt Martin ist hier dargestellt; unter all diesem verkrüppelten faulen armen Gesindel; er teilt seinen Mantel an Stelle von Geld; nun streiten sie um die Beute diese böse Brut«.[21] Analog zu den auf das Spektakel blickenden Bürgern der dargestellten Stadt wurde es so auch den Käufern des Werks ermöglicht, sich amüsiert und belustigt, aber auch im Wissen um die eigene moralische Überlegenheit von den buchstäblich außerhalb des urbanen Raums verorteten Figuren abzugrenzen und sich selbst als konträr zu ihnen zu begreifen.[22] Unter Berufung auf ein mit Bosch assoziiertes Formenvokabular aktualisierte das Bild die traditionelle Martinsikonografie so im Sinne der bürgerlichen Identitätskonstruktion.

Der heilige Jakobus und die Gaukler

Auch die bildlichen Repräsentationsformen Jakobus' des Älteren (gest. um 44 n. Chr.) fanden in der niederländischen Grafik des 16. Jahrhunderts eine Erneuerung. Das Patrozinium der ab 1491 erbauten und bis in die 1650er-Jahre fortlaufend erweiterten Sint Jakobskerk im Osten des Antwerpener Zentrums, wo die wohlhabenden Eliten der Stadt ihre Wohnhäuser errichteten, zeugt vom zentralen Stellenwert des Heiligen im urbanen Milieu der Zeit.[23] Als Schutzpatron der Pilger wurde Jakobus traditionell mit Muschelabzeichen, Hut und Wanderstab dargestellt. Oft im Rahmen von Apostelserien und zum Teil mit der narrativ ausgestalteten Szene seiner Enthauptung kombiniert, zeigte ihn eine Reihe von Grafiken wie jene nach Maerten de Vos (1532–1603) als standhaften Vertreter des rechten Glaubens (Abb. 4).[24] Darüber hinaus wurde Jakobus insbesondere auf der Iberischen Halbinsel für seinen Kampf gegen die muslimische »Ketzerei« als »Maurentöter« (»Santiago Matamoros«) verehrt und mit Philipp II. als katholischem Opponenten der Reformation assoziiert. In Antwerpen publizierte Stiche dokumentieren, dass der Apostel auch in den Niederlanden eng mit dem habsburgischen Spanien in Verbindung gebracht wurde.[25]

Die 1565 erschienene zweiteilige Jakobusfolge Pieter Bruegels des Älteren (1526/27–1569) bezieht sich hingegen auf eine nur selten verbildlichte Szene aus dem Leben des Apostels (Abb. 5–6).[26] Wie das *Passionael* berichtet, störte sich der pharisäische Zauberer Hermogenes an Jakobus' missionarischen Predigten und entsandte seinen Schüler Philetus, um den Apostel vom rechten Weg abzubringen. Von dessen Wundertätigkeit beeindruckt, wandte sich Philetus jedoch von der schwarzen Magie ab und konvertierte zum Christentum. Über diese Umkehr seines Schülers erzürnt, belegte Hermogenes ihn mit einem bösen Zauber. Der erste Teil der Bruegel'schen Serie zeigt, wie Jakobus dem Philetus daraufhin zu Hilfe kommt. Mit segnendem Gestus ist der Heilige links des Zentrums dargestellt, Philetus sitzt als kauernde Rückenfigur rechts auf einem Hocker und scheint von einem Bannkreis gebunden. Links beschwört Hermogenes eine Vielzahl dämonischer Wesen, Hexen und wilder Tiere aus seinem Zauberbuch.

Die zweite Grafik mit dem *Sturz des Hermogenes* bezieht sich auf den unmittelbar folgenden Teil der Vita, in dem sich die dämonischen Helfer des Zauberers zugunsten des Jakobus gegen ihren eigenen Meister wenden. Der Legendentext beschreibt ausführlich, wie der Apostel die Teufel beauftragt, den Zauberer zu stürzen.

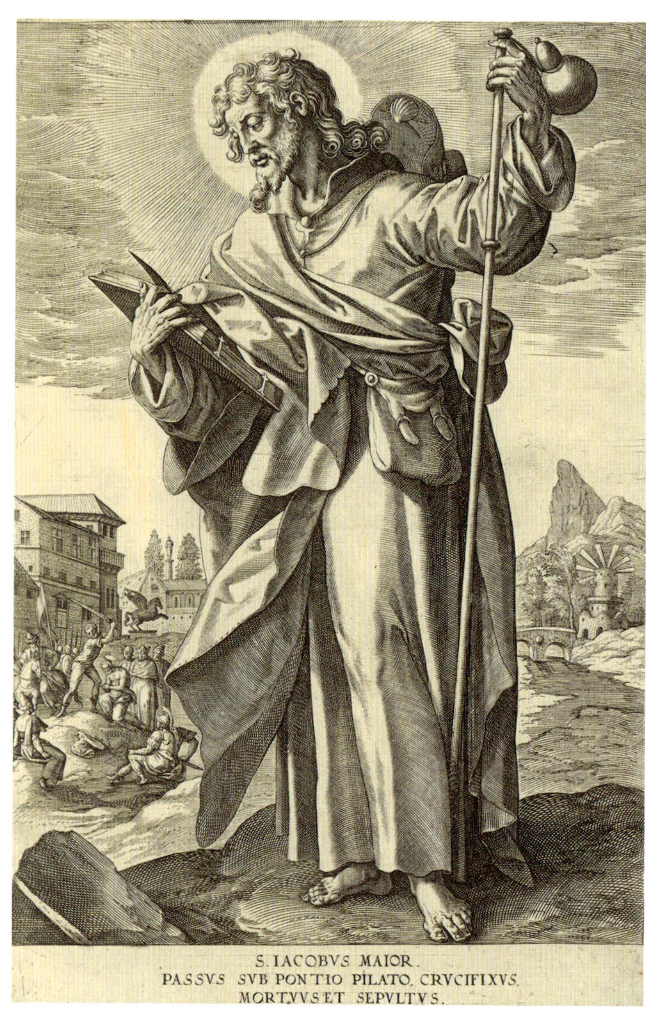

Abb. 4: Adriaen Collaert, nach Maerten de Vos, *Der heilige Jakobus der Ältere*, 1592, Kupferstich, 42,3 × 29,3 cm, Wien, Albertina, Inv. DG72500

> »›… kehrt zurück zu Hermogenes und bringt ihn mir gefesselt und unverletzt.‹ Und als sie weggegangen waren ergriffen sie Hermogenes und banden seine Hände auf seinen Rücken und brachten ihn gefesselt zu Jakobus. … Und die Teufel sagten zu Jakobus: ›Gib uns Macht gegen ihn, dass wir dein Unrecht rächen mögen … .‹«[27]

Die lateinische Bildunterschrift von Bruegels Kupferstich weicht jedoch inhaltlich von der textlichen Überlieferung ab. Hermogenes wird hier nicht zum Christentum bekehrt, sondern findet sein düsteres Ende: »Derselbe [Jakobus] erwirkte bei Gott, dass der Zauberer von den Dämonen in Stücke gerissen werde«.[28]

Im Unterschied zur ersten Grafik hat sich für diesen zweiten Teil auch die Vorzeichnung des Künstlers erhalten (Abb. 7). Wie schon bei früheren Kooperationen mit dem Stecher Pieter van der Heyden (um 1530 – nach 1572) legte Bruegel dabei großen Wert auf die präzise Kommunikation seiner zeichnerischen Intentionen: Die wesentlichen Konturlinien der Komposition sind in einer zweiten Tinte nachgezogen, um druckgrafische Missverständnisse möglichst zu vermeiden. Ein komplexes System aus sorgfältig angegebenen Kreuzschraffuren, kürzeren Strichen und feinen Pünktchen definiert die hellen und dunklen Partien des Bildes bis ins Detail.[29]

Abb. 5: Pieter van der Heyden, nach Pieter Bruegel d. Ä., *Der heilige Jakobus und der Zauberer Hermogenes,* 1565, Kupferstich, 21,8 × 29,2 cm, Wien, Albertina, Inv. DG1955/91

Abb. 6: Pieter van der Heyden, nach Pieter Bruegel d. Ä., *Der heilige Jakobus und der Sturz des Hermogenes,* 1565, Kupferstich, 22,5 × 29,1 cm, Wien, Albertina, Inv. DG1955/93

Wie *Der heilige Martin unter den Bettlern* erschien auch die Hermogenesfolge bei Hieronymus Cock in Antwerpen, wo Bruegel bis zu seinem Umzug nach Brüssel im Jahr 1563 tätig gewesen war. Sie bezeichnet die späteste dokumentierte Auseinandersetzung des Künstlers mit der Formensprache des Hieronymus Bosch. Schon seit Beginn seiner Karriere als Zeichner druckgrafischer Vorlagen hatte sich Bruegel auf die Werke des als »Teufelsmacher« (»duvelmakere«)[30] bekannten Künstlers bezogen (siehe Kat. 50, 51, 52, 53). Während die monströsen Mischwesen in Boschs Gemälden jedoch mehrheitlich dem thematischen Zusammenhang von Jenseits- oder Versuchungsdarstellungen vorbehalten gewesen waren, übertrug sie der jüngere Künstler hier in den ikonografischen Kontext des Jakobusbildes. Es wurde vermutet, dass Bruegels Rückbezug auf den allseits beliebten »boschesken« Modus in einer Zeit der religiösen und politischen Unsicherheit eine Möglichkeit bedeutete, der strengen Zensur der lokalen Autoritäten zu entgehen.[31] Nur zwei Jahre vor den Bilderstürmen von 1566 entstanden, mag auch die inhaltliche Konzentration der Serie auf Jakobus als spanischem Nationalheiligen die Verbildlichung eines dunklen Magiers und seiner häretischen Praktiken sanktioniert haben.[32]

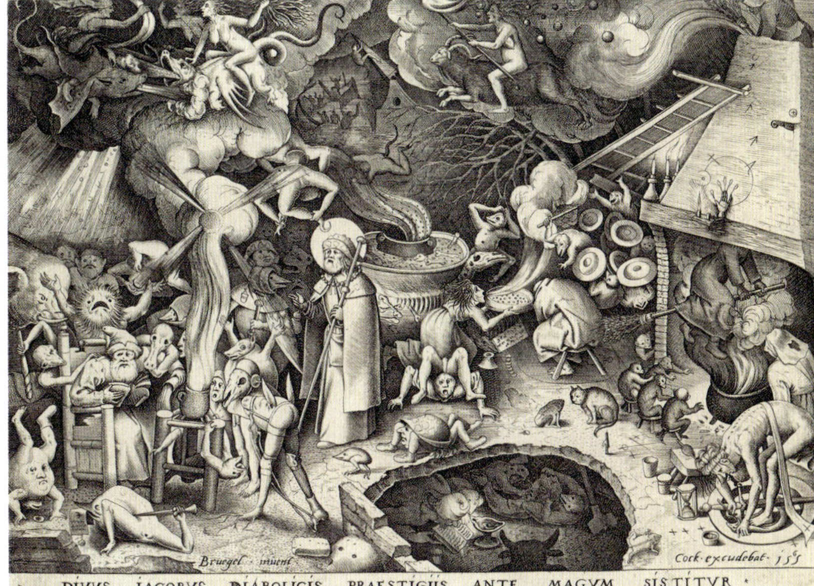

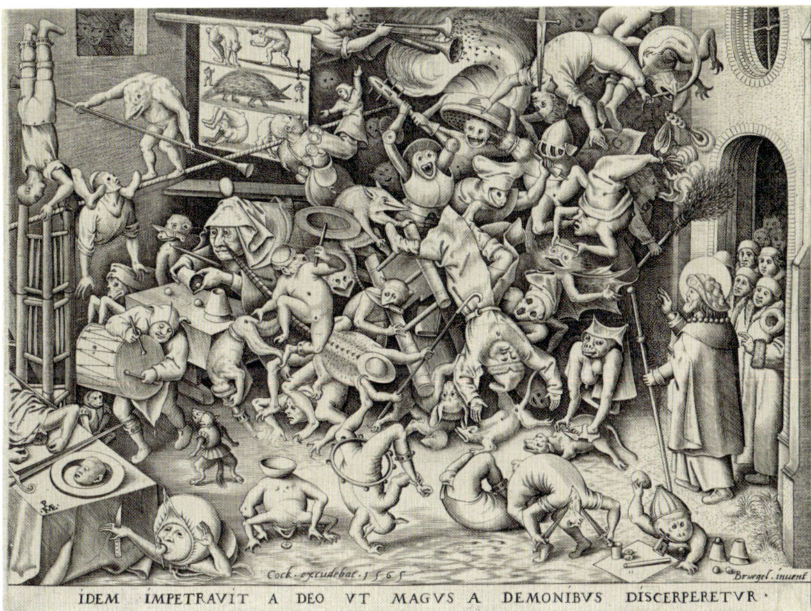

Die Tatsache, dass für den *Sturz des Hermogenes* keine ausführliche Bildtradition existierte, verlieh dem Künstler in jedem Fall eine gewisse Freiheit bei der Umsetzung des Themas. So verortet Bruegel die Szene in einem zeitgenössischen Architekturensemble. Aus dem Gotteshaus am linken Bildrand, das anhand der vorkragenden Strebepfeiler und des Rosettenfensters über dem Eingang identifizierbar ist, drängt sich eine Gruppe vornehm gekleideter Zuschauer. Den fast an derselben Position gezeigten Bürgern in *Der heilige Martin unter den Bettlern* verwandt, beobachten sie auch hier in geordneter Reihe das turbulente Geschehen vor ihren Augen. Ihre enge räumliche Assoziation mit Jakobus, der unmittelbar vor der Gruppe positioniert ist, zeichnet sie als positiv besetztes Gegenstück zu den chaotisch über den Bildraum verteilten Figuren des Magiers und seiner ehemaligen teuflischen Gefolgschaft aus. Auf der gegenüberliegenden Seite des Platzes blicken weitere Zuschauer interessiert aus dem Fenster eines Hauses und verleihen dem Geschehen so einen fast schauspielhaften Charakter. Hermogenes ist kopfüber aus seinem Stuhl stürzend in der Mitte des Bildes dargestellt und von einer schier endlosen Vielzahl von Tieren und Kompositkreaturen umgeben: Affen, Hunde und Kröten sind ebenso zu sehen wie ein gerüstetes Ungetüm mit menschlichen Gliedmaßen, das mit einem Morgenstern zum Schlag auf den Magier ausholt. Die weitere Zusammensetzung der dämonischen Legion ist durchaus ungewöhnlich: Unter die animalischen und monströsen Gestalten haben sich mehrere menschliche Figuren gemischt, die mit dem Themenkreis der Gaukelei assoziiert sind. Akrobaten turnen an Seilen und Gerüsten, ein Puppenspieler führt sein Theater auf, zwei Trompeter und ein Trommler scheinen diese Aktivitäten mit ihren Klängen zu untermalen. Die Übergänge zwischen fantastischen Mischwesen und Menschen sind dabei fließend: Schwertwerfer, Seiltänzer, Feuerspeier, Tellerdreher, Trickzauberer, Schausteller, Narren und Hütchenspieler sind in ihrer brillanten Vielfalt nicht immer eindeutig der einen oder anderen Gruppe zuzuordnen.

Einblick in die zeitgenössische Besetzung von Gauklern und Jahrmarktartisten gibt eine in der ersten Jahrhunderthälfte entstandene Zeichnung aus Boschs Rezeption (Abb. 8).[33] Der an einem Tisch stehende Hütchenspieler und sein kleiner Komplize haben eine Gruppe von gebannten Zuschauern um sich versammelt. Die bürgerlich gekleidete Frau im Vordergrund wird von einem auf den Magier weisenden Mann abgelenkt, der ihr mit der rechten Hand den Geldbeutel stiehlt. Als gierige Betrüger der wohlhabenderen Schichten ausgewiesen, sind die Taschenspieler auch hier von einer trommelnden Begleitung, einem Affen und einem kleinen Hündchen flankiert.[34] Repräsentationen von Gauklerfiguren fanden sich zudem häufig in Bildern von Volksspielen, Karnevalsfeiern oder Kirmessen. Letztere wurden traditionell am Gründungstag einer Pfarre auf dem Kirchplatz gefeiert; es mag daher nicht verwundern, dass auch Bruegels Szene im Vorhof eines Gotteshauses angesiedelt ist. Als bildliche Orte der Ausgelassenheit und der Grenzüberschreitung boten solche Werke einen ikonografisch legitimierten Rahmen zur Darstellung verwerflichen Verhaltens. Im Kontext eines sich formierenden bürgerlichen Selbstbewusstseins wurden Schausteller und fahrendes Volk als Beispiele marginaler Existenzen hier zu stereotypen Platzhaltern von Betrug und moralischem Verfall.[35]

Unter Rückgriff auf diese Diskurse aktualisierte Bruegel also das traditionelle Jakobusbild und stellte in seinem *Sturz des Hermogenes* eine Analogie zwischen der dunklen

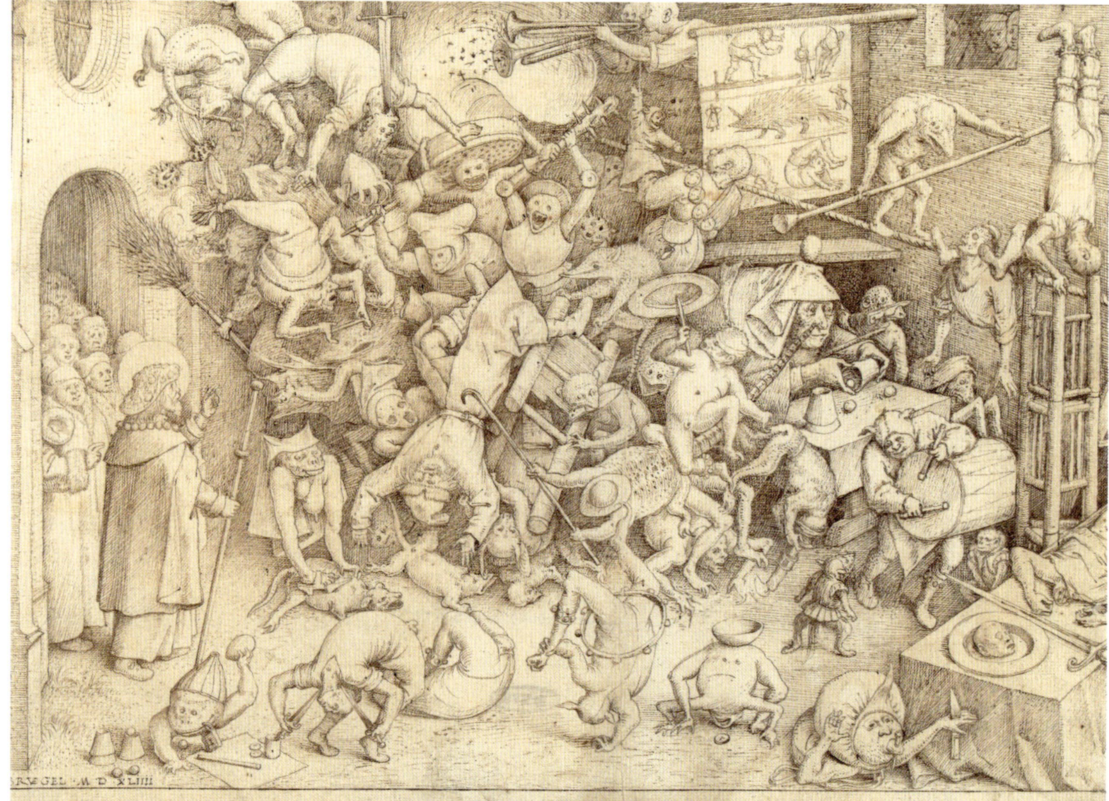

Abb. 7: Pieter Bruegel d. Ä., *Der heilige Jakobus und der Sturz des Hermogenes,* 1564, Feder in Dunkel- und Hellbraun, auf Papier, 23,3 × 29,6 cm, Amsterdam, Rijksmuseum, Inv. RP-T-00-559

Magie des Zauberers und den täuschenden Tricks der Gaukler her. Auf moraltheologischer Ebene wird die häretische Teufelskunst des Hermogenes so als reiner Schabernack demaskiert. Wie so häufig in den Werken des Künstlers ist die Darstellung aber auch mit inhaltlichen Brüchen versehen, die eine eindeutige Lesart unterlaufen. Der im rechten Vordergrund auf einem Tisch liegende geköpfte Körper verweist auf einen verbreiteten Zaubertrick der Zeit.[36] Er bezeichnet jedoch auch eine ironische Inversion der klassischen Jakobusikonografie: Die legendarisch überlieferte und künstlerisch häufig visualisierte Enthauptung des Apostels ist hier einer Unterhaltungseinlage gegenübergestellt. Anstatt ein eindeutiges Tugendexempel zu liefern, werden also die autoritative Kraft des Heiligen und seines Martyriums bildlich infrage gestellt. Neben die Identifikation mit Jakobus tritt die Andersartigkeit der Gaukler als identitätsstiftendes Moment: Fantastische Mischwesen und höllische Kreaturen sind mit Artisten, Narren und Schaustellern als zeichenhafte Typen der Devianz verbunden[37] und damit auch hier zu einer konkreten Negativfolie in der moralischen Selbstdefinition des aufrechten Bürgertums umgedeutet.

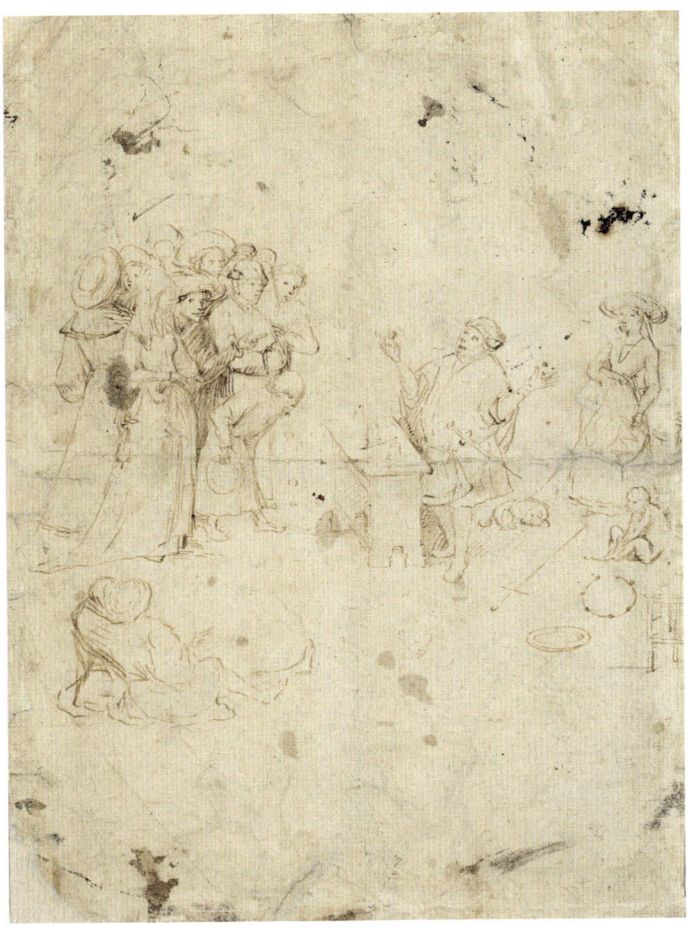

Abb. 8: Unbekannter niederländischer Künstler, *Der Gaukler,* 1530/40, Feder in Braun, auf Papier, 27,8 × 20,6 cm, Paris, Musée du Louvre, Inv. 19197 recto

Der heilige Antonius und die »lockere Gesellschaft«

Auch der heilige Antonius und insbesondere Bilder seiner Versuchung erfreuten sich in den frühneuzeitlichen Niederlanden einer außerordentlichen Popularität. Geschildert wird darin die Geschichte des frühchristlichen Mönchs (gest. 356 n. Chr.), der sich von seinem wohlhabenden Elternhaus abwandte, um als Eremit ein Leben in Armut zu führen. Wie das *Passionael* erzählt, wurde er in seiner selbstgewählten Einsamkeit zum Ziel teuflischer Verführungen:

> »So versucht der Teufel [ihn] viele Male mit Speise und mit Trank. Mit Silber und Gold. Mit Zierrat. Mit Juwelen. Mit Mannspersonen. Mit Frauen. Mit schrecklichen Tieren und wunderlichen Bestien, auf dass sie ihn von seinem heiligen Leben abbringen mochten.«[38]

Der spätmittelalterlichen Glaubensauffassung gemäß war dem leidenden Einsiedler eine grundlegende didaktische Funktion im Sinne der »imitatio Christi« zugekommen: Künstlerische Darstellungen seiner Versuchung wie Hieronymus Boschs berühmter *Lissabonner Altar*[39] sollten die Betrachter auch dazu anregen, Antonius' und damit Jesu Beispiel zu folgen und allen weltlichen Verführungen zu widerstehen.

In der Vita mehrfach wiederkehrende Begriffe wie Wildnis (»wildernis«), Wüste (»woostinen«), Wald (»wout«), Grotte (»spelonk«) oder Klippe (»clip«) fungieren dabei nicht als konkrete geografische Angaben, sondern verorten das Versuchungsgeschehen als Topoi der Isolation an einer außerhalb des kollektiven Lebens liegenden Stätte des Entzugs. Diese Einöde barg einerseits die Gefahren einer wilden, ungezähmten Natur, galt mit ihrem Potenzial zur Askese und inneren Einkehr aber andererseits auch als Antithese der freiwillig zurückgelassenen Stadt und ihrer zivilisatorischen Zerstreuungen.[40]

Dementsprechend wurde die Versuchung des heiligen Antonius in den Niederlanden seit der Wende zum 16. Jahrhundert meist im Kontext von Landschaftsdarstellungen visualisiert. Konkrete Architekturen wurden dabei lediglich am fernen Horizont angedeutet und dienten als Kontrastfolie in der Konstruktion einer bildlichen Wildnis.[41] Zugrückgezogen in hohle Bäume, zerklüftete Felsspalten oder ruinöse Gebäude fand sich der Eremit in weiten Weltlandschaften, die eine große Bühne für die ihn versuchenden Kreaturen bildeten. Die heute in Oxford verwahrte Zeichnung Pieter Bruegels, die – 1556 ins Medium des Kupferstichs übertragen – eine weitere Verbreitung fand, zeigt Antonius bei der Bibellektüre am Rand einer von aberwitzigen Gestalten und hybriden Fantasiegebilden übersäten Landschaft (Abb. 9).[42] In den auf dem Kunstmarkt so beliebten, an Bosch anschließenden Antoniusdiablerien rückte die theologische Komponente der Christusnachfolge so zusehends in den Hintergrund. Angesichts des enormen Potenzials für die Darstellung immer neuer bizarrer Formen und Figuren traten unterhaltende Aspekte neben moralisierende.[43]

In starkem Gegensatz zu diesem verbreiteten Bildtypus steht das Versuchungsszenario in einer wohl kurz nach 1600 entstandenen Federzeichnung Frans Franckens II. (1581–1642; Abb. 10). Die am unteren Bildrand von einem frühen Besitzer des Blattes eingefügte Inschrift »H Bos 1518 [?]« zeugt von der anhaltenden Assoziation des 's-Hertogenboscher Meisters mit der Ikonografie.[44] Der konkrete Entstehungszusammenhang des Werks ist nicht bekannt. Francken leitete in Antwerpen ein höchst erfolgreiches Familienatelier, das auf die Produktion von Kabinettbildern mit mythologischen, historischen und insbesondere auch fantastischen Inhalten spezialisiert war und den bürgerlichen Kunstmarkt der Zeit bediente.[45] Ein in den Maßen beinahe übereinstimmendes Ölgemälde auf Kupfer in Privatbesitz steht seiner Zeichnung so nahe, dass ein enger Zusammenhang der beiden Darstellungen angenommen werden muss.[46] Ob jedoch eine unmittelbare Verbindung besteht oder eine heute verlorene Version dazwischen existierte, muss offen bleiben. Verschiedene zeichnerische Freiheiten lassen eine ursprüngliche Funktion des Blattes als Entwurf einer gemalten Fassung jedenfalls durchaus möglich erscheinen. So sind etwa einzelne Monstergestalten wie das mit wenigen Federstrichen nur skizzierte Vogelwesen im rechten Vordergrund oder die fliegenden Geschöpfe am Himmel links nicht vollständig ausgeführt, sondern als Ideen lediglich angedeutet. Die erhaltenen Spuren einer Vorzeichnung in schwarzer Kreide bezeugen darüber hinaus ein gewisses Maß an vorbereitender Planung der kompositionellen Struktur.

Wie schon Martin und Jakobus ist hier auch Antonius erst bei genauerer Auseinandersetzung identifizierbar. Von einem Heiligenschein bekrönt sitzt der lesende Eremit am äußersten rechten Rand des Bildes vor einem Tischkreuz und scheint von dem Treiben um ihn herum kaum Notiz zu nehmen. Ein wahres Pandämonium im Vordergrund der Darstellung bezeugt Franckens enormes Interesse an der Erfindung monströser Kreaturen: Die für die Diablerien des Künstlers typischen Igelwesen mit stacheligen Köpfen, reptiloide Kopffüßer, die mit weit aufgerissenen Mäulern nackte Menschen verschlingen oder übernatürlich große Kröten mit gespreizten Beinen treiben hier ihr Unwesen. In eine

Abb. 9: Pieter Bruegel d. Ä., *Die Versuchung des heiligen Antonius*, um 1556, Feder und Pinsel in Grau und Braun, auf Papier, 21,6 × 32,6 cm, Oxford, Ashmolean Museum, Inv. WA1863.162

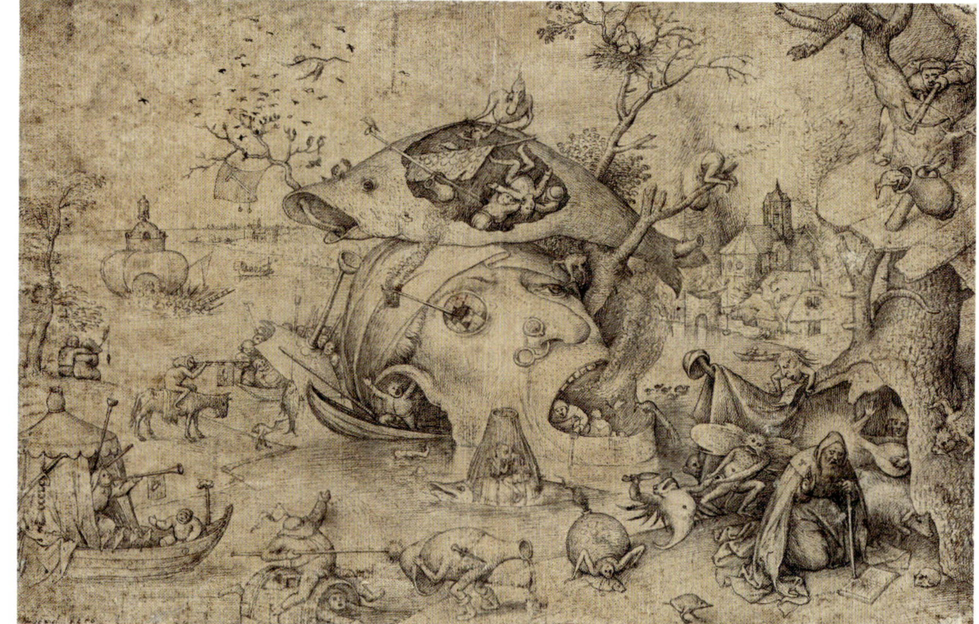

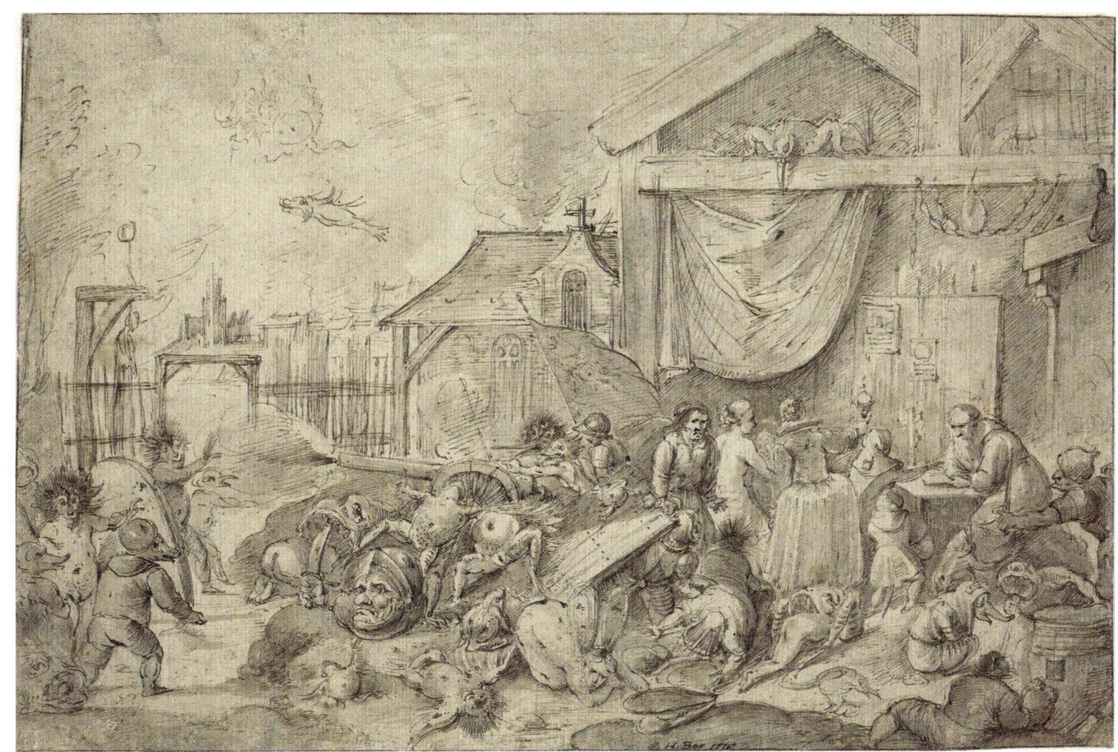

Abb. 10: Frans Francken II., *Die Versuchung des heiligen Antonius,* um 1605, Feder und Pinsel in Braun, braun und grau laviert, über schwarzer Kreide, auf Papier, 19,7 × 29,2 cm, London, British Museum, Inv. 1946,0713.982

kriegerische Auseinandersetzung untereinander verwickelt, repräsentieren sie die inneren Torturen des versuchten Einsiedlers.

Die Zeichnung stellt das Versuchungsgeschehen jedoch als genrehaftes Halbinterieur vor und adaptiert die tradierte Antoniusikonografie auf diese Weise an die Sehgewohnheiten der zeitgenössischen Betrachter. Die Szene ist hier explizit nicht mehr in einer landschaftlichen Wildnis, sondern am Rande einer Stadt angesiedelt. Die Architekturen im Hintergrund lassen eine Vedute erkennen, der Galgen links verortet das Geschehen in den dünner besiedelten Bezirken außerhalb der Mauern, in denen solche Hinrichtungsstätten oft situiert waren (siehe Kat. 72). Als Kartause des Einsiedlers dient keine morsche Baumhöhle, sondern der nach vorne hin geöffnete Innenraum eines Gebäudes. Die an einem Holzbalken hängenden Würste, die brennenden Kerzen und Flugblätter an der Rückwand des Raums oder der rauchende Kamin rechts erinnern ebenso wie das Weinfass und die zechenden Figuren im Vordergrund an die populären Wirtshausbilder der Zeit. Links des Heiligen sind überdies zwei Frauen dargestellt, die sich als schöne Verführerinnen nahtlos in dieses Milieu einfügen: Die beiden Damen – eine ist vornehm gekleidet und hält dem Eremiten einen Pokal entgegen, die andere ist eine junge Nackte, deren liebreizende Wirkung durch die unmittelbare Gegenüberstellung mit der grobschlächtigen Alten links noch gesteigert wird – evozieren die Kupplerinnen und Dirnen der sogenannten »lockeren Gesellschaften«, die als gleichnishafte Darstellungen schon im zweiten Viertel des 16. Jahrhunderts aufgekommen waren. Mit den Bildern des Verlorenen Sohns im Wirtshaus fanden sie auch in Franckens eigener Produktion Parallelen.[47] Die in der Frühzeit noch sehr konkret ausgedrückten, gegen Ende des Jahrhunderts eher implizit kommunizierten moralischen Anliegen solcher Szenen mit zechenden, kartenspielenden oder promiskuitiven Figuren fanden ihren unmittelbarsten Resonanzraum im städtischen Milieu und reflektierten den zutiefst bürgerlichen Blick auf einen allzu liederlichen Lebenswandel. Als unangefochtenes Reich der unteren Klassen wurden Tavernen und Wirtshäuser zu einem bildlichen Inbegriff der Maßlosigkeit und des Lasters.[48]

Insbesondere die Stadt Antwerpen war über das gesamte 16. und weit bis ins 17. Jahrhundert als Ort von übermäßigem Alkoholkonsum und Prostitution berüchtigt. Dementsprechend warnte eine große Zahl von humanistisch geprägten wie volksliterarischen Schriften in allegorischen Sinnspielen oder ironischen Pamphleten vor den Konsequenzen der Zecherei.[49] Wie auch in Franckens Darstellungen wurde das unmäßige Treiben darin gleichermaßen lustvoll beschrieben wie als sündig und töricht diffamiert. Das 1580 in der Scheldestadt publizierte *Mandement van Bacchus* etwa listet in Form eines satirischen Texts über 90 lokale Tavernen, in denen sich Handwerker und andere Mitglieder der niederen Stände auf Befehl des Weingotts an den Karnevalstagen einfinden sollten.[50] An das gebildete Bürgertum gerichtet, konstruiert diese Parodie zeitgenössischer Verordnungstexte eine »Anti-Moral« und prangert so ex negativo die Maßlosigkeit und deren soziale Folgen an.[51]

In der Zeichnung ist nun ein in sich gekehrter Antonius an die Stelle der ausgelassen Feiernden getreten. Der Ort seiner Versuchung ist als Genreszene imaginiert und damit eine neue Gegenwärtigkeit in der geäußerten Zeitkritik erreicht. Der Teufel, so vermittelt das Bild, hat den Heiligen in eine Taverne als übelsten Sündenpfuhl entführt. Mit dieser neuen Inszenierungsweise und auch in stilistischer Hinsicht ist das Blatt bereits weit von den Werken des fast hundert Jahre zuvor verstorbenen Bosch entfernt. Neben einem Anlass zur reizvollen Anschauung dämonischer Absonderlichkeiten bot es seinen Betrachtern auch eine Gelegenheit zur Reflexion ihrer eigenen Lebenswelt: Als Hybrid aus Heiligendarstellung und Wirtshausbild lieferte die Zeichnung mit ihrer sehr konkreten Formulierung der teuflischen Versuchung eine deutliche Abgrenzungsvorlage. Das implizite Changieren zwischen ironischer Kommentierung und moralisierendem Anspruch entsprach, wie der enorme Erfolg des Francken'schen Ateliers belegt, dem Geschmack des gebildeten Antwerpener Publikums.

Die Heiligen und die Anderen

Als Erinnerungsstütze, Musterblatt, Vorlage, Entwurf oder Ideenskizze bot die Zeichnung des niederländischen 16. Jahrhunderts ein breites Feld der ikonografischen Erneuerung, das mit dem eng assoziierten Medium der Druckgrafik eine reichweitenstarke Erweiterung fand. Unter Rückgriff auf das Werk Hieronymus Boschs wurde auch die Heiligendarstellung als religionspolitisch aufgeladenes Bildthema aktualisiert und zum Ort der bürgerlichen Identitätsfindung. Heilige waren nicht mehr ausschließlich in ihrer traditionellen Position als eindeutige Identifikationsfiguren repräsentiert. Ein überbeanspruchter Martin, ein ironisch kommentierter Jakobus oder ein unbeteiligt wirkender Antonius sind auch in bildlicher Hinsicht an den Rand gerückt. Neben ihre Vorbildfunktion ist die Abgrenzung über soziale Kontraste getreten: Bettler, Gaukler oder traditionell mit dem Genre der »lockeren Gesellschaft« assoziierte Gestalten wurden als pejorativ konnotierte, distinkte »Andere« zu wichtigen Negativfolien in der Selbstwahrnehmung einer städtischen Kunstkäuferschaft. Dabei bildeten Zeichnungen und Druckgrafiken die Wirklichkeit nicht ab, sondern waren bezugnehmend auf die gesellschaftlichen und künstlerischen Diskurse ihrer Zeit aktiv an deren Konstruktion beteiligt. In ihrer Eigenschaft als Kunstwerke boten und bieten diese Bilder darüber hinaus jedoch stets auch einen ästhetischen Genuss.

1 »con mucha razon se podia llamar plaça d'el mũdo«. Siehe Calvete de Estrella 1552, fol. 220r.
2 Siehe De Munck/Romano 2019.
3 Zu Konzeptionen von Bürgerlichkeit in den frühneuzeitlichen Niederlanden siehe die Beiträge in Aerts/Te Velde 1998 sowie Hendrix/Meijer Drees 2001.
4 Zur negativen Selbstdefinition des Bürgertums siehe Pleij 1979; die Beiträge in Ausst.-Kat. Antwerpen 1987 sowie Hazelzet 2007.
5 Siehe Vermeylen 1999.
6 Zur Antwerpener Kunst im Kontext der Bildkontroverse siehe Jonckheere 2012.
7 Siehe Unverfehrt 1980.
8 Die erste niederländische Ausgabe der Vitensammlung erschien 1478 bei Gerhard Leeu in Gouda; 1516 wurde der Text auch bei Hendrik Eckert van Homberch in Antwerpen aufgelegt. Zur Editionsgeschichte siehe Goudriaan 1997.
9 »Op eenen winter voer hi te ambiane in die stat doer die porte. en he qua een arm man te gemoete En doe dese arme man va nyemant aelmissen en onftinc. so verstont sinte martinus dar dese he gehouden was. ende hi toech syn sweert wt ende deylde sine mantel die hi boue droech. En een deel gaf hi den armen man en dat and deel dede hi wed aen«. Siehe Passionael 1516, winterstuck, fol. xv recto–verso. Für die Durchsicht der Übersetzungen dieser und aller folgenden zitierten Stellen aus dem *Passionael* sei Marian Bisanz-Prakken herzlich gedankt.
10 Siehe Kok 2013, Bd. I, S. 87, Nr. 41.4.
11 Siehe NHDF (The Doetecum Family), Bd. 2, S. 51, Nr. 217.
12 Die von einem frühen Sammler hinzugefügte Inschrift in der linken unteren Ecke der Zeichnung schreibt das Blatt fälschlich Pieter Bruegel d. Ä. zu und datiert es auf das Jahr 1552. Siehe Aukt.-Kat. Amsterdam 1908, S. 17, Lot 99. Zwei weitere Zeichnungen, die als seitengleiche Imitationen ebenfalls nach dem Kupferstich entstanden sind und ein breites Interesse an der Komposition bezeugen, haben sich in Berlin und Oxford erhalten. Siehe dazu Buck 2001, S. 308f., Nr. IV.17 und Koreny 2012, S. 308–311, Nr. 30. Zu einem vierten, motivisch nur lose verwandten Blatt des deutschen Künstlers Michael Herr siehe Walsh 2014.
13 »St. Martin wie er vorbeigeht mit einem Schiff und dem Pferd« (»St. Martin quando va pasando con una barca y el cavallo«). Siehe Justi 1889, S. 143.
14 »una carta di san Martino con una Barca piena di Diauoli in Bizarrissime forme«. Siehe Vasari 1568, Tl. 3, Bd. I, fol. 310 sowie dazu Ilsink 2009, S. 240.
15 Meister »AI«, *Musterblatt mit Bettlern*, 1599, Kupferstich, 16,5 × 25,3 cm, Wien, Albertina, Inv. DG1957/334. Siehe dazu Ausst.-Kat. Saint Louis 2015, S. 84–91, Nr. 3 (Marisa Bass).
16 Zu den Bettlerdarstellungen Boschs und seiner Rezeption siehe Pokorny 2003.
17 Vandenbroeck 2009, S. 214–222.
18 Die kompositorischen Gemeinsamkeiten mit dem etwa gleichzeitig nach Bruegels Entwürfen gestochenen Kupferstich *Spes* wurden schon früh erkannt. Siehe Ausst.-Kat. 's-Hertogenbosch 1967, S. 216, Nr. 96 (Ed Taverne). Eine knappe Passage aus dem *Passionael*, in der Martin einem in Seenot geratenen Händler zu Hilfe kommt, mag einen textlichen Ausgangspunkt der Adaption gebildet haben. Siehe Passionael 1516, winterstuck, fol. xvi verso. Die Szene wurde zudem mit jener Stelle des Legendentexts in Verbindung gebracht, an der Martin einen Schwarm von heimtückischen Wasservögeln vertreibt, die wehrlose Fische verschlingen. Siehe Ausst.-Kat. Saint Louis 2015, S. 108 (Marisa Bass).
19 Siehe Vandenbroeck 2002, S. 162–168.
20 Siehe Nichols 2007, insbes. S. 17–98.
21 »De goede Sint Marten is hier gestelt; onder al dit Cruepel Vuijl arm gespuijs; haer deijlende sijnen mantele inde stede Va gelt; nou vechtese om de proije dit quaet gedruijs«.
22 Silver 2006, S. 142f. sowie Vandenbroeck 2011, S. 163–172.
23 Zur Pfarre Sint Jakob siehe Muller 2016, S. 13–66.
24 Siehe NHDF (The Collaert Dynasty), Bd. 3, S. 222, Nr. 714.
25 So etwa Pieter Baltens, *Sint Jago Patron de Espana*, um 1570, Kupferstich, 32,8 × 43,6 cm, London, British Museum, Inv. X,3.83. Siehe dazu Ausst.-Kat. Utrecht 2015, S. 50.
26 Siehe NHDF (Pieter Bruegel the Elder), S. 28, Nr. 11–12.
27 »... keert wed tot hermogenes en brecten mi gebonde en ongequest. En doe si wech waren geuare soe grepe si hermogene en boghe he sijn hande op sine rugge en brochte al gebonde tot iacob ... En de duele seide tot iacbu Gheeft ons in hem macht dat wi dijn onrecht wreke moge ... .« Siehe Passionael 1516, somerstuck, fol. lxxxvii recto.
28 »IDEM IMPETRAVIT A DEO VT MAGVS A DEMONIBVS DISCERPERETVR«.
29 Bei der links unten neben der Signatur vom Künstler eingefügten Datierung »M.D.XLIIII« wurden wohl X und L vertauscht. Sie muss als 1564 gelesen werden. Siehe Ausst.-Kat. New York 2001, S. 232–234, Nr. 102 (Nadine M. Orenstein).
30 Vanderhaeghen 1872, Bd. 1, S. 156.
31 Silver 2006, S. 151f.
32 Silver 2011, S. 178 sowie Ausst.-Kat. Utrecht 2015, S. 50.
33 Siehe Koreny 2012, S. 282–285, Nr. 25r. Zur bisweilen aufrechten Zuschreibung an Bosch selbst siehe BRCP 2016, S. 542f., Nr. 47r.
34 Zu den Gauklerdarstellungen Boschs und seiner Rezeption siehe Pokorny 2009.
35 Siehe Bell/Suckow 2019, die das semantisch verwandte Motiv der »Zigeuner« in diesem Zusammenhang untersucht haben.
36 Der Trick war eigentlich mit der Enthauptung Johannes des Täufers assoziiert, wurde hier jedoch zusammen mit den Gauklern in den Kontext des Jakobusbilds übernommen. Siehe Philipp 2016, S. 69f.
37 Zur motivhistorischen Verbindung von Teufeln und Gaukler- oder Narrenfiguren siehe Ausst.-Kat. Antwerpen 1987, S. 133–136.
38 »Dus becoerde de duuel menichwerf me spijse en met dranck. met siluer en gout. met cierheit. met iuwele. met psone va manen. met wiue. met eyselike diere ende wondlike beeste op dat si he wt sijn heylich leue brenge mocht.« Siehe Passionael 1516, winterstuck, fol. cxix recto.
39 Hieronymus Bosch, *Die Versuchung des heiligen Antonius*, um 1500, Öl auf Holz, ca. 145 × 266 cm, Lissabon, Museu Nacional de Arte Antiga, Inv. 1498. Siehe dazu BRCP 2016, S. 140–159, Nr. 4.
40 Zum Topos der Wüste siehe Keller 2010.
41 Zu dem von Bosch eingeführten Motiv des Kirchenbrands siehe Neumeister 2003, S. 48–60.
42 Siehe Ausst.-Kat. New York 2001, S. 137–139, Nr. 36–37 (Nadine M. Orenstein) sowie NHDF (Pieter Bruegel the Elder), S. 27, Nr. 10.
43 Zu den Antoniusdarstellungen Boschs und seiner Rezeption siehe Ausst.-Kat. Hamburg 2008.
44 Noch im Auktionskatalog der Sammlung Samuel Woodburns aus dem Jahr 1860 wurde das Blatt Bosch zugeschrieben. Siehe Aukt.-Kat. London 1860, S. 8, Lot 94 (3). Die Zuschreibung an Francken erfolgte bei Popham 1935, S. 185. Zur Einordnung in dessen Frühwerk siehe Ausst.-Kat. Berlin 1975, S. 121, Nr. 154 (Matthias Winner).
45 Siehe Härting 1983 sowie jüngst Ausst.-Kat. Cassel 2020.
46 *Die Versuchung des heiligen Antonius*, um 1605, Öl auf Kupfer, 18,9 × 25,1 cm, Auktion Christie's, Amsterdam, 2002. Im Auktionskatalog wurde das Gemälde fälschlich als *Unterwelt* betitelt und mit dem Umfeld Jacob Isaacsz. van Swanenburghs in Verbindung gebracht. Rechts unten findet sich das schwer lesbare Monogramm »NVA [?]«. Siehe Aukt.-Kat. Christie's, online, Amsterdam, 6. November 2002, Sale 2566, Lot 51, URL: <https://www.christies.com/lot/lot-3998974?ldp_breadcrumb=back&intObjectID=3998974&from=salessummary&lid=1> [gelesen am 16.12.2022] sowie Slg.-Kat. British Museum, online, London, URL: <https://www.britishmuseum.org/collection/object/P_1946-0713-982> [gelesen am 16.12.2022]. Für ihre Hilfe sei Olenka Horbatsch herzlich gedankt.
47 Siehe etwa Frans Francken II., *Der verlorene Sohn im Wirtshaus*, erste Hälfte 17. Jahrhundert, Feder in Braun, über schwarzer Kreide, auf Papier, 14,9 × 18 cm, Amsterdam, Rijksmuseum, Inv. RP-T-1898-A-3510. Die Zeichnung wurde auch ins Medium der Radierung übertragen. Siehe HDF, Bd. 7 (Fouceel – Gole), S. 9, Nr. 1.
48 Silver 2006, S. 69–73. Zu den Ursprüngen der Wirtshausszene in den Niederlanden siehe Renger 1970.
49 Siehe Pleij 1993, S. 83–86.
50 Pleij 1979, S. 86f., 253–255 sowie Kisling/Verhuyck 1987.
51 Thijs 1990, S. 1004.

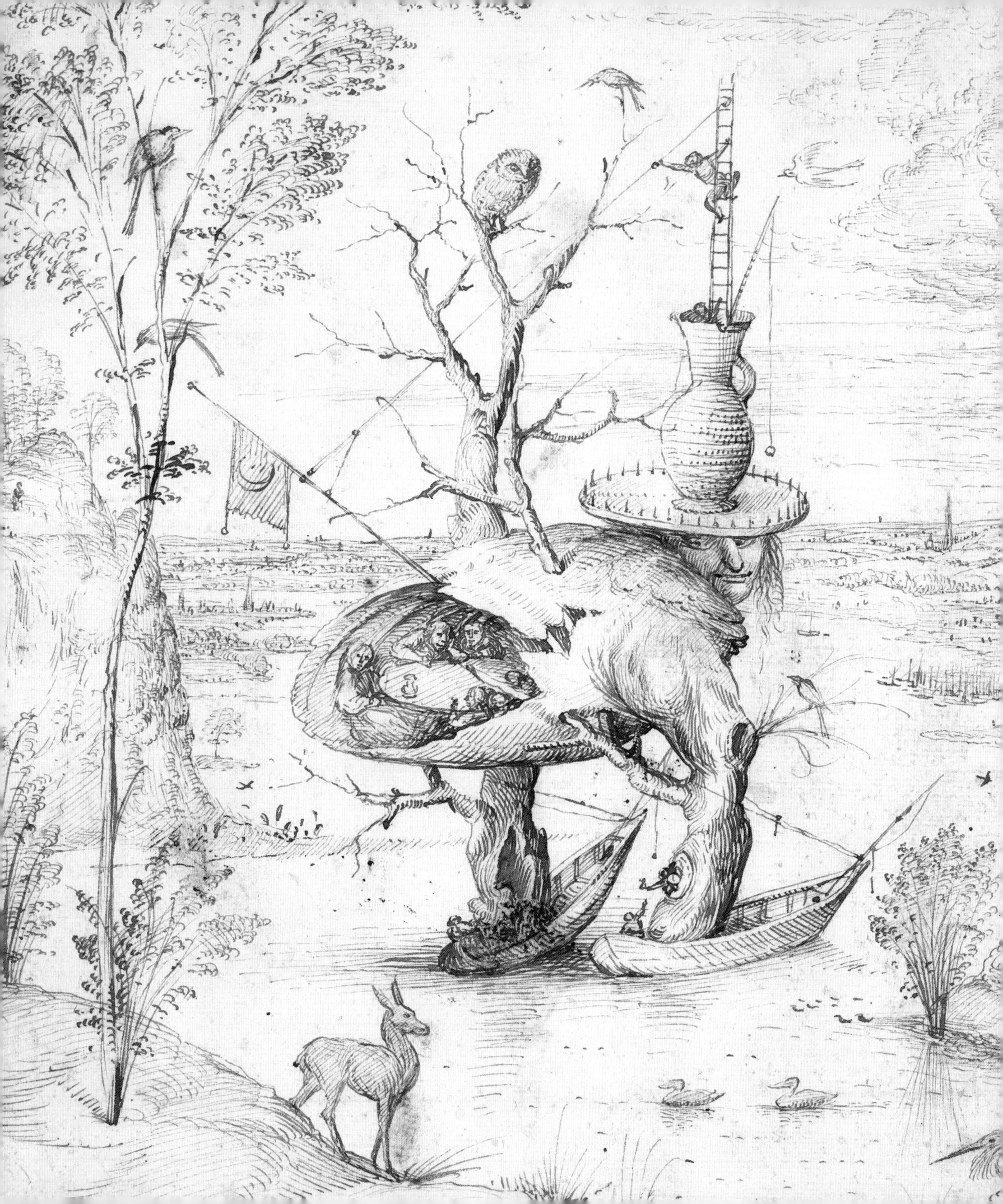

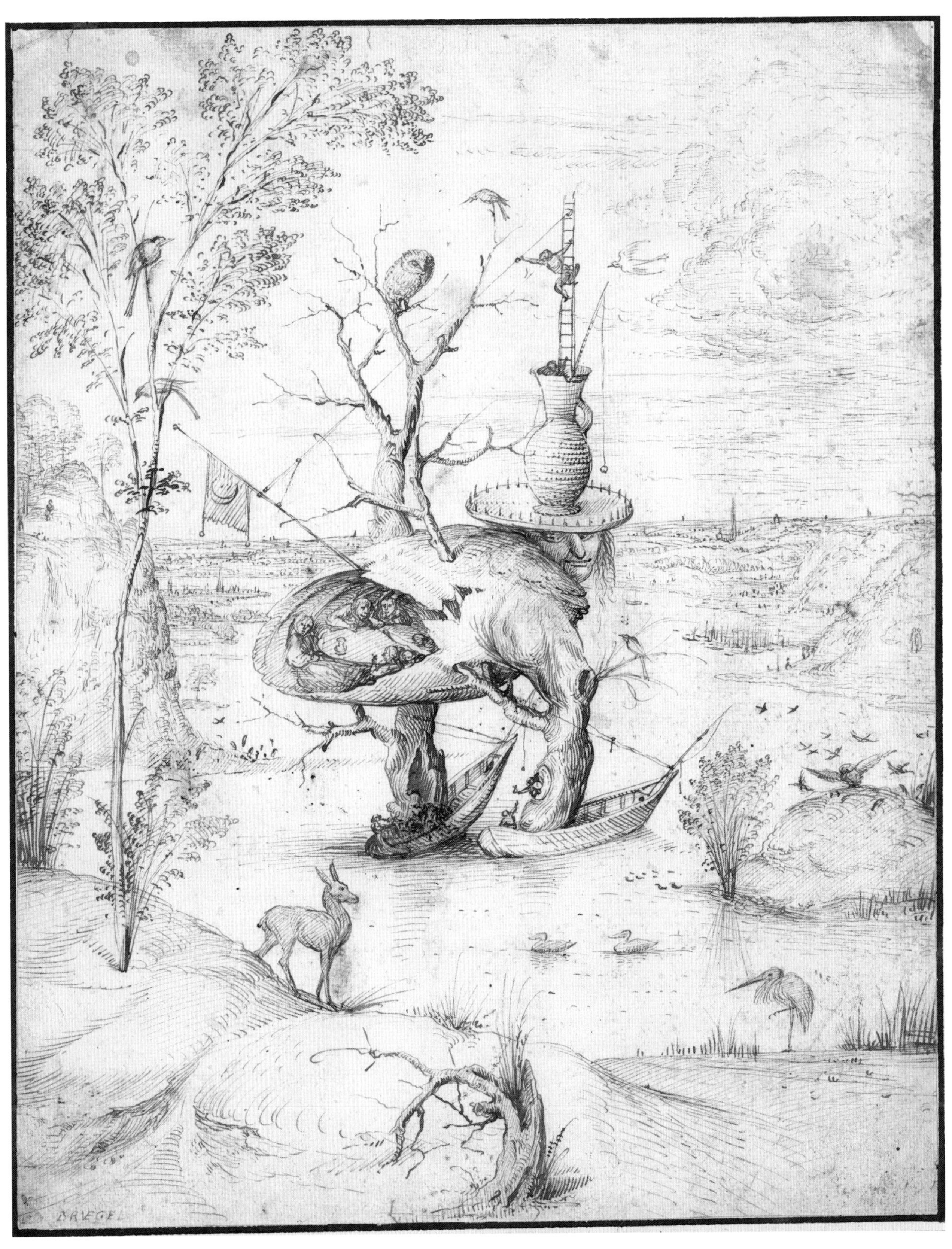

46 · Hieronymus Bosch
Der Baummensch, um 1500–1510

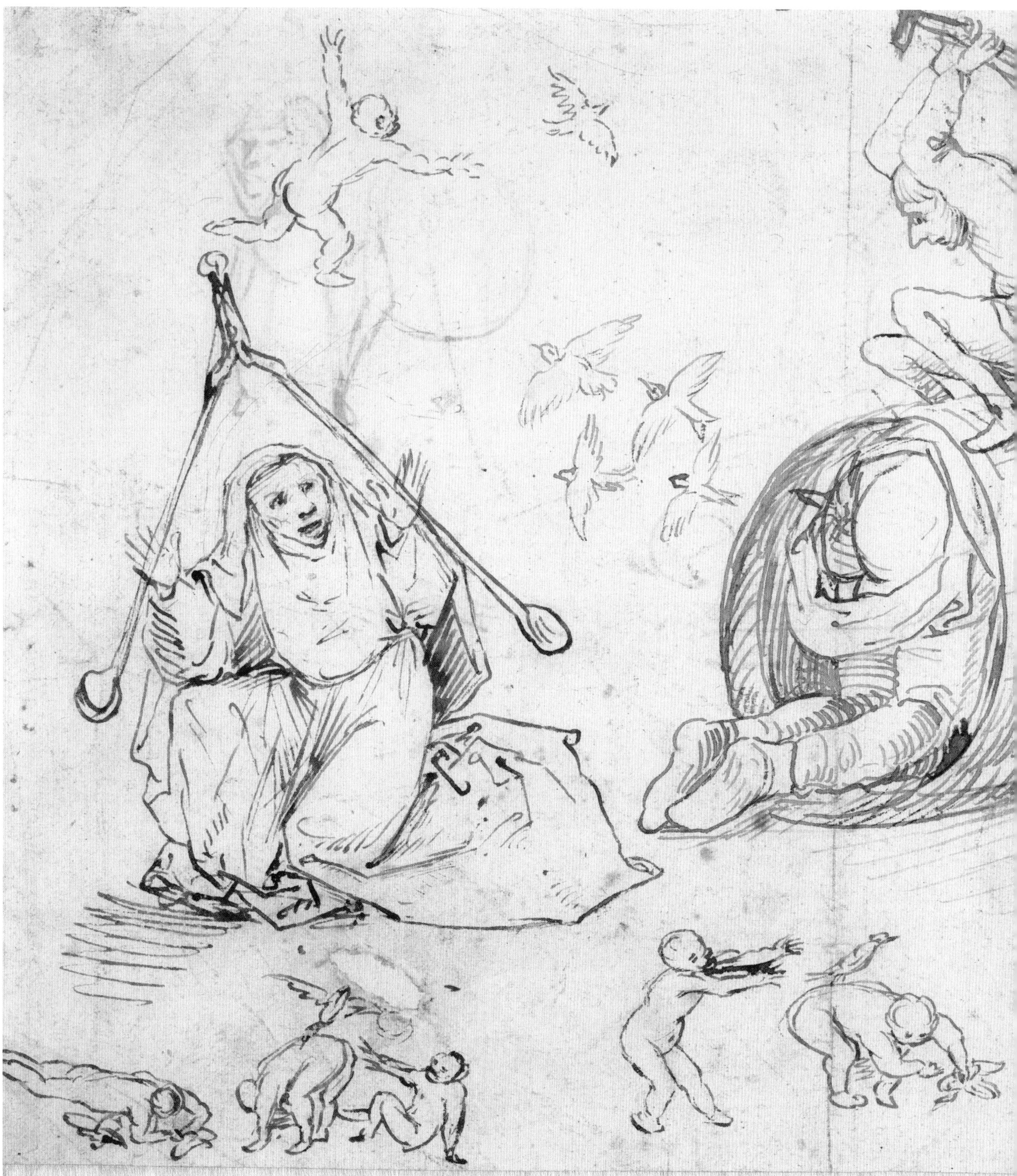

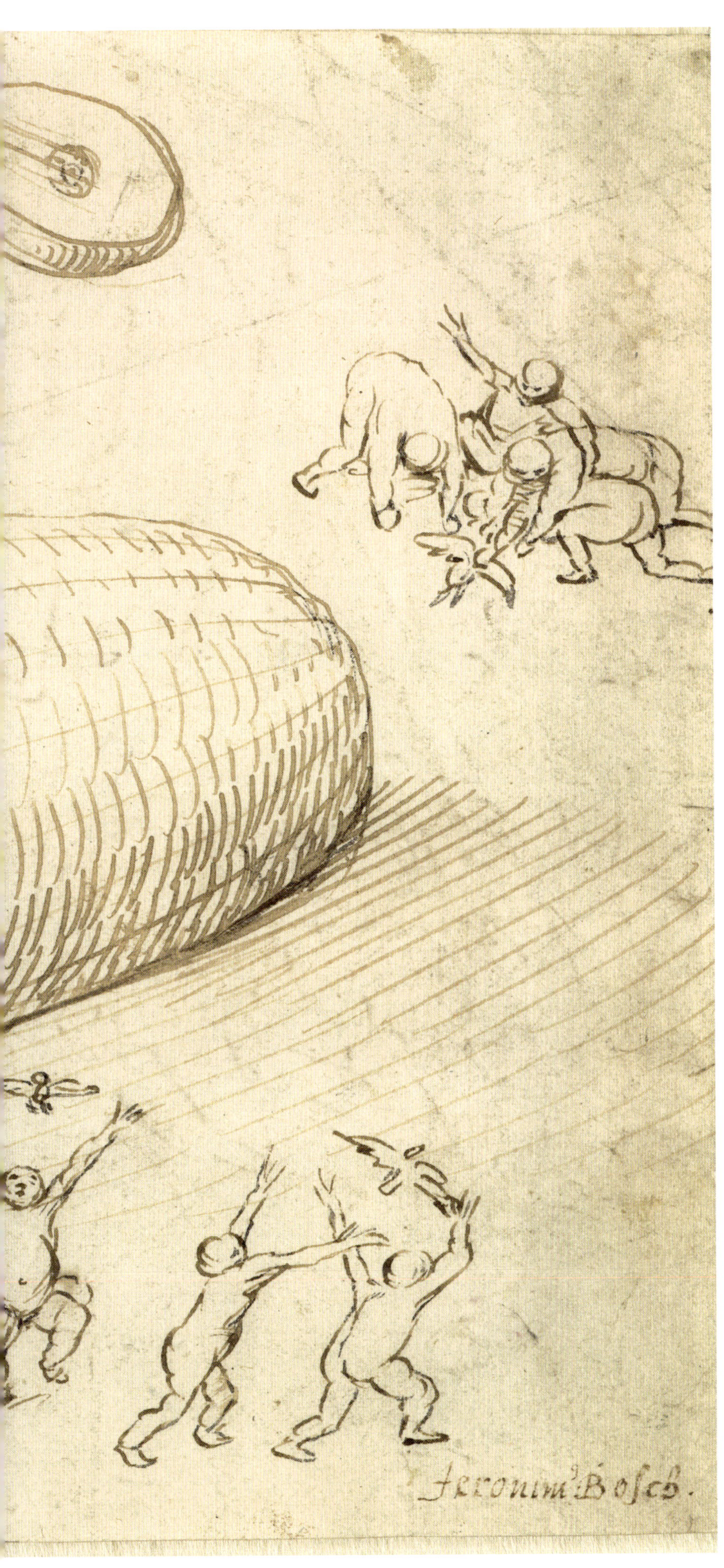

47 · Hieronymus Bosch
Drolerien mit Mann im Korb, um 1500–1515

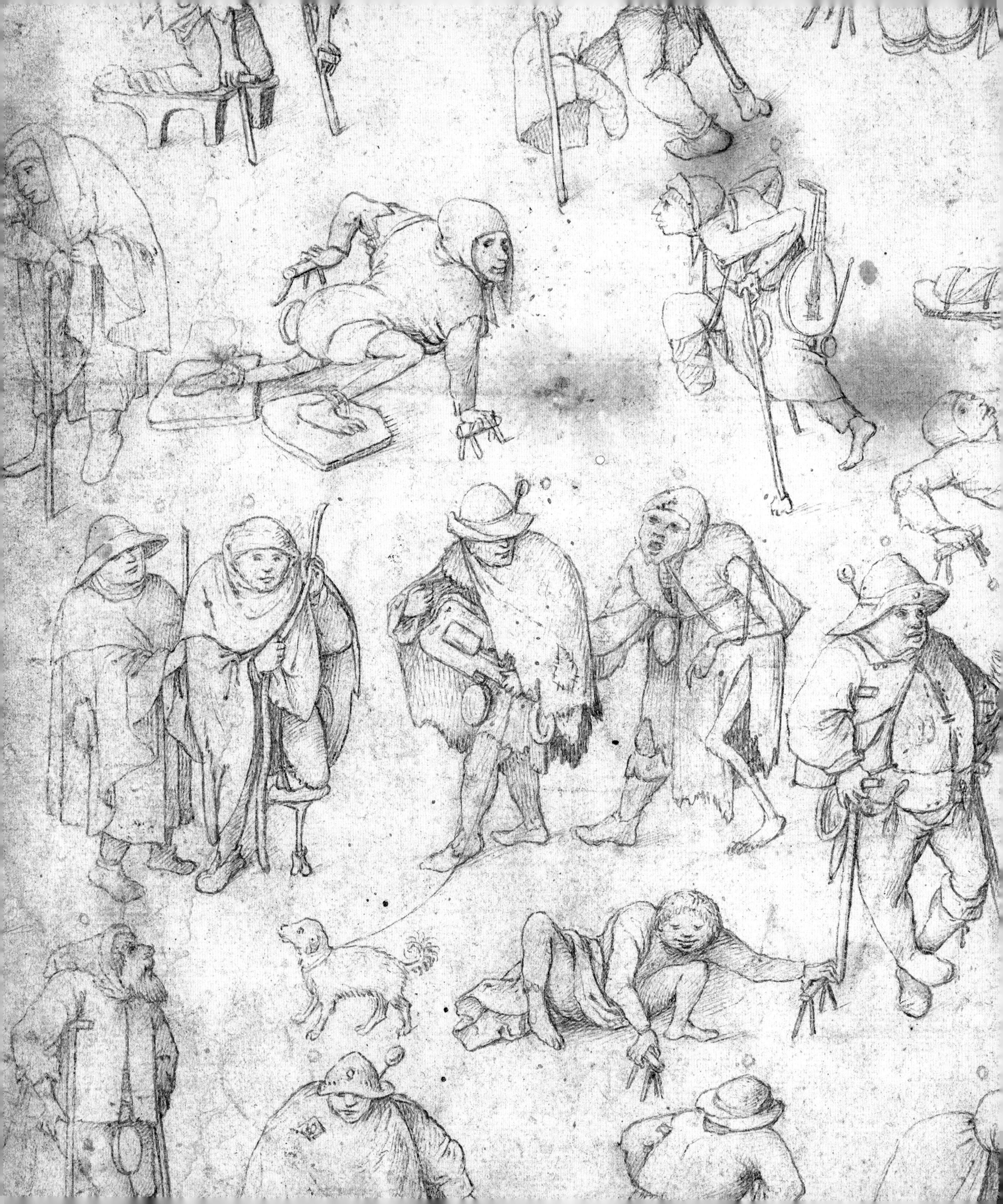

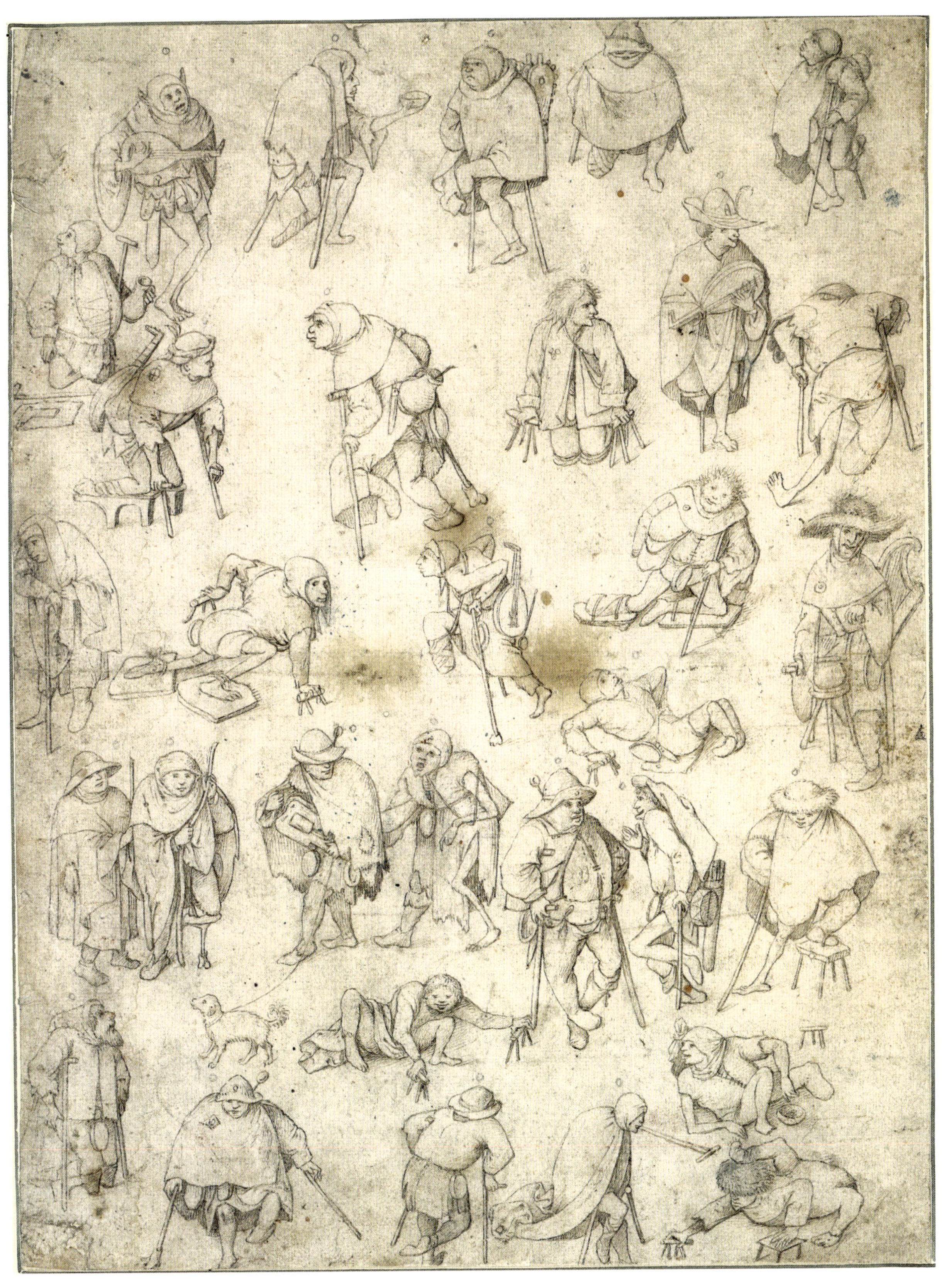

48 · Unbekannter niederländischer Künstler
Musterblatt mit Bettlern, um 1540

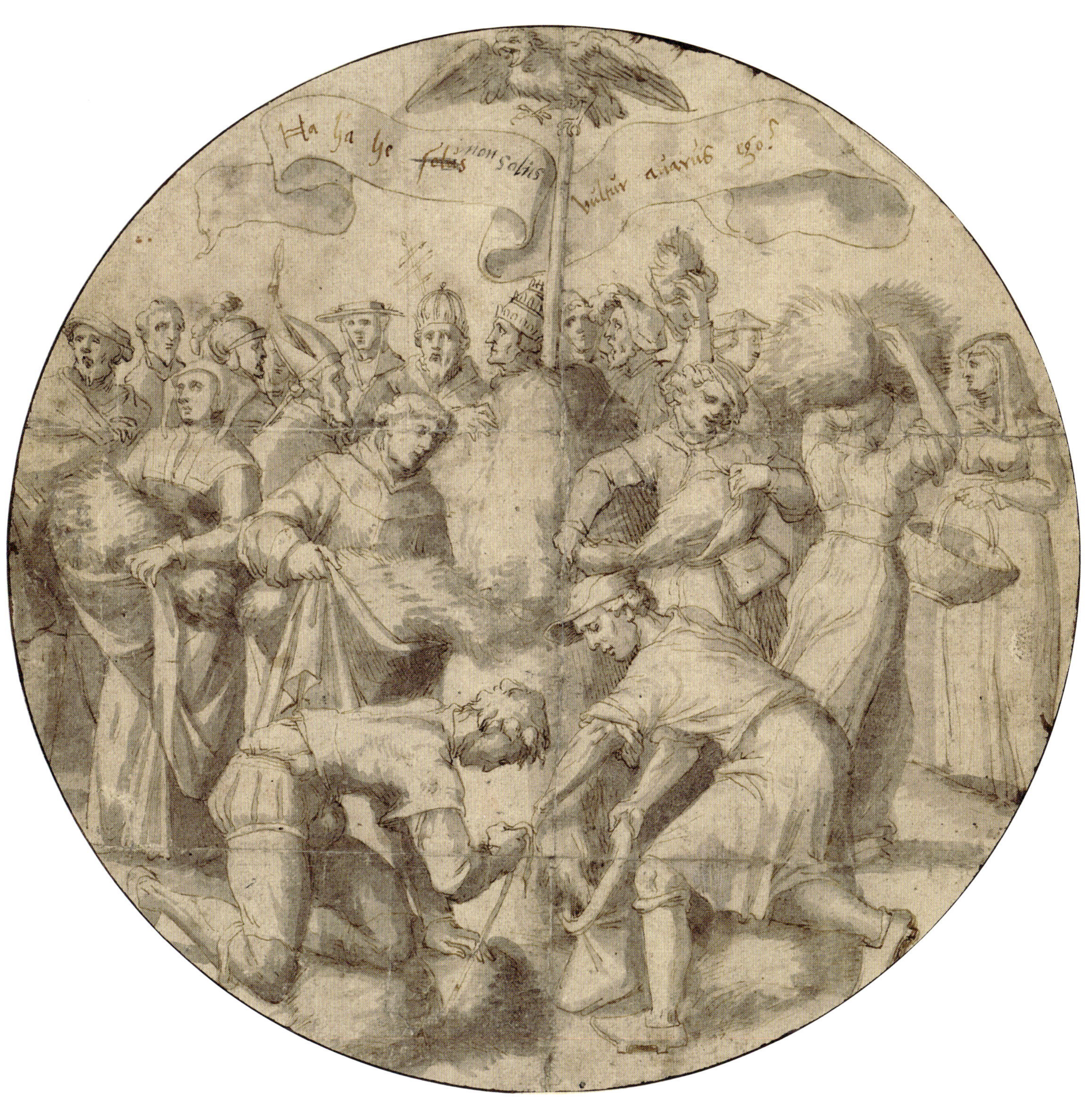

49 · Unbekannter niederländischer Künstler
Allegorie der Gier, um 1550

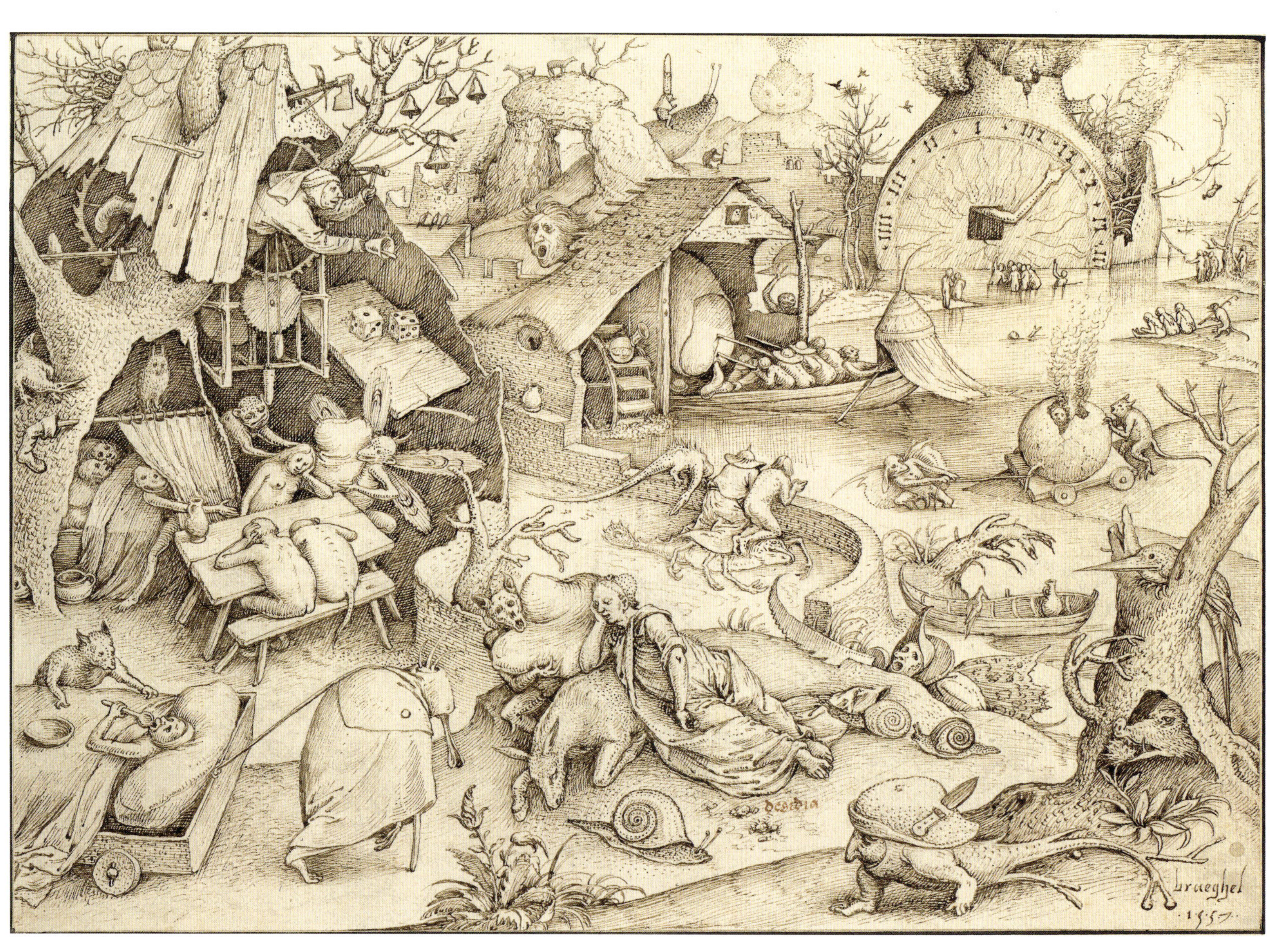

50 · Pieter Bruegel d. Ä.
Desidia (Die Trägheit), 1557

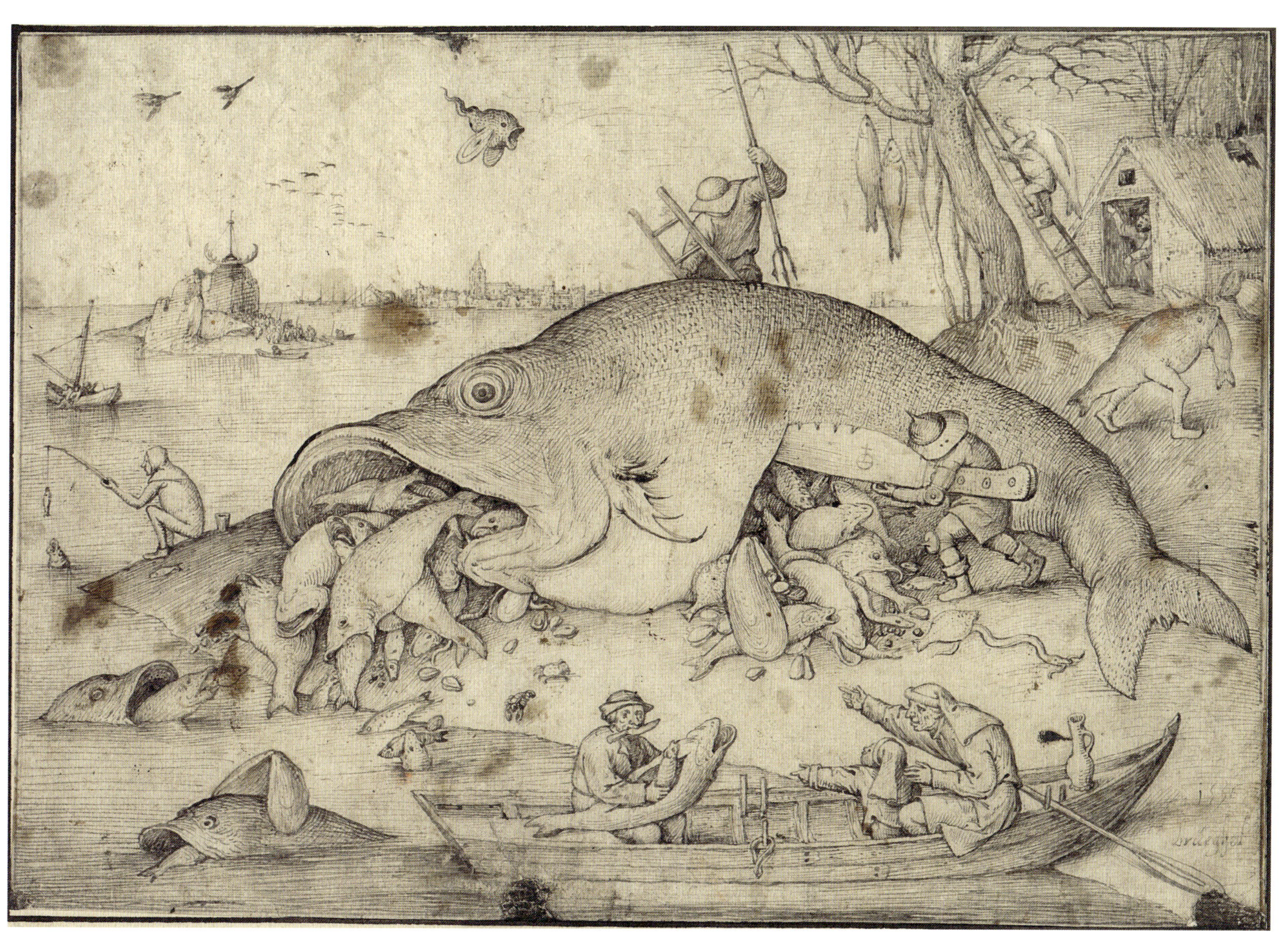

51 · Pieter Bruegel d. Ä.
Die großen Fische fressen die kleinen, 1556

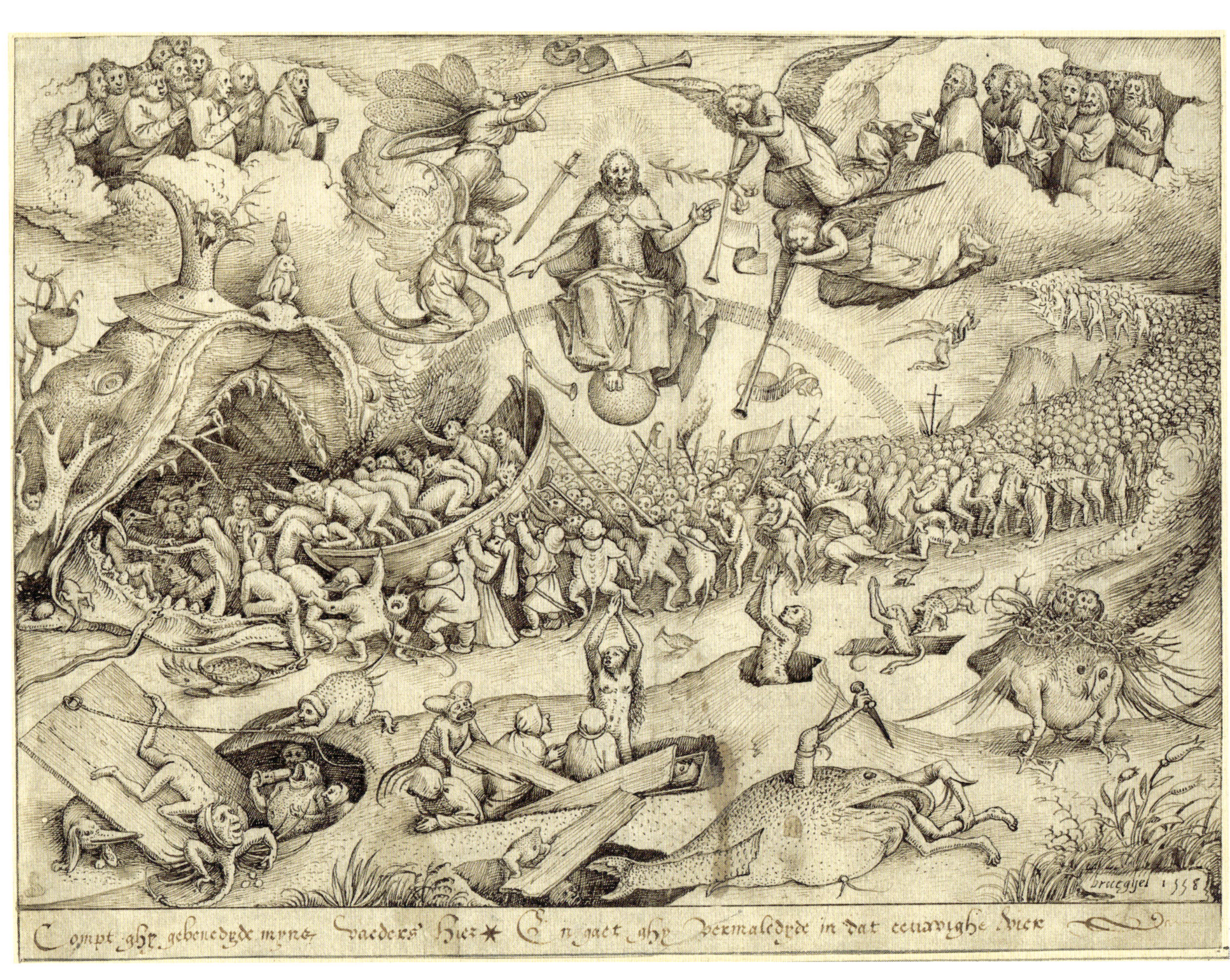

52 · Pieter Bruegel d. Ä.
Das Jüngste Gericht, 1558

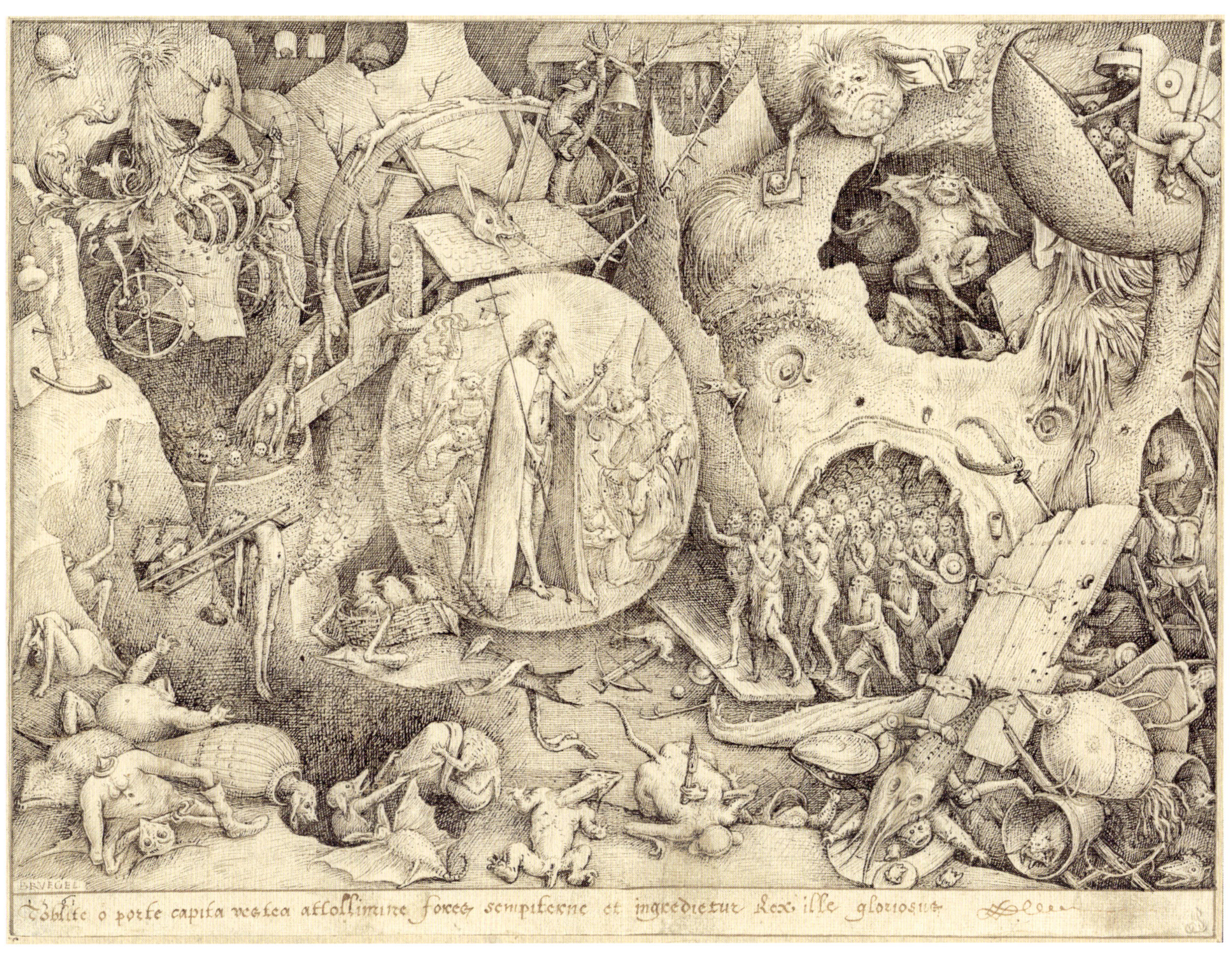

53 · Pieter Bruegel d. Ä.
Christus im Limbus, 1561

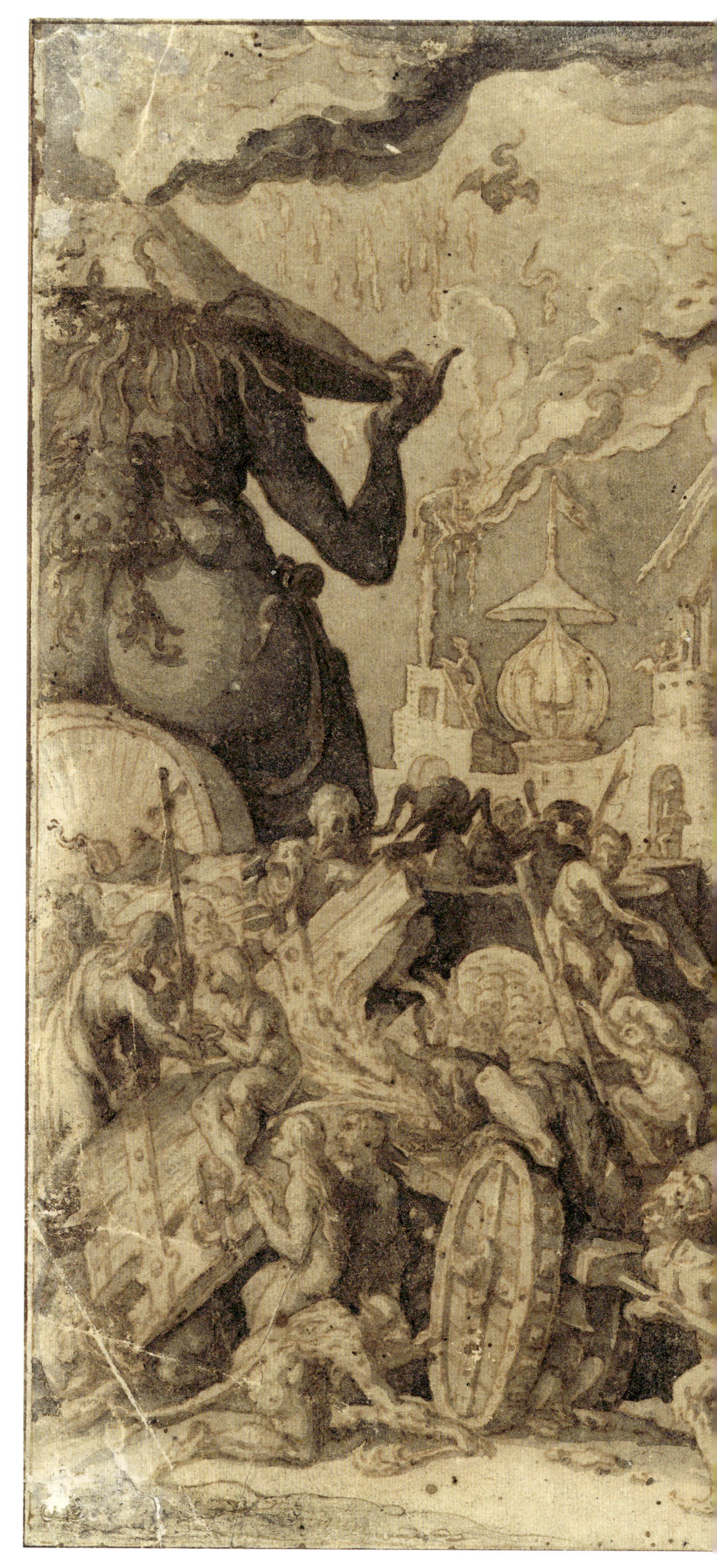

54 · Jacques de Gheyn II.
Christus im Limbus, um 1600

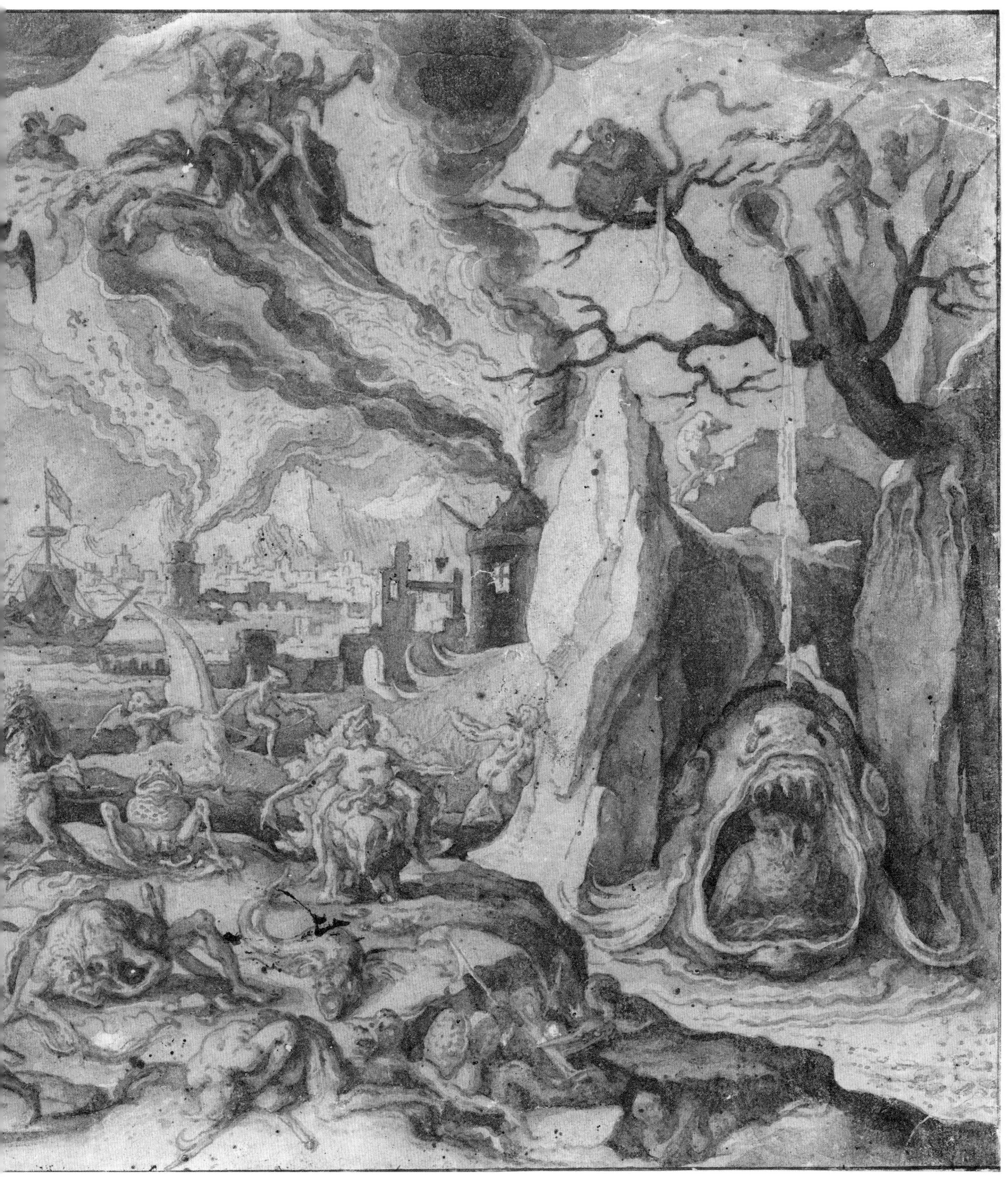

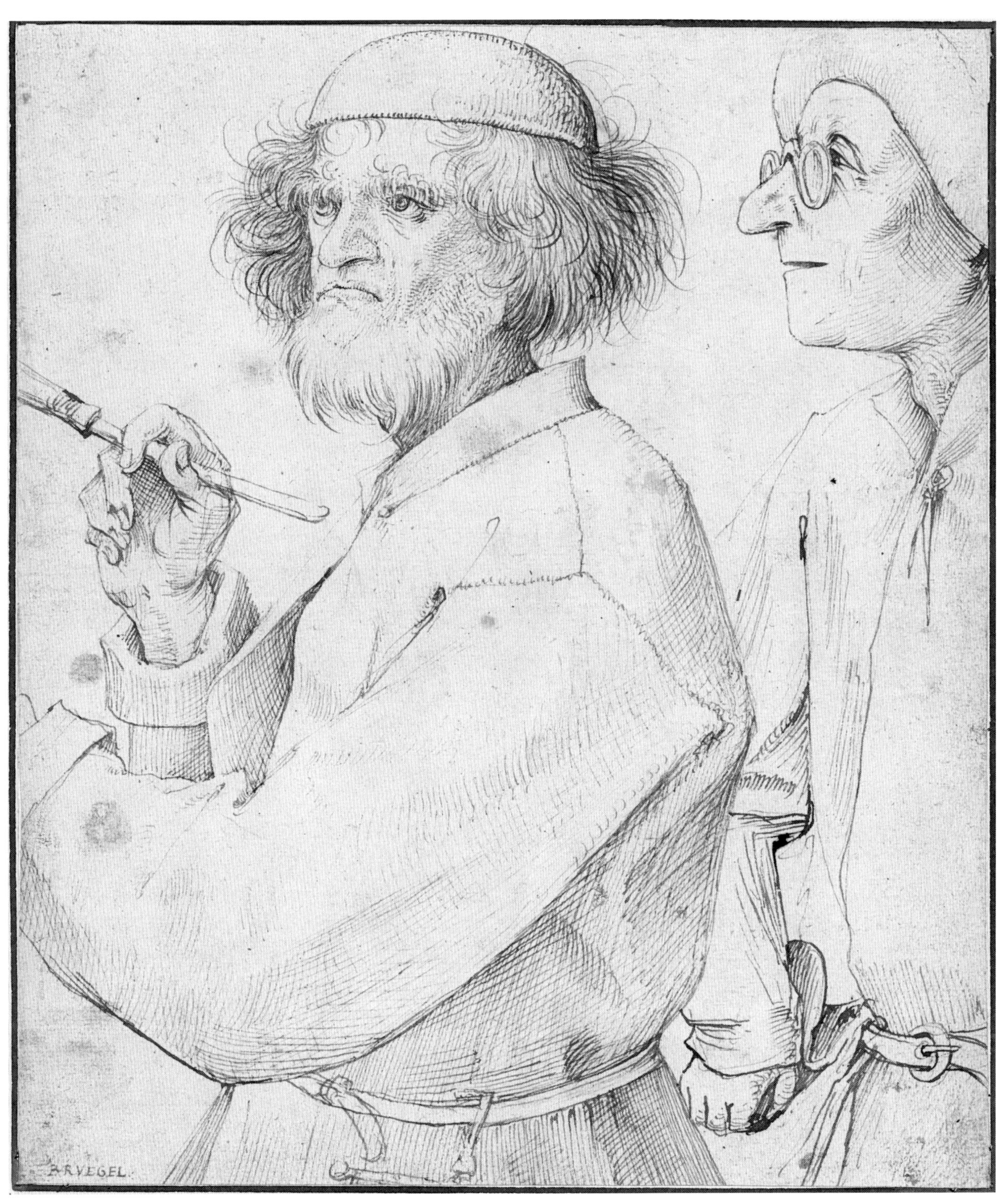

55 · Pieter Bruegel d. Ä.
Maler und Käufer, um 1566

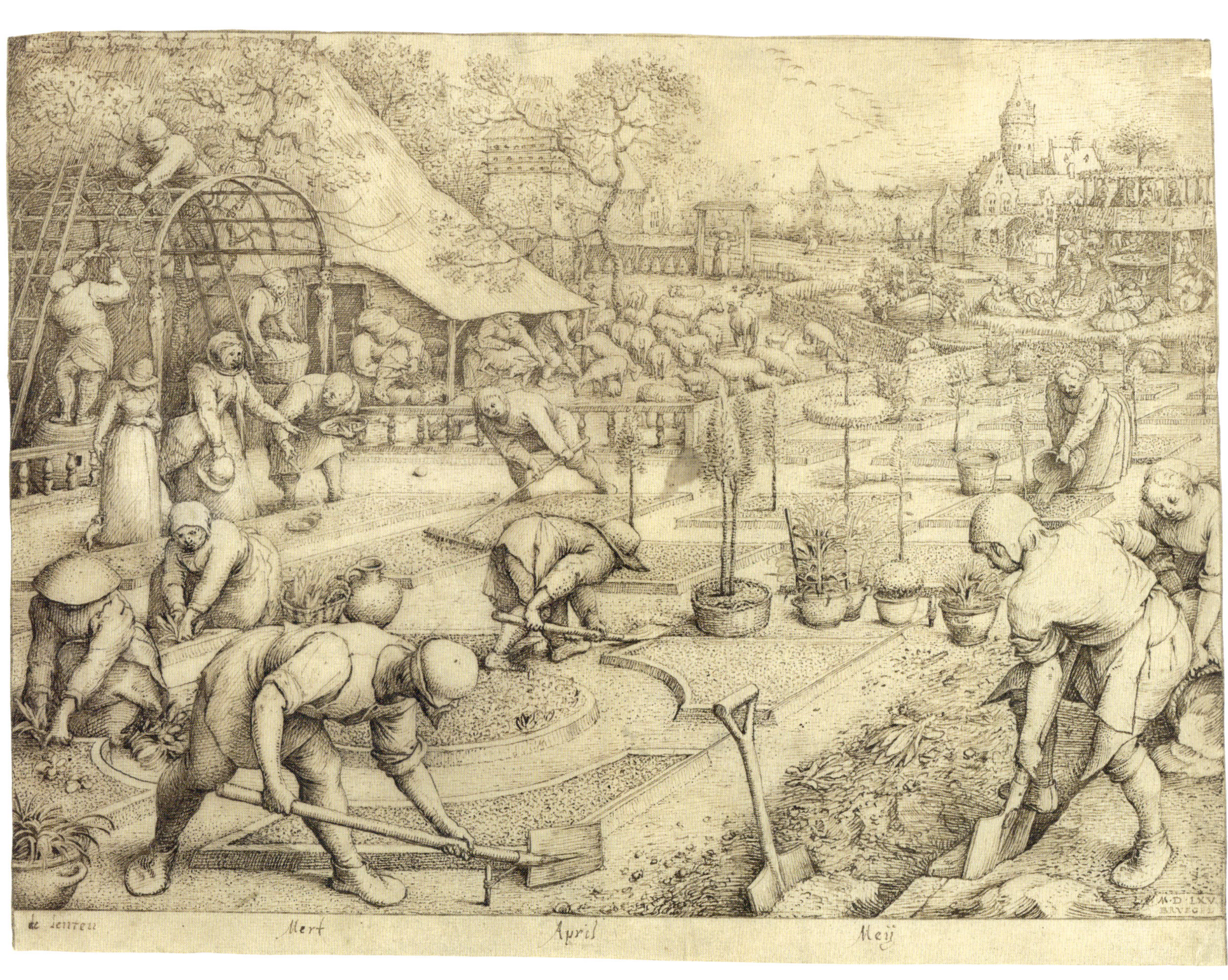

56 · Pieter Bruegel d. Ä.
Der Frühling, 1565

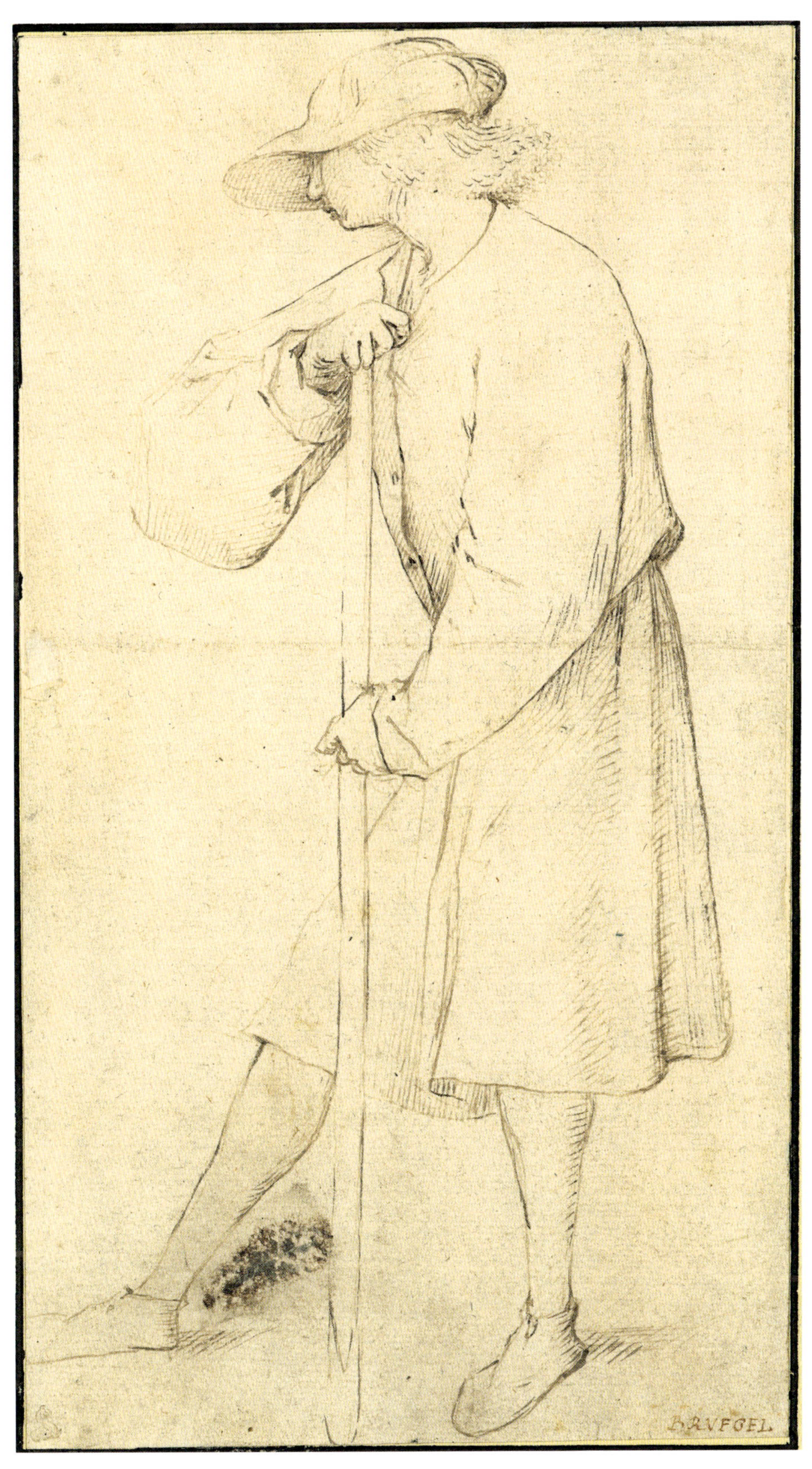

57 · Nach Pieter Bruegel d. Ä.
Der Hirte, nach 1565

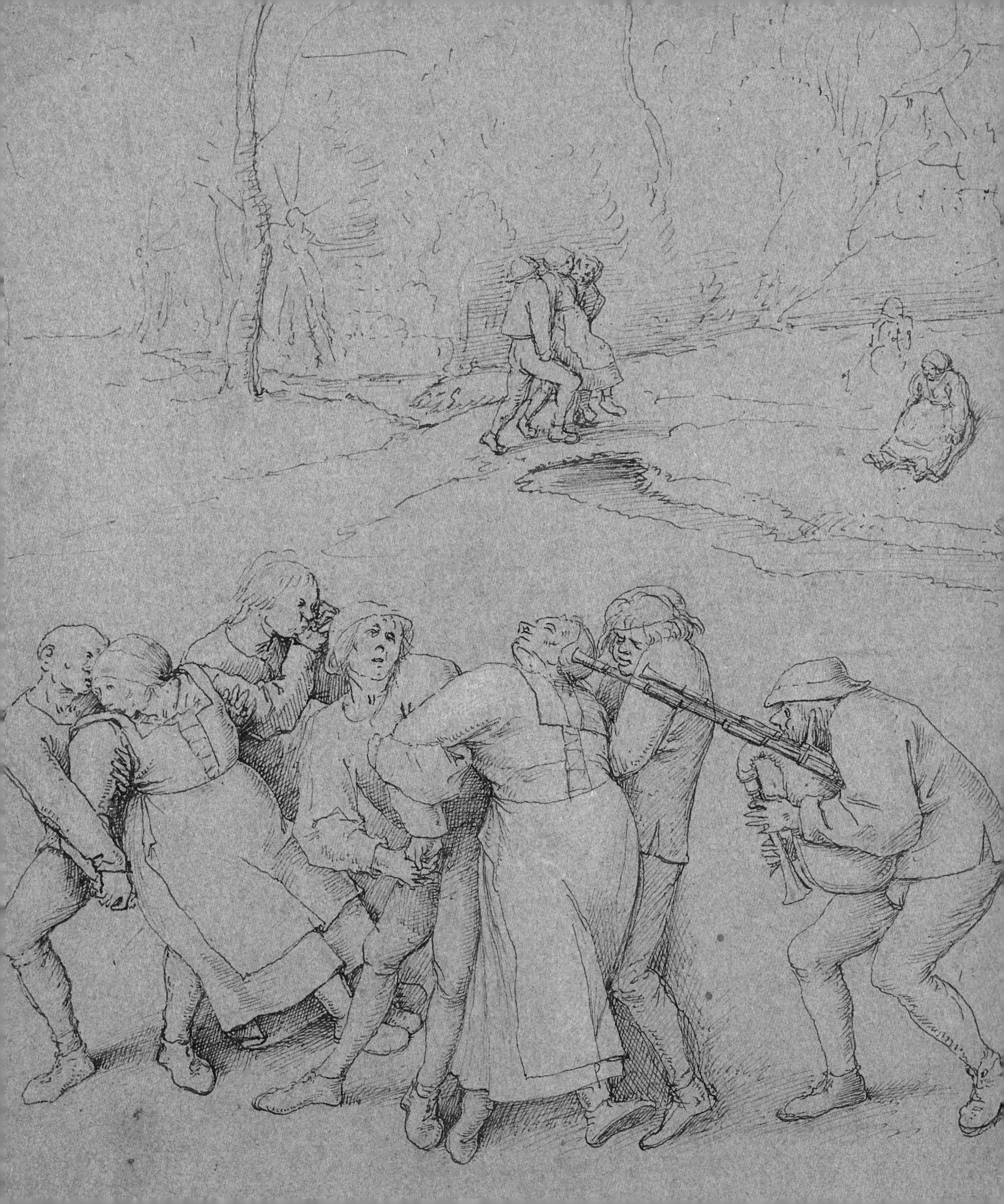

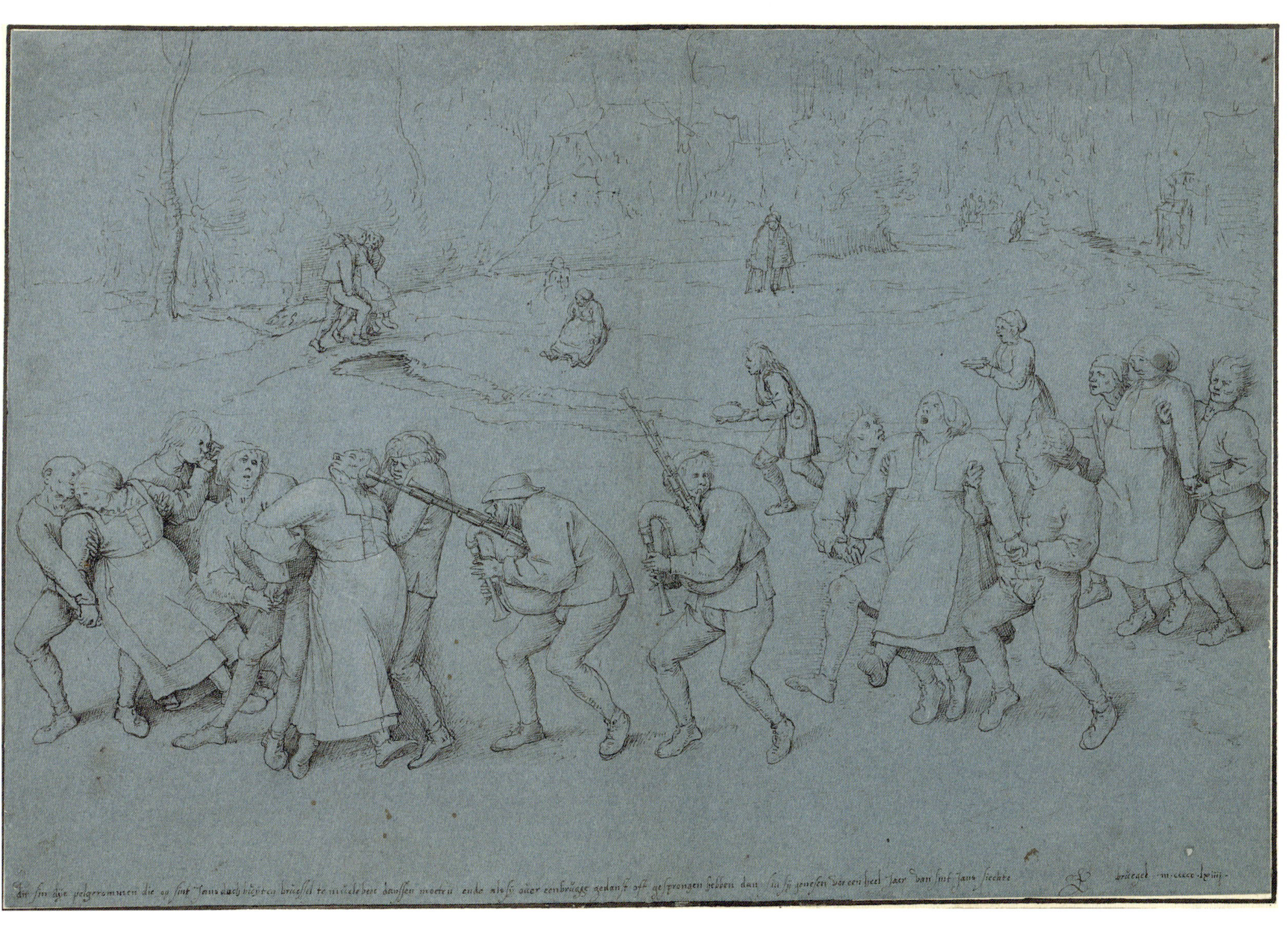

58 · Nach Pieter Bruegel d. Ä.
Die Epileptikerinnen von Molenbeek, nach 1564

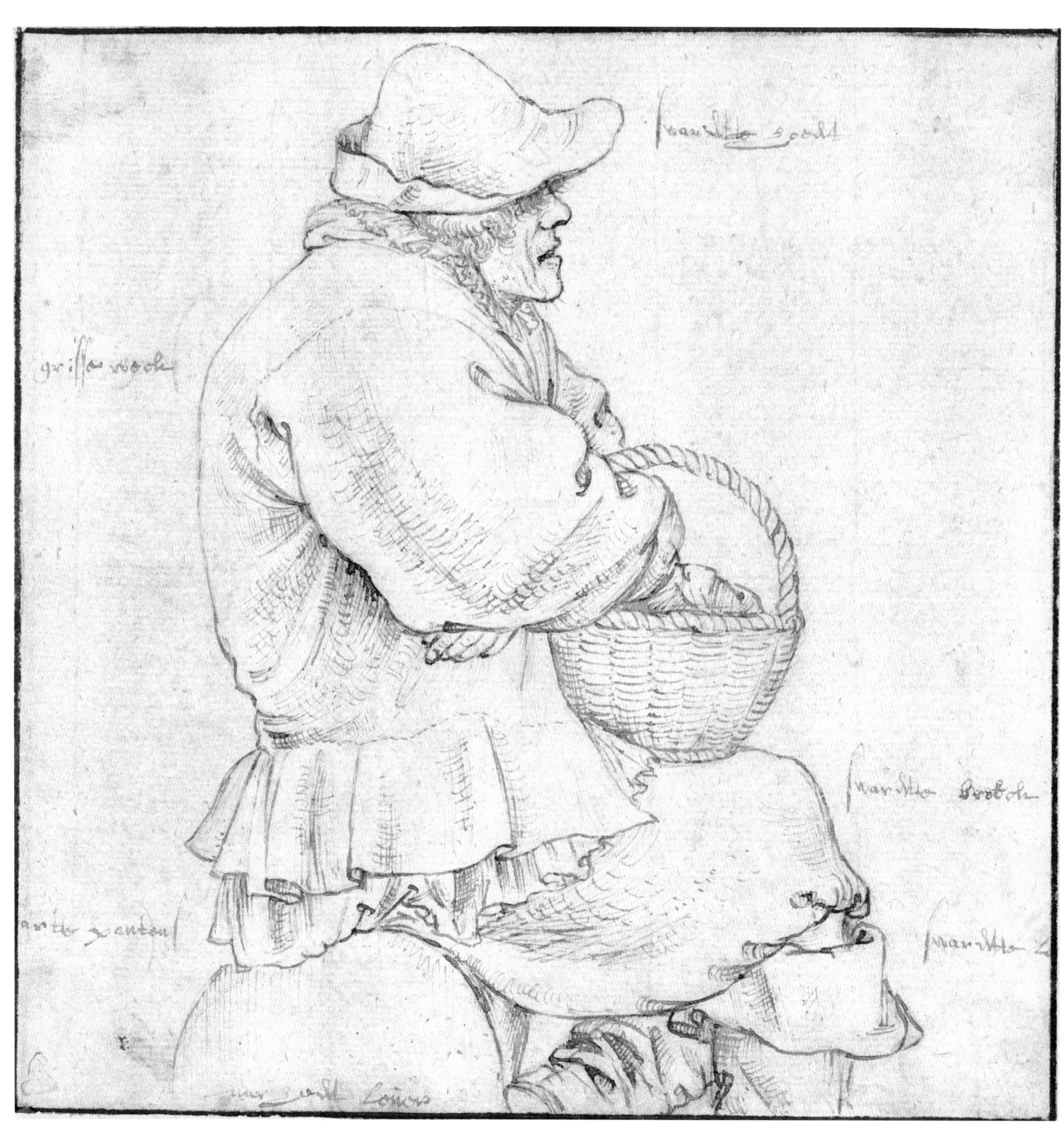

59 · Roelant Savery
Sitzender Marktbauer, um 1603

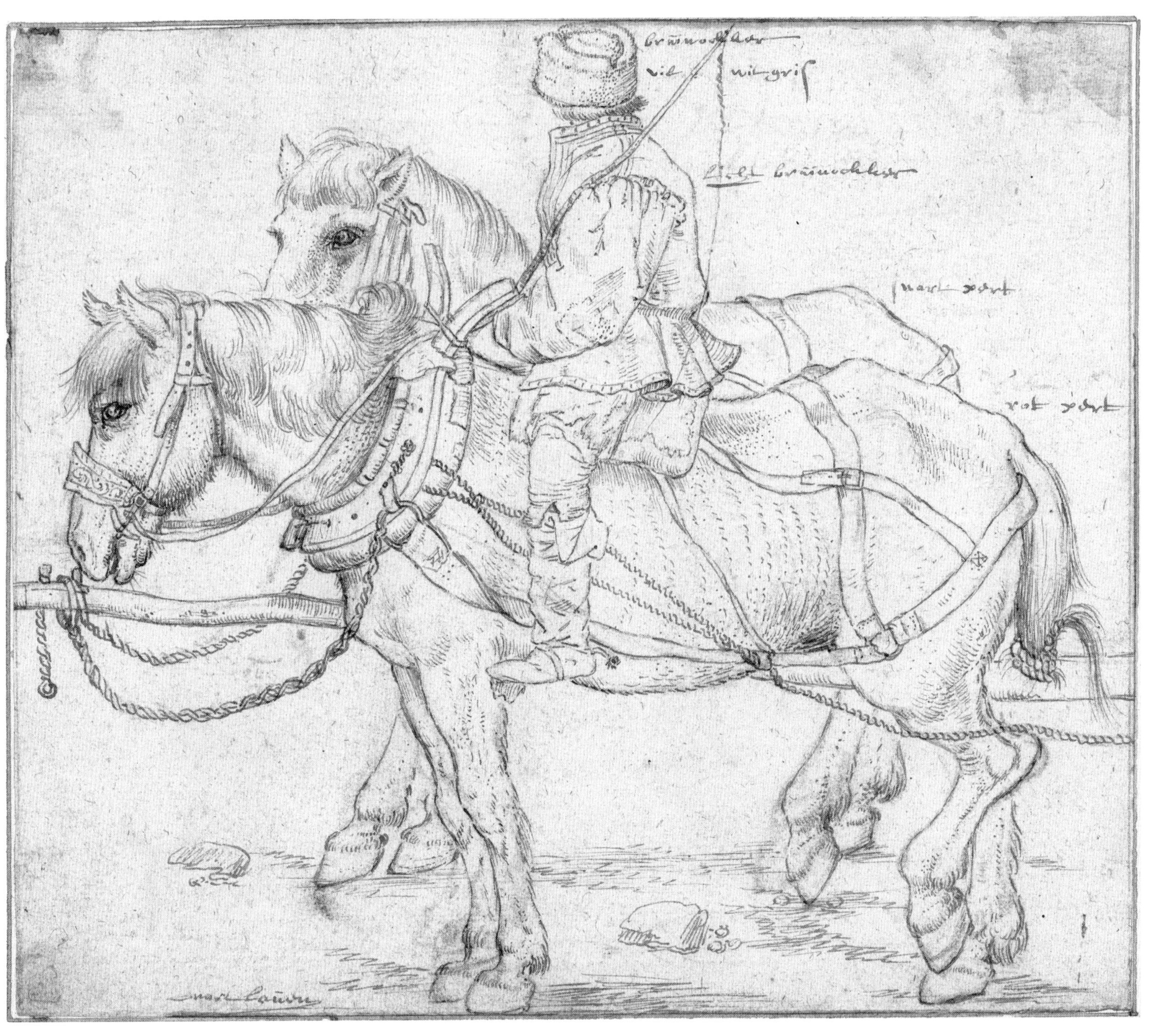

60 · Roelant Savery
Das Gespann, um 1603

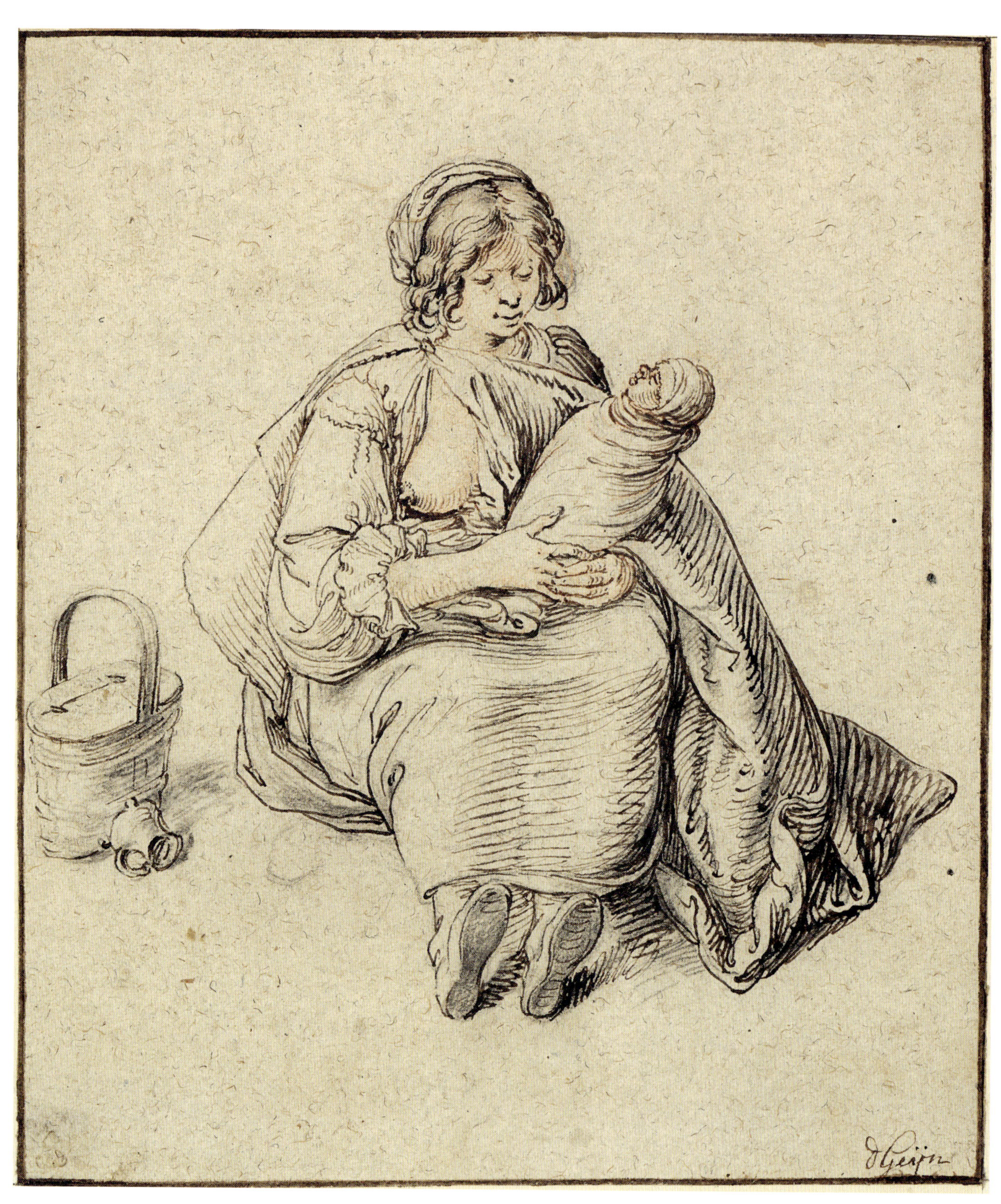

61 · Jacques de Gheyn II.
Sitzende Frau mit ihrem Kind, nach 1600

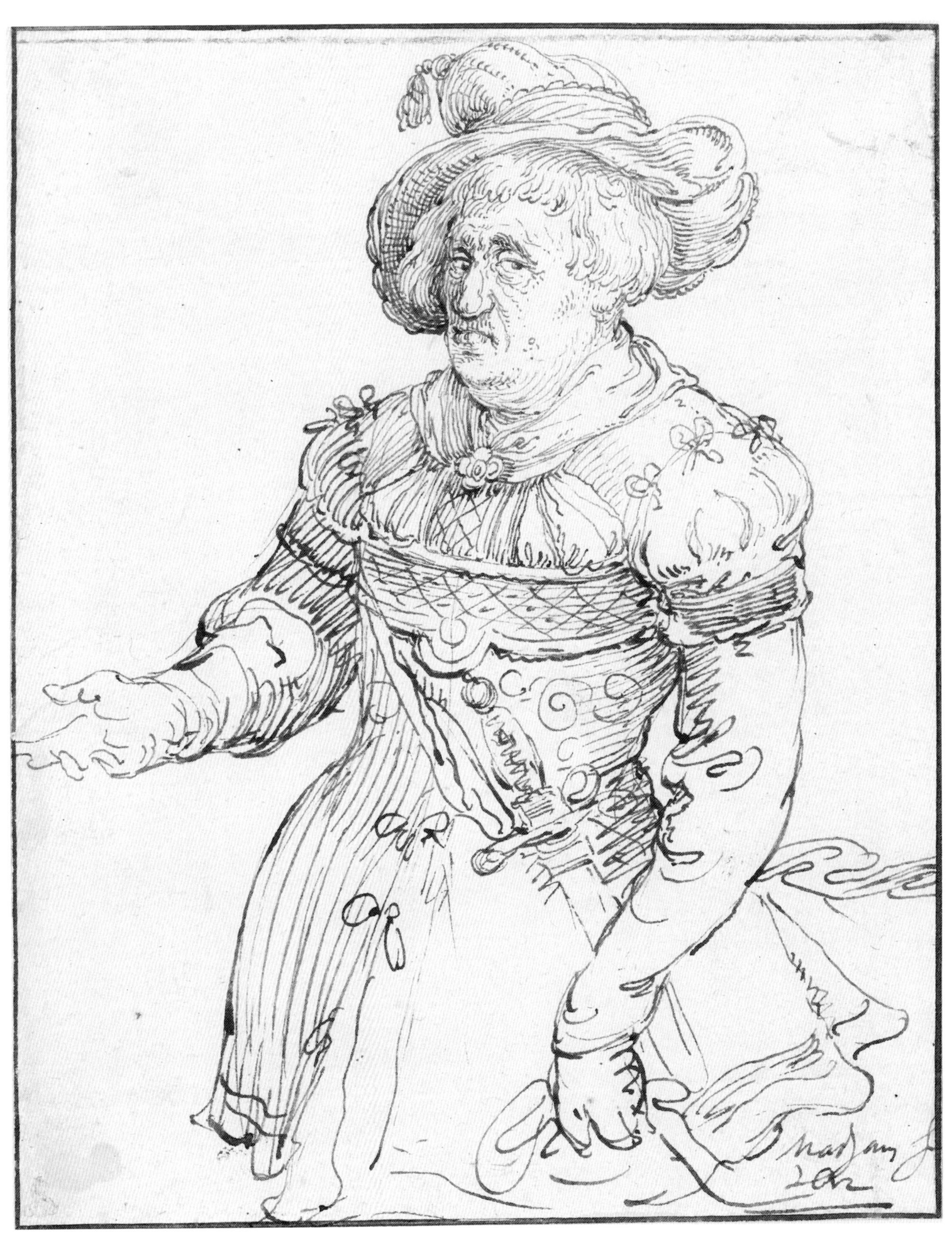

62 · Jacob Matham
Mann in fantastischer Tracht, 1612 (?)

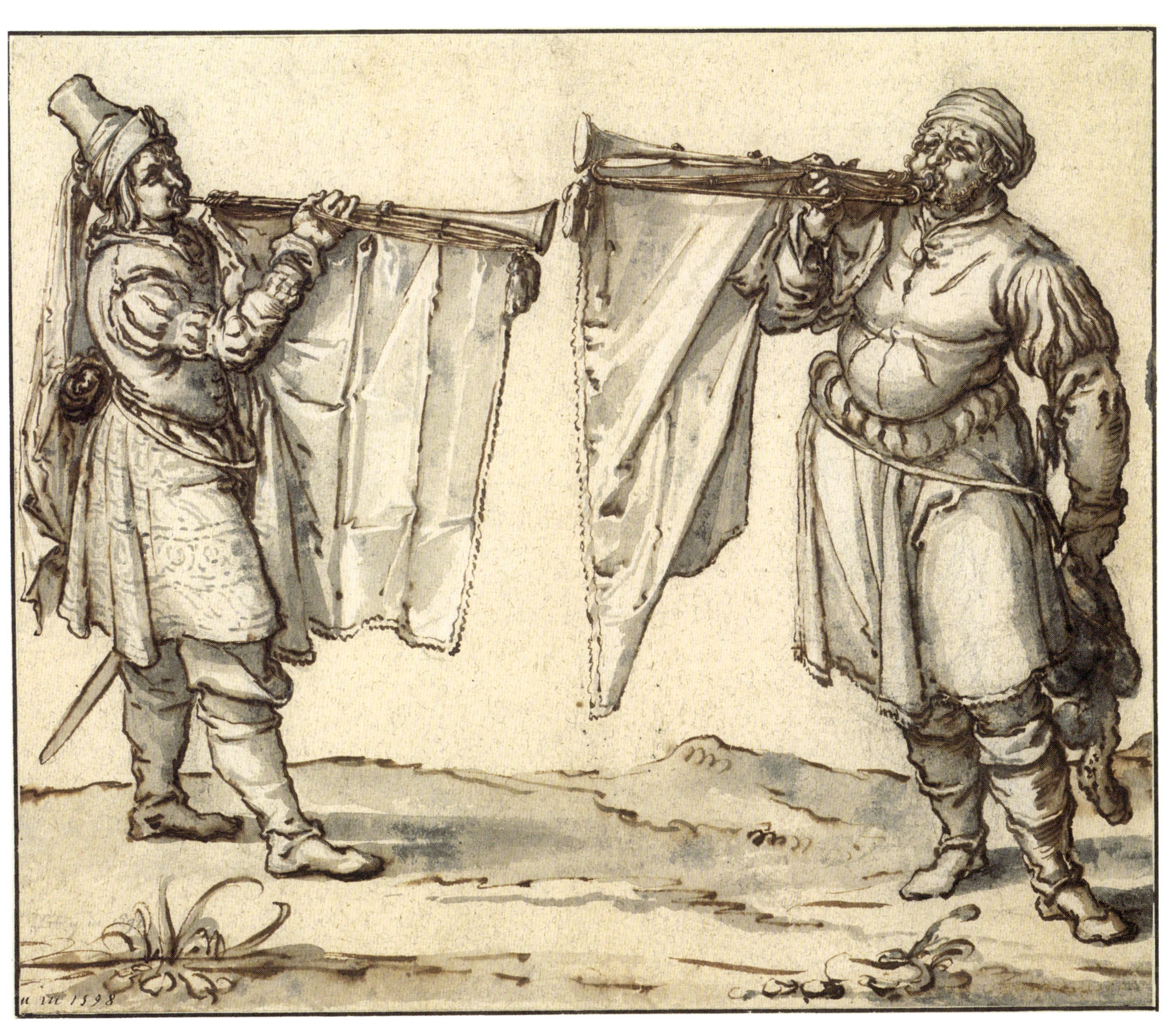

63 · Jacques de Gheyn II.
Zwei Trompeter in historischem Kostüm, 1598

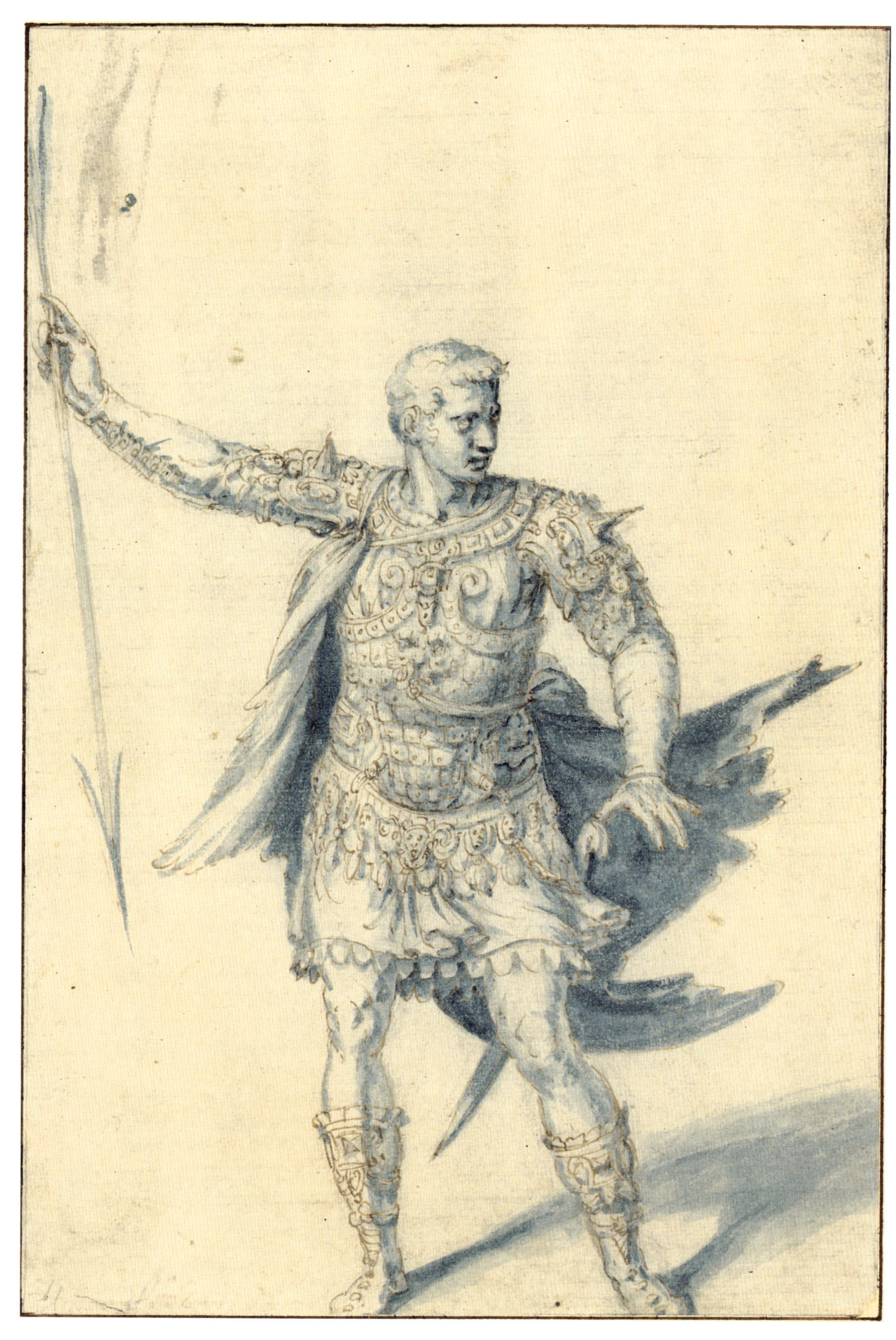

64 · Unbekannter niederländischer Künstler
Jugendlicher Krieger in römischer Tracht, um 1570

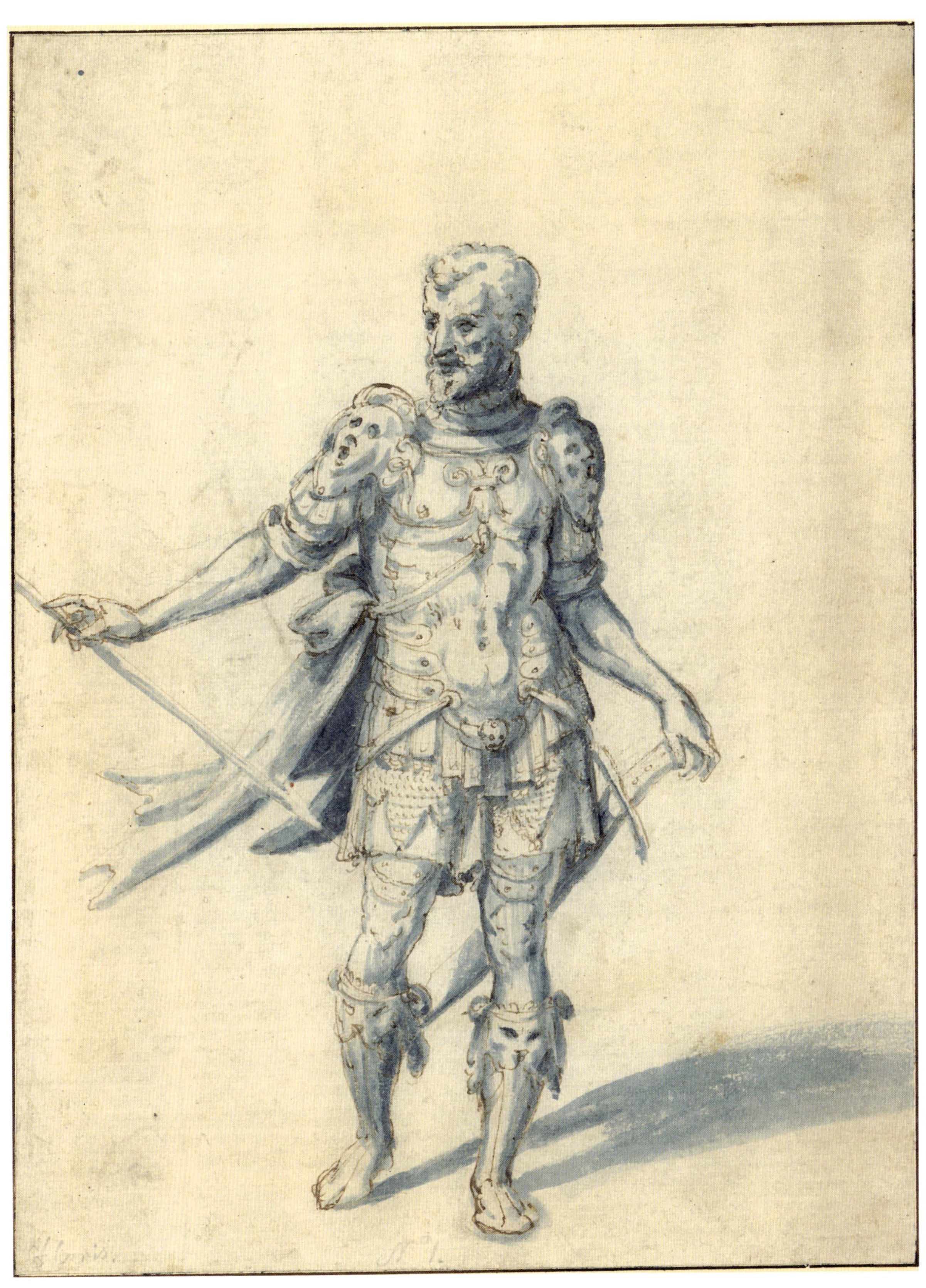

65 · Unbekannter niederländischer Künstler
Bärtiger Krieger in römischer Tracht, um 1570

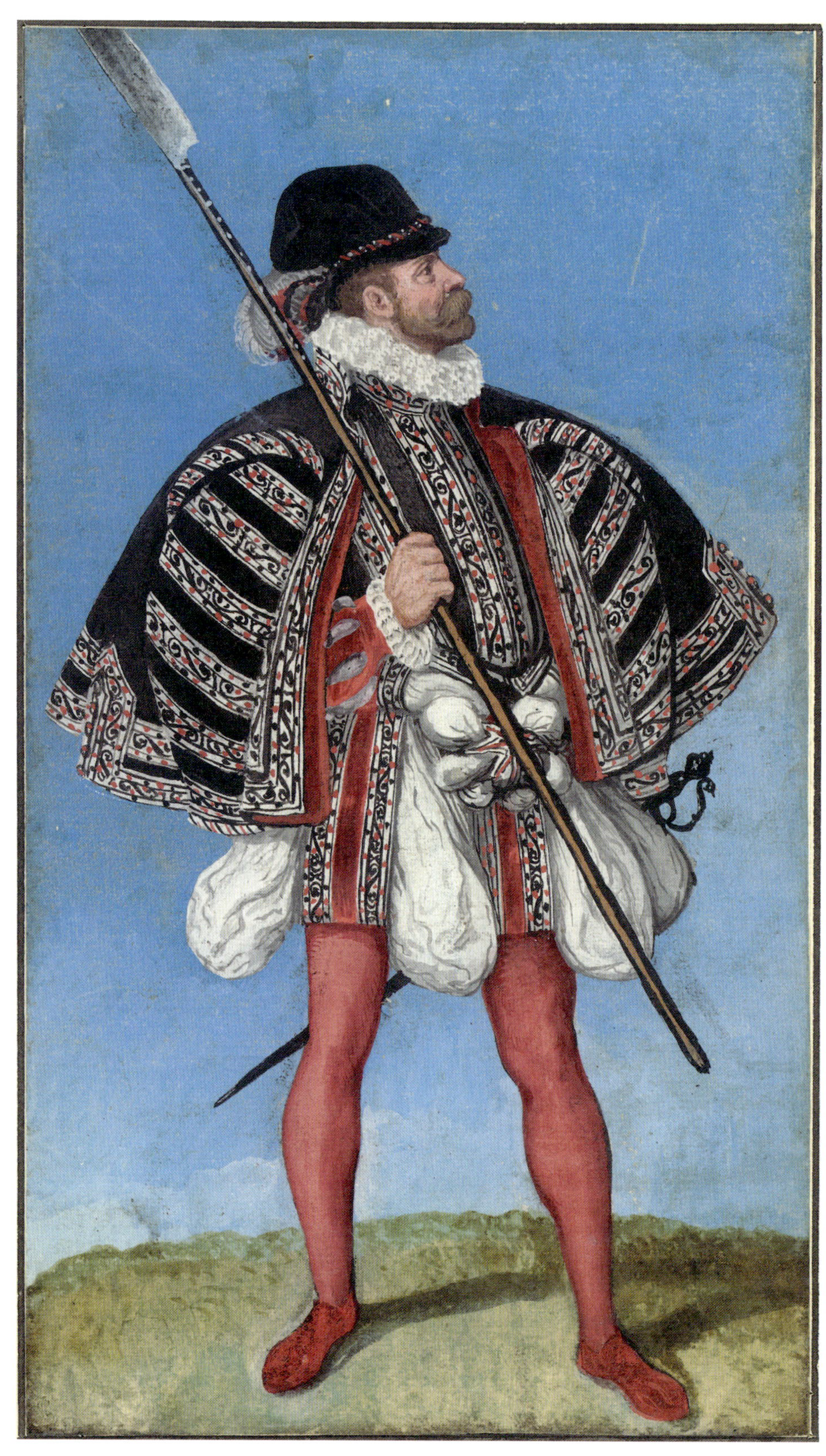

66 · Lucas van Valckenborch
Hartschier mit Kuse, 1578/79

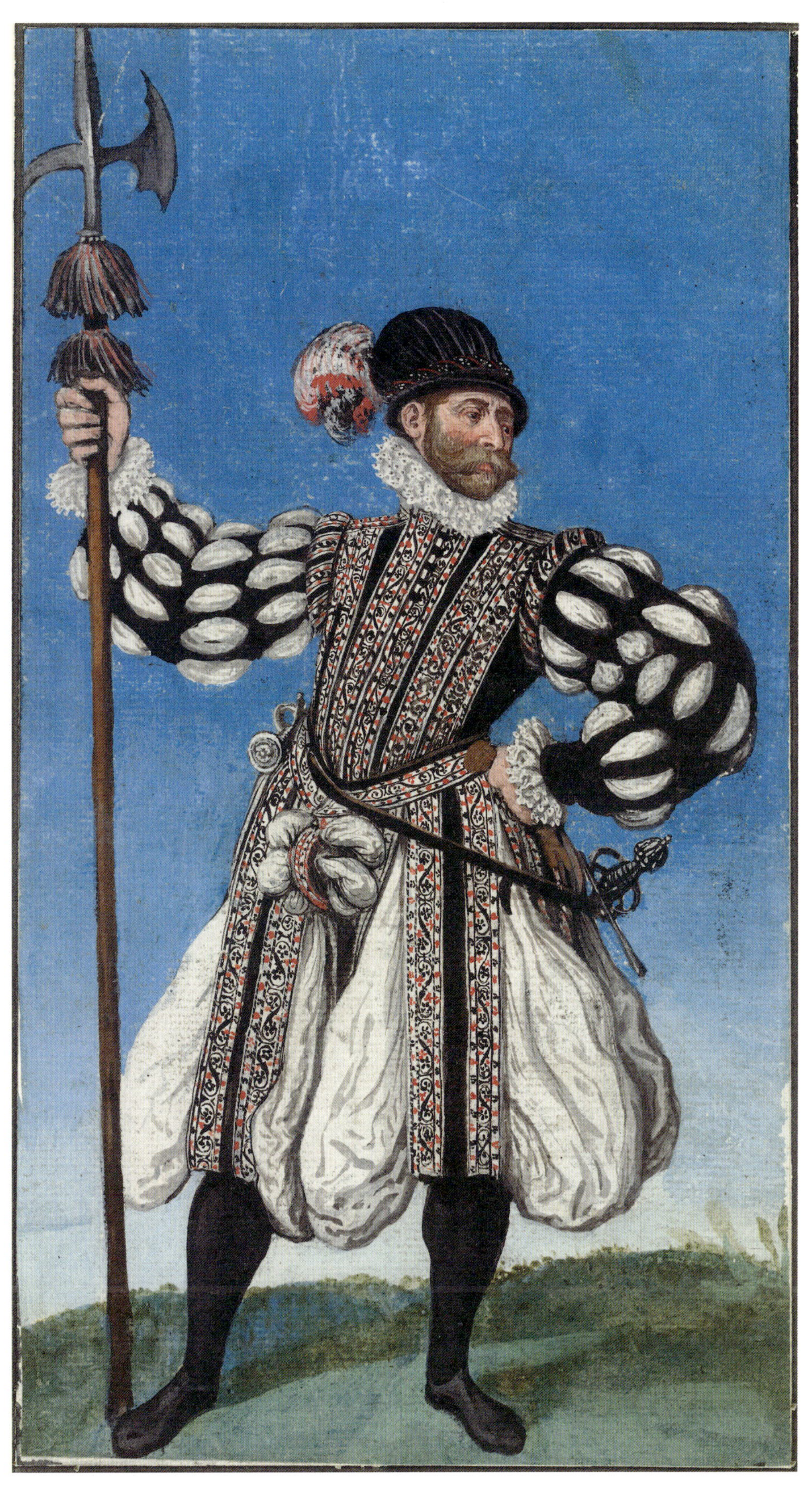

67 · Lucas van Valckenborch
Trabant mit kurzem Bart, 1578/79

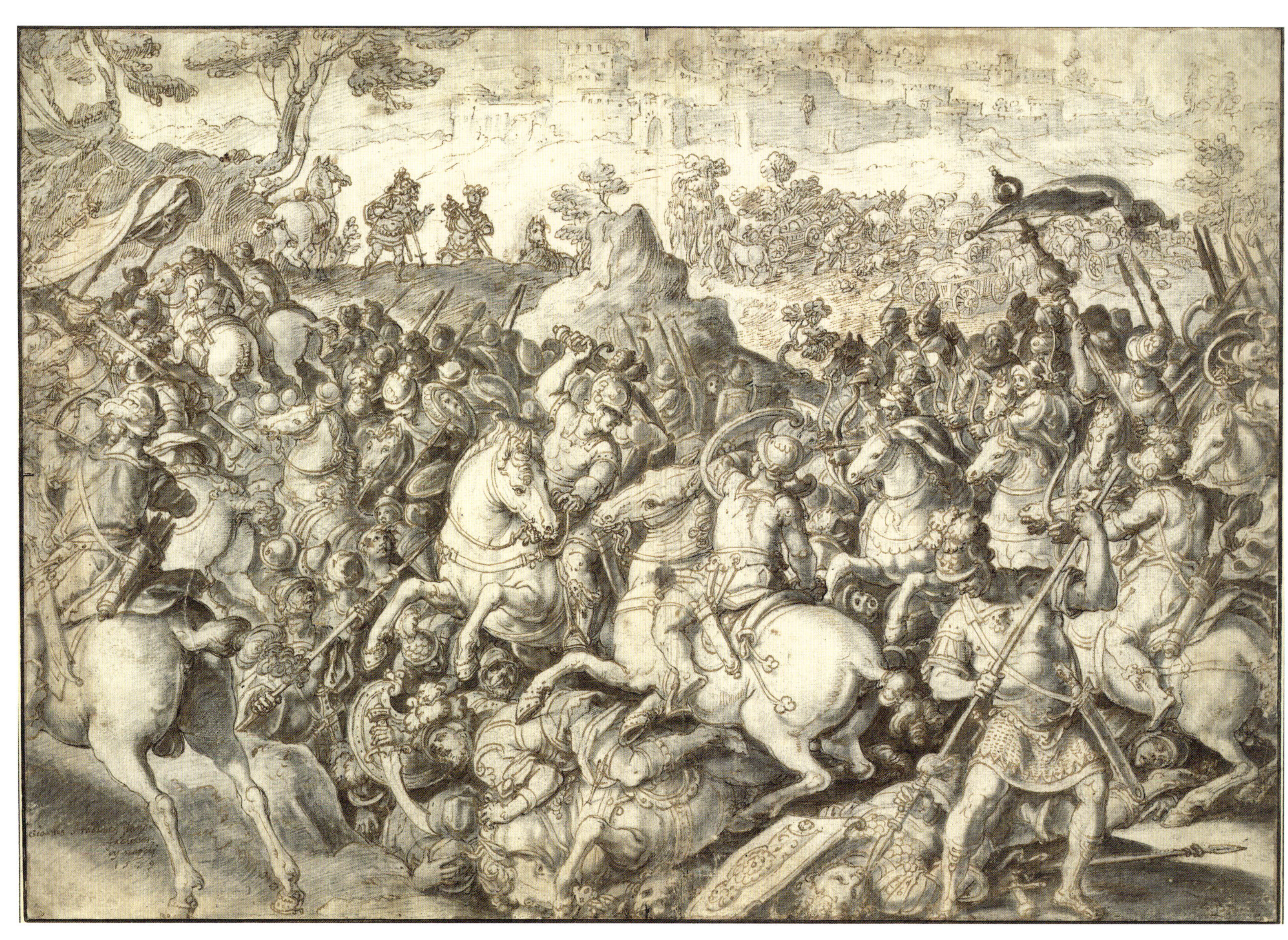

68 · Jan van der Straet
Sauls Niederlage gegen die Philister, 1579

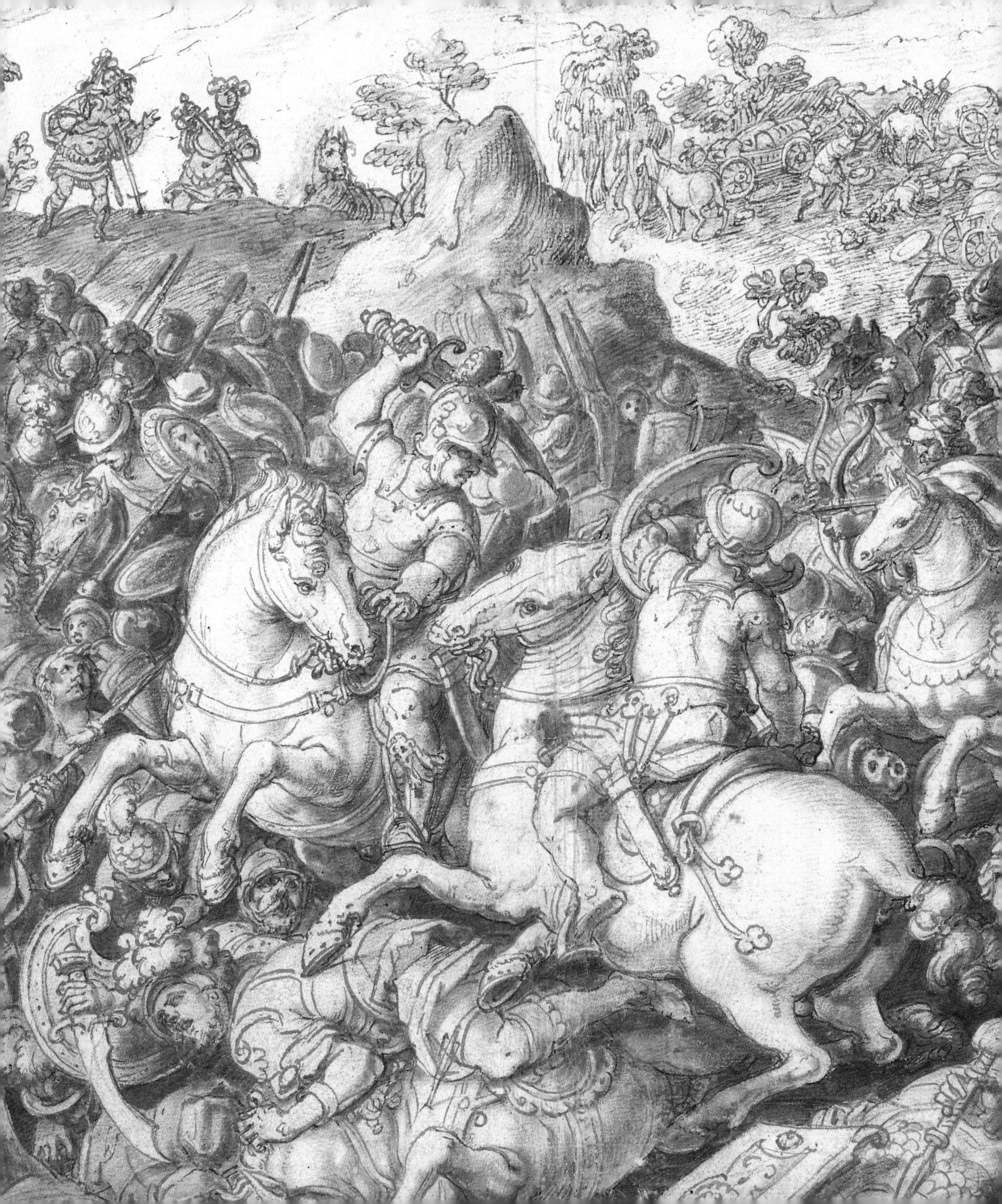

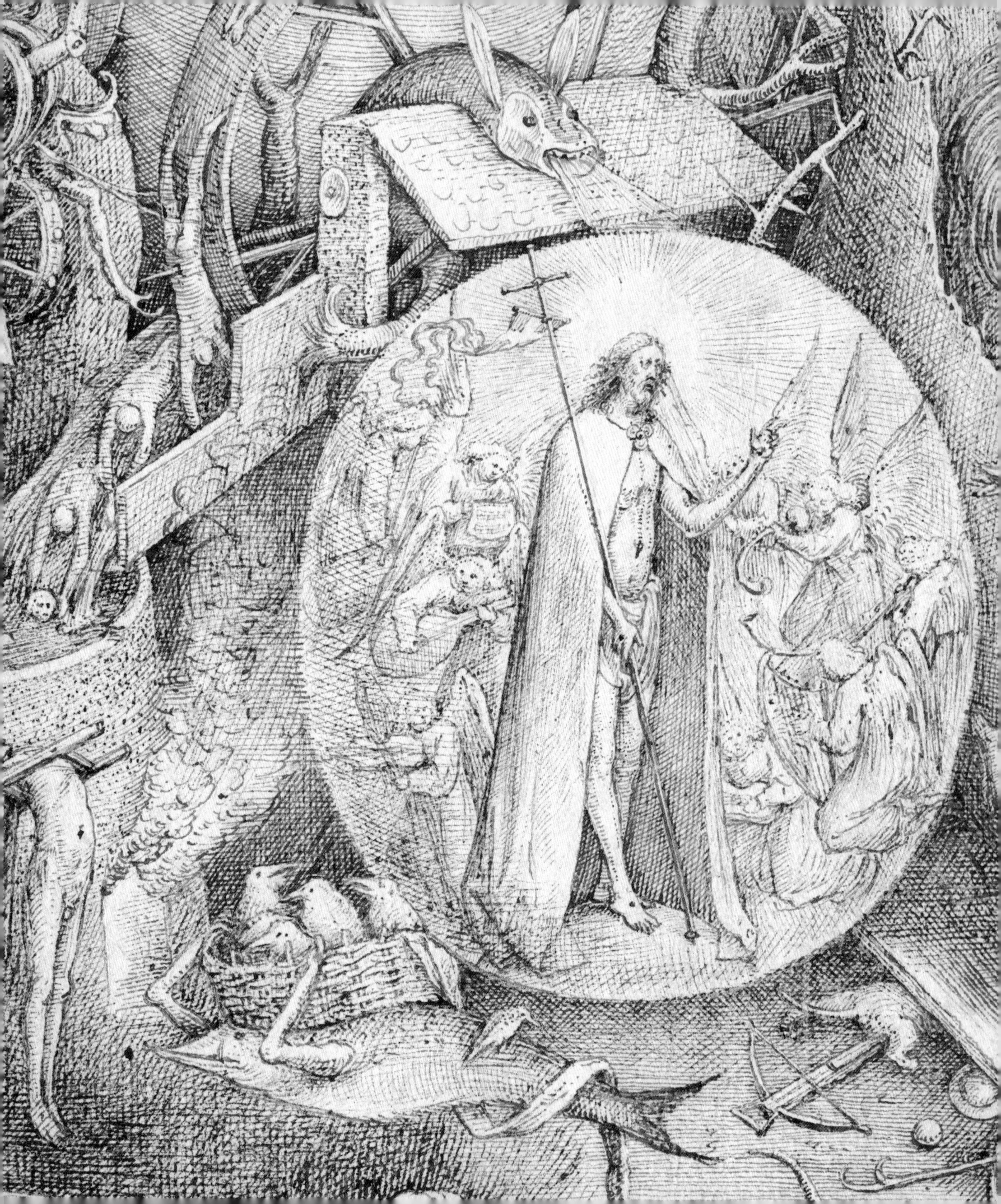

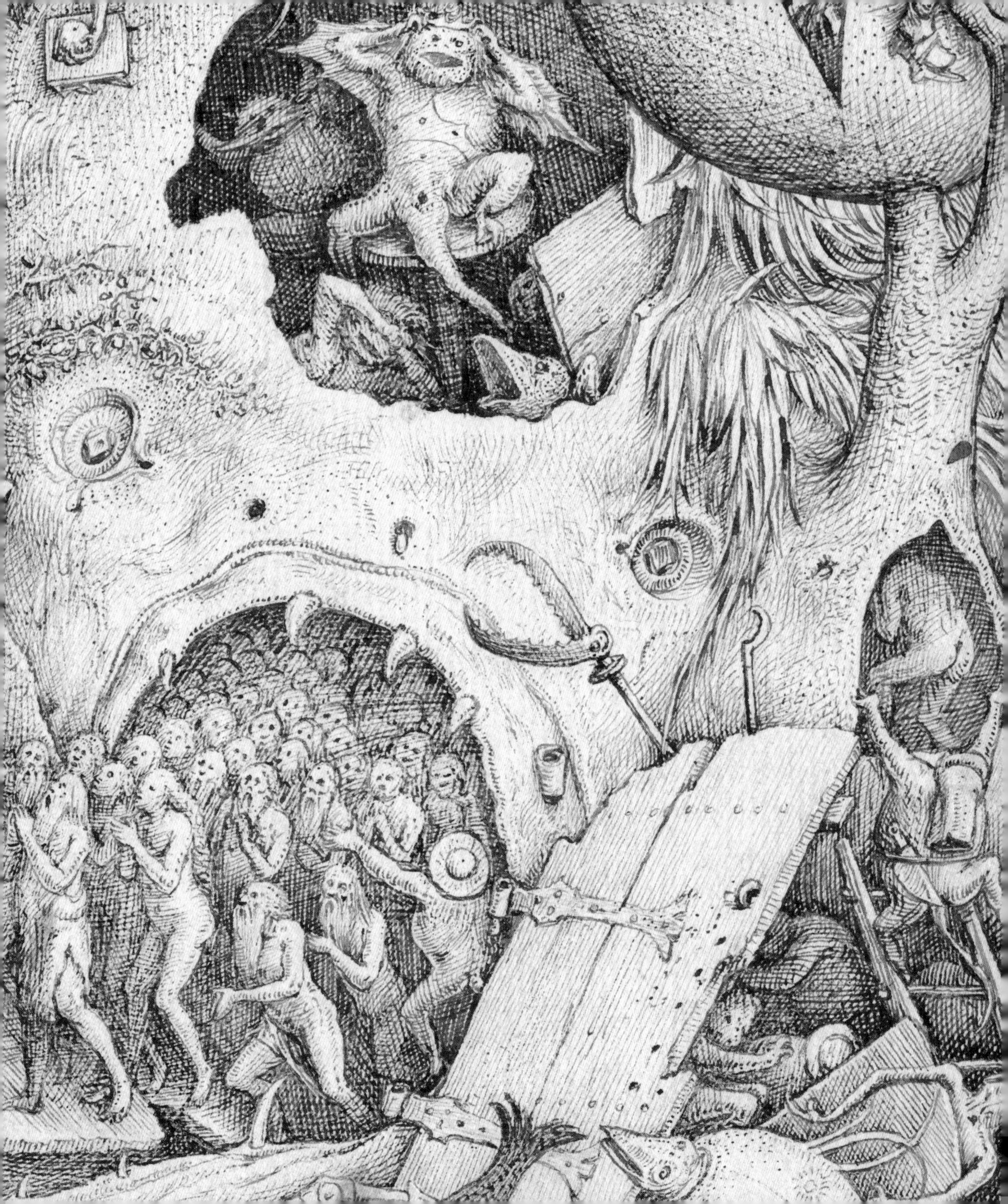

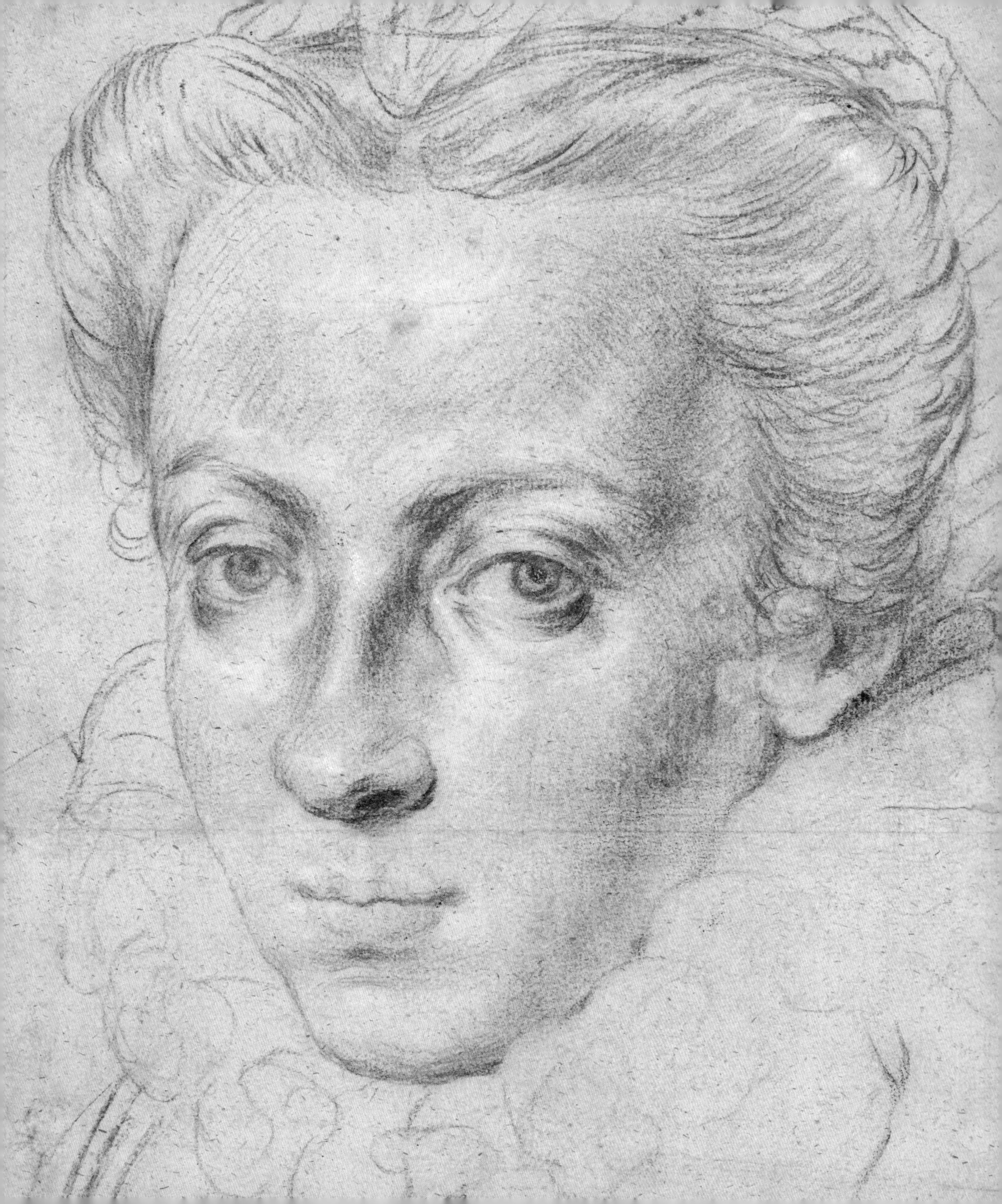

Thinking inside the Box

Zeichenkunst und Bilddebatte im 16. Jahrhundert

Koenraad Jonckheere

Es mag sonderbar anmuten, einen Beitrag über die Zeichenkunst in den Niederlanden des 16. Jahrhunderts mit einer Illustration aus dem 20. Jahrhundert einzuleiten, die in einem schmalen französischen Buch abgedruckt ist und von kaum jemandem wirklich als »hohe Kunst« angesehen wird. Und doch ... die Zeichnung einer Pappkiste mit drei Löchern in der ersten Ausgabe von Antoine de Saint-Exupérys (1900–1944) *Der kleine Prinz* sagt vielleicht mehr aus über die Zeichenkunst im 16. Jahrhundert – und die Kunst im Allgemeinen – als die zahlreichen wissenschaftlichen Studien der vergangenen hundert Jahre (Abb. 1).[1]

Die weithin bekannte Erzählung beginnt wie folgt: Ein kleiner Junge, der Künstler werden will, sieht in einem Buch über Dschungeltiere eine *Boa constrictor* abgebildet und stellt sich vor, wie diese einen Elefanten verschlingt. Er skizziert seine Idee auf einem Blatt Papier und zeigt es den Erwachsenen. Ungläubig fragen diese den Jungen, was denn so besonders an einem Hut sei. Jeder könne doch einen Hut zeichnen! Enttäuscht von diesem mangelnden Verständnis für sein künstlerisches Streben gibt der Junge die Zeichenkunst auf und wird Pilot. Viele Jahre später stürzt er in der Wüste ab und begegnet dort dem kleinen Prinzen – der Anfang der eigentlichen Geschichte. Noch bevor sie sich miteinander »vertraut« gemacht haben, bittet der kleine Prinz den Piloten, ihm ein Schaf zu zeichnen. Nach einigem Widerstreben – er erinnert sich an seine Enttäuschung als Kind – skizziert er ein Schaf. Dem kleinen Prinzen ist dieses aber nicht gut genug. Er verlangt ein schönes, korrekt gezeichnetes Schaf. Auch der zweite und dritte Versuch stimmen den Jungen nicht zufrieden. Von der Ablehnung des kleinen Prinzen frustriert, zeichnet der Pilot zuletzt eine Kiste. »Das ist eine Kiste. Das Schaf, das du dir wünschst, liegt da drin«, sagt er spitz. Überglücklich mit einer so schönen Zeichnung eines Schafes nimmt der kleine Prinz das Bild der Kiste entgegen. »Glaubst du, dieses Schaf braucht viel Gras?«, fragt der Junge noch, bevor er sich verabschiedet ...

De Saint-Exupéry veröffentlichte seine Erzählung erstmals inmitten des Zweiten Weltkriegs, im Jahr 1943 in New York.[2] Das war einige Jahre nachdem René Magritte (1898–1967) mit *La trahison des images* (*Ceci n'est pas une pipe*) die Welt mit der von der Kunst geschaffenen Illusion von Wirklichkeit konfrontiert und Ludwig Wittgenstein (1889–1951) in seinem hermetischen Werk *Tractatus Logico-Philosophicus* die symbiotische Beziehung zwischen Sprache, Denken und Verstehen infrage gestellt hatte.[3] Was sich wie ein bezauberndes Märchen liest, fügt sich also tatsächlich in die Entzauberung des damaligen Weltbilds ein. Bestimmen die Grenzen der Sprache die Grenzen des Denkens? Gilt das auch für die Bildsprache?

Inzwischen sind zu *Der kleine Prinz* und der bewegten Zeit, in der dieses schmale Bändchen verfasst wurde, zahllose Analysen erschienen. Die Tatsache, dass die kurze Episode über die Zeichnungen auf den Fundamenten eines jahrhundertealten Diskurses zum Bildbegriff aufbaut, wurde jedoch bisher nicht thematisiert. Dabei zeigt de Saint-Exupéry, dass eine Zeichnung stets die Eintrittspforte zu einer dahinterliegenden konzeptuellen Idee ist – ein Bewusstsein, von dem auch die niederländischen Künstler und Kunstliebhaber des 16. Jahrhunderts durchdrungen waren. Schließlich wurden Kunst und Bild in dieser bewegten Zeit der Bildkontroverse mehr denn je zum Gegenstand der Reflexion und des öffentlichen Diskurses.[4] Auch damals lernte man auf Grundlage althergebrachter Theorien und Erkenntnisse zu verstehen, wie die Zeichnung einer Kiste ein Schaf darstellen kann. Kunst – und insbesondere die Zeichenkunst – entwickelte sich in jener Zeit von der Nachbildung der sichtbaren Welt hin zur Konstruktion einer Idee. Diese konzeptuelle Wende ist allgemein bekannt und wurde für die italienische Kunsttheorie ausführlich beschrieben.[5] Für die Niederlande stehen vergleichbare Analysen aus, da nicht selten stillschweigend angenommen wird, dass die italienischen Einsichten hier erst gegen Ende des 16. Jahrhunderts rezipiert wurden.[6] Wenngleich auf der Grundlage völlig anderer Prämissen hatte sich jedoch auch dort bereits ein Jahrhundert lang ein vergleichbarer Prozess vollzogen. Dies soll im vorliegenden Essay näher erläutert werden. Mit der Kiste des kleinen Prinzen als Metapher und mithilfe einiger umfangreicher und kaum bekannter Publikationen aus den letzten Jahrzehnten des 16. Jahrhunderts soll aufgezeigt werden, wie Künstler, Theoretiker und Betrachter tatsächlich »inside the box« zu denken lernten; wie Zeichner ihren Ideen auf dem Papier Gestalt verliehen und sich dabei sehr wohl bewusst waren, dass jede Gestaltung ebendiese Ideen immer auch »ver-zeichnet« und damit verzerrt. Mit anderen Worten soll dargelegt werden, dass das Konzeptuelle in der niederländischen Zeichenkunst eine mindestens ebenso zentrale Stellung einnahm wie in der italienischen Kunsttheorie – nicht zuletzt auch deswegen, weil es hier nicht nur einen Teil eines größeren intellektuellen Diskurses bildete, sondern im Mittelpunkt einer höchst einflussreichen und öffentlichen Debatte stand: der Bilddebatte.

des deux seuls dessins dont j'étais capable. Celui du boa fermé. Et je fus stupéfait d'entendre le petit bonhomme me répondre:

—Non! Non! Je ne veux pas d'un éléphant dans un boa. Un boa c'est très dangereux, et un éléphant c'est très encombrant. Chez moi c'est tout petit. J'ai besoin d'un mouton. Dessine-moi un mouton.

Alors j'ai dessiné.

Il regarda attentivement, puis:

—Non! Celui-là est déjà très malade. Fais-en un autre.

Je dessinai:

Mon ami sourit gentiment, avec indulgence:

—Tu vois bien . . . ce n'est pas un mouton, c'est un bélier. Il a des cornes . . .

Je refis donc encore mon dessin:

Mais il fut refusé, comme les précédents:

—Celui-là est trop vieux. Je veux un mouton qui vive longtemps.

Alors, faute de patience, comme j'avais hâte de commencer le démontage de mon moteur, je griffonnai ce dessin-ci:

Et je lançai:

—Ça c'est la caisse. Le mouton que tu veux est dedans.

Mais je fus bien surpris de voir s'illuminer le visage de mon jeune juge:

—C'est tout à fait comme ça que

12

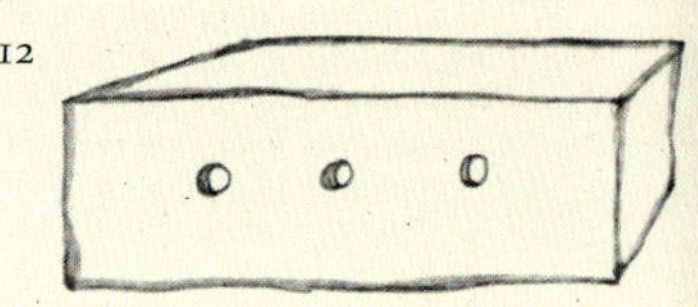

Abb. 1: Antoine de Saint-Exupéry, *Die Zeichnung des Piloten: Eine Kiste mit drei Löchern für den kleinen Prinzen*, aus: ders., *Le Petit Prince. Avec les dessins de l'auteur,* New York 1943, S. 12, Paris, Bibliothèque nationale de France, FRBNF35285525

Die Bilddebatte

Das 16. Jahrhundert war in den Niederlanden in vielerlei Hinsicht eine Zeit der Veränderungen und Auseinandersetzungen.[7] Zum einen herrschten die bereits vor dem Bildersturm des Jahres 1566 und in den darauffolgenden Phasen des Ikonoklasmus omnipräsenten religiösen Diskussionen vor. Zum anderen kam es zu einer neuen Konfrontation mit der Kunst italienischer Meister wie Leonardo da Vinci (1452–1519), Michelangelo (1475–1564) und Raffael (1483–1520), deren Werke sich stark von der Tradition der großen flämischen Maler Jan van Eyck (um 1390/99–1441), Rogier van der Weyden (1399/1400–1464), Hans Memling (um 1430/40–1494), Hugo van der Goes (um 1440–1482), Simon Bening (1483/84–1561) oder deren oft anonymen Zeitgenossen abhoben. Auch machten neue Produktionsmittel wie die Druckerpresse den städtischen Eliten die Bildfindungen von Künstlern aus ganz Europa zugänglich.[8] In Antwerpen wurden die »panden« als permanente Marktplätze für den Handel mit Kunstwerken eingerichtet, die die internationalen Kaufleute, welche die Börse frequentierten, durchgehend mit Druckgrafiken und Gemälden versorgten.[9] In Zusammenwirkung bedingten diese Faktoren einen unvergleichlichen künstlerischen Innovationsdrang; der Markt musste schließlich bedient werden. Insbesondere seit ihrer gedruckten Vervielfältigung verbreiteten sich unterdessen auch italienische und deutsche Kunsttheorien in den Niederlanden, wobei Leon Battista Alberti (1404–1472), Albrecht Dürer (1471–1528) und Giorgio Vasari (1511–1574) zu den bekanntesten Autoren zählten.[10]

Die Kunstgeschichte hat mittlerweile viele dieser Aspekte eingehend untersucht und aufgezeigt, dass diese zahlreichen Veränderungen zu einer ungezügelten Experimentierfreude und einem daraus resultierenden Amalgam an neuen Stilen und Genres führten, das von boschesken Fantasien über Bruegel'sche Bauernszenen und mythologische Darstellungen »all'antica« bis zu gelehrten religiösen Allegorien reichte.[11] Merkwürdigerweise erhielt die religiöse Kunstdebatte die geringste wissenschaftliche Aufmerksamkeit, obwohl sie vielleicht am tiefsten reichte. Beruhend auf den Überlegungen von gut zwei Jahrtausenden wurden damals in zahlreichen, bisher kaum berücksichtigten Büchern faszinierende Analysen von Kunst und Bildsprache formuliert. Diese Texte waren zumeist auf Französisch, Deutsch oder Niederländisch verfasst und damit für eine große Leserschaft zugänglich. Ihre Ansätze und Argumente wurden an Straßenecken, in Hinterzimmern, bei Heckenpredigten oder in den Rhetorikerkammern der Dichtergilden (»rederijker«) verbreitet und fanden so ihren Weg in breite Schichten der Bevölkerung.[12] Insbesondere in Rhetorikertexten tauchten sie mit großer Regelmäßigkeit auf.[13] Aber vor allem zeigen sie, dass sich der Bildbegriff des 16. Jahrhunderts grundlegend vom heutigen unterschied und die Bemühungen zur Wiedergabe von Mensch und Welt keineswegs so geradlinig verliefen, wie bisweilen vermutet wird. De Saint-Exupérys Metapher kommt der Sache also recht nahe: Eine Zeichnung ist zuallererst das Tor zu einer Idee, die Essenz steckt in der Kiste.

Zu Beginn soll hier auf zwei umfangreiche Bände hingewiesen werden, die der Kunstgeschichte bislang entgangen sind, in denen aber der komplexe religiöse Diskurs über Kunst und Bild für ein Laienpublikum erläutert wurde. Sie bilden gewissermaßen die Synthese eines Jahrhunderts der Bilddebatte. Der erste Traktat – die *Refutation* der Apostaten Matthieu de Launoy (1541–1607) und Henry Pennetier (Lebensdaten unbekannt) – bietet eine katholische Widerlegung calvinistischer Auffassungen über Bilder. Das Buch wurde erstmals 1578 in Douai auf Französisch veröffentlicht und war sehr wahrscheinlich bereits im selben Jahr in einer niederländischen Übersetzung verfügbar, die unter dem Titel *Die verclaringhe ende verworpinghe van het valsch verstant* in Antwerpen gedruckt wurde.[14] Ebenfalls bereits 1578 erschien unter dem Titel *Response chrestienne* eine von Lambert Daneau (1530–1595) verfasste und in Genf gedruckte Antwort auf die *Refutation*.[15] Eine von Johannes Florianus (1522–1585) angefertigte niederländische Übersetzung dieses Werks erschien 1583 in Antwerpen,[16] also während der Herrschaft der Calvinisten über die Stadt (1577–1585). Florianus war ein bekannter Humanist, der sich einen Namen als Übersetzer von Klassikern und zeitgenössischen Publikationen gemacht hatte, darunter eine prachtvoll illustrierte Ausgabe von Ovids *Metamorphosen*[17] oder die Schriften von Johannes Calvin (1509–1564).

Sowohl die *Refutation* als auch die *Response chrestienne* fanden weite Verbreitung. Übersetzungen beider Texte erschienen kurz nach der jeweiligen Erstpublikation, mehrere weitere Versionen folgten. Besonders interessant ist in diesem Zusammenhang auch das *Petit bouclier de la foy Catholique*, eine kurze, leicht zugängliche Zusammenfassung des Traktats von de Launoy und Pennetier.[18] Während die konkrete Leserschaft dieser Werke nur schwer zu fassen ist, belegen die zahlreichen Neuauflagen und Ausgaben ihre große Popularität und Reichweite in den bedeutendsten Städten der Niederlande, wo öffentliche Debatten über die Bilderfrage im Kontext der religiösen Unruhen der Zeit durchaus üblich waren.

Die Bücher von De Launoy und Pennetiers sowie Daneau sind für die Kunstgeschichte deshalb faszinierend, weil sie aus ihrem jeweiligen Blickwinkel die komplexen Bilddebatten des 16. Jahrhunderts zusammenfassen und ihren Standpunkt auf leicht zugängliche Weise erläutern. 1591, also etwa zehn Jahre später, als in den südlichen Niederlanden die Gegenreformation einsetzte, gelang dies Joannes a Porta (um 1530 – nach 1608) möglicherweise noch besser in einem weiteren voluminösen Werk mit dem Titel *D'Net der beeltstormers*.[19] Auch diese kaum bekannte Publikation soll neben gelegentlichen Hinweisen auf weitere Veröffentlichungen aus dieser bewegten Zeit hier eingehender betrachtet werden.

Thinking inside the Box

Zwei Schlüsselbegriffe der Reflexion über Bilder, die für ein adäquates Verständnis von Kunst und Zeichenkunst der Frühen Neuzeit eminent wichtig sind, waren »prototypum« (»figure beteeckenesse«) und »titulus« (»insettinghe«).[20] Beide Begriffe hatten eine lange Tradition und wurden auf dem Höhepunkt der Auseinandersetzung zwischen Befürwortern und Gegnern von Kunst und Bild im 16. Jahrhundert wieder ins Spiel gebracht, etwa in den genannten Publikationen. Der Kern der Debatte war selbstverständlich religiöser Natur – durften Bilder benutzt oder gar verehrt werden? –, doch wurde im Zuge dieser umstrittenen Frage auch das damalige Verständnis von Kunst deutlich. Die Bilddebatte und die diesbezüglich ausgearbeiteten Konzepte legten die Stärken und Schwächen der bildenden Künste und ihrer konzeptuellen Grundlagen offen.

Beginnen wir mit dem Begriff »prototypum«. Dieses jahrhundertealte Konzept, das bereits in den Schriften Basilius des Großen (um 400 n. Ch.) auftauchte und in den byzantinischen und karolingischen Bilddebatten vom 8. bis 10. Jahrhundert eine zentrale Rolle spielte, zielt auf die Beziehung zwischen einem Bild und dem, worauf es verweist, etwa eine Person (Porträt), eine Geschichte (Historienmalerei) oder eine Idee (Andachtsbild oder Allegorie). »Geschichten und Erinnerungen« (»Historien ende ghedenckenissen«)[21] sind die Begriffe, die diesbezüglich in der *Refutation* von Matthieu de Launoy und Henry Pennetier bei jeder passenden und unpassenden Gelegenheit auftauchen. Florianus, ein glühender Gegner des Konzepts, definiert »prototypum« in selbstreferentieller Weise als »dasjenige, worauf durch selbige Bilder hingedeutet wird«.[22]

Im Wesentlichen versuchte man – in Analogie zur Heiligen Dreifaltigkeit – eine theoretische Erklärung für die Dreieinheit aller Bilder zu finden: die physische, die mentale[23] und die kunstvoll geschaffene, materielle Dimension. Ein Heiliger oder eine Heilige beispielsweise existierte demgemäß als physische Person, als mentales Bild in den Köpfen der Menschen und als Porträt im Sinne eines künstlerisch hergestellten Objekts. Man ging davon aus, dass zwischen diesen drei Formen eine Beziehung bestünde, die jedoch nicht notwendigerweise mimetisch beschaffen sein, also eine äußere Ähnlichkeit aufweisen müsse. Mehr noch: Die katholische Fraktion befand, es sei gelegentlich sogar besser, die Ähnlichkeit aufzugeben, wenn die Idee hinter der physischen Erscheinung hervorgehoben werden solle. Nehmen wir beispielsweise an, es sollte eine Madonna dargestellt werden. Um ihre Qualität als Muttergottes und ihren tugendhaften Lebenswandel zu unterstreichen, erschien es mitunter klug, sie besonders schön, womöglich sogar schöner als in Wirklichkeit zu inszenieren.[24] Die äußere Schönheit betonte in diesem Fall die Idee der inneren Schönheit. Dieses Prinzip eröffnete zahlreiche Möglichkeiten: Sollten etwa eine Stadt oder eine Landschaft als ohnehin sehr facettenreiche Sujets dargestellt werden, oblag dem Künstler die Entscheidung, bestimmte Aspekte zu betonen und entsprechend der zugrundeliegenden Idee hervorzuheben oder sogar neu zu erfinden. Immer wieder wiesen die katholischen Theoretiker darauf hin, dass es ihnen faktisch nicht um das materielle Objekt, sondern um die »Geschichten und Erinnerungen« ging, die das Werk repräsentierte. Ein Bild konnte nur zum Götzenbild (»idolon«) werden, wenn es als Objekt verehrt wurde oder die »Geschichten und Erinnerungen«, die es thematisierte, keine christlichen waren. Durch ein gutes Bild würden die Menschen hingegen »berührt« (»gheroert«),[25] und zwar nicht wegen der Darstellung selbst, sondern aufgrund der adäquaten Vermittlung der »Geschichten und Erinnerungen«. Oder, wie Basilius der Große von den katholischen Apostaten paraphrasiert wurde: »die Ehre, die den Bildern zuteil wird, [ist] nicht der Bilder wegen, sondern um desjenigen willen, was diese Bilder bedeuten«.[26]

Die Konsequenz dieser Argumentation war, wie die protestantischen Polemiker schnell begriffen, dass ein Bild zur Zugangspforte zu einer Idee wurde, denn genau das vermittelten die zitierten Texte. Die Idee wurde als Nonplusultra von Bild und Kunst propagiert. Zumindest die katholischen Traktate gewährten Künstlern somit die Freiheit, ihre Darstellungen im Dienste der bestmöglichen Vermittlung dieser Idee zu gestalten. Die Grenze zwischen »wahrhaftigen« (»waarachtige«) und »lügenhaften« (»logenachtige«) Bildern verwischte und das künstlerische Konzept bestimmte zunehmend die äußere Form. Der reformierte Florianus brachte in einem langen Abschnitt seiner Übersetzung im Rahmen der Klärung von Begriffen wie »eidolon«, »eikon«, »imago«, »similitudo« und »simulacrum« vor, dass ein Bild auch in seiner Form falsch sein könne, und verwies dabei unter anderem auf Platons (428/27–348/47 v. Chr.) *Theaitetos* sowie auf Cicero (106–43 v. Chr.) und Plutarch (um 45 – um 125 n. Chr.).[27] Für ihn waren »idolum«, »simulacrum«, »Konterfei« (»konterfytinghe«), »Abbild« (»ghelyckenisse«), »Fiktion« (»fictie«) und »Schöpfung« (»maecksel«) allesamt Synonyme. Jedes Bild, selbst ein »Abbild«, weiche immer von der Wirklichkeit ab und sei darum trügerisch. Dennoch hinderte ihn dies nicht, diejenige Kunst zu verteidigen, durch die man »Erbauung« erfahren könne – wie beschrieben war auch Florianus' eigene Ovid-Übersetzung reich illustriert.

Doch diese Theoriebildung über die Beziehung zwischen einem Abbild und dem »prototypum« (als physische Person oder Objekt und als Idee) hatte gleich zwei religionstheoretische Pferdefüße, auf die von protestantischer Seite fortwährend hingewiesen wurde. Erstens sei aus religiöser Perspektive die Essenz – nämlich Gott – ohnehin nicht darstellbar. Und zweitens sei alles Darstellbare per Definition der Natur, also

Gottes Schöpfung, entliehen.[28] Weil Gott aber perfekt sei, hätte er die sichtbare Welt genauso geschaffen, wie er es wollte. So zeuge es von künstlerischem Hochmut, daran etwas zu ändern. Warum sollte man in einem Porträt jemandes Hautunreinheiten oder Falten verbergen, wenn diese gottgegeben seien? »Gott hat euch ein Gesicht gegeben, und Ihr macht euch ein anderes«,[29] wie William Shakespeare (1564–1616) Hamlet aufseufzen ließ. Das konnte nicht die Absicht sein.

Die Lösung des ersten Problems lag, verkürzt gesagt, in den Möglichkeiten der Metapher. Mittels einer bestimmten Bildsprache oder Allegorisierung kann mitunter etwas ausgedrückt werden, das als Idee sonst nicht in Worte zu fassen ist. Die Vorstellung von Gott als Vater wäre ein Beispiel.[30] In den Niederlanden des 16. Jahrhunderts wurde über die Validität solcher Metaphern jedoch nie ein Konsens erreicht, weil insbesondere die Calvinisten der Überzeugung waren, dass das, was unfassbar sei, auch unfassbar bleiben müsse und jede physische Darstellung der Idee in ihrer Unbegreifbarkeit faktisch Gewalt antue. Mehr sogar: »(aus Gott) einen alten Mann zu machen, gekleidet wie euer Papst«[31] empfanden Protestanten wie Florianus als geradezu lächerlich. Dass man versuchte »den Menschen weiszumachen, dass sie nicht dasjenige sähen, was sie sehen«[32] – so wie der kleine Prinz ein Schaf sah und keine Kiste –, war für sie schlicht Volksverdummung. Oder anders formuliert: Der Schritt von den »sichtbaren Bildern« (»sichtbaerlicke beelden«) zur »unsichtbaren« (»onsienlicke«) Idee wurde von den Protestanten nicht akzeptiert.[33] Eine Kiste konnte niemals ein Schaf sein.

Die zweite Problematik war weitaus schwieriger aufzulösen, weil sie geradewegs in das Herz der jahrhundertealten Tradition der bildenden Kunst traf. Sie berührte auch den Kernpunkt der Bilddebatte des 16. Jahrhunderts, da sie wesentliche Implikationen für dessen grundlegende Fragen hatte: Wann wird ein Bild zum »falschen« Bild? Was genau ist ein Bild, und wann ist es verlässlich? In Texten wie jenen von De Launoy und Pennetier, Lambert Daneau oder Johannes a Porta wurde diese Diskussion vor allem semantisch geführt. Griechisches und lateinisches Vokabular wurde unter Verweis auf die klassischen Philosophen und die Kirchenväter als Referenz herangezogen. Diese semantischen Diskussionen trüben jedoch den Blick auf die Kernfrage der Debatte, die für die bildenden Künste von grundlegender Bedeutung war: Was ist ein »echtes Bild«, und wie kann es – so dies überhaupt gestattet ist – richtig dargestellt werden? In dieser Diskussion wurde seit den Kirchenvätern des 3. und 4. Jahrhunderts auf den platonischen Gegensatz zurückgegriffen: Eine »korrekte«, völlig perfekte Mimesis oder Nachahmung der Natur, des Menschen oder – in christlichen Begriffen – der göttlichen Schöpfung stand einer Nachahmung gegenüber, in welcher der Künstler verschiedene Elemente nach eigenem Ermessen anpasste. Im Mittelalter wurden diese beiden Bildformen mit zwei aus dem neoplatonischen Sprachgebrauch abgeleiteten Begriffen bezeichnet: »similitudo« und »simulacrum«.[34] »Similitudo« steht dabei für die faktische Ähnlichkeit, »simulacrum« für etwas, dem eine künstlerische Erfindung hinzugefügt wurde. Extreme Beispiele von »simulacra« sind mythologische Wesen wie etwa der Vogel Greif oder Satyrn, die in Wirklichkeit nicht existieren. Sie sind nicht von Gott geschaffen, sondern Erfindungen des Menschen. »Simulacra« sind damit irreführende, unwirkliche und aus religiöser Sicht unerwünschte Bilder. Auch Hieronymus Boschs (um 1450–1516) Fabelwesen (Kat. 46) sind folglich Beispiele reiner »simulacra«.

Doch wurde die Diskussion auch auf subtilere Weise geführt.[35] Viele Porträts des 16. Jahrhunderts muten ungemein naturalistisch an, aber Hautausschlag, Kahlköpfigkeit und ähnliche Phänomene scheinen damals ausgesprochen selten gewesen zu sein. Dies fällt besonders im Vergleich mit älteren Bildnissen wie etwa jenen Jan van Eycks ins

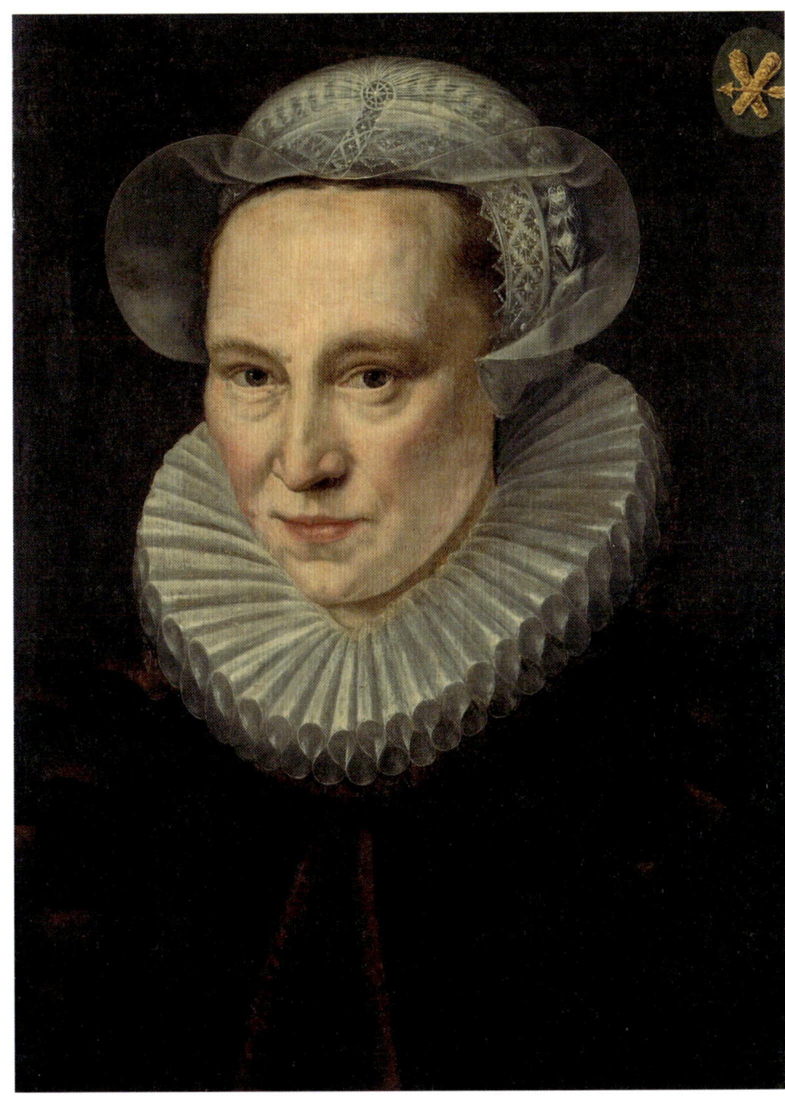

Abb. 2: Adriaen Thomasz. Key, *Porträt der Grietje Pietersdr. Codde*, 1586, Öl auf Holz, 48,5 × 35,5 cm, Amsterdam, Rijksmuseum, Inv. SK-A-515

Auge, an denen man beinahe die Gesundheit der Porträtierten ablesen konnte. Mehr noch: Vergleicht man die Damenbildnisse von Adriaen Thomasz. Key (1545–1589), Frans Pourbus dem Älteren (1545/46–1581) und ihren Nachfolgern, die zu den naturalistischsten Porträtisten im frühmodernen Europa zählten, dann ähneln sich die Dargestellten eigentümlich stark (Abb. 2; Kat. 31) – zu stark. Das ist nur dadurch zu erklären, dass diese Künstler ihre Bilder dem Anschein des reinen Naturalismus zum Trotz ganz bewusst konstruierten. In diesem Fall ist der Unterschied zwischen der Nachahmung der Wirklichkeit und deren Manipulation durch den Künstler, also zwischen »similitudo« und »simulacrum«, äußerst subtil.

Was sich in der Reflexion über Bild und Kunst im 16. Jahrhundert unter dem Einfluss der Bilddebatte nachdrücklich veränderte, ist das getrübte Verhältnis zu »simulacra« in ihren subtilsten und explizitesten Formen. In spätmittelalterlichen Manuskripten oder Rahmungen von Altarbildern wurden »similitudo« und »simulacrum« noch genau differenziert.[36] Die zentrale, üblicherweise christliche Darstellung wurde damals nahezu grundsätzlich von »simulacra« eingefasst. Die trügerische Welt umrahmte sozusagen Gottes Wahrheit. Zu Beginn des 16. Jahrhunderts verwischte diese Trennlinie, weil Künstler wie Bosch die »falschen und lügenhaften« (»valsche ende logenachtige«) »simulacra« mit »similitudine« verwoben und so die sichtbare Wirklichkeit mit den Exzessen des menschlichen Erfindungsgeistes verbanden. Gutes und Böses wurden im Bild nicht mehr streng unterschieden (Kat. 46). Auf subtilere Weise fand diese Dialektik auch anderweitig Eingang in die Kunst. In Maerten de Vos' (1532–1603) Interpretation von *Der Prophet Jonas predigt in Ninive* (Kat. 33) wird etwa sehr deutlich, wie imaginäre Wesen und Götzendienerei miteinander verwoben sind. Und auch in Dirck Crabeths (um 1510/20–1574) *Judith und Holofernes* (Kat. 34) ist das Zelt des verabscheuten Holofernes mit in Banderolen eingearbeiteten grotesken Figuren dekoriert.

Ein anderes Paradigma

Das Bewusstsein, dass es etwas wie ein »prototypum« gibt, das in einer mentalen und physischen Beziehung zu einem Bild steht, stellt eine Reihe althergebrachter Paradigmen der frühmodernen niederländischen Kunst und Zeichenkunst viel stärker infrage, als man zunächst vermuten würde. Dieses Bewusstsein schmälert nämlich die zentrale Bedeutung des Abbildcharakters, das heißt der mimetischen Qualitäten eines Kunstwerks. Denn wenn nicht unbedingt die existierende Wirklichkeit wiedergegeben werden muss, um eine Idee optimal zu vermitteln, können verschiedene Facetten der Bildsprache unterschiedlich zusammengesetzt werden, um zum besten Ergebnis zu gelangen. Dann kann letztlich auch eine Kiste gezeichnet werden, um ein Schaf darzustellen. Darum plädierte auch Johannes a Porta dafür, auf der Grundlage der von ihm sogenannten »eigentlichen Botschaft« (»ygenlijke conversatie«) zu arbeiten.[37] Für ihn war es nicht das Ziel, etwas oder jemanden in Analogie zur existierenden Wirklichkeit abzubilden. Wolle man beispielsweise einen Heiligen oder eine Heilige zeichnen oder malen, sei es nicht unbedingt nötig, zu wissen, wie diese Person in Wirklichkeit ausgesehen habe.[38] Dies sei vielmehr gar nicht möglich, denn Künstler des 16. Jahrhunderts hätten die frühchristlichen Heiligen ja nicht gekannt, wie der Autor freimütig einräumt. Doch a Porta vertrat auch die Ansicht, dass man aufgrund typischer menschlicher Charakteristika, wie sie überall zu beobachten seien, Figuren konzipieren könne, die den Erwartungen an bestimmte Heilige Genüge täten. So habe es beispielsweise Maerten de Vos mit dem heiligen Lukas getan, wenn er ihn in der Gestalt eines zeitgenössischen Malers inszenierte (Kat. 32). Einen mimetischen Zusammenhang zwischen der Darstellung und dem Dargestellten gebe es dann zwar nicht, dafür werde aber die a Portas Überzeugung nach viel zentralere Idee umso klarer. Die Kiste wird in diesem Fall ein stärkeres Bild als das Schaf selbst.

Dieser katholische Ansatz schuf eine neue Legitimation für künstlerische Kreativität. Denn wenn etwas oder jemand nicht notwendigerweise analog zur Wirklichkeit oder der Tradition entsprechend abgebildet werden muss, sondern stattdessen die zugrundeliegende Idee im Fokus stehen soll, hat dies Auswirkungen auf das Bildverständnis. Kunst, die primär darauf abzielt, ein Schaf als Schaf zu zeichnen, ist eine grundlegend andere als jene, die eine Kiste zeichnet, um die Idee eines Schafes zu verstärken. Nimmt man diese Prämisse als Maßstab für die Werke in vorliegendem Band, so zeigt sich, dass im kreativen Prozess tatsächlich die Konstruktion einer Idee, in der die sichtbare Wirklichkeit nicht die Norm darstellt, sondern zu einer von mehreren Variablen wird, entscheidend ist. Ein sehr deutliches Beispiel hierfür ist Pieter Bruegels des Älteren (1526/27–1569) Bild *Die großen Fische fressen die kleinen* (Kat. 51). Nur mit einem besseren Verständnis dieses im 16. Jahrhundert omnipräsenten Diskurses lässt sich also die enorme künstlerische Kreativität und Experimentierfreude in den Niederlanden der Zeit begreifen.

Doch damit nicht genug. Just in diesen Jahrzehnten wurde die Zeichenkunst – wie bereits beschrieben – in Italien ebenso wie in den Niederlanden zunehmend auch zur Gedankenübung.[39] In Italien brachte unter anderen Frederico Zuccaro (1540/41–1609) am Ende des Jahrhunderts das »disegno« ausdrücklich mit der göttlichen Inspiration (»disegno interno«) in Verbindung – eine Entwicklung, die bereits vorher eingesetzt hatte und häufig mit den neoplatonischen Interessen der florentinisch-römischen Renaissance in Zusammenhang gesehen wird.[40] Diese Art der Kunstbetrachtung korrespondiert allerdings auch stark mit der Art und Weise, in der in den Niederlanden vornehmlich aus religiöser Perspektive über Kunst gesprochen und geschrieben wurde. Begriffspaare wie »nach dem Leben« (»naer het leven«) und »aus der Fantasie« (»uyt den gheest«), wie sie Karel van Mander (1548–1606) prägte, machen diese Spannung ebenfalls deutlich.[41] Im Kontext dieser Diskussion erscheint es jedoch wichtiger, dass auch in den breiteren gesellschaftlichen Debatten vergleichbare Vorstellungen kursierten. De Lanoy und Pennetier etwa schreiben von den biblischen Visionen als »innere Inspiration« (»inwendighe inspiratie«), um so die Kreativität in der Kunst zu legitimieren.[42] Denn als Allmächtiger war der Schöpfer ja auch für das verantwortlich, was Zuccaro als »disegno interno« bezeichnete: das kreative Bild, das im Geist des Künstlers erscheint und den mentalen Anstoß für das tatsächliche Werk bildet. Mit einem Fokus auf die Darstellung der Dreifaltigkeit widersetzte sich die protestantische Fraktion diesen Gedanken, denn ein »junges Täubchen« (»jongh duyfken«), das aus dem Mund eines alten Mannes kommt, war ihrer Ansicht nach als Abbild des unermesslichen und der menschlichen Erkenntnis nicht zugänglichen Heiligen Geistes völlig inakzeptabel.[43] Kunst war demzufolge nur insoweit gestattet, als sie sich auf die Registrierung der sichtbaren Wirklichkeit beschränkte.

Der Text zur Kiste

Der Begriff des »prototypum« war jedoch keineswegs der einzige, der in den Niederlanden des 16. Jahrhunderts genauer unter die Lupe genommen wurde. Einen zweiten weit verbreiteten Diskussionsgegenstand bildete das Konzept des »titulus« oder der »insettinghe«.[44] Im Wesentlichen meint dies die einem Bild hinzugefügte sprachliche Information. Um bei der Kiste des kleinen Prinzen zu bleiben: Ohne die sprachlich erzählte Zusatzinformation würden die Betrachtenden in der Zeichnung lediglich eine Kiste erkennen. Erst die Geschichte setzt einen Denkprozess über die Idee des Schafs und der Kiste in Gang. Letztendlich bestimmt die textliche Information den Zusammenhang, den wir zwischen der Kiste (als Zeichnung) und dem Schaf (als »prototypum«) herstellen.

Auch dieser Mechanismus war bereits seit dem 9. Jahrhundert im allgemeinen Bewusstsein der Theoretiker verankert. In den bereits genannten *Libri Carolini* etwa – einer Sammlung theoretischer Schriften über Kunst und Bild aus dem Umfeld Karls des Großen (747/8–814), die erstmals 1549 von Jean du Tillet (1500–1570) veröffentlicht wurde – war er bereits als ein grundlegender Aspekt der bildenden Kunst angeführt.[45] Ein dort genanntes Beispiel fragt, wie die Betrachtenden angesichts eines Frauenbildnisses wissen können, ob hier die Jungfrau Maria oder einfach eine Frau mit ihrem Kind dargestellt sei (Kat. 2, 61). Niemand hatte die Madonna je gesehen, auf der Grundlage einer rein visuellen Information sei die Identifizierung also unmöglich. Erst die Hinzufügung eines »titulus«, das heißt einer zusätzlichen (sprachlichen) Information, schaffe ein stabiles Bildverständnis – selbst dann, wenn diese Information faktisch unrichtig sei.[46] Wer eine Zeichnung – beispielsweise von einem Mann – sieht, und von jemandem – etwa von einem Priester – informiert wird, dass sie den heiligen Petrus zeige, wird diese Identifizierung in der Regel unbewusst akzeptieren und fortan glauben. Diese Macht über die »insettinghe« wurde zu einem zentralen Streitpunkt, denn wer sollte bestimmen, was bezüglich eines konkreten Bildes zu glauben sei?

Das Bewusstsein über die entscheidende Funktion der »insettinghe« war weit verbreitet. So wurde beispielsweise in den Reimgedichten (»refreyenen«) der Rhetoriker im letzten Viertel des 16. Jahrhunderts häufig auf diese Vorstellung Bezug genommen.[47] In der Ausgabe *Schoon boecxken*, einem Gedichtband aus dem Jahr 1581, wird der Begriff vielfach zur Bezeichnung der trügerischen Qualitäten der bildenden Kunst verwendet.[48] Durch die »insettinghe« von Ideen, so könnte man die dortige Argumentation zusammenfassen, lässt sich tatsächlich aus einer Kiste ein Schaf machen; ein wenig so, wie man durch eine falsche »insettinghe« aus einem Stück Brot auch den Leib Christi machen könne. Dieses Beispiel zeigt, wie sensibel das Thema war und wie grundlegend die Diskussion darum geführt wurde. Fügte man der »insettinghe« dann noch den nötigen Nachdruck durch rituelle Handlungen oder räumliche Kontextualisierungen hinzu, gewann diese zusätzlich an Überzeugungskraft.

In den Niederlanden, wo die Bilddebatte, wie ausgeführt, spätestens seit Mitte des 16. Jahrhunderts mit großer Vehemenz ausgetragen wurde, bestand die Herausforderung für die Kunst und insbesondere die Zeichenkunst nicht ausschließlich in der Wahl zwischen dem Zeichnen »nach dem Leben« (»similitudo«) und jenem »aus der Fantasie« (»simulacrum«). Für die Künstler der Zeit hieß es auch einen Mittelweg auf dem schmalen Grat zwischen »wahrhaftigem« und »lügenhaftem« Bild zu suchen, bei dem die Darstellung selbst genügend Sicherheit bot, um jede falsche »insettinghe« auszuschließen. Angesichts des von vielen Autoren kritisierten schändlichen Missbrauchs der »insettinghe« wurde der Ruf nach einer Bildsprache, die eine Idee auch ohne allzu viel textliche Information klar zum Ausdruck zu bringen imstande war, immer lauter.

Die Suche nach der bestmöglichen Darstellung von (religiösen) Erzählungen war somit nicht nur ein künstlerisches Bestreben, sondern wurde zu einem der gesamten Kunstproduktion inhärenten Auftrag. Wie lassen sich »Geschichten und Erinnerungen« schaffen, die als Bilder so eindeutig lesbar sind, dass eine falsche »insettinghe« sich nicht auf sie auswirken kann? Dieser Anspruch ist nicht so offenkundig wie es scheint, denn die vielen ästhetischen Gestaltungsmöglichkeiten ließen viele verschiedene Antworten zu. Historisch, »all'antica« oder zeitgenössisch? Realistisch oder idealisiert? Summarisch oder reich ausstaffiert? Detailreich oder grob? Allegorisch oder mimetisch?

Für die Zeichenkunst ist die Feststellung, dass es im 16. Jahrhundert eine wichtige öffentliche Debatte über die Beziehung zwischen Form und Bedeutung gab, deshalb umso relevanter. Als sehr konkret betroffene Gruppe mussten sich Künstler angesichts dieser äußerst komplexen Problematik nämlich auf die Suche nach einer Antwort begeben. Die Zeichnung war als bevorzugtes Medium zur Festlegung einer »prima idea« und als ausgewiesener Ort des Experiments etabliert. Sie gestattete es, ohne allzu große (finanzielle) Konsequenzen zu untersuchen, wie Form und Inhalt eines Bildes zur Fokussierung auf die »Geschichten und Erinnerungen« als wesentliches Darstellungsziel beitragen konnten.

Wenn außerdem Begriffe wie »prototypum«, »similitudo«, »simulacrum« oder »titulus« und deren konzeptuelle Konsequenzen mit dem Begriffsapparat der (italienischen) Renaissance verglichen werden, fällt wie schon erwähnt auf, dass sich zwischen den beiden theoretischen Gerüsten starke Synergien ergaben.[49] Die religiösen Konzepte, die im öffentlichen Kunstdiskurs in den Niederlanden des 16. Jahrhunderts aufkamen, finden ihre Entsprechung in einer Reihe von Einsichten über die Zeichenkunst, die zur selben Zeit in der italienischen Kunsttheorie entwickelt wurden, wie »inventio«, »disegno«, »idea« und »istoria«. Die semantische Reichweite von Leon Battista Albertis Konzept der »istoria«, um nur eines aufzugreifen, ist beinahe deckungsgleich mit dem, was die kunsttheologischen Traktate in den Niederlanden als »Geschichten« bezeichneten.[50] Die Suche nach Angemessenheit (»aptum«) im Bild, um die Geschichte (das historische Ereignis als Idee) in einem Narrativ (als Bild) darzustellen, war wie skizziert von wesentlichem Belang im Bilddiskurs. Auch hier ging es um die diffizile Beziehung zwischen Bild und »prototypum«. Ebenso wurden selbstverständlich die Grenzen der künstlerischen Erfindung (»inventio«) ausgelotet. Die Freiheit des Künstlers von der sichtbaren Wirklichkeit im Sinne der göttlichen Schöpfung abzuweichen, determinierte den Handlungsspielraum. Wenn also Michelangelo dem Bild tatsächlich eine völlige Autonomie verleihen wollte, indem er es gänzlich von Text oder Sprache entkoppelte, kann dies kaum vom theoretischen Rahmen des Konzepts des »titulus« losgelöst betrachtet werden, das bereits seit dem Hochmittelalter existierte und im 16. Jahrhundert eine erneute Aktualisierung erfuhr.[51] In der Doppelbedeutung, die der Begriff bei Michelangelo und Vasari erhielt, bezog sich »disegno« nicht nur auf die Zeichenkunst selbst, sondern auch auf deren Möglichkeit, ihre eigene Sprache und Bedeutung zu generieren. Für katholische wie protestantische Künstler in den Niederlanden des 16. Jahrhunderts muss dies ein theoretisches Dilemma gewesen sein. Denn selbst die »insettinghe« könnte ein Bild dann nicht mehr deuten, wodurch es völlig von allen konkreten »Geschichten und Erinnerungen« unabhängig wäre. Tatsächlich spielte auch in der Rhetorik die Beziehung zwischen Wort und Idee eine Schlüsselrolle.[52] So wurde in den populären rhetorischen Handbüchern wie Desiderius Erasmus' (1466–1536) Grundlagenwerk *De Copia* immer wieder auf die Art und Weise hingewiesen, in der Worte, Sätze und Texte einen Ideenreichtum kreieren oder beschneiden können.

Die Gründe für die unvergleichliche Blüte der Kreativität in der Kunst und besonders in der Zeichenkunst des 16. Jahrhunderts sind also komplexer als die klassischen kunsthistorischen Erklärungen der sich verändernden Marktbedingungen und der Interaktion mit italienischer wie antiker Kunst und Kunsttheorie vermuten lassen. In dieser Zeit geriet die Vorstellung von Kunst vor allem in den Niederlanden durch die religiösen Debatten stark ins Wanken. Der in öffentlichen Foren stattfindende Diskurs zwang die Künstler, sich mit den geschilderten Herausforderungen auseinanderzusetzen und bedingte eine bis dahin ungekannte Experimentierfreude mit unterschiedlichen Bildsprachen. Die Zeichenkunst wurde zu jenem Medium, in dem über die Beziehung zwischen Idee und Bild nachgedacht werden konnte: ein Ort, an dem eine Kiste auch ein Schaf darstellen kann.

Ich danke Emily J. Peters, Laura Ritter, Jane Friedman und Claudia Wagner für ihre wertvollen Hinweise und Anregungen bei der Bearbeitung dieses Textes.

1 Den vorliegenden Erläuterungen liegt folgende Ausgabe zugrunde: De Saint-Exupéry 1946, zitiert nach: De Saint-Exupéry 2016.

2 De Saint-Exupéry 1943.

3 René Magritte, *La trahison des images (Ceci n'est pas une pipe)*, 1929, Öl auf Leinwand, 60 × 81 cm, Los Angeles, County Museum of Art, Inv. 78.7; Wittgenstein 1922.

4 Zu den historischen Diskursen und der öffentlichen Debatte in den Niederlanden des 16. Jahrhunderts siehe insbesondere Moxey 1977; Freedberg 1988 sowie Jonckheere 2012. Zur europäischen Bilddebatte im 16. Jahrhundert siehe u. a. Eire 1986; Scavizzi 1992; Mangrum/Scavizzi 1998; Koerner 2004 sowie Hecht 2012.

5 Die Literatur zur italienischen Kunsttheorie der Renaissance ist umfangreich. Für das 16. Jahrhundert siehe insbesondere Williams 1997.

6 Siehe beispielsweise noch Miedema 2012. Differenzierter und mit neueren Erkenntnissen Wouk 2012.

7 Für eine neuere Übersicht siehe Jonckheere 2020a.

8 Siehe etwa Ausst.-Kat. Löwen/Paris 2013.

9 Vermeylen 2003.

10 Miedema 2017, insbes. S. 23–38.

11 Silver 2006 sowie rezenter Jonckheere 2021.

12 Mack Crew 1978 sowie Arnade 2008.

13 Ramakers 2003 sowie Van Bruaene 2008. Für ein spezifisches Beispiel siehe Jonckheere 2020b.

14 Diesem Beitrag liegt die niederländische Ausgabe De Launoy/Pennetier 1578 zugrunde.

15 Daneau 1578 sowie Daneau 1580. Es existierten mehrere Ausgaben des Buches. Für eine Übersicht siehe Pettegree/Walsby/Wilkinson 2007, S. 253f.

16 Florianus 1583.

17 Florianus 1552.

18 De Mouronval 1578.

19 A Porta 1591.

20 Zu früheren Reflexionen beider Begriffe siehe Jonckheere 2020b. Vgl. hierzu auch die berühmte Diskussion zwischen Belting und Freedberg in Freedberg 1996, S. 70.

21 De Launoy/Pennetier 1578, fol. 24r.

22 »het ghene datter deur de selve Beelden beduydt wordt«. Siehe Florianus 1583, fol. 109.

23 Diese wurde noch unterteilt in »innere« und »äußere« Visionen.

24 Man denke in diesem Zusammenhang an die bekannte Passage in Baxandall 1972, S. 11 und die Bedeutung des teuren Azurits (Lapislazuli) als Farbe für den Mantel der Muttergottes.

25 De Launoy/Pennetier 1578, fol. 16r, 26r.

26 »de eere die de beelden wort gedaen en [is] niet om de beelden, maer om sulckx als die beelden beteeckenen.« Siehe De Launoy/Pennetier 1578, fol. 28v.

27 Florianus 1583, fol. 113f.

28 Zu diesen Auffassungen siehe allgemeiner Weststeijn 2008.

29 »God hath given you one face, and you make yourself another«. Siehe Shakespeare [1986], 3. Aufzug, 1. Szene, Vers 155.

30 Zu dieser sehr alten und komplexen theologischen Diskussion siehe Mitalaité 2007, insbes. S. 97–124. Die karolingische Debatte hatte einen beträchtlichen Einfluss auf das reformatorische Denken über Kunst und Bild. Siehe Payton 1997.

31 »maekende (van God) eenen ouden Man, gecleedt als uwen Paus«. Siehe Florianus 1583, fol. 82.

32 »den menschen wijs te maken, datse niet en sien het ghene datse sien«. Siehe Ebd., fol. 85.

33 Ebd., fol. 82.

34 Pinkus 2014, insbes. S. 1–13. Der Begriff »simulacrum« wurde später von Jean Baudrillard verwendet. Zur Beziehung zwischen dem mittelalterlichen Begriff und seinem späteren Gebrauch siehe Camille 2003.

35 Jansen 1988; Gaier 2012 sowie Pinkus 2014, insbes. S. 1–13.

36 Camille 1992.

37 A Porta 1591, Teil I, Kapitel IV.

38 Auch dies ist eine sehr alte Diskussion, die intensiv in den *Libri Carolini* sowie in byzantinischen Schriften geführt wurde. Siehe Mitalaité 2007, insbes. S. 97–124. Für einen historischeren Ansatz siehe Noble 2009, S. 187. Für den deutschen Kontext sowie allgemeiner siehe auch Wood 2008.

39 Van den Doel 2021.

40 Siehe z. B. Williams 1997, insbes. S. 123–162.

41 Van Mander 1604.

42 De Launoy/Pennetier 1578, fol. 20v.

43 Florianus 1583, fol. 82.

44 Ebd. , fol. 111. Zur »insettinghe« siehe Jonckheere 2020b.

45 Du Tillet 1549.

46 Diese Zusatzinformation kann auch kontextueller Natur sein, wie beispielsweise die Aufstellung des Bildnisses in einer Kirche.

47 Siehe Ramakers 2003; Van Bruaene 2008 sowie Jonckheere 2020b.

48 Schoon boecxken 1581.

49 Dies wurde in Bezug auf die italienische Kunsttheorie des 16. Jahrhunderts bereits angegeben durch Williams 1997. Man denke etwa an Raffaello Broghinis *Il Riposo*. Siehe Ellis 2007.

50 Grafton 1999.

51 Keizer 2011, insbes. S. 308.

52 Zu Albertis Konzept der »istoria« in diesem Zusammenhang siehe Grafton 1999.

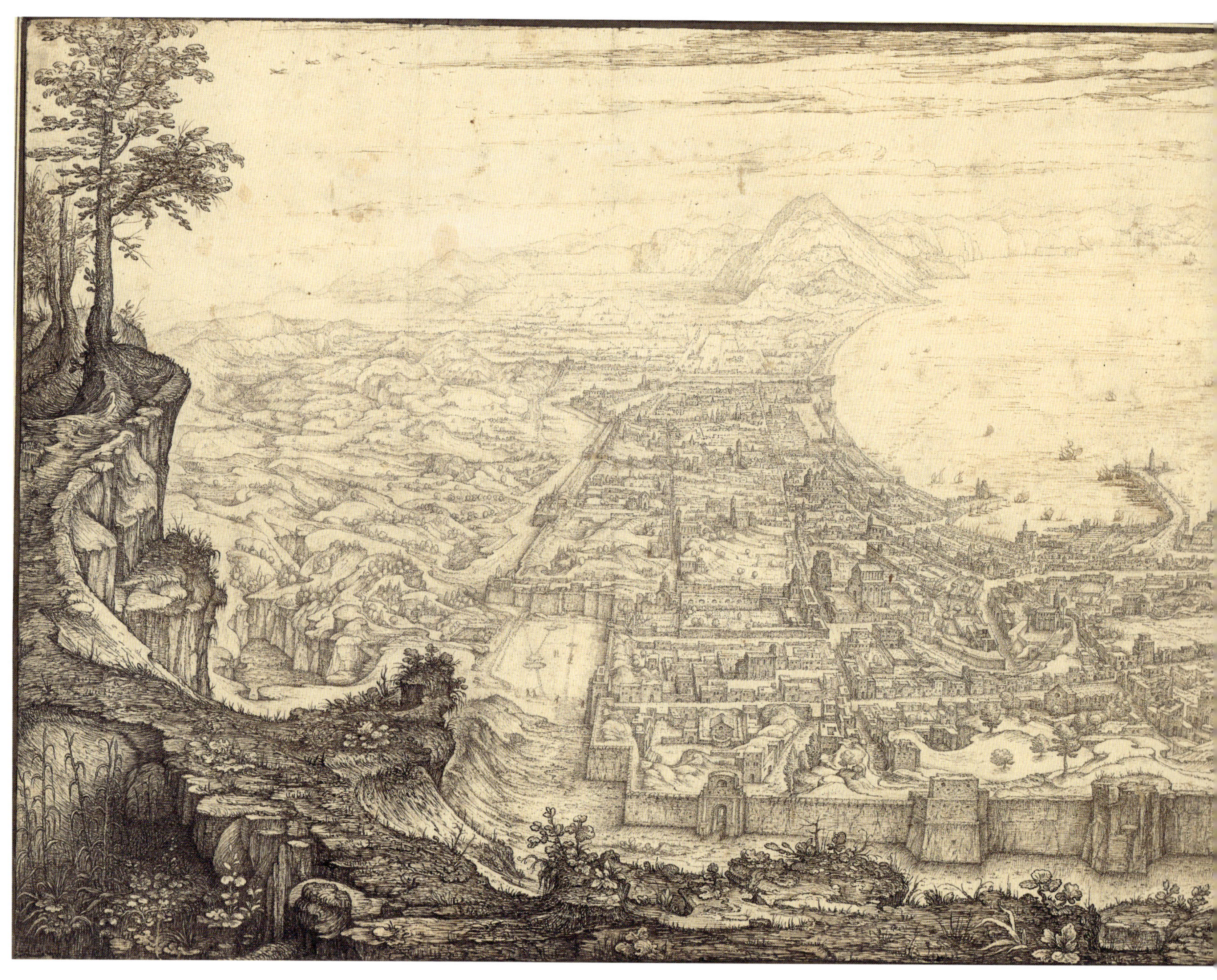

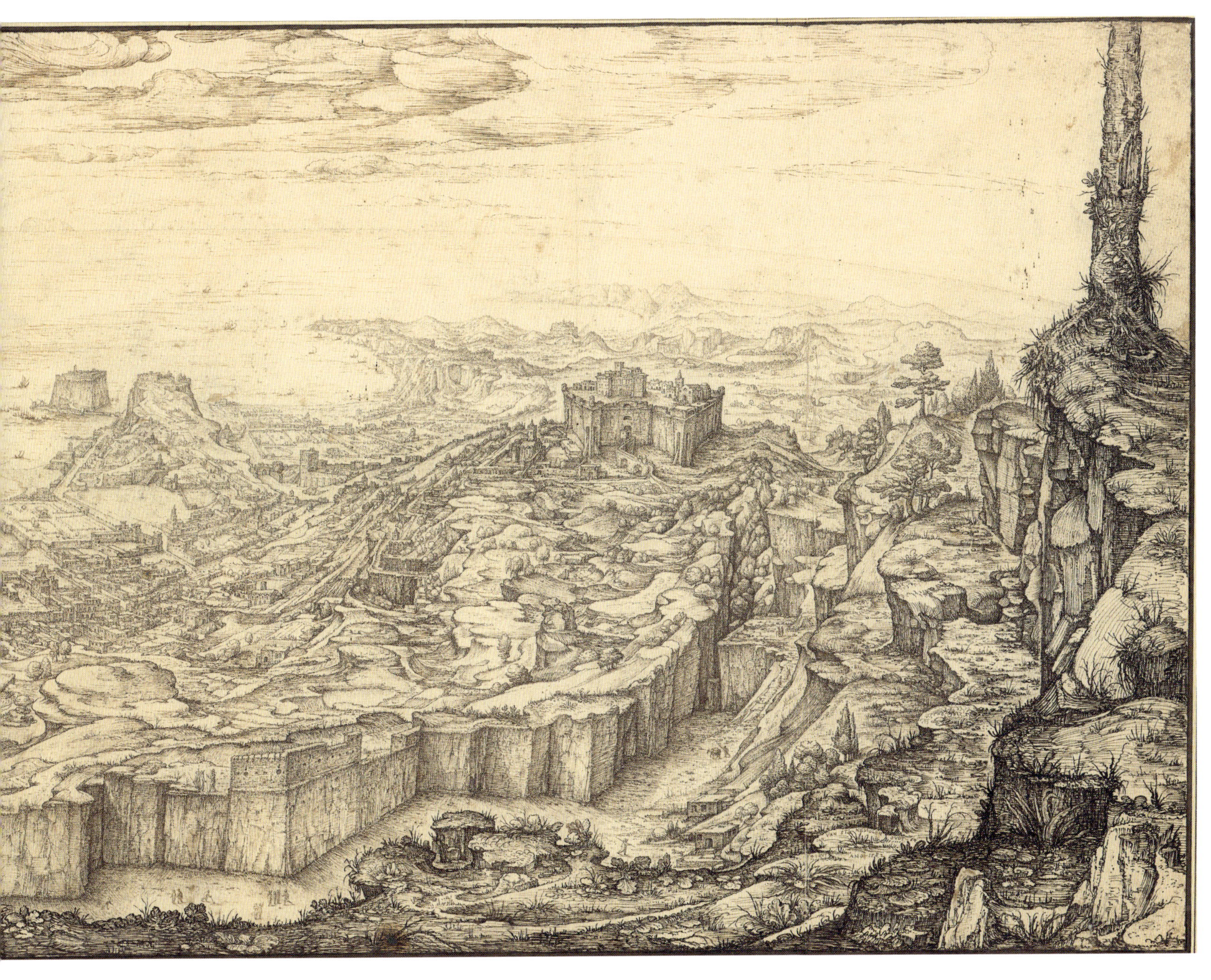

69 · Jan van Stinemolen
Panorama von Neapel, 1582

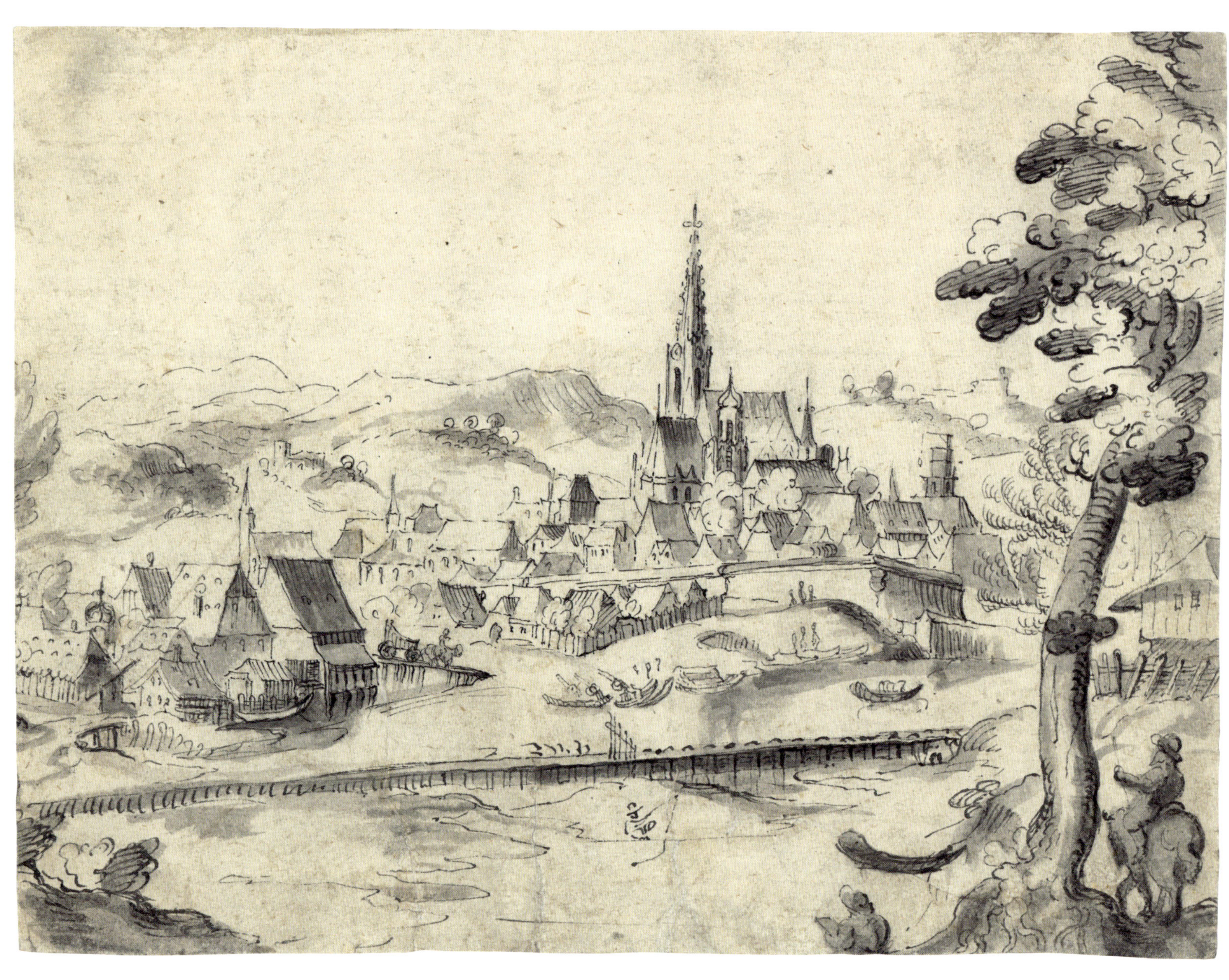

70 · Zugeschrieben an Lucas van Valckenborch
Wien, von Nordosten gesehen, um 1590–1593

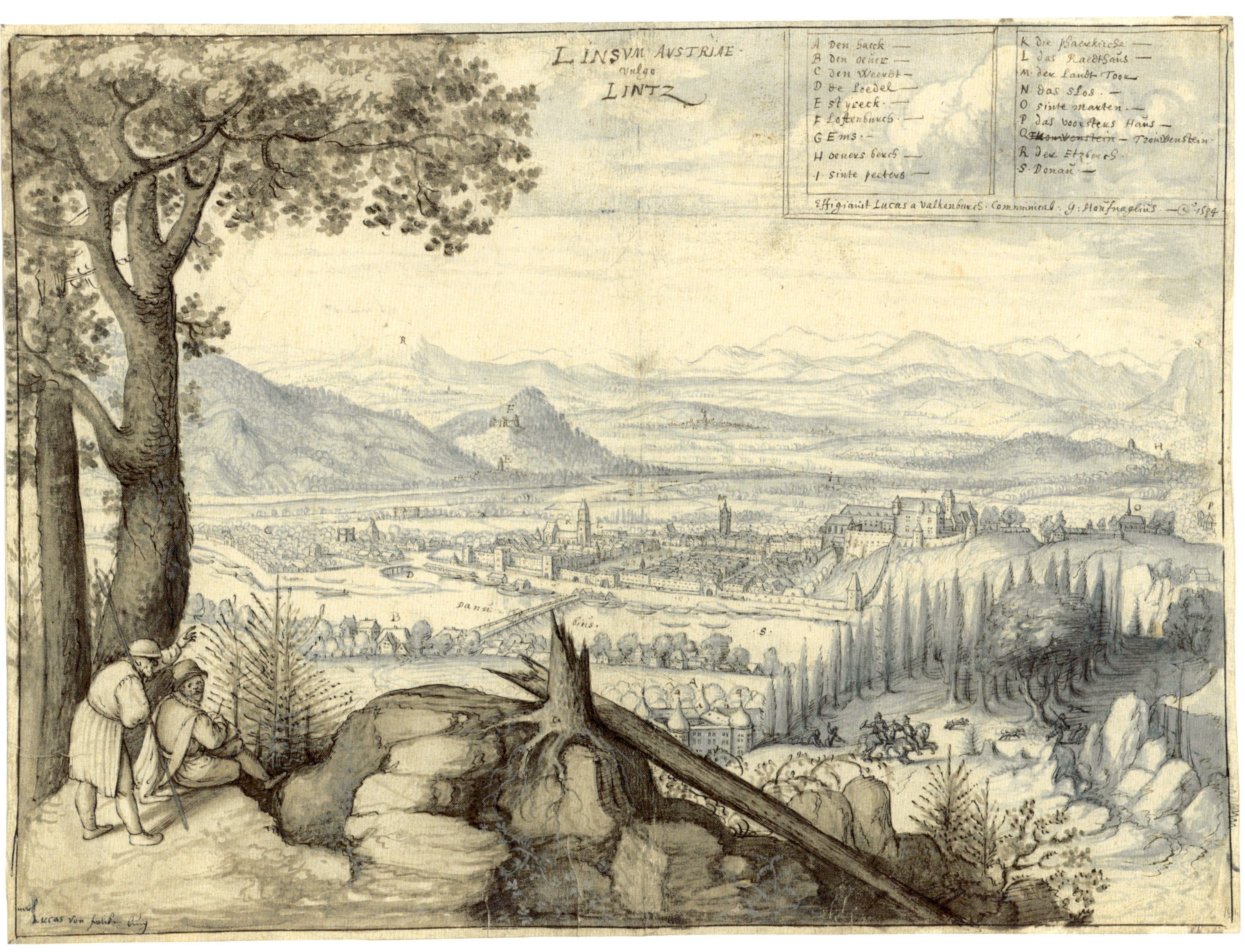

71 · Joris Hoefnagel
Linz, vom Pöstlingberg aus gesehen (nach Lucas van Valckenborch), 1594

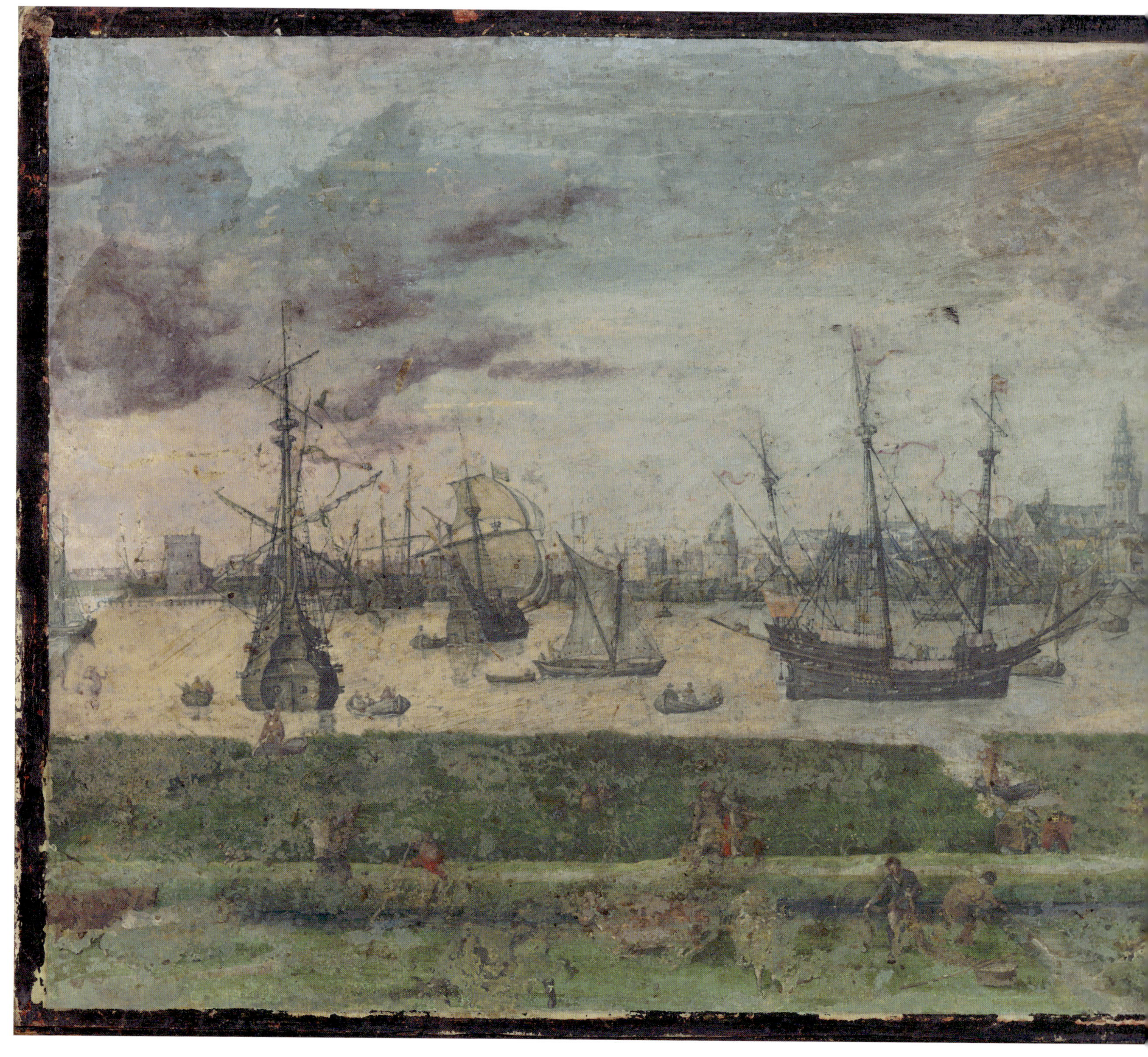

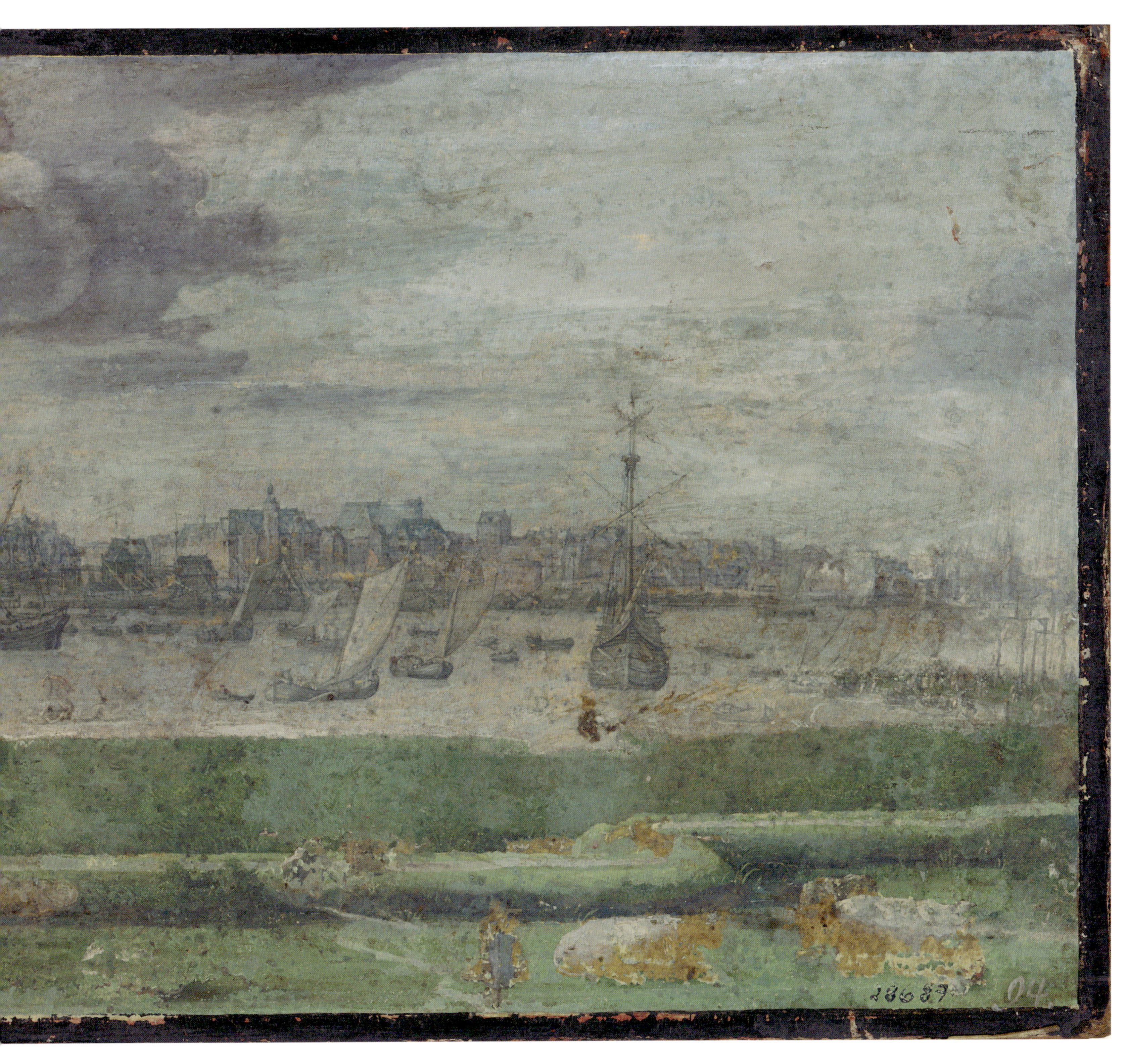

72 · Hans Bol
Amsterdam, von Norden gesehen, um 1590

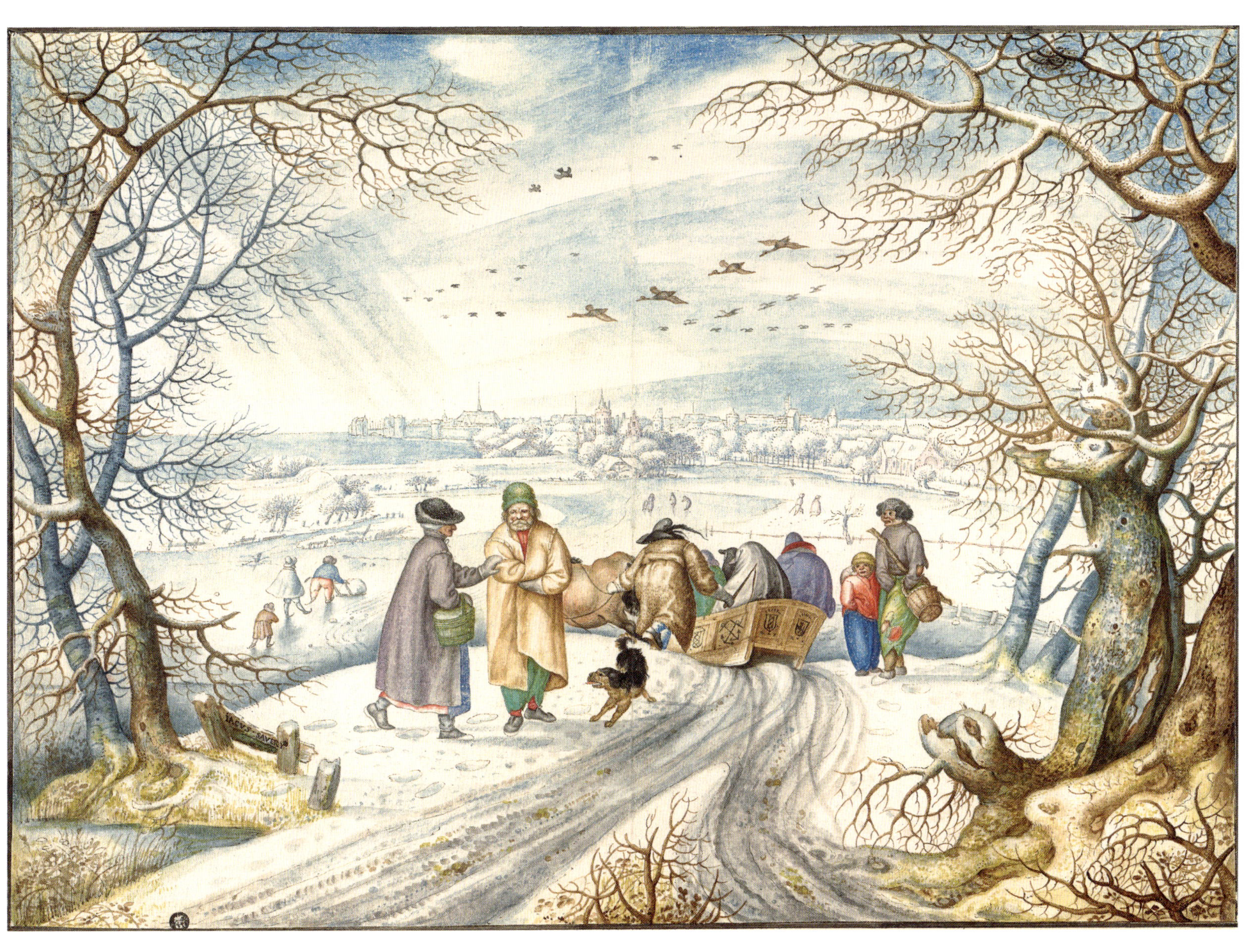

73 · Jacob Savery I.
Winterlandschaft bei Amsterdam, um 1600–1603

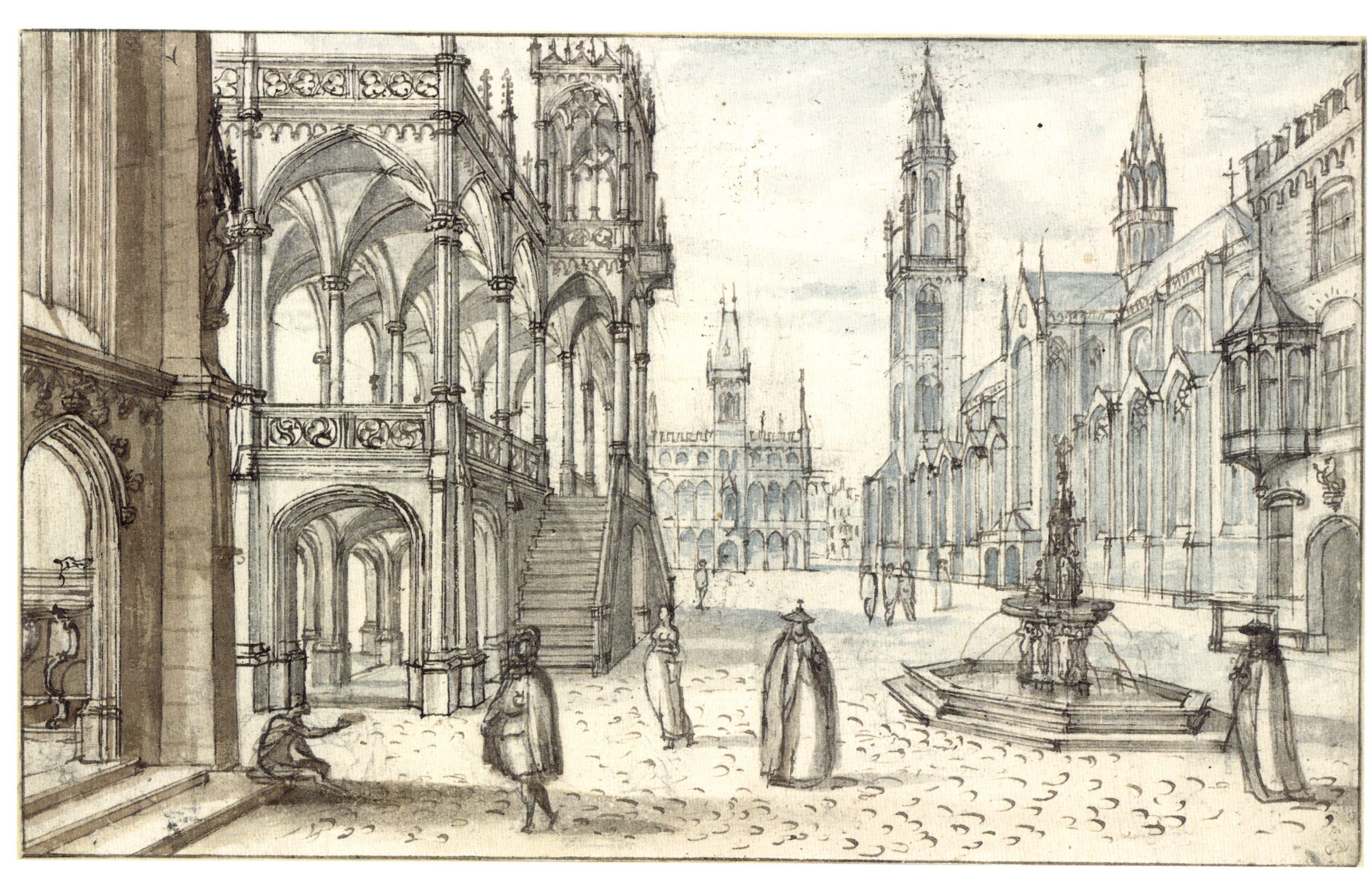

74 · Paul Vredeman de Vries
Forum modernis aedificiis
(Marktplatz mit modernen Gebäuden), vor 1606

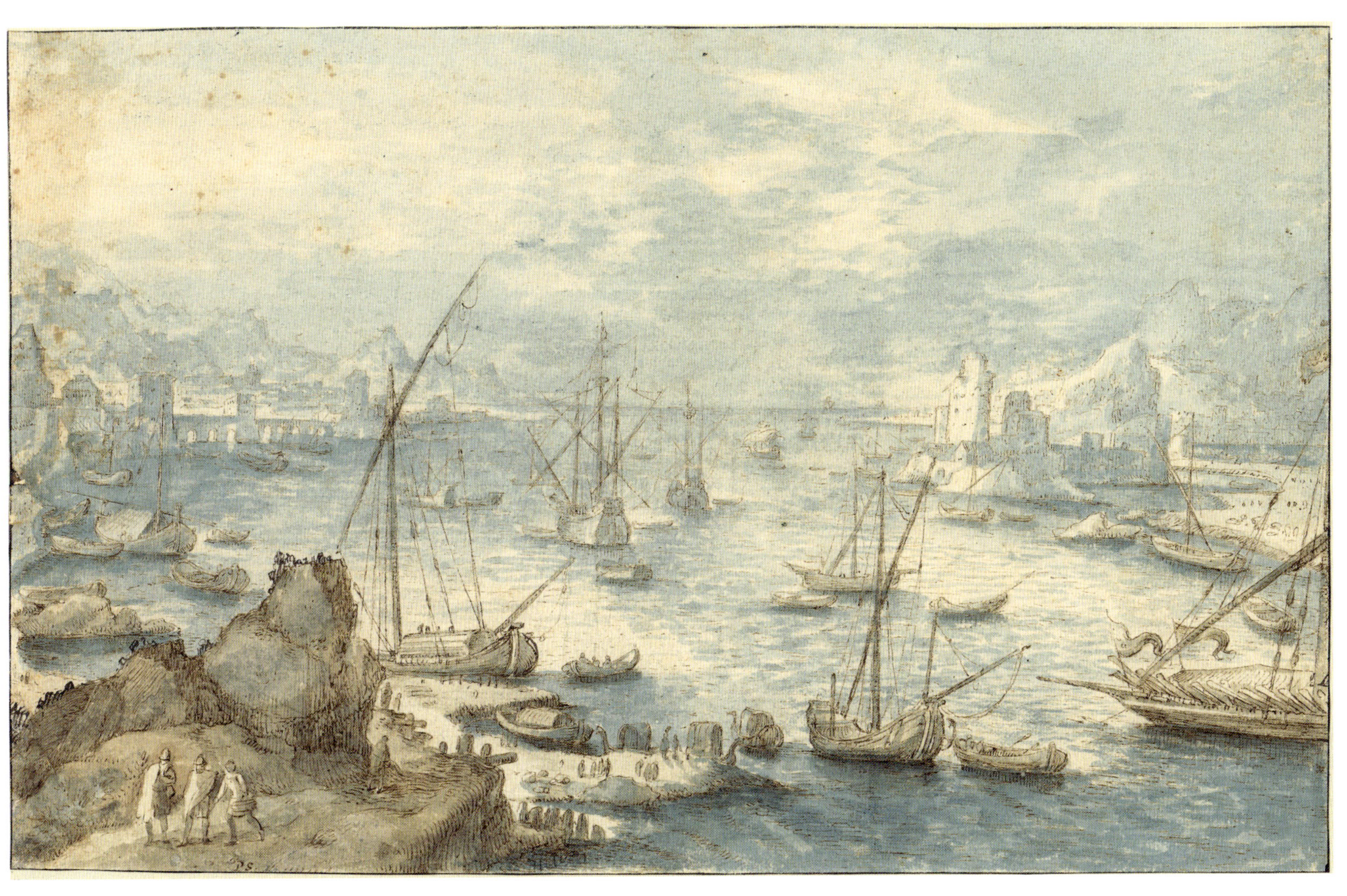

75 · Pieter Stevens II.
Meerhafen mit Segelschiffen, um 1595–1600

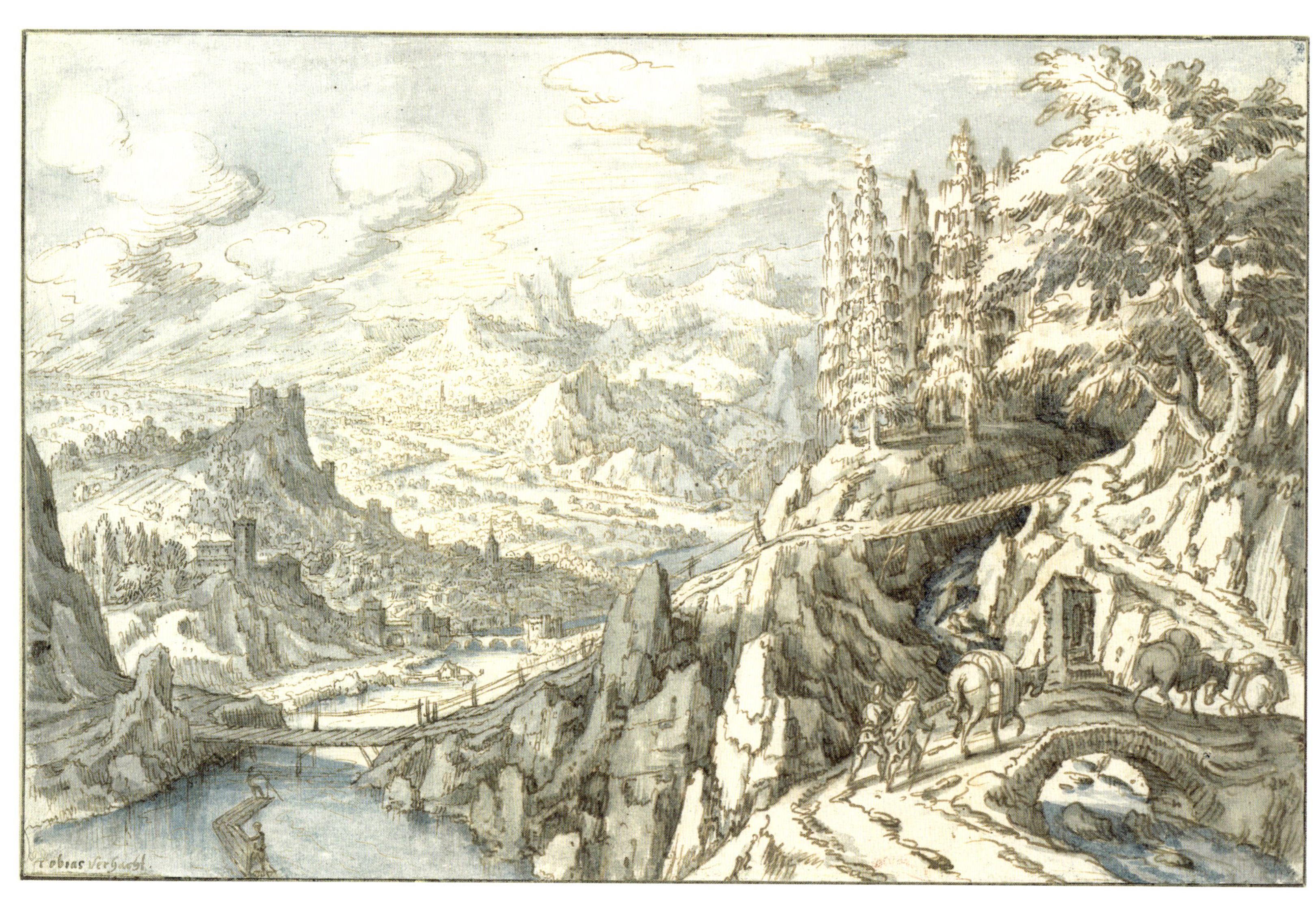

76 · Tobias Verhaecht
Alpenstraße mit Blick ins Tal, um 1600

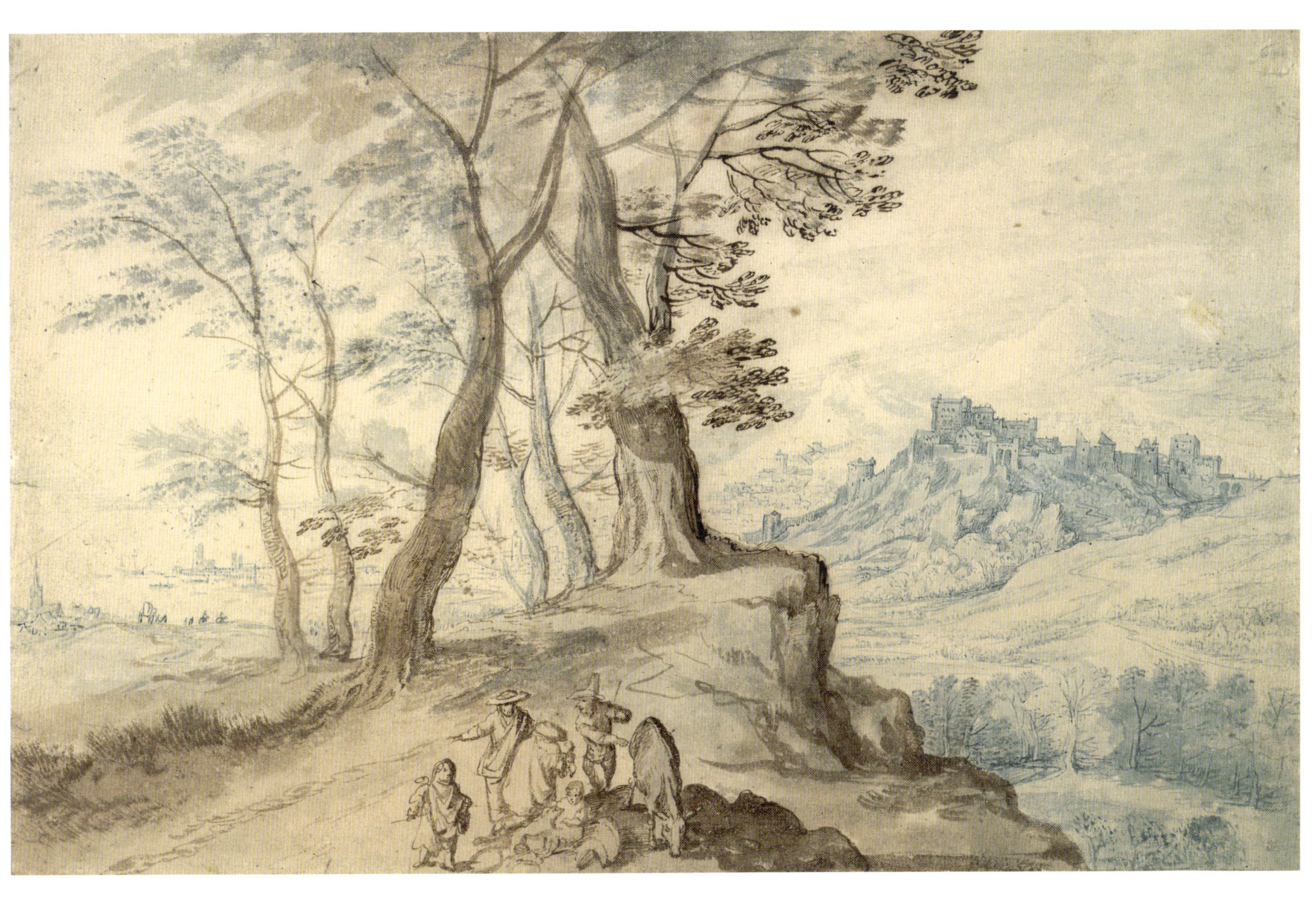

77 · Jan Brueghel d. Ä.
Bäume auf einer Anhöhe mit einer Gruppe von Reisenden, 1603/04

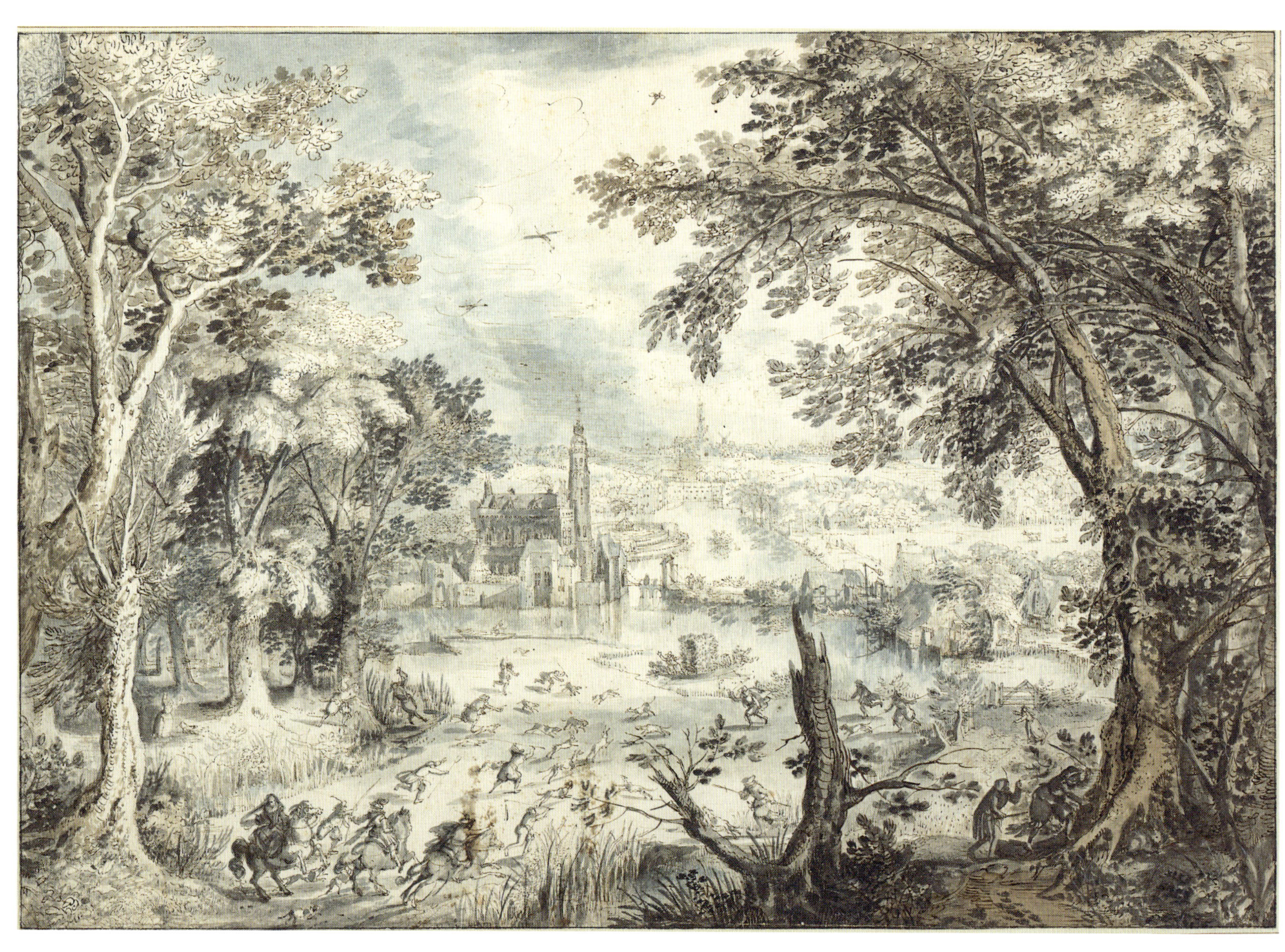

78 · David Vinckboons d. Ä.
Landschaft mit Hasenjagd, 1601/02

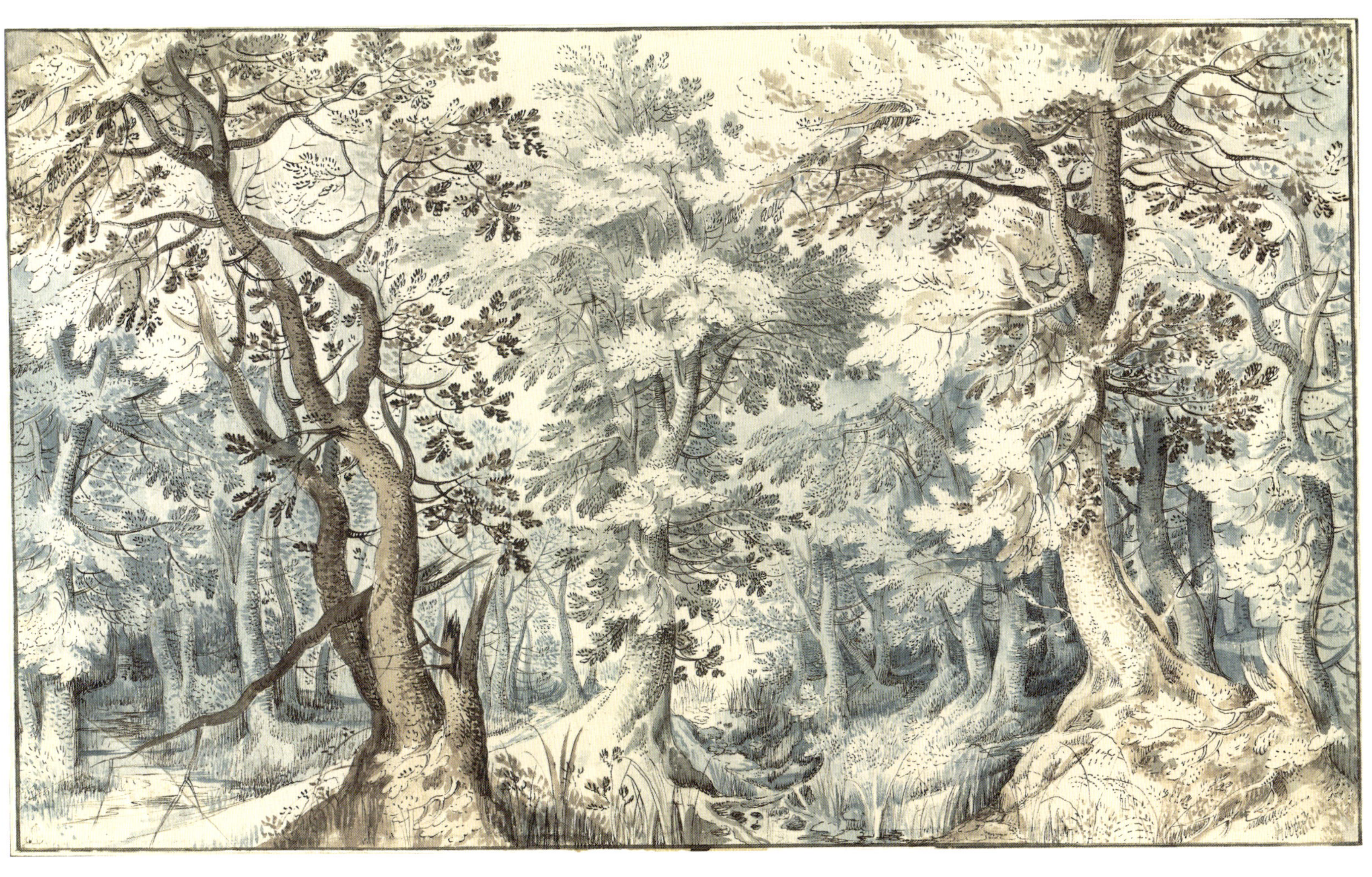

79 · Umkreis des Gillis van Coninxloo
Waldinneres, um 1610

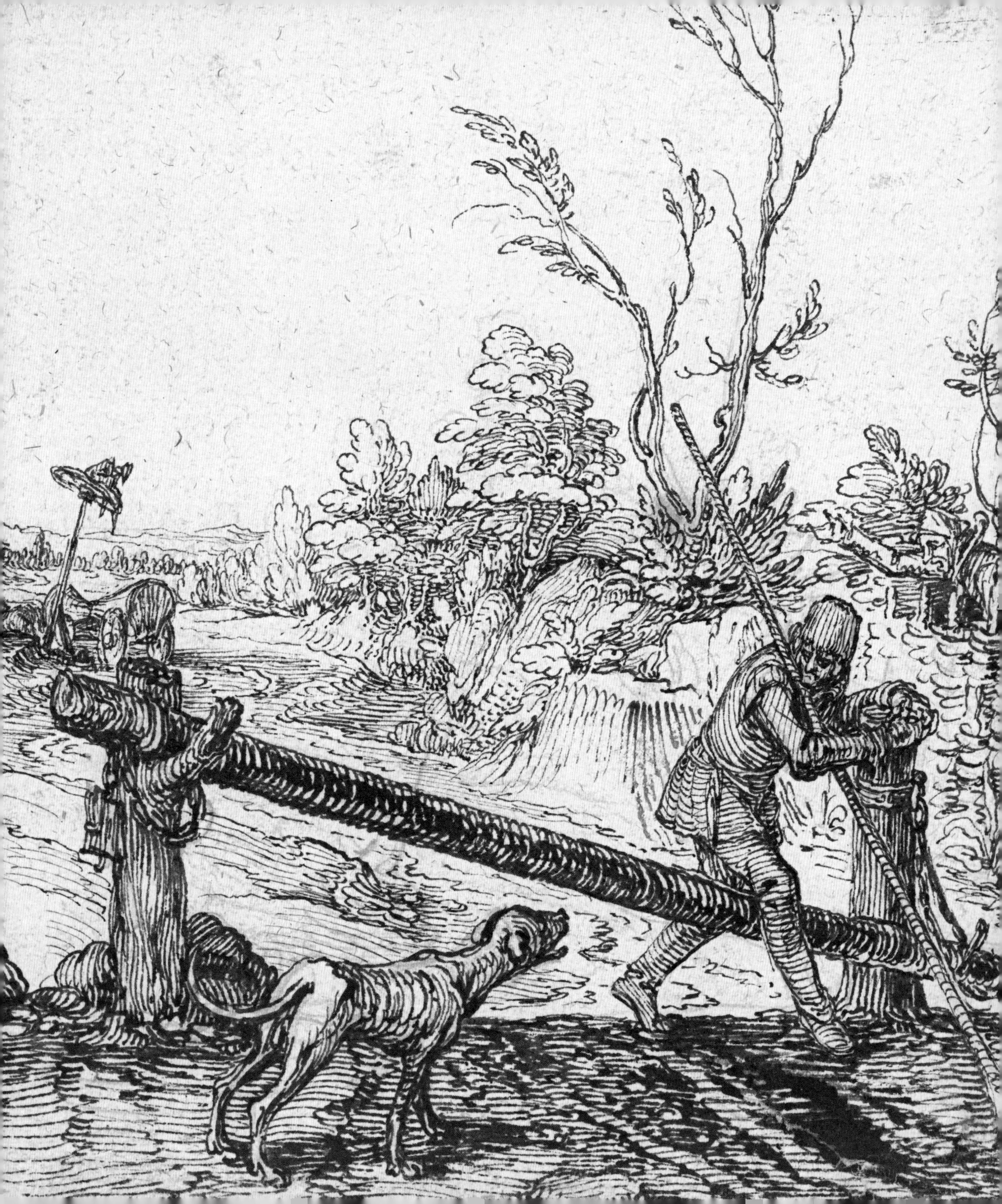

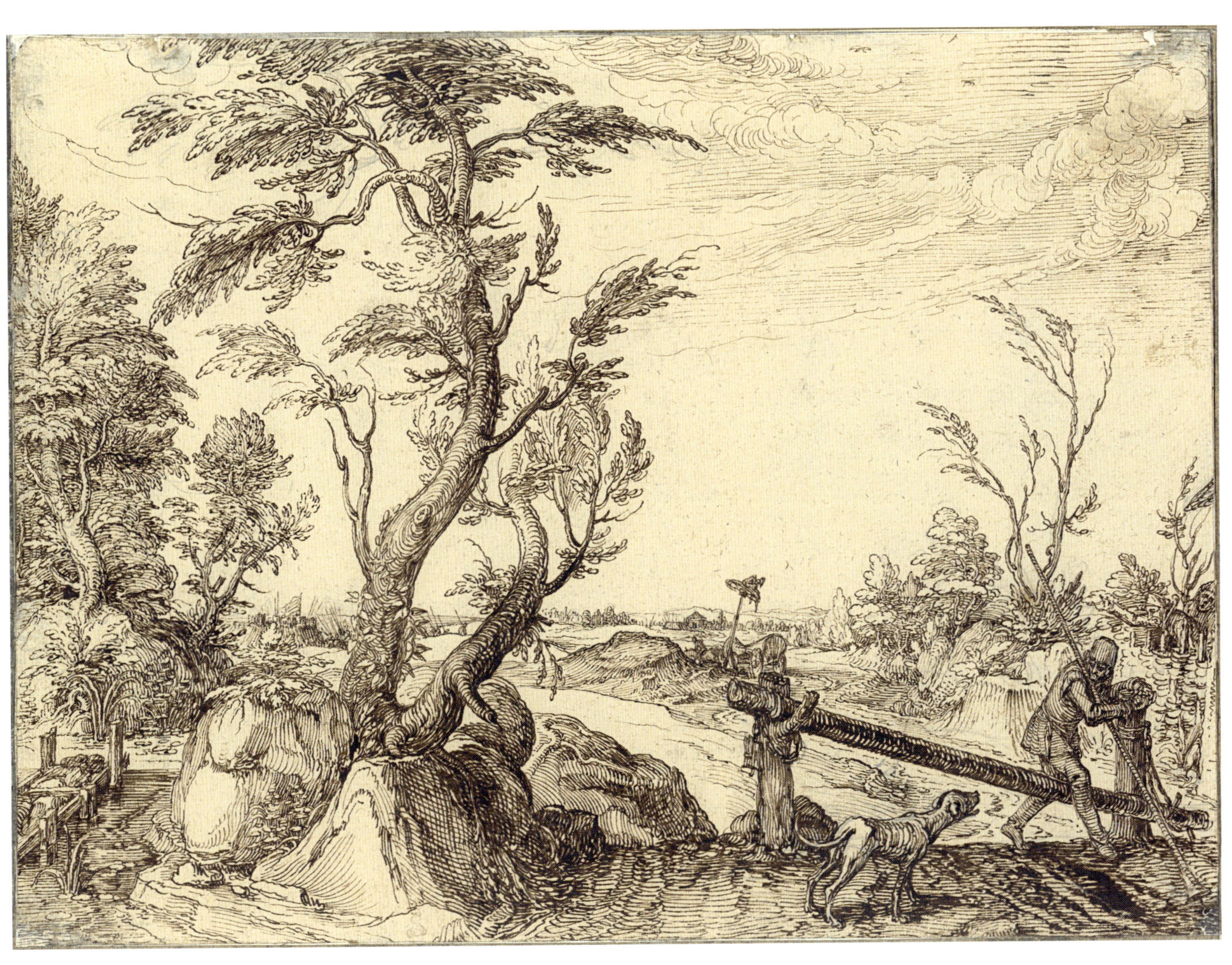

80 · Jacques de Gheyn II.
Landschaft mit Lanzenträger und bellendem Hund, um 1603

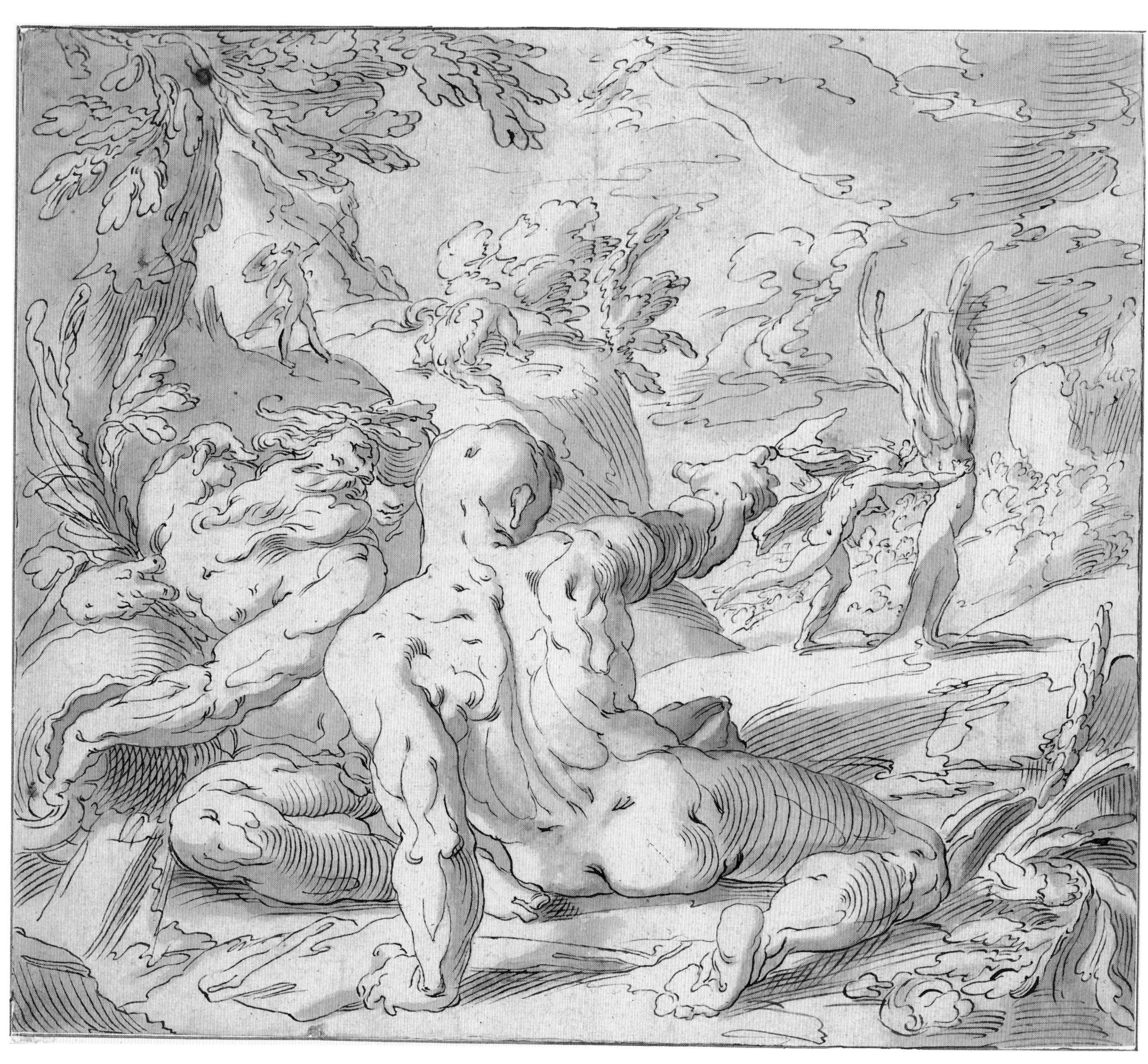

81 · Abraham Bloemaert
Flussgötter beobachten die Verwandlung der Daphne, um 1592

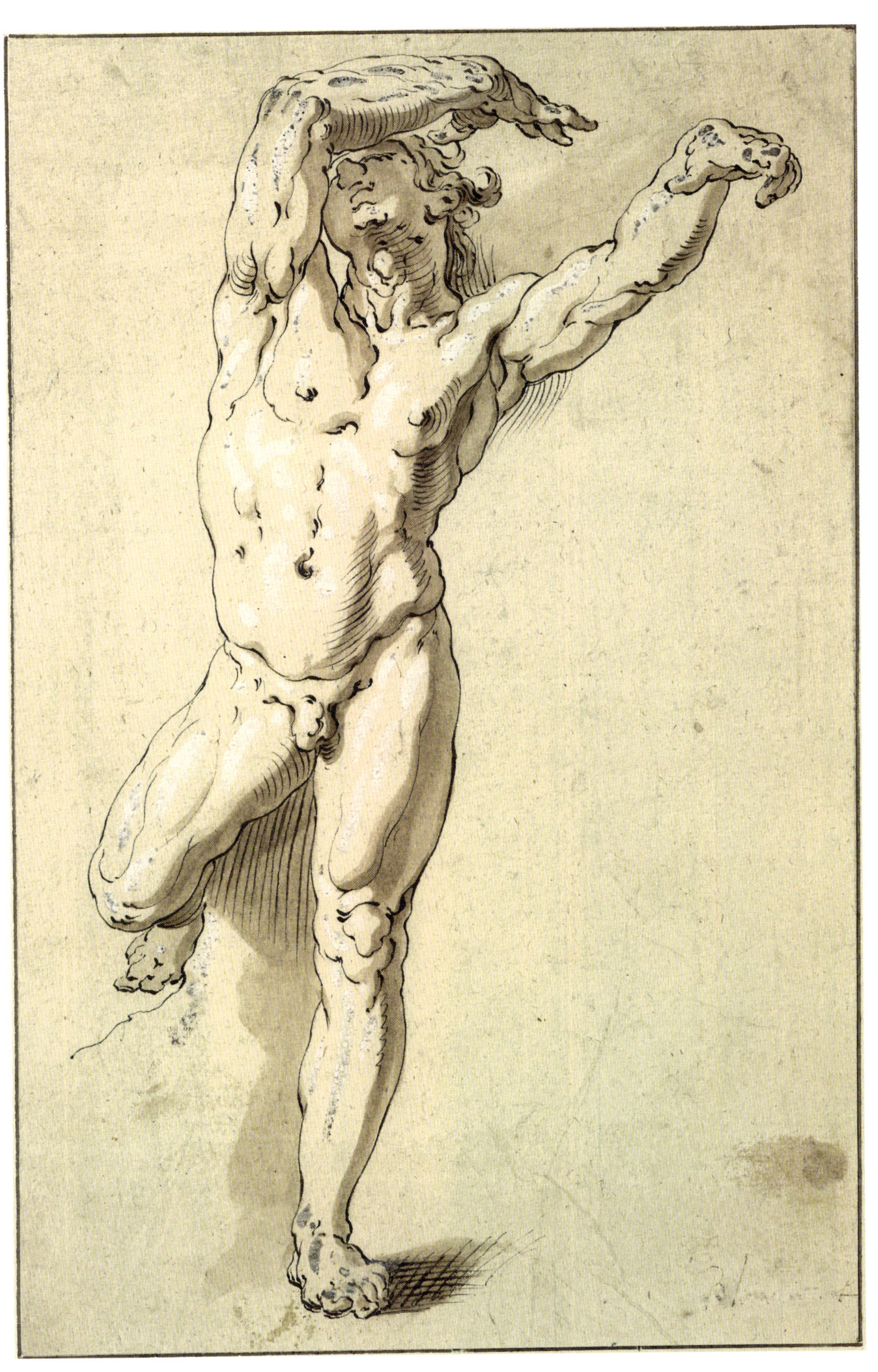

82 · Abraham Bloemaert
Aktstudie, 1592/93

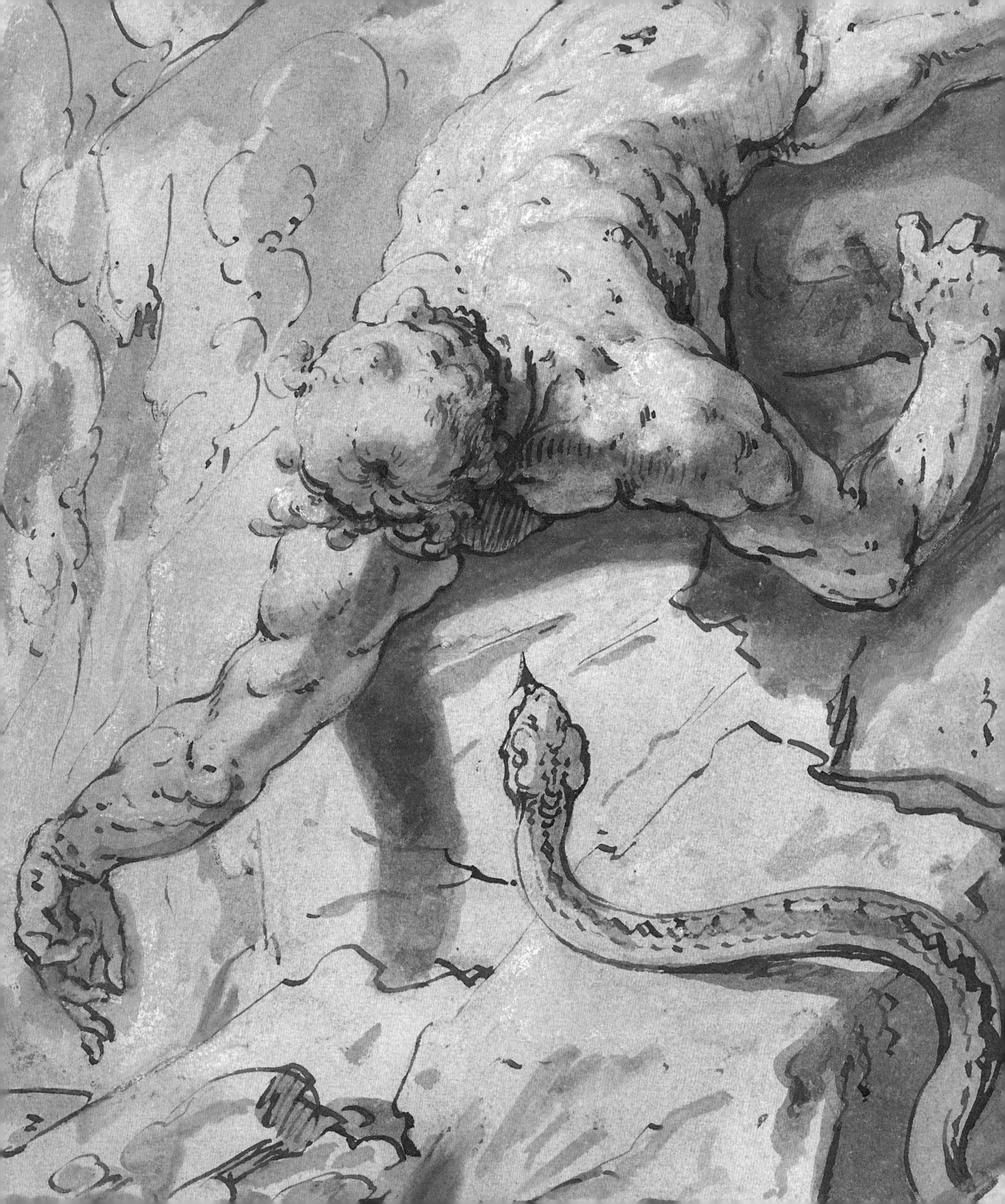

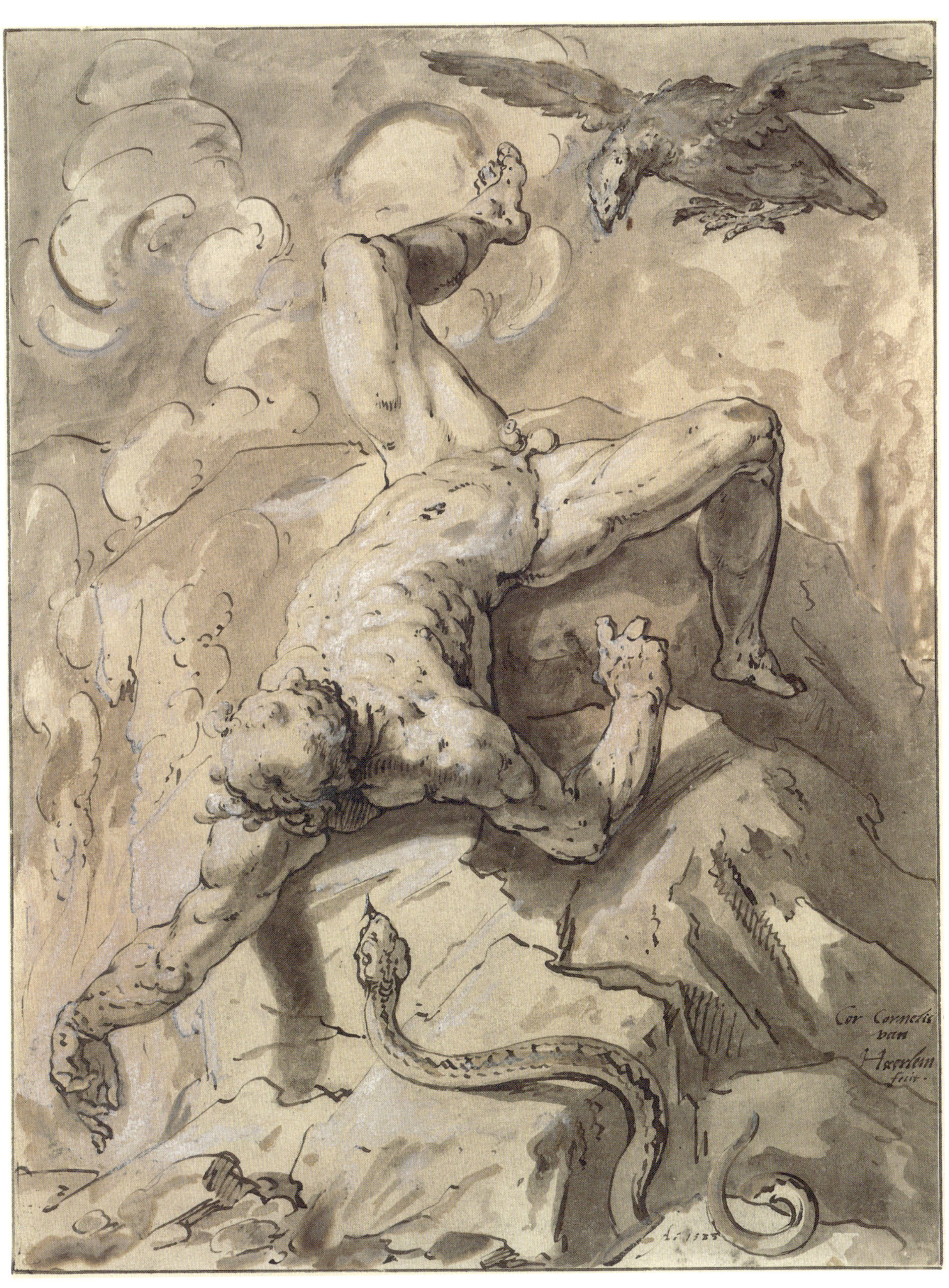

83 · Cornelis Cornelisz. van Haarlem
Tityos, 1588

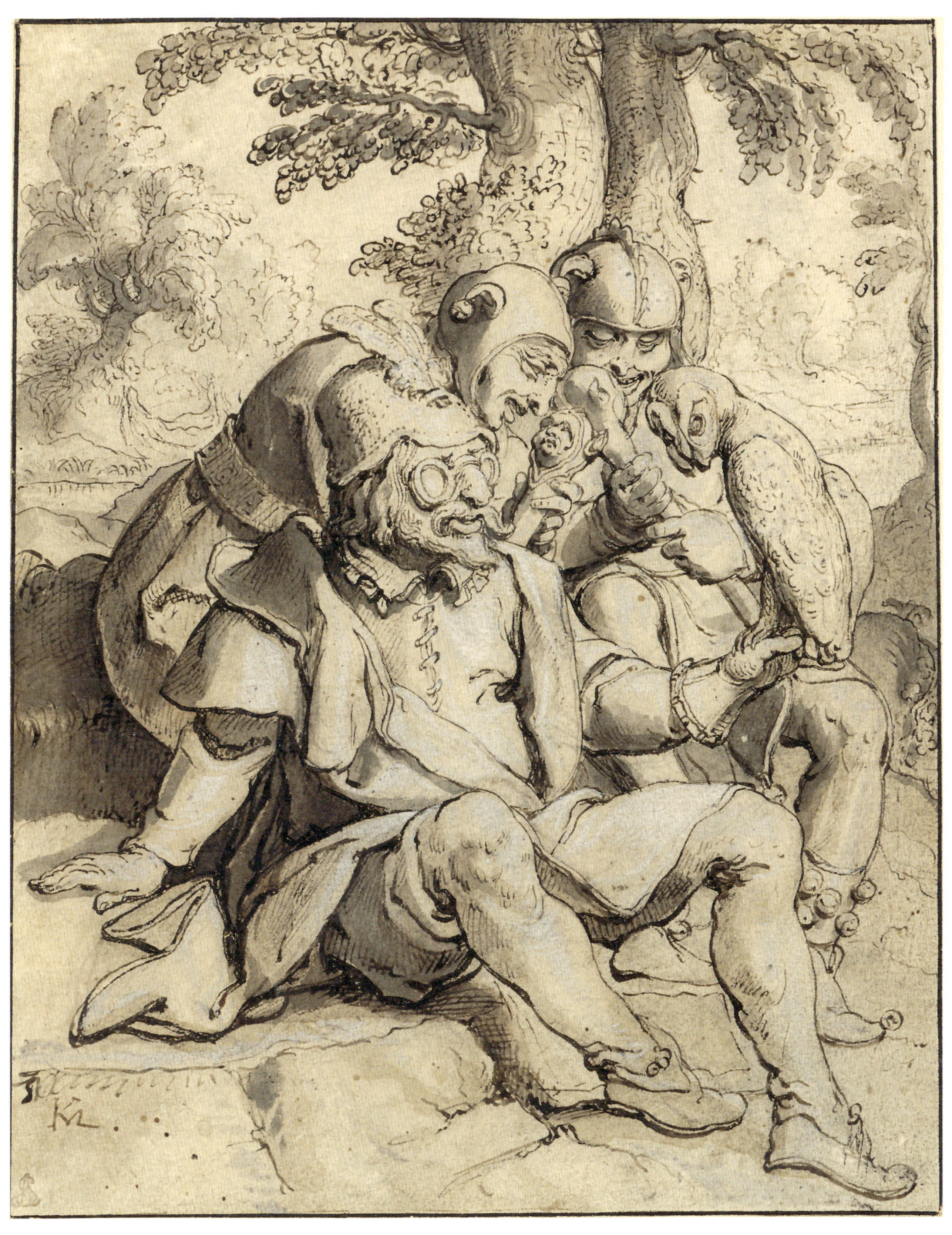

84 · Karel van Mander I.
Die Weisheit der Narren, um 1592

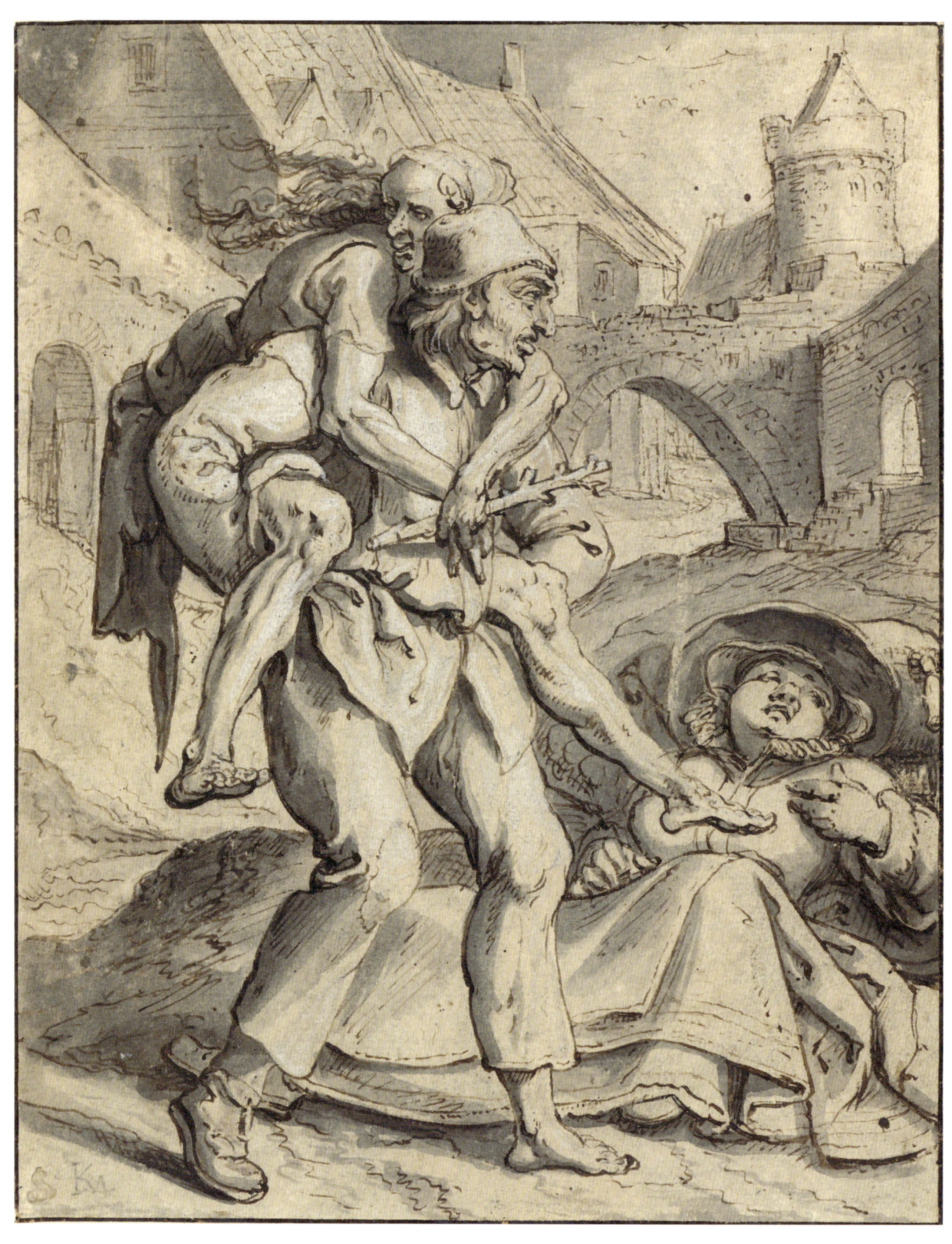

85 · Karel van Mander I.
Armut lässt sich leichter ertragen als Luxus, um 1592

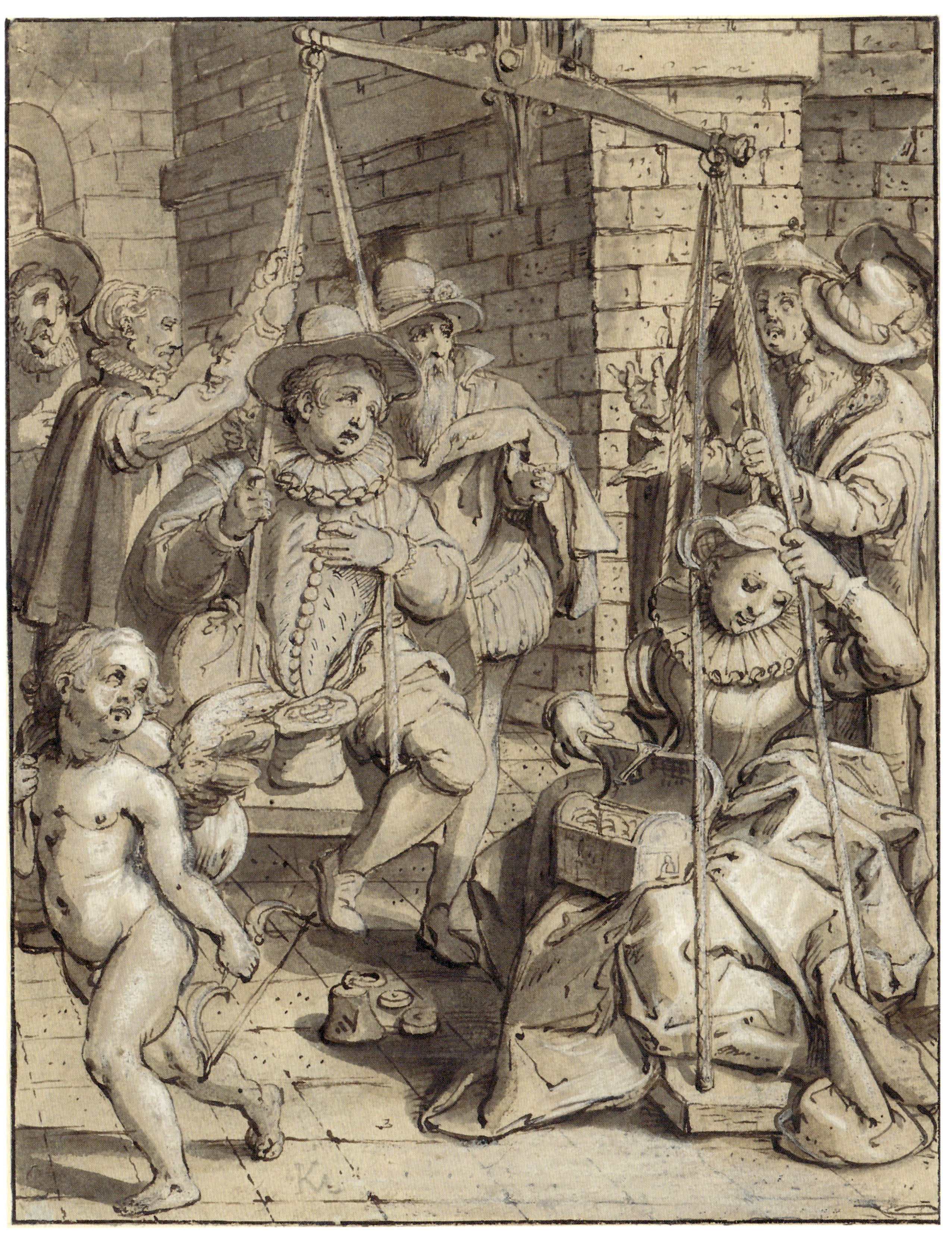

86 · Karel van Mander I.
Der Ehehandel, um 1592

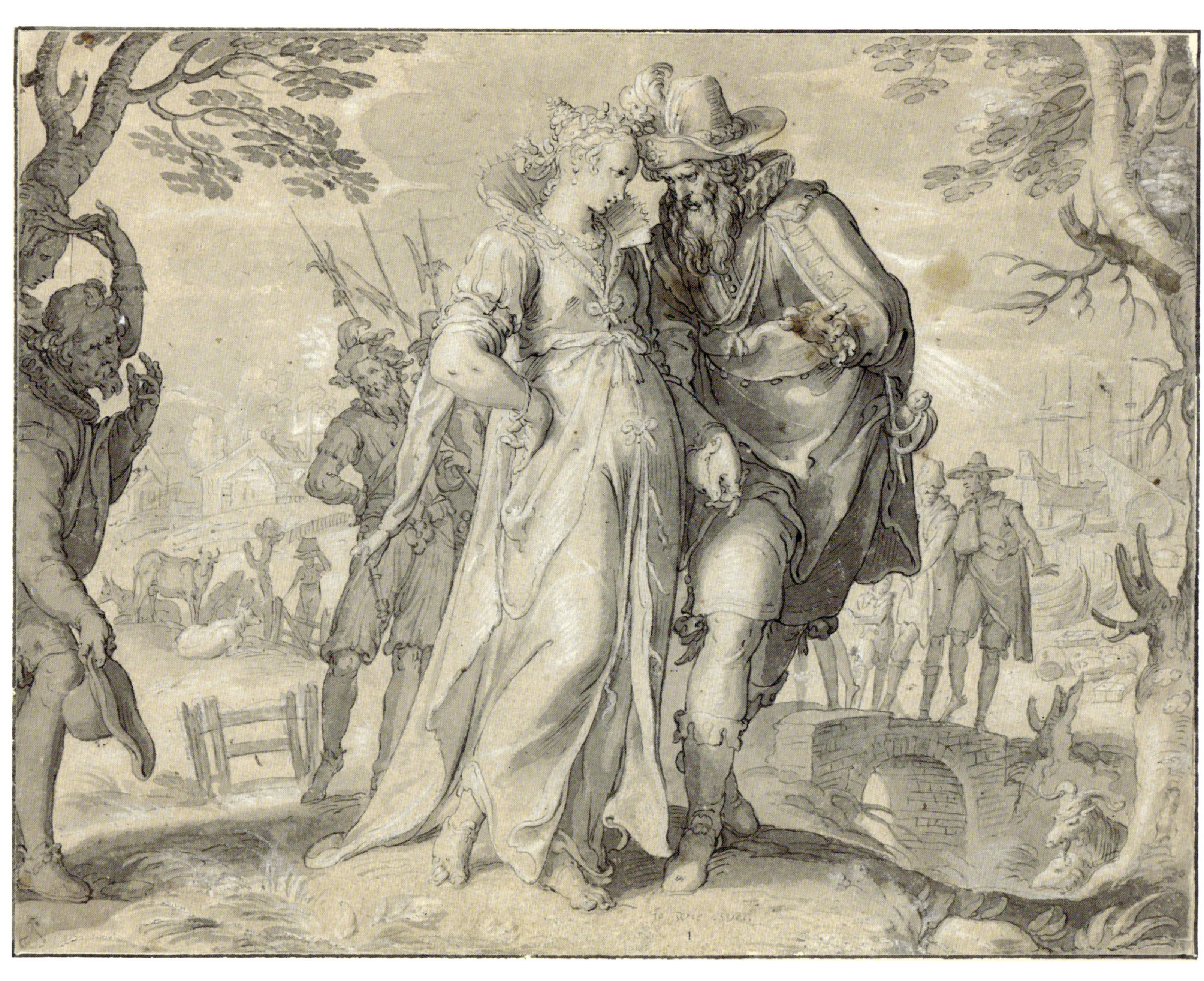

87 · Joachim Antonisz. Wtewael
Die Dame Belgica wird hofiert, 1612

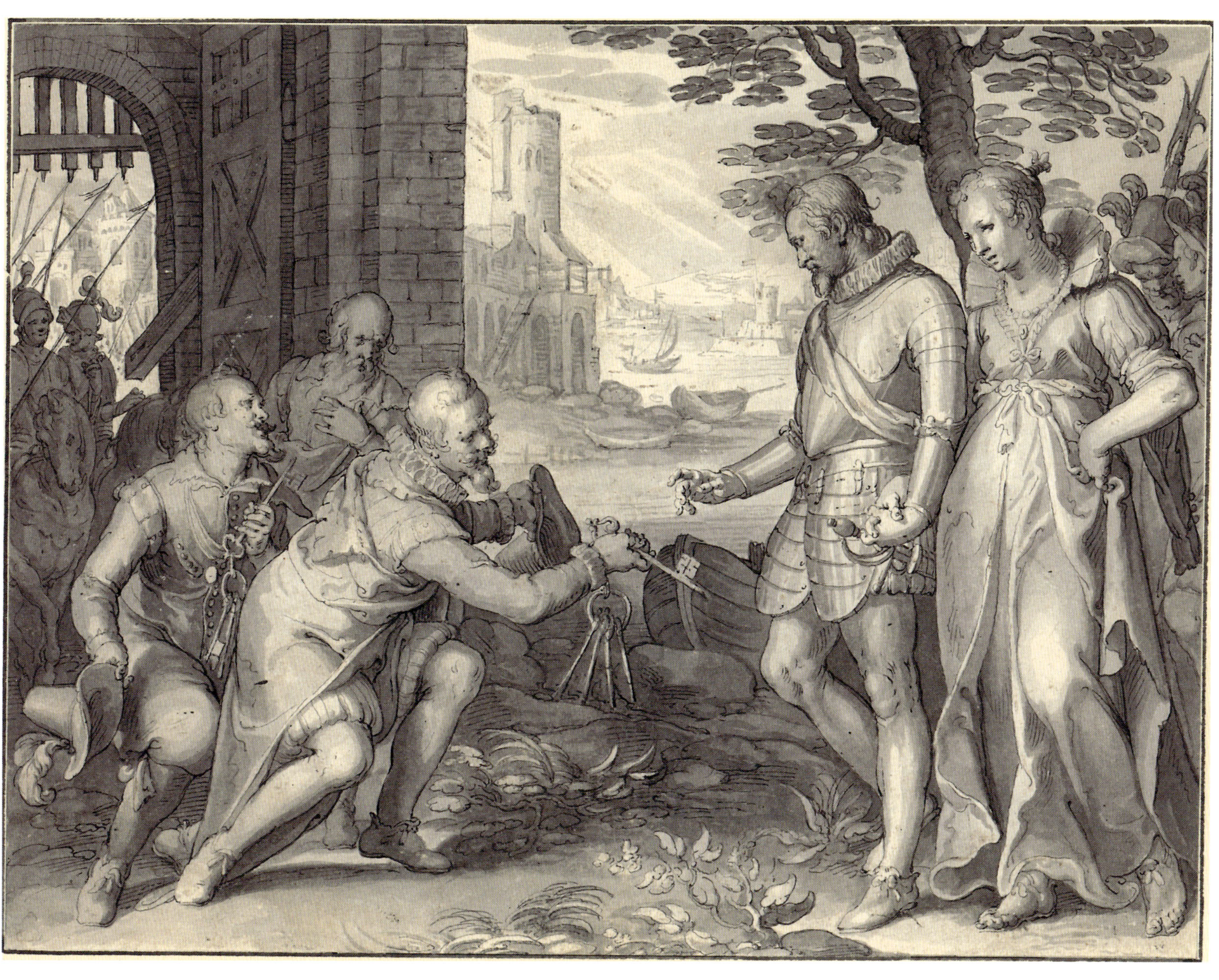

88 · Joachim Antonisz. Wtewael
Die Übergabe der Stadt, 1612

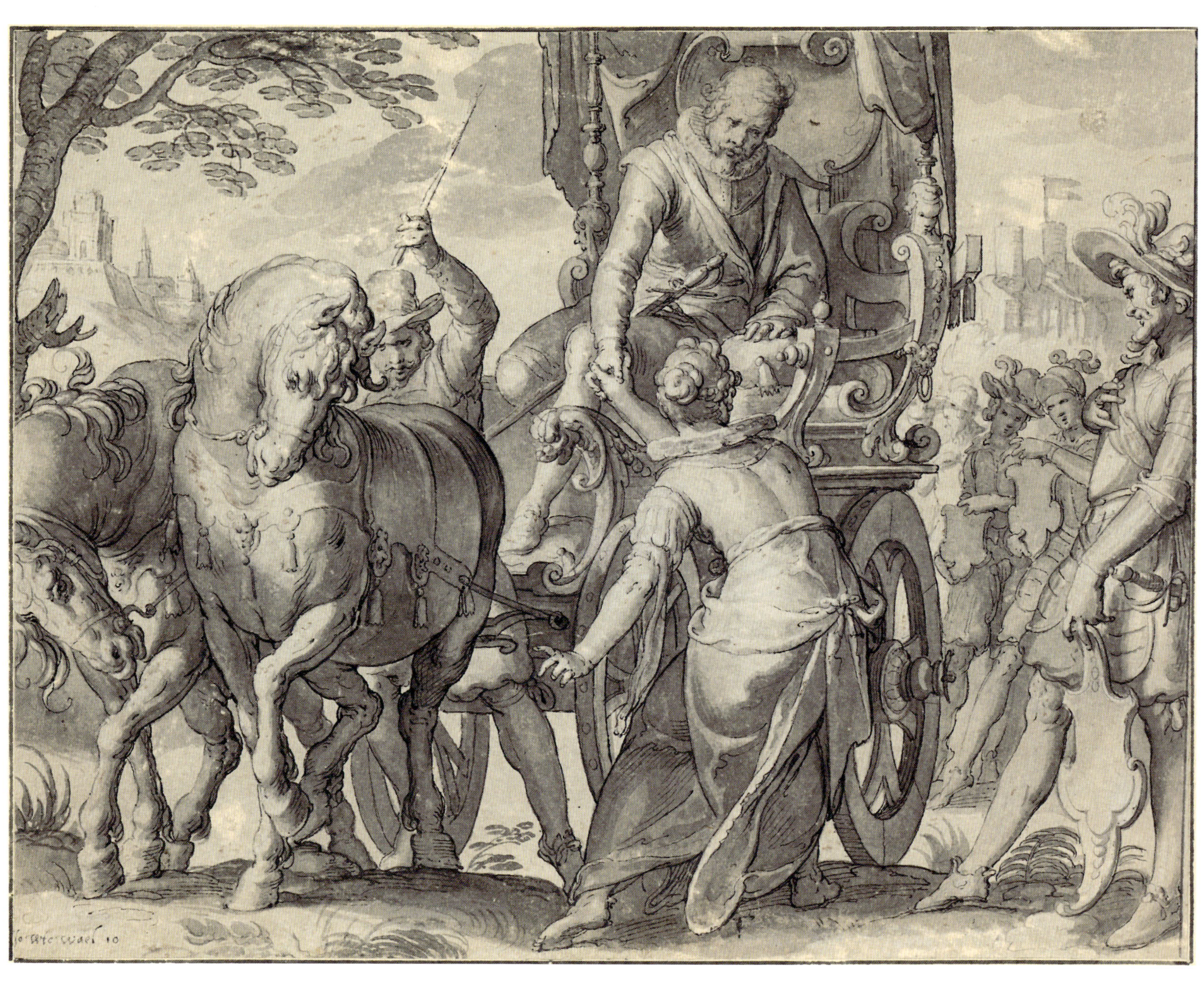

89 · Joachim Antonisz. Wtewael
Der militärische Triumph, 1612

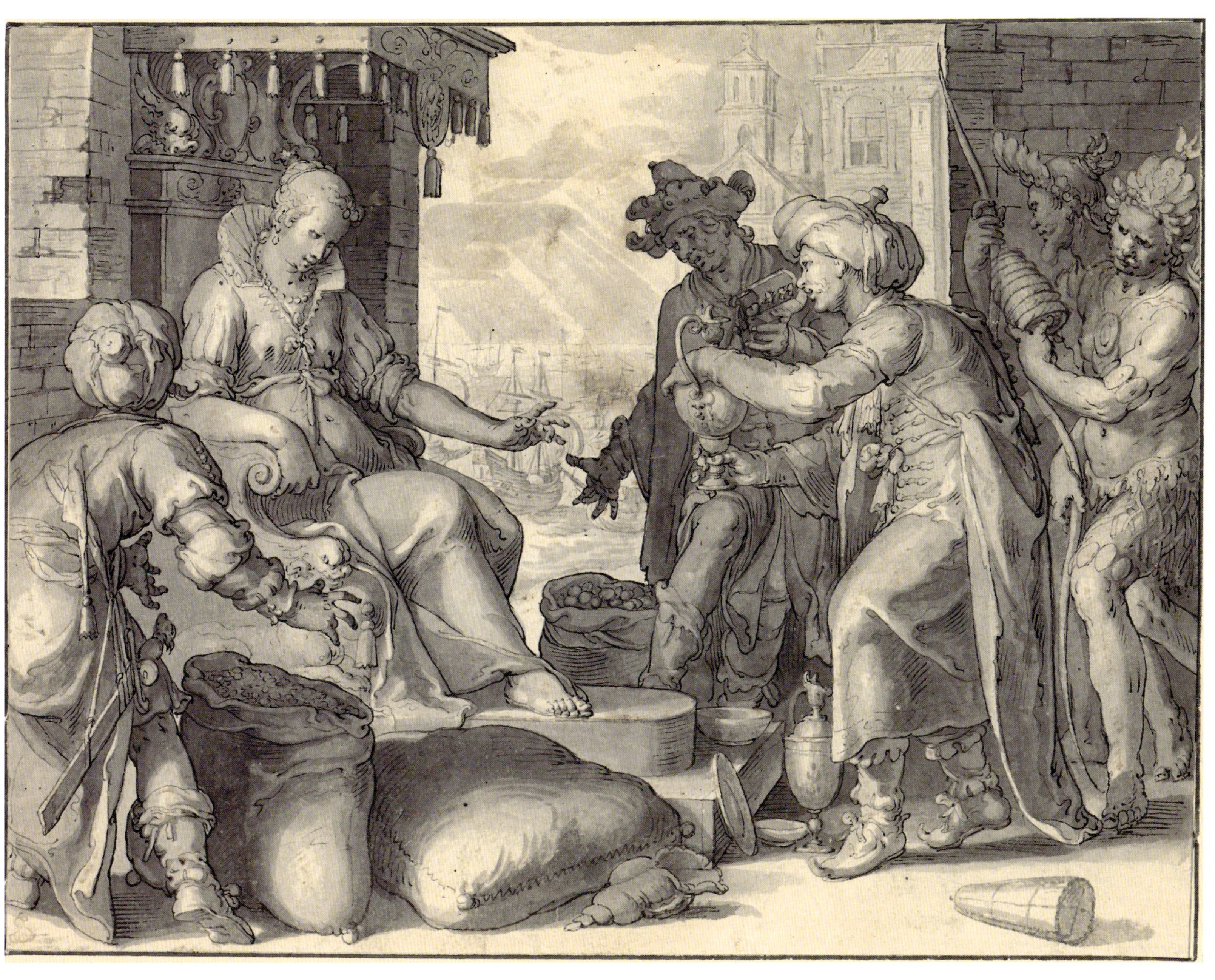

90 · Joachim Antonisz. Wtewael
Indische Kaufleute huldigen Belgica, 1612

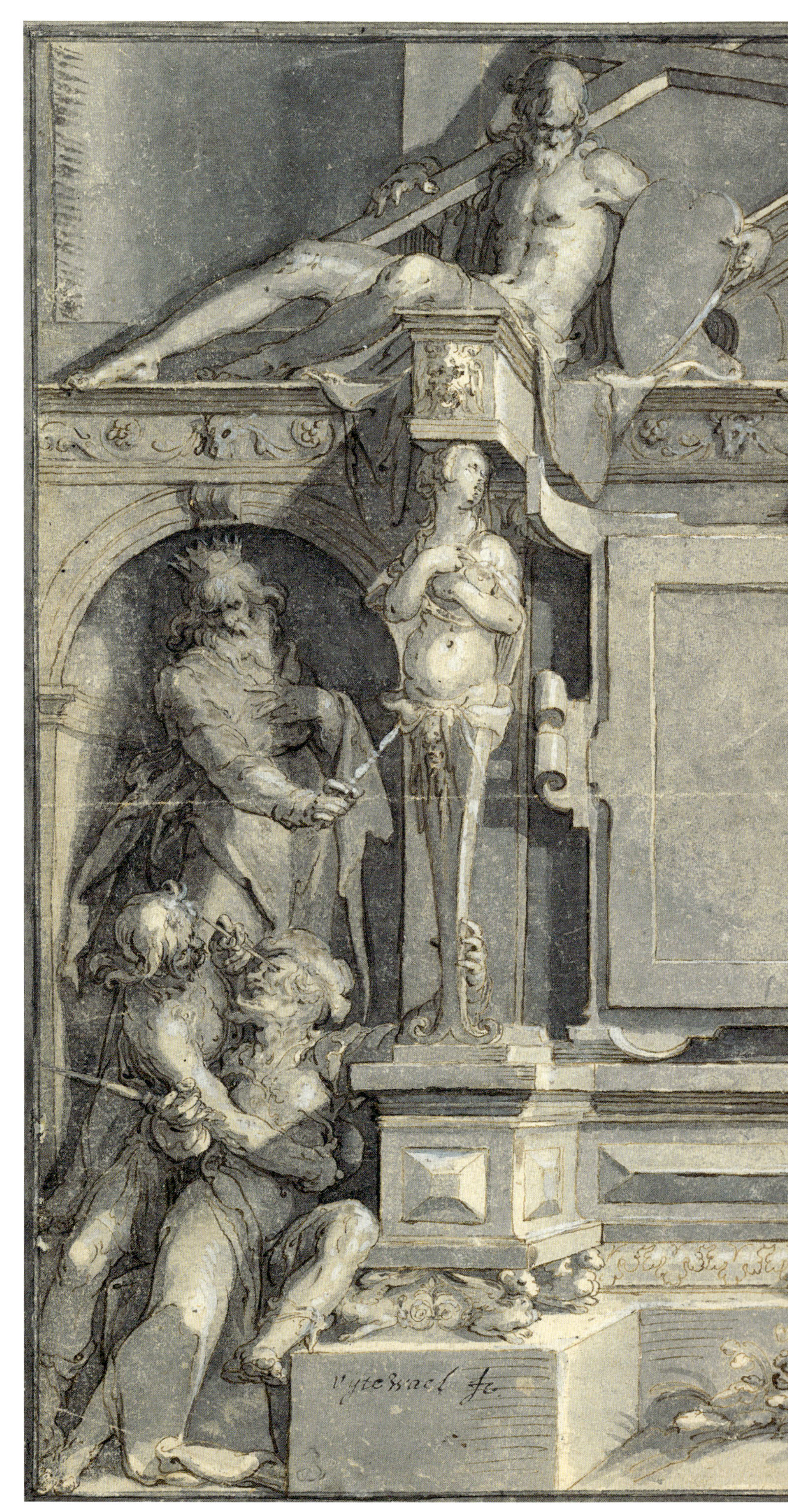

91 · Joachim Antonisz. Wtewael
Titelblatt der Serie Thronus Justitiae
(Thron der Gerechtigkeit), um 1606

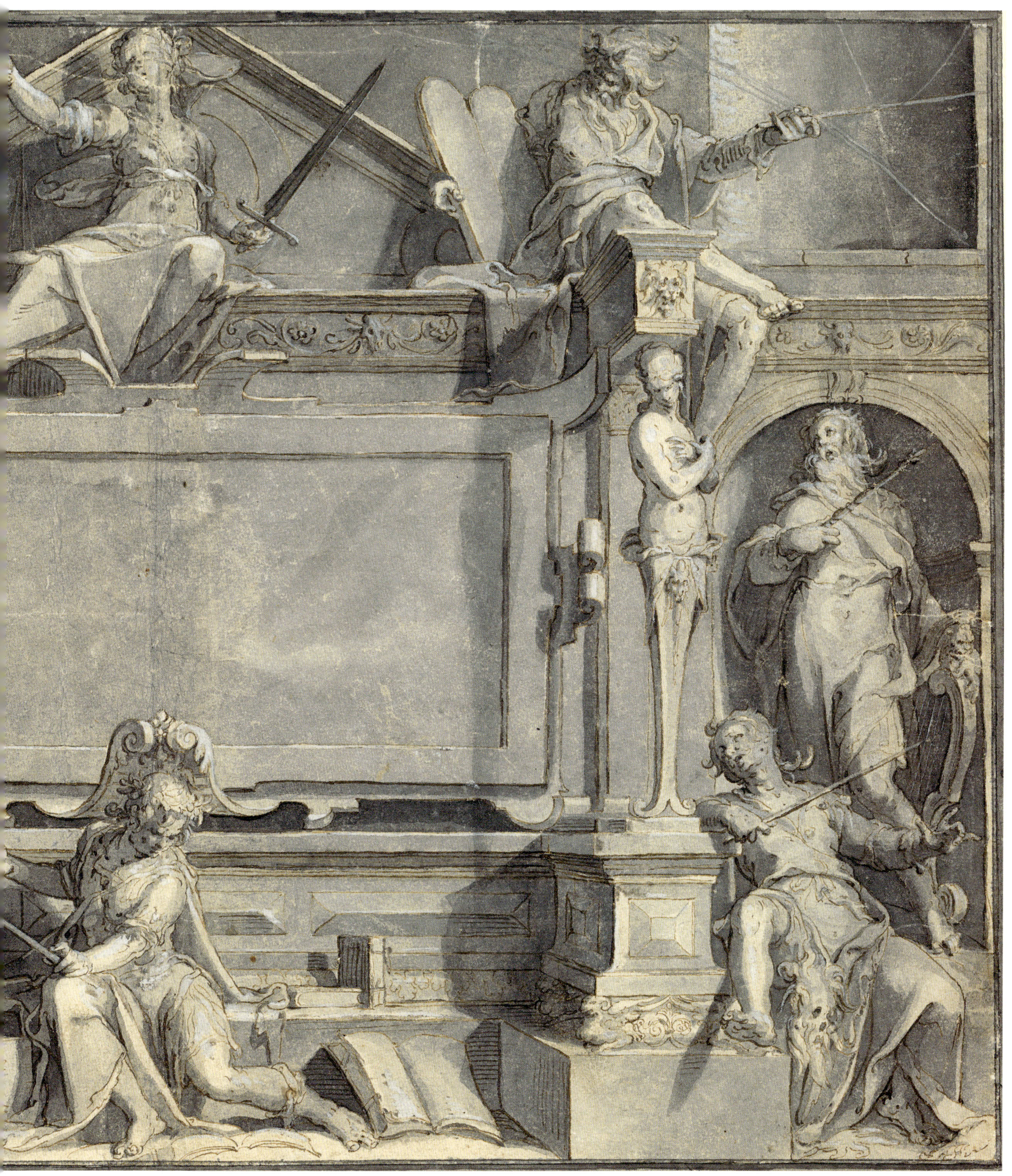

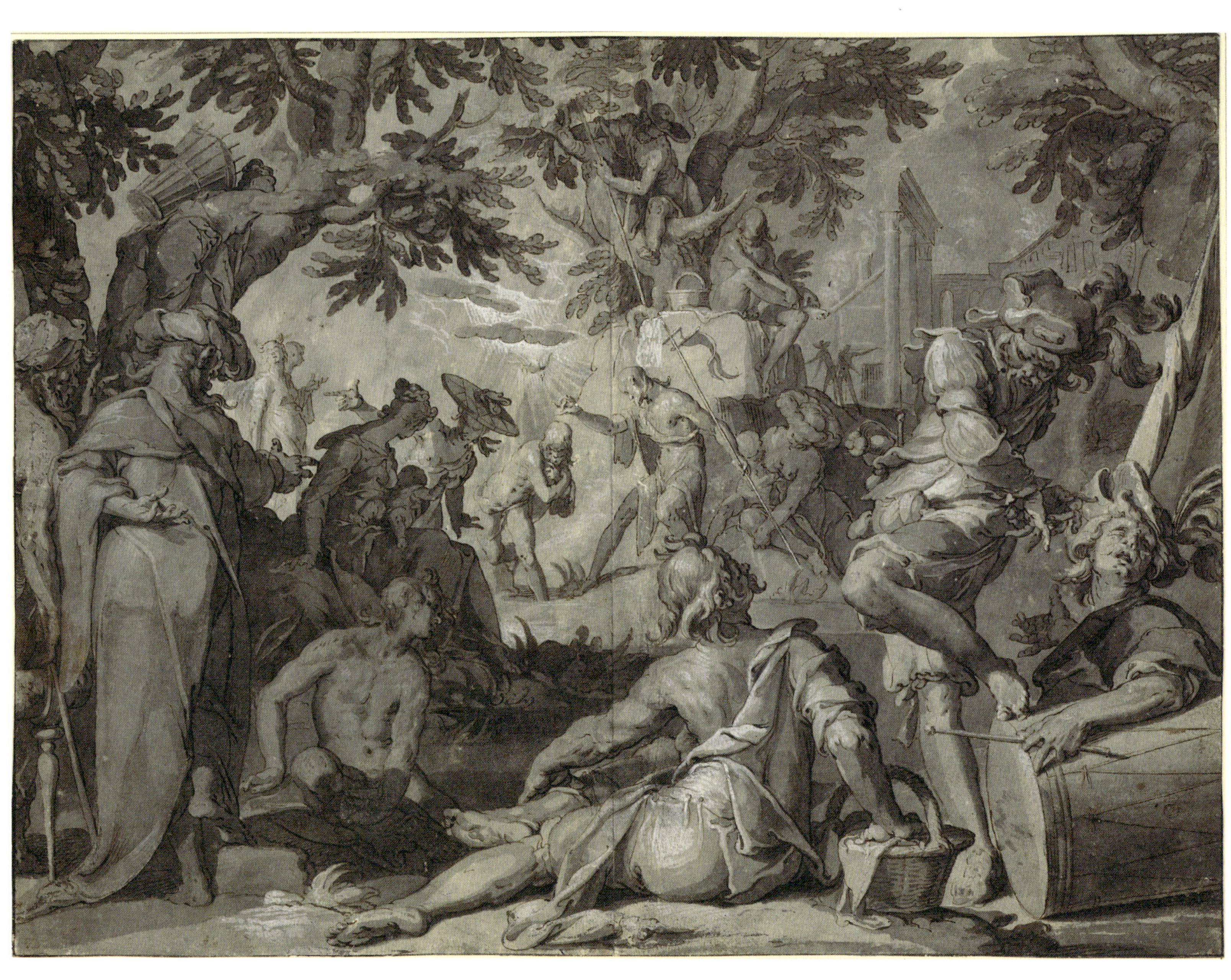

92 · Joachim Antonisz. Wtewael
Die Taufe Christi, um 1618–1624

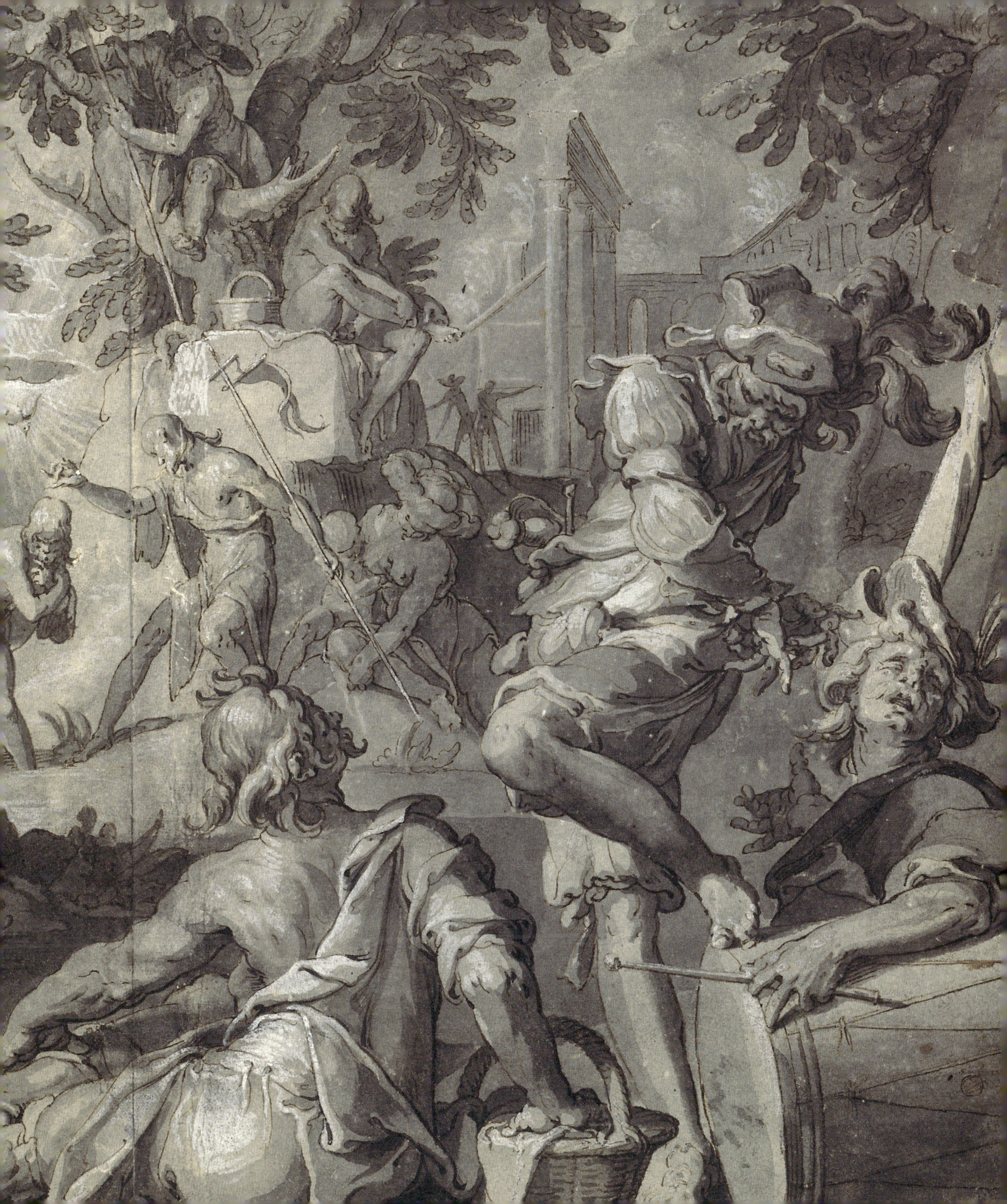

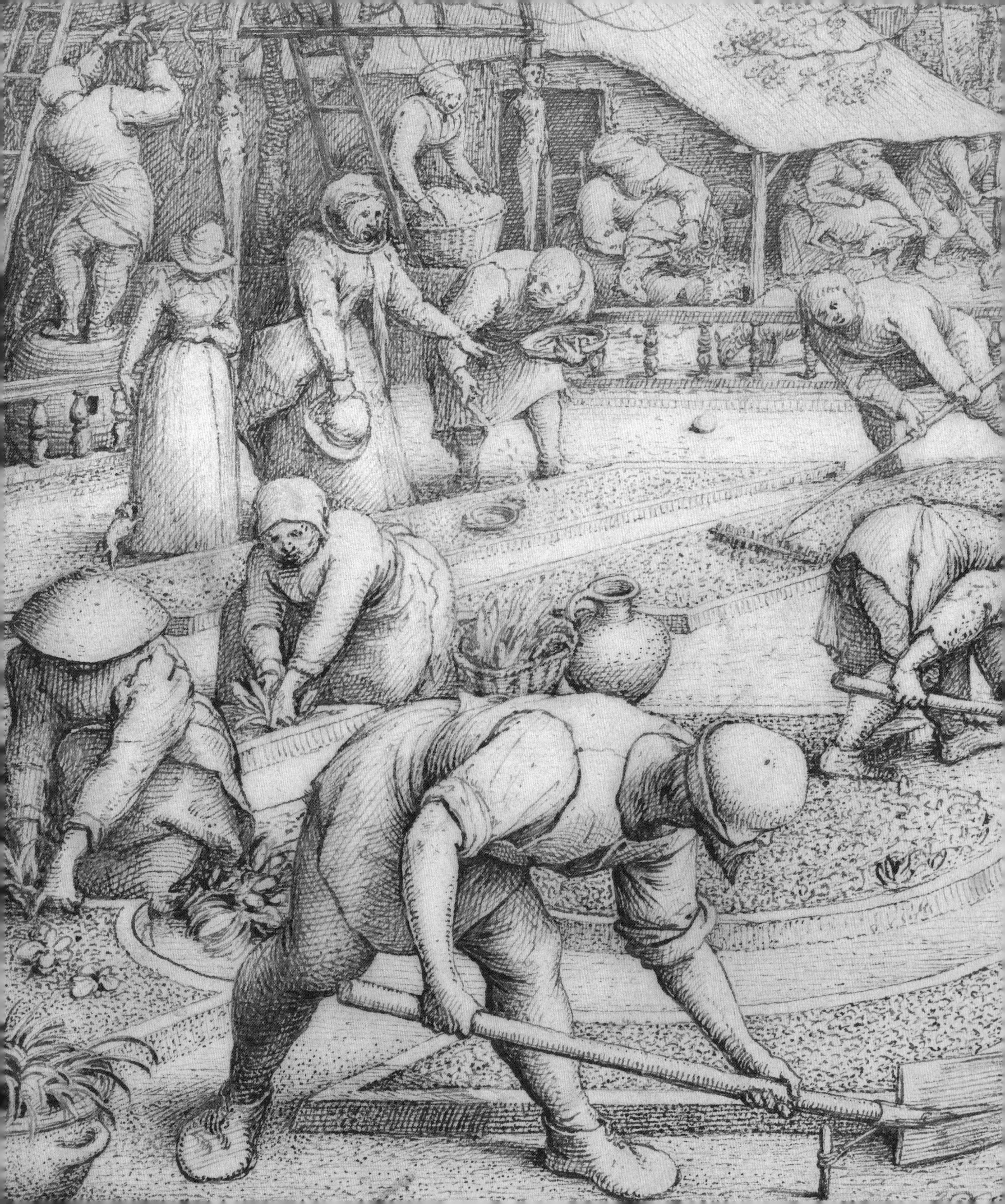

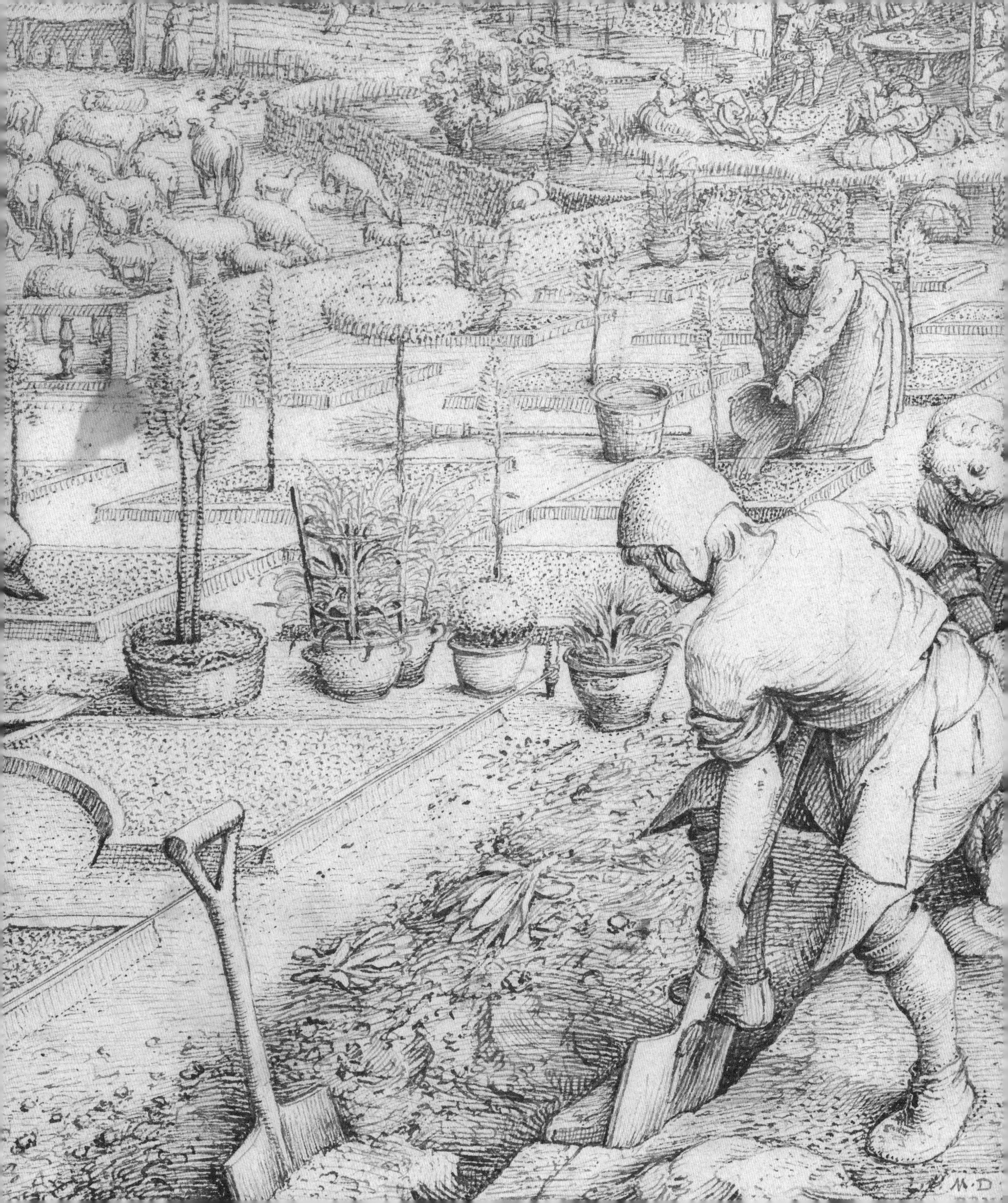
M·D

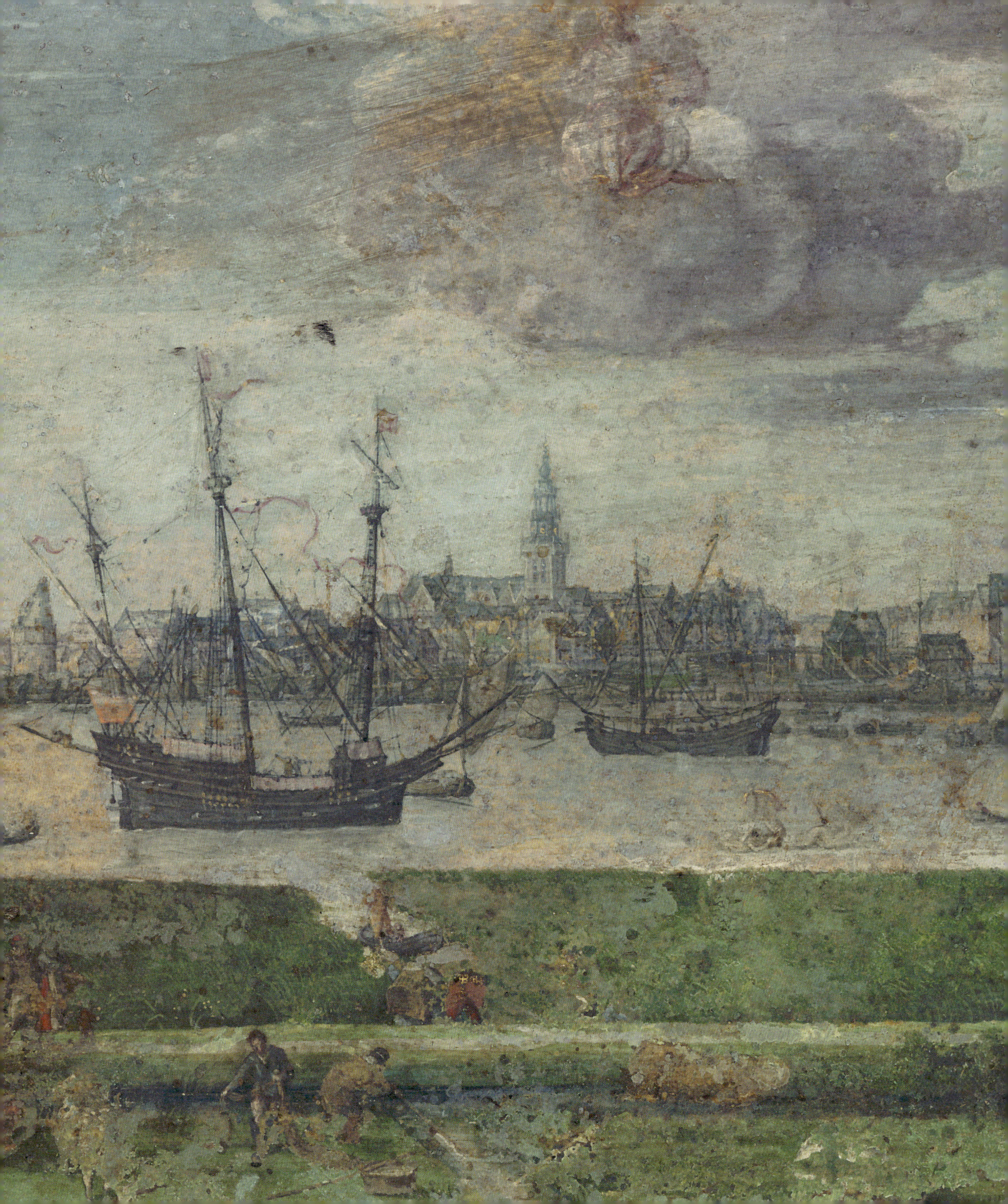

»zu restaurieren«

Hans Bol, Amsterdam, von Norden gesehen

Laura Ritter und Christina Schaaf-Fundneider

Mit seiner Ansicht von *Amsterdam, von Norden gesehen* schuf der in Mecheln geborene Miniaturmaler Hans Bol (1534–1593) die wohl früheste erhaltene gemalte Profilansicht der Stadt (Abb. 1; Kat. 72).[1] Das horizontale Format des in Deckfarben auf Pergament ausgeführten und auf eine dünne Holztafel kaschierten Bilds unterstützt die panoramaartige Wirkung der Darstellung. Der Blick fällt über das grüne Marsch- und Weideland des Vordergrunds auf den von zahlreichen Schiffen und kleineren Booten befahrenen Meeresarm IJ und die Vedute der Stadt am Horizont. Einige der minutiös ausgeführten Architekturen können eindeutig mit historischen, zum Teil bis heute existierenden Bauwerken identifiziert werden: Von links nach rechts sind etwa der Montelbaanstoren, der Schreierstoren, die Oude Kerk, die Nieuwe Kerk, die Oude Haarlemmerpoort sowie am äußersten Rand das Galgenfeld der Halbinsel Volewijk auszumachen. Im Zentrum der in zarten Blau- und Violetttönen ausgeführten Himmelszone ist eine in den Wolken auf einem Globus sitzende Figur zu erkennen. Entgegen der vorgeschlagenen Identifikation als Amsterdamer Stedemaagd, die als weibliche Allegorie der Stadt vor allem in der druckgrafischen Produktion ein geläufiges Motiv bildete,[2] handelt es sich um eine Darstellung des Merkur. Mit goldenem Caduceus, geflügeltem Helm und Flügelschuhen verweist der pagane Gott des Handels auf die Prosperität des aufstrebenden Warenumschlagplatzes der nördlichen Niederlande.

Wie der Kunstschriftsteller Karel van Mander (1548–1606) berichtet, war Bol nach einer ersten Ausbildung und mehrjährigen Tätigkeit als Tüchleinmaler in seiner Geburtsstadt 1572 vor der spanisch-habsburgischen Besatzung nach Antwerpen geflohen. Als in den Jahren 1584/85 auch die Stadt an der Schelde von den Truppen Philipps II. (1527–1598) überfallen wurde, begab sich der Künstler zunächst nach Bergen op Zoom, Dordrecht und Delft, bevor er sich schließlich in Amsterdam niederließ, wo er bis zu seinem Tod 1593 als Miniaturmaler tätig war.[3] Neben Darstellungen von Landschaften mit figürlichen Szenen machte sich der Meister schon früh auch mit seinen Stadtansichten einen Namen. So berichtet van Mander von »vielen schönen und

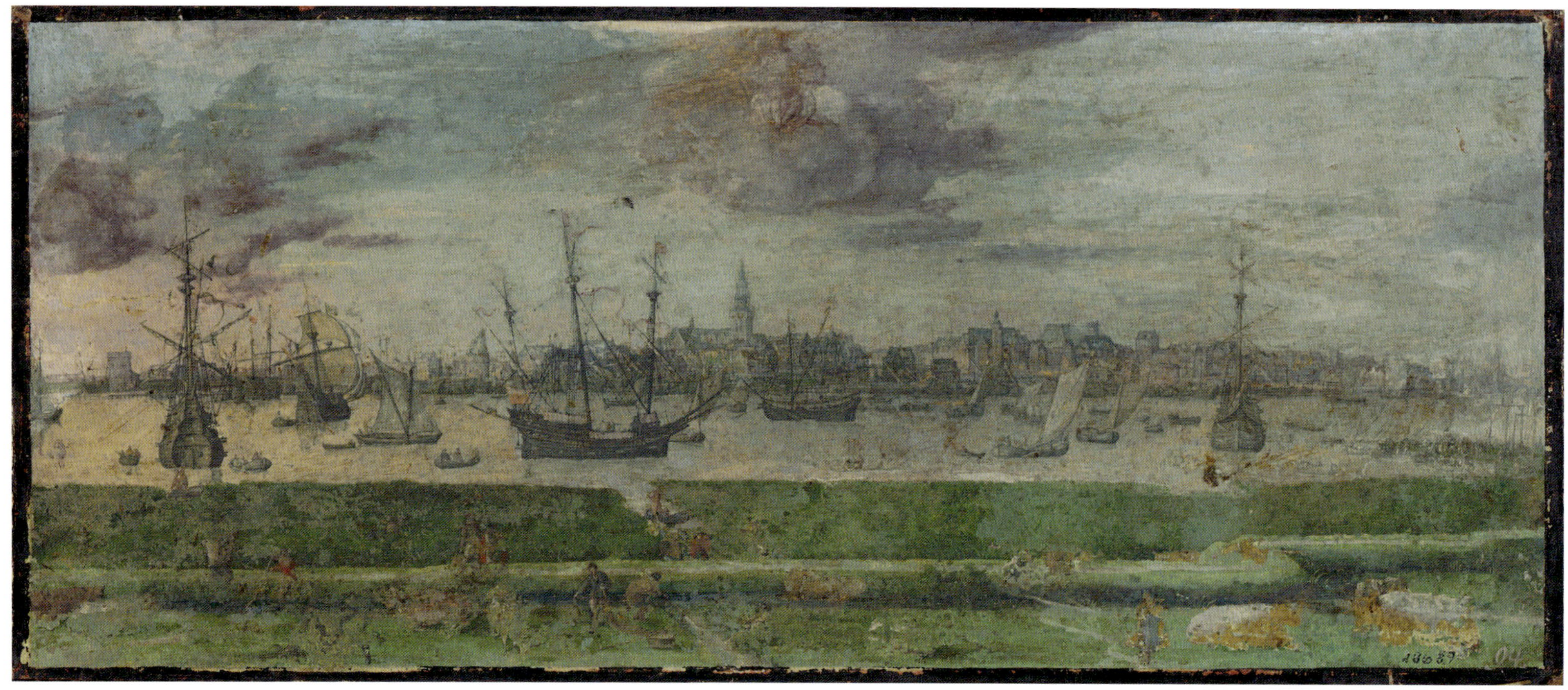

Abb. 1: Hans Bol, *Amsterdam, von Norden gesehen,* um 1590, Gouache (oder Tempera), Gold, auf Pergament, auf Holztafel kaschiert, 15 × 33,5 cm, Wien, Albertina, Inv. 28687

sauberen Miniaturen ..., so auch Amsterdam nach dem Leben, von der Wasserseite aus mit den Schiffen«[4] – eine Beschreibung, die unter Bols erhaltenen Werken ausschließlich auf die kleine Tafel der Albertina zutrifft.[5]

Wie Stefaan Hautekeete festhielt, verfolgten solche Bilder ein zweifaches Interesse: Zum einen bedienten sie die anhaltende Nachfrage nach überblicksartigen Weltlandschaften, die sich seit der Entstehung des Genres in der ersten Jahrhunderthälfte ungebrochener Popularität erfreuten. Zum anderen kamen diese Ansichten als topografisch exakte Darstellungen dem wachsenden Repräsentationsbedürfnis des niederländischen Bürgertums entgegen, das sich als neue gesellschaftliche Klasse auch über die Stadt als zentralen Ort kulturellen Handelns definierte.[6]

Im Kontext früher kartografischer Projekte waren in der Druckgrafik schon ab der Mitte des 16. Jahrhunderts individuelle Ansichten europäischer Städte entstanden.[7] Bol war jedoch einer der ersten Künstler, die ihre gezeichneten und gemalten Veduten ohne Reproduktionsabsicht als kostbare Einzelstücke konzipierten. Den Grundsätzen der zeitgenössischen Kunsttheorie entsprechend verband er dabei das Schaffen »nach dem Leben« (»naer het leven«) mit jenem »aus der Fantasie« (»uyt den gheest«). Wie zahlreiche erhaltene Studienblätter belegen, skizzierte der Meister vielfach nach der Natur und legte so ein Motivrepertoire an, aus dem er und seine Werkstattmitarbeiter immer neue Gesamtkompositionen arrangierten.[8] Für verschiedene Bilderfindungen Bols sind dementsprechend mehrere, beinahe gleichzeitig entstandene Versionen dokumentiert. Auch die wohl als Pendant des Wiener Werks gemalte Ansicht von *Amsterdam, von Süden gesehen* hat sich in marginal voneinander abweichenden Varianten im Bostoner Museum of Fine Arts und im Pushkin Museum in Moskau erhalten.[9] Es ist also durchaus vorstellbar, dass auch *Amsterdam, von Norden gesehen* ursprünglich in mehrfacher Ausführung existierte. Vor diesem Hintergrund lassen die 1589 bzw. 1592 datierten

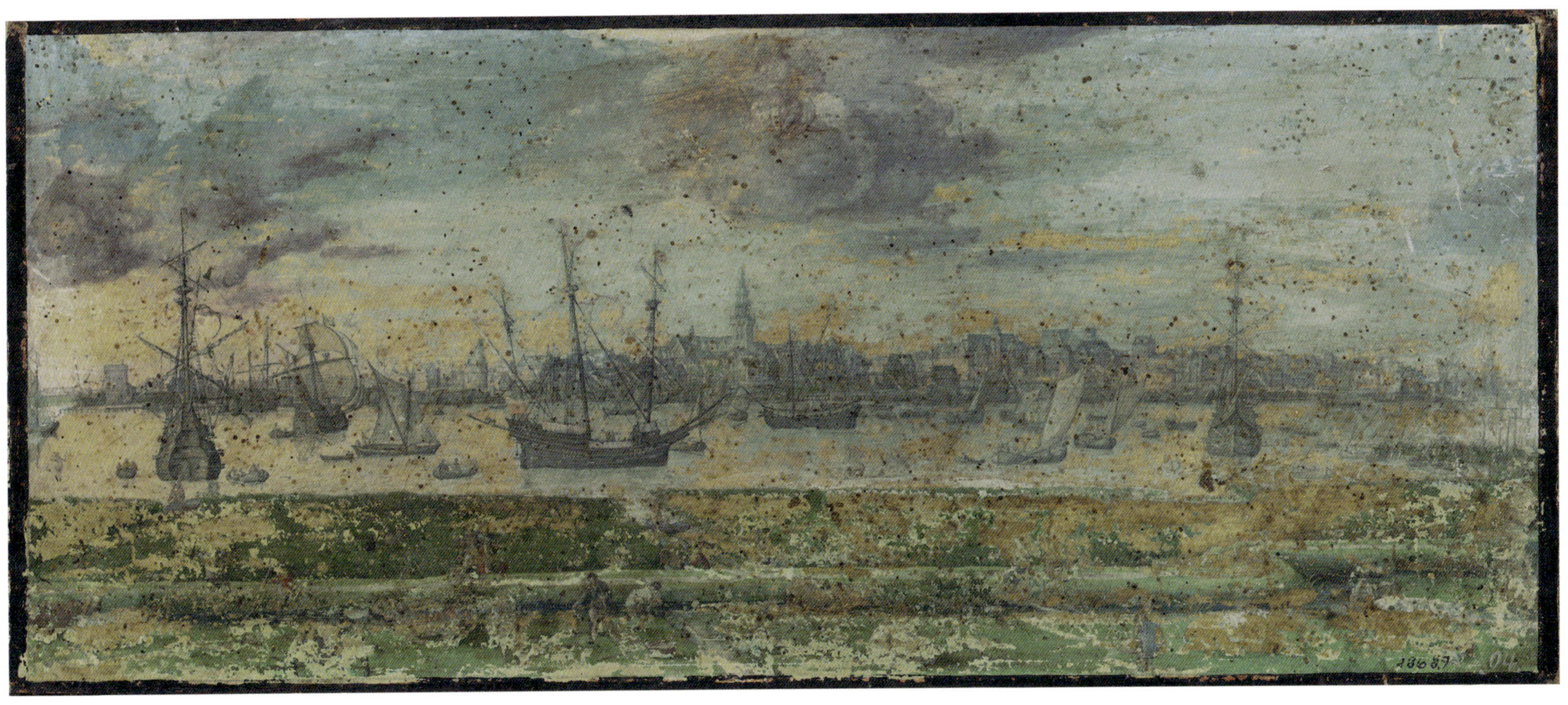

Abb. 2: Hans Bol, *Amsterdam, von Norden gesehen*, Zustand vor der Restaurierung

Tafeln in Boston und Moskau eine zeitliche Einordnung des Wiener Werks in Bols letzte Lebensjahre zu.[10]

Der ursprüngliche Funktionskontext der Miniatur ist nicht bekannt. Wie schon Otto Benesch[11] äußerte auch Hautekeete[12] die Vermutung, dass es sich bei den auf Pergament gezeichneten und auf Holz kaschierten Bildern Bols möglicherweise um Teile von Möbeln, Musikinstrumenten oder Täfelungen gehandelt habe. Dass derartige Montagen gängige Praxis waren, zeigt sich etwa anhand eines Inventars der Prager Sammlungen, das 1607 mehrere, in einen Schreibtisch eingelassene Werke des Meisters verzeichnet: »Ist der schöne schreibkasten so zu Milano gemacht worden, von jaspis und mehrerley stainen und groß camefey und von 6 stuckh miniatura von H. Boln, umbher alles mit geschnitnen granaten eingefasst«.[13] In jedem Fall waren die Miniaturen des Künstlers schon im 16. Jahrhundert gesuchte Sammlerobjekte und nicht nur in Prag, sondern auch in Dresden oder München Teile exquisiter Kunstkammern und Gemäldegalerien.[14]

Die früheste, eindeutig zuzuordnende Nennung der noch generisch als *Seehafen* bezeichneten Wiener Tafel findet sich 1868 in einem Inventar der Kaiserlichen Sammlungen, wo sie aufgrund ihres schlechten Zustands bereits mit dem Vermerk »zu restaurieren« versehen wurde.[15] Im Juli 1939 übernahm sie die Albertina als Werk eines deutschen »Anonymus« aus dem nunmehrigen Kunsthistorischen Museum in ihren Bestand.[16] Die Zuschreibung an Bol und die entsprechende Zuordnung zur niederländischen Schule erfolgte 1947 durch Benesch, der die Darstellung damals jedoch noch als Ansicht Antwerpens deutete.[17] Erst Johan van Regteren Altena bestimmte schließlich Amsterdam als Gegenstand des Bildes und identifizierte die einzelnen Gebäude.[18]

Bols Ansicht von *Amsterdam, von Norden gesehen* ist eine von rund 100 Kabinettmalereien des Künstlers, die sich weltweit erhalten haben.[19] Das Werk hat im Laufe seiner bewegten, bis dato nicht eindeutig geklärten Geschichte deutliche Substanzschäden

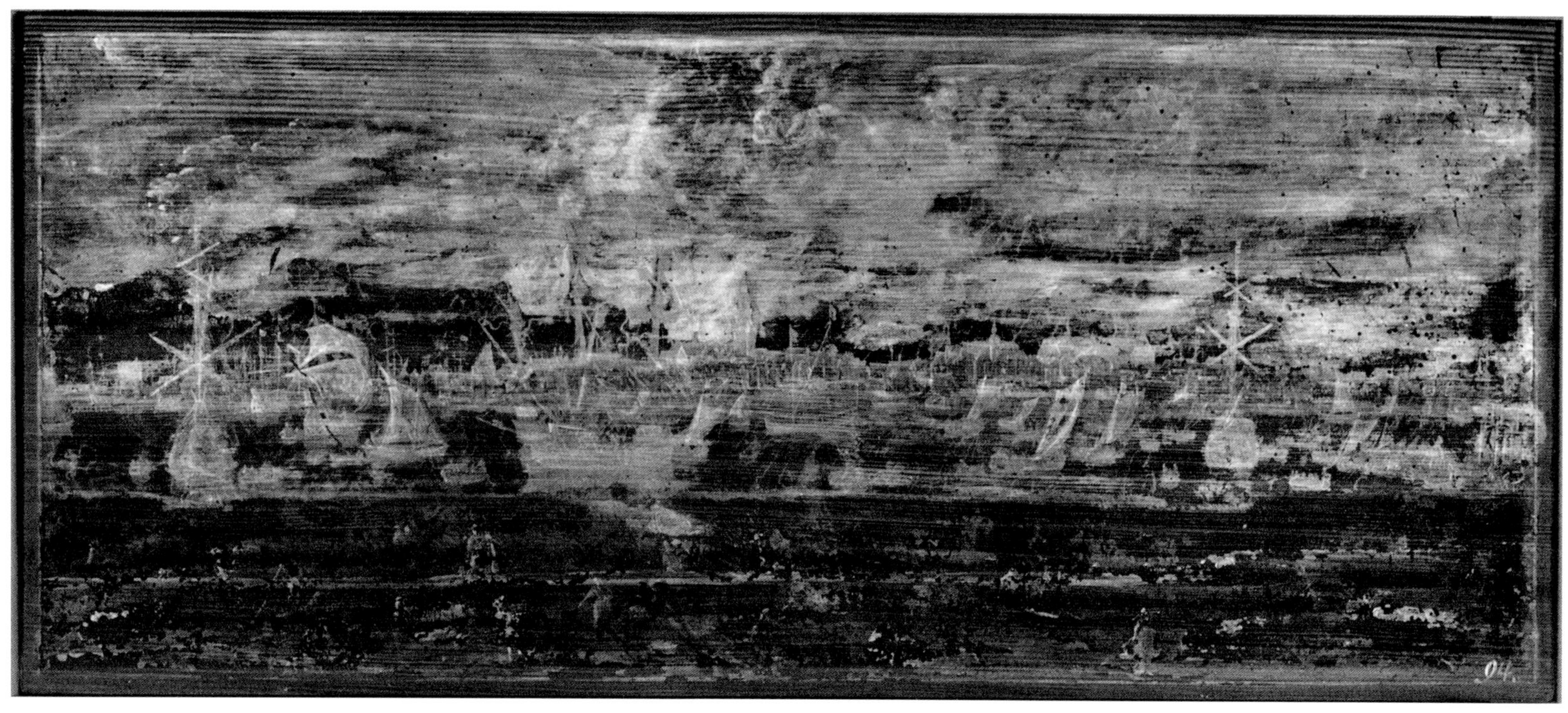

Abb. 3: Hans Bol, *Amsterdam, von Norden gesehen,* Röntgenaufnahme

erlitten, die auf seine materialtechnische Komposition und nicht ideale Aufbewahrungsbedingungen zurückzuführen sind (Abb. 2). Durch deutliche Ausbrüche in der matten, vermutlich wässrig gebundenen Malschicht und Grundierung sowie zahlreiche kleine, aufliegende dunkle Punkte ungeklärten Ursprungs war die Lesbarkeit der feinteiligen und detailreichen Miniaturmalerei stark beeinträchtigt. Neben der makroskopisch durchgeführten Bestandsaufnahme lieferten die jüngst angefertigten materialtechnologischen Untersuchungen mittels Röntgenradiografie, Röntgenfluoreszenzanalyse (RFA), Fourier Transform Infrarot Spektroskopie (FTIR) und Hyperspectral Imaging (HSI) wichtige Informationen zu den verwendeten Malmaterialien, die wiederum wesentliche Anhaltspunkte für die Planung der nun durchgeführten Restaurierung boten.[20]

Wie sich an der Röntgenaufnahme ablesen lässt, besteht die 0,5 Zentimeter starke, sehr wahrscheinlich aus Eichenholz gefertigte Tafel[21] aus einem Stück; ihre Maserung ist horizontal ausgerichtet und es ist von einem Radialschnitt des zarten Holzbretts auszugehen (Abb. 3).[22] Auf dem hölzernen Untergrund wurde flächig ein helles Material aufkaschiert, bei dem es sich wohl um Pergament handelt. Die makroskopische Untersuchung legt ebenso wie die mikroskopische Gegenüberstellung mit Pergamentvergleichsstücken die Verwendung eines hellen Kalbspergaments nahe.[23] Während diese Präparierung des Malgrunds in der traditionellen Tafelmalerei ungewöhnlich ist, ist sie für Bols Kabinettmalereien durchaus üblich.[24] Das Pergament reicht auf allen vier Seiten bis an den Rand der Tafelkanten, teilweise steht es bis zu zwei Millimeter darüber hinaus. Der Grundiergrat der in hellem Farbton aufgetragenen Grundierung ist in der Röntgenaufnahme an allen vier Bildkanten erkennbar: Er lässt darauf schließen, dass die kleine Tafel in gerahmtem Zustand grundiert wurde und dementsprechend im originalen Format vorliegt.

Die Malfläche ist rundherum von einer schwarzen Rahmungslinie umgeben, bei der es sich jedoch nicht um die originale Einfassung handelt. Ursprünglich war diese in

Abb. 4: Hans Bol, *Amsterdam, von Norden gesehen*, Details aus Abb. 2

a) Bildeinfassung (rot, gold, schwarz) und Unterzeichnung (schwarz)
b) Unterzeichnung

Rotbraun gehalten und zur Malfläche hin mit einer durchgehenden, etwa 3 bis 5 Millimeter dünnen Goldlinie abgesetzt.[25] Sowohl die rote als auch die goldene Linie ist unter dem Mikroskop noch deutlich erkennbar und weitgehend durchgängig unter der schwarzen Rahmung erhalten.[26] Zusammen mit einer weiteren in dunklem flüssigem Malmedium auf die Grundierung aufgetragenen Unterzeichnungslinie zur Motivbegrenzung sind sie ein zusätzlicher Beleg dafür, dass sich die Tafel im Originalformat erhalten hat (Abb. 4a).

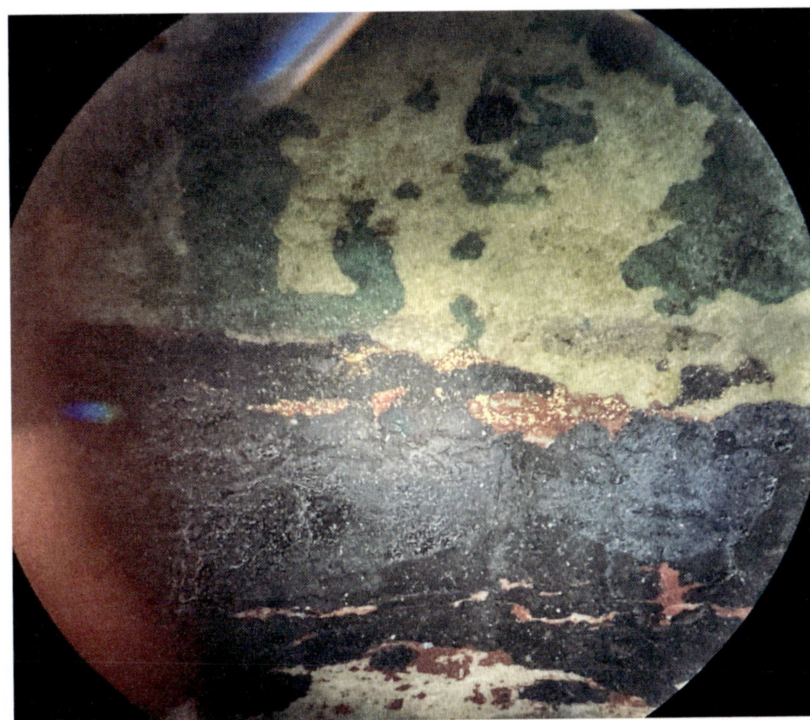

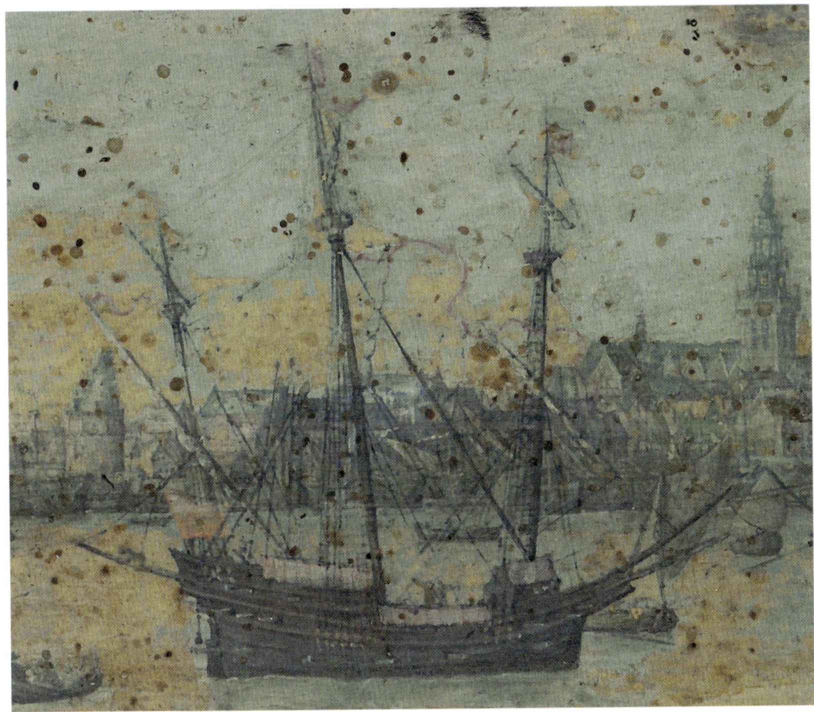

Die weißliche Grundierung ist im Bereich von Himmel und Wasseroberfläche deutlich dünner aufgetragen als im unteren Teil der Komposition. Auf der Grundierung liegt eine hauchdünne, mit wässrigen Bindemitteln ausgeführte Gouache- (oder Tempera-)Malerei.[27] Die minutiös ausgeführte Unterzeichnung lässt sich mikroskopisch besonders deutlich in den Schiffen und Architekturen ausmachen: Durch die partiell transparente Malerei ist sie etwa im Bereich der Takelagen klar erkennbar (Abb. 4b). Generell scheint die Unterzeichnung mit verschiedenen Werkzeugen ausgeführt worden zu sein. Während die beschriebene Einfassungslinie unter der ursprünglichen rotbraunen Rahmung flüssig mit einem Pinsel aufgetragen worden sein dürfte, sind die Kompositionsdetails im Bereich der Takelagen wohl im trockenen Medium der Silberstiftzeichnung angelegt.

Die Malerei des Himmels, der Architekturen und des Gewässers mit den Schiffen ist lasierend ausgeführt. Die Grundierung und die einzelnen Farbnuancen laufen sanft ineinander über. So spiegelt sich beispielsweise die bläulich-rötliche Himmelsstimmung im linken Bildmittelgrund farblich in der angrenzenden Wasseroberfläche wider. Die Malerei der Landschaft hingegen zeichnet sich durch eine opake Verwendung des Malmediums aus. In beiden Zonen kam eine Mischung aus Bleiweiß und Azurit zur Anwendung. Opake rote Farbbereiche wie die Gewänder der Figuren sind in Zinnober ausgeführt. In den Darstellungen der Schiffe wurde Indigo detektiert.[28] Dieser pflanzliche Farbstoff wurde an der Wende zum 17. Jahrhundert von den niederländischen Handelskompanien aus der »Neuen Welt« importiert – die Schiffe wurden also in eben jenem Pigment gemalt, das sie nach Amsterdam gebracht hatten. Diese Synthese von Material und Bildgegenstand bezeugt auf eindrucksvolle Weise den Aufstieg der nördlichen Niederlande zur kolonialen See- und Handelsmacht just in den Entstehungsjahren des Werks.

Goldhöhungen und somit eine Aufwertung und Betonung durch ihre Materialität erhielten ikonografisch wesentliche Details wie die Kopfbedeckung und das Attribut einer Tritonenfigur am linken unteren Bildrand oder der geflügelte Helm, der Stab und die Schuhe des

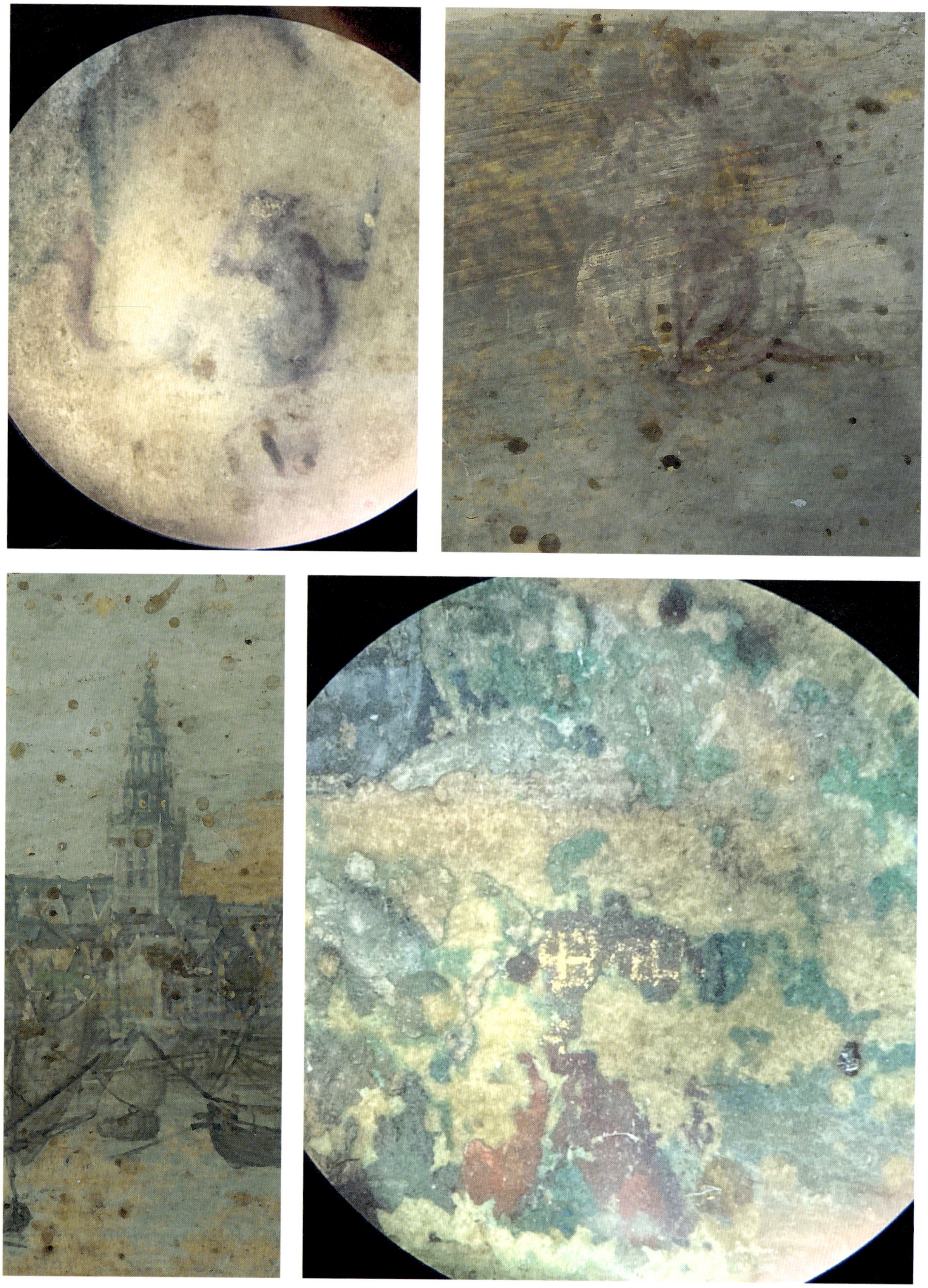

Abb. 5: Hans Bol, *Amsterdam, von Norden gesehen*, Details aus Abb. 2

a) Tritonenfigur
b) Merkur
c) Oude Kerk
d) Signatur

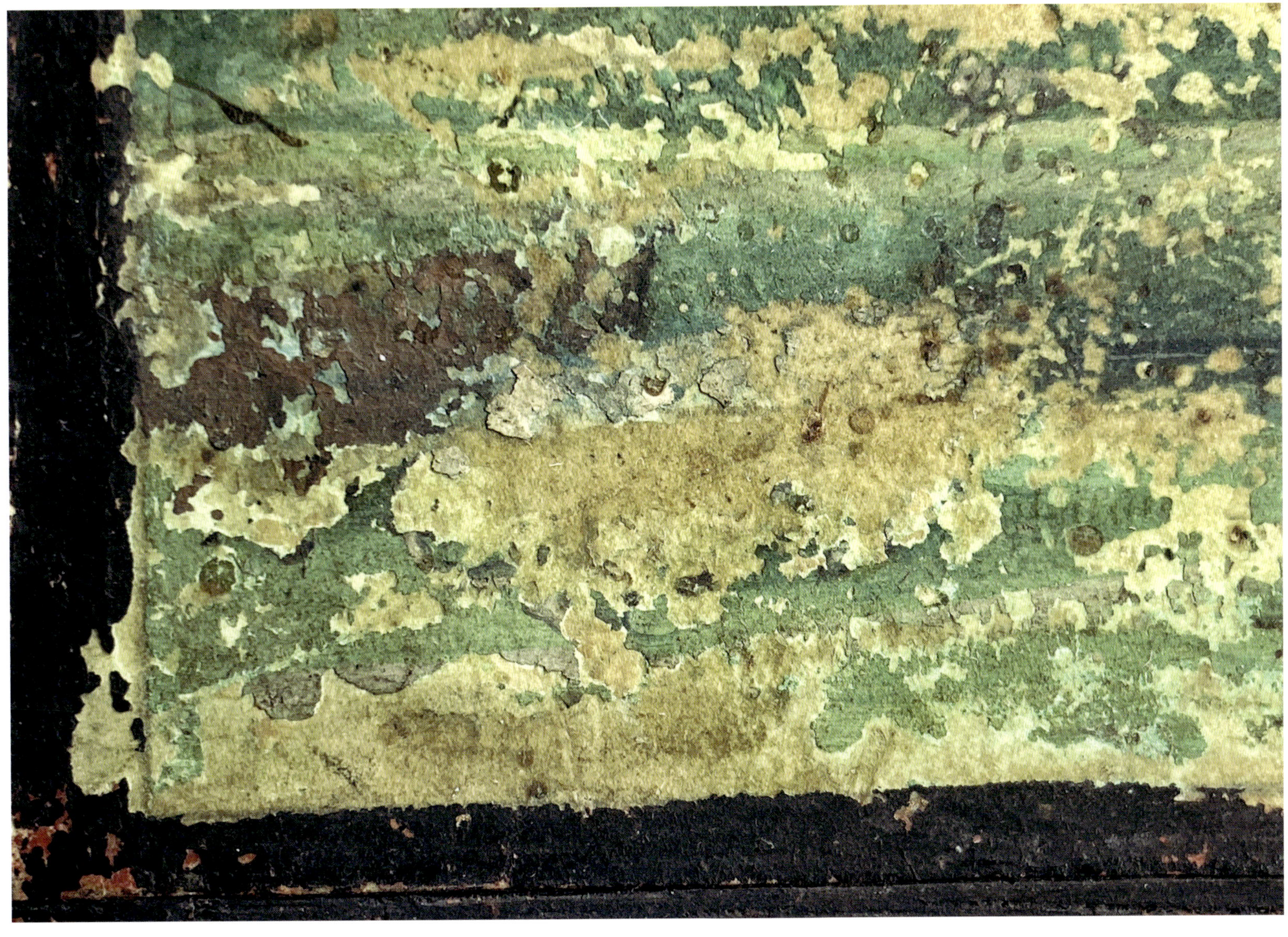

Abb. 6: Hans Bol, *Amsterdam, von Norden gesehen*, Detail aus Abb. 2

über der Szenerie im Himmel thronenden Merkur. Auch der Helmknauf der Kuppel der Oude Kerk und einzelne architektonische Elemente in deren Tambourfenstern sind mit Gold gehöht. In der unteren Bildmitte haben sich zudem Reste der – wie für Bol durchaus üblich – in winzigen Goldlettern ausgeführten Signatur »HBOL« und eine heute nicht mehr leserliche Jahreszahl erhalten (Abb. 5a–d). Für die feine Goldmalerei kam mit hoher Wahrscheinlichkeit Muschelgold zur Anwendung.[29]

Ein nur noch partiell vorhandener, gegilbter Überzug lag insbesondere im Himmel vor und verlieh der Komposition eine zusätzliche Fleckigkeit. Als Bestandteil konnte das Harz Dammar identifiziert werden.[30] Es ist davon auszugehen, dass dieser Firnisüberzug nicht original ist, da Gouachemalereien üblicherweise mit einem Überzug aus Gelatine versehen wurden.[31] Zu einem nicht überlieferten, früheren Zeitpunkt waren die zahlreichen Fehlstellen in der Malschicht mittels einer Aquarellretusche in einem dunklen Ockerbraunton geschlossen worden. Unmittelbar angrenzend fanden sich

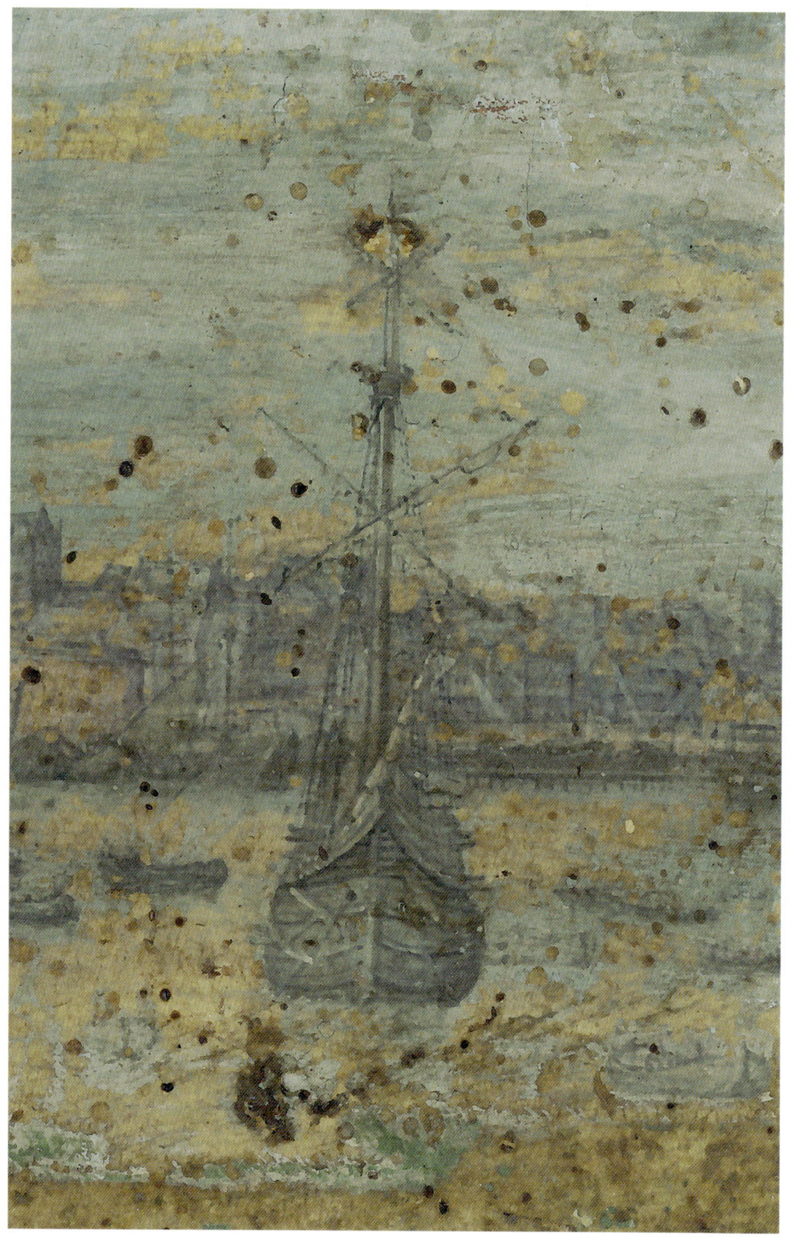

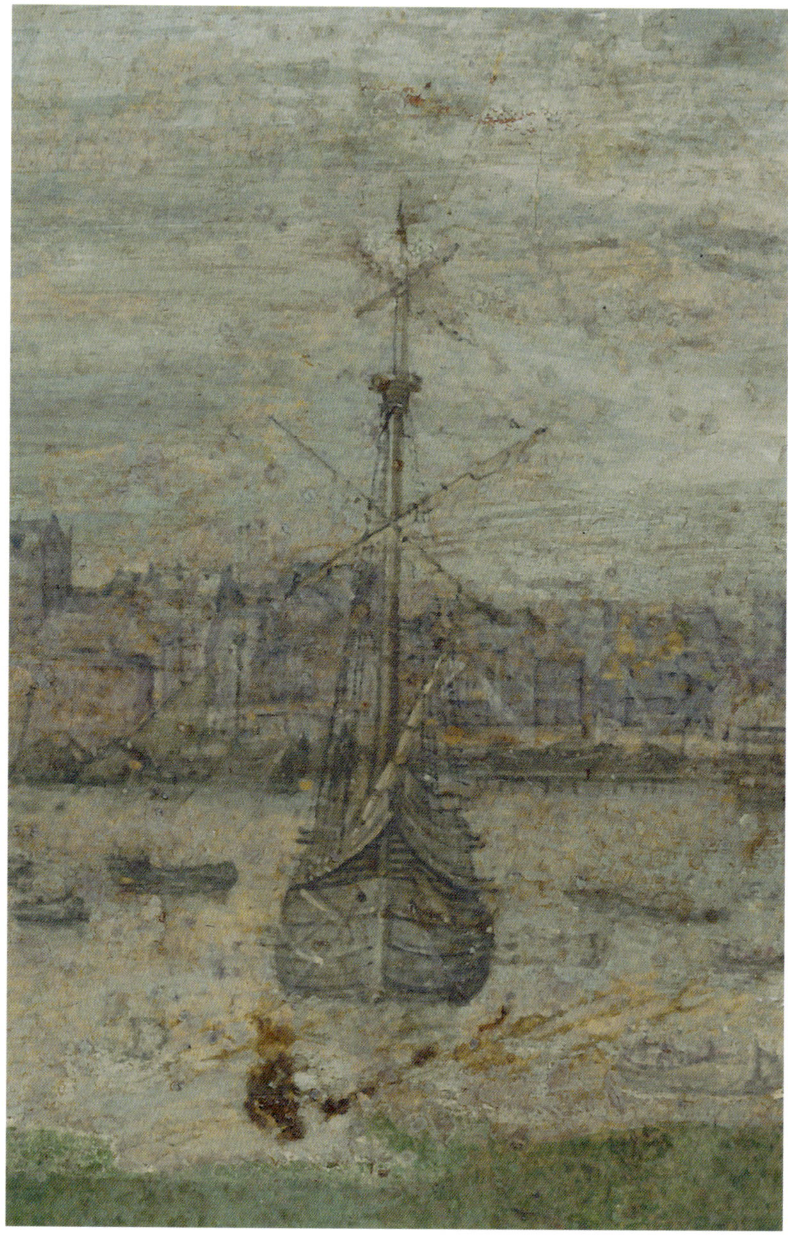

häufig Malschichtausbrüche jüngeren Datums, die als hellere Partien deutlich erkennbar waren (Abb. 6). Die materielle Zusammensetzung der zahlreichen braunen Punkte, die wie Lackspritzer wirkten und die Lesbarkeit der Komposition ebenso stark beeinträchtigten wie die Fehlstellen, konnte mittels FTIR-Mikroskopie eingegrenzt werden: Es wurden tierischer Leim, Gummi Arabicum und Kreide nachgewiesen, also eine wasserlösliche Mischung, die als Bindemittel in der Gouache- oder Temperamalerei gedient haben könnte.[32] Auch eine ursprüngliche Funktion des Mediums als Überzug eines Möbels kann nicht ausgeschlossen werden (siehe oben). Bols im Jahr 1587 und damit in zeitlicher Nähe zum Werk der Albertina entstandene *Gesellschaft im Garten*[33] in Dresden weist ähnliche Spritzer auf, die ein Indiz für einen ursprünglichen räumlichen Zusammenhang der beiden Werke sein könnten.

Abb. 7: Hans Bol, *Amsterdam, von Norden gesehen*, Details aus Abb. 1 und 2

a) vor der Restaurierung
b) nach der Restaurierung

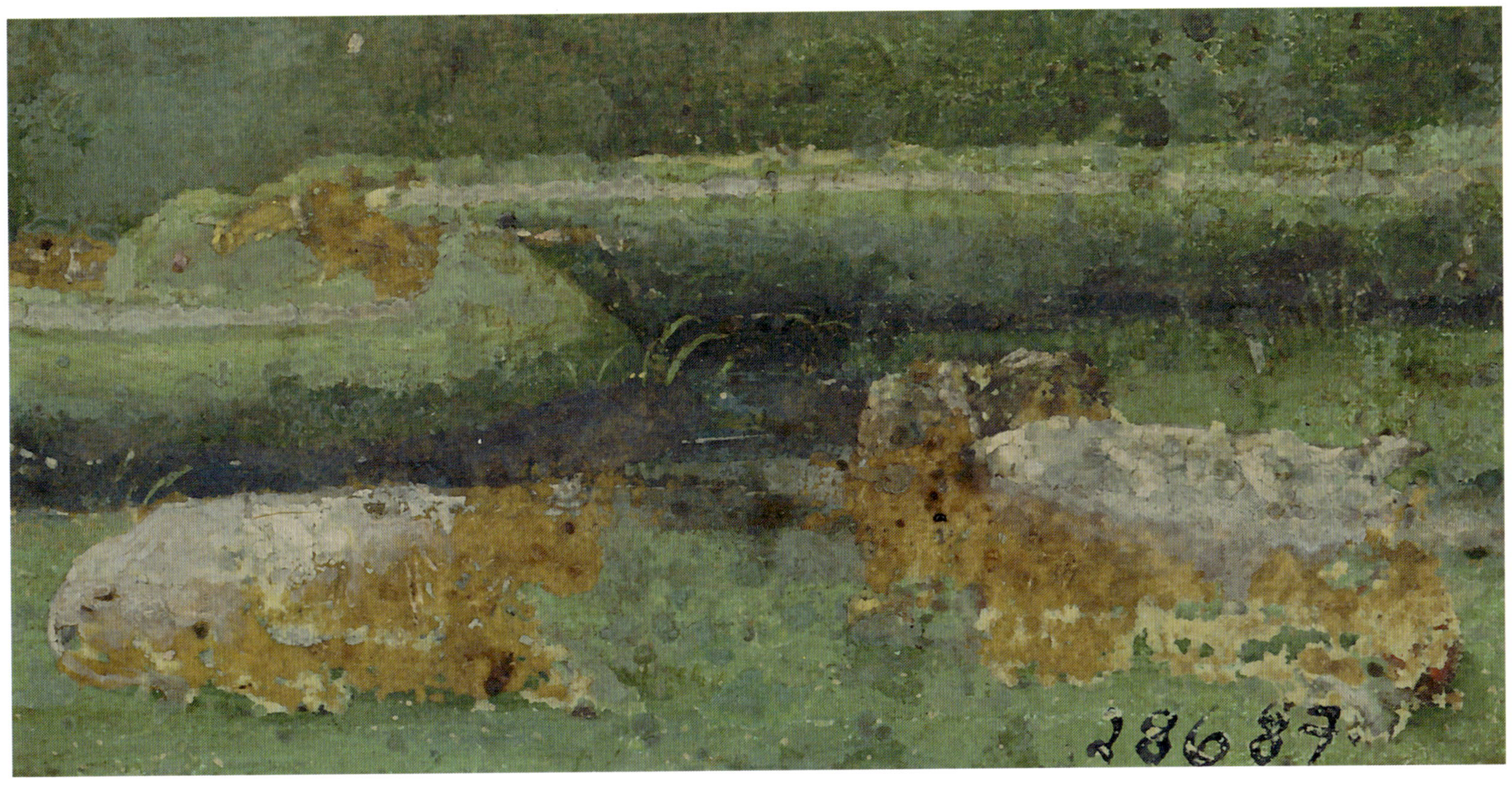

Abb. 8: Hans Bol, *Amsterdam, von Norden gesehen*, Detail aus Abb. 1

In interdisziplinären Arbeitsgesprächen zwischen Restauratorin und Chefkurator bzw. Kuratorin wurde beschlossen, mit der Restaurierung des Werks in erster Linie eine optische Konsolidierung zu erzielen und so insbesondere die Lesbarkeit der noch im Original vorhandenen Partien bestmöglich zu unterstützen. Dies sollte vor allem durch eine Retusche der Fehlstellen und der zahlreichen dunklen Punkte erfolgen, die nicht in einem neutralen Ton (beispielsweise Braun), sondern jeweils im Farbton ihrer unmittelbaren Umgebung abgedeckt werden sollten. Die Retusche erfolgte mit Aquarellfarben und ausschließlich unter dem Stereomikroskop, um ein Übermalen der Originalsubstanz möglichst zu vermeiden (Abb. 7a–b). Da das Gemälde bereits zu einem früheren Zeitpunkt mit einem Firnis versehen worden war und auch die dunklen Punkte eine Trennschicht zur originalen Malerei bildeten, musste dabei keine zusätzliche Isolierungsschicht zwischen Gemälde und Retusche aufgetragen werden.

Das Endergebnis lässt viele der noch vorhandenen Details, die durch die optische Zerrissenheit der Komposition nicht mehr erkennbar gewesen waren, wieder wirken. So hat vor allem der Bildvordergrund durch die Retusche der Fehlstellen an Lesbarkeit gewonnen: Die ehemals lebhafte Szenerie eines geschäftigen Treibens von Fischern, Edelleuten und Hirten ist nun wieder vorstellbar. Im rechten unteren Vordergrund wurden zwei Fehlstellenbereiche hingegen bewusst im vorgefundenen Zustand belassen (Abb. 8). Insbesondere unter dem Mikroskop sind links eine liegende Kuh und rechts vermutlich Steine oder ein Felsen mit einem davor kauernden Hirten zu erahnen. Die Annahme, dass hier ursprünglich zumindest eine Kuh dargestellt war, begründet sich sowohl auf den noch vorhandenen Resten der originalen Malsubstanz als auch auf Vergleichen mit anderen, in besserem Zustand erhaltenen Werken Bols, in denen solche

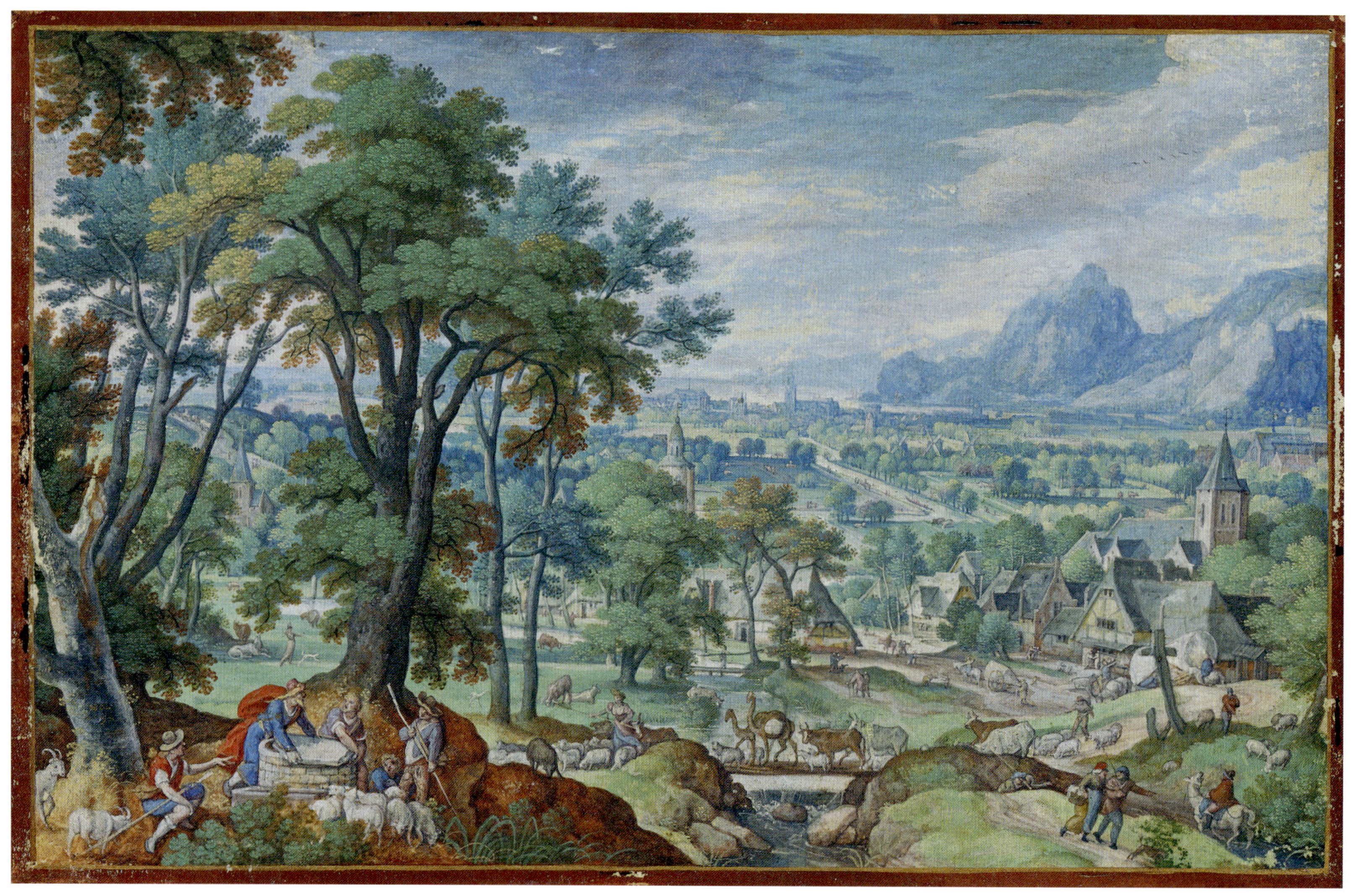

Tiere immer wieder als Staffage eingesetzt wurden (siehe etwa Abb. 9). Im Wiener Werk erwiesen sich die Fehlstellen jedoch als zu großflächig, als dass sich die Figuren rekonstruieren ließen.

Abb. 9: Hans Bol, *Landschaft mit Jakob am Brunnen*, 1593, Gouache, auf Pergament, auf Eichenholz kaschiert, 13,3 × 20,3 cm, Frankfurt am Main, Städel Museum, Inv. 1909

Im oberen Bildteil und insbesondere im Bereich der Schiffe ist die beeindruckende Präzision der Darstellung jetzt deutlich ersichtlich: Details wie die roten Prachtbänder an den Masten oder die Figuren an Bord bezeugen Bols Meisterschaft im kleinen Format. Insgesamt konnte so die Wirkung der Gesamtkomposition wiederhergestellt werden und das Gemälde hat – unter behutsamer Wahrung der Originalsubstanz – einen beträchtlichen Teil seiner ursprünglichen Strahlkraft zurückgewonnen.

Aus optischen wie konservatorischen Gründen wurde das Werk permanentgerahmt. Hierfür wurde eigens ein historisierender, kassettenartiger Klimarahmen aus Birnen- und Lindenholz mit einer dunkelbraun-schwarzen Fassung angefertigt, dessen innerer Umlauf mit einer zarten, vergoldeten Leiste versehen wurde.

Die Bearbeitung und Restaurierung wurden durch die großzügige finanzielle Unterstützung der Regierung Flanderns ermöglicht.

1 Ausst.-Kat. Amsterdam 2007, S. 163 (Leonoor van Oosterzee).

2 Siehe Van Suchtelen 1993, S. 226, Fn. 5. Ein 1606 bei Willem Jansz. Blaeu in Amsterdam erschienener Kupferstich zeigt die Stedemaagd an ähnlicher Stelle gemeinsam mit Merkur und Neptun (Hans Rem, *Amsterdam von Norden*, 1606, Kupferstich, 39 × 214,5 cm, Amsterdam, Rijksmuseum, Inv. RP-P-1898-A-20079).

3 Van Mander 1604, fol. 260r–260v.

4 »veel schoon en nette Verlichterykens ..., als oock Amstelredam nae t'leven, van op de water-sijde met den Schepen«. Siehe ebd., fol. 260r.

5 Van Suchtelen 1993, S. 221 sowie Miedema 1997, Bd. 4, S. 214f.

6 Hautekeete 2012, S. 341f. Für seine Hilfe sei Stefaan Hautekeete herzlich gedankt; seine Monografie zu Hans Bol ist in Vorbereitung.

7 Siehe etwa Braun/Hogenberg 1572–1618.

8 Ein Skizzenblatt mit acht Ansichten von Schiffen, das wohl im Zuge einer Exkursion in das Antwerpener Umland entstand, steht dem hier besprochenen Werk besonders nahe (Hans Bol, *Skizze von acht Schiffen* und *Ansicht eines Kanals,* 1583/84, Silberstift auf Papier, 12,9 × 40,5 cm, London, British Museum, Inv. 1895.0915.983 verso). Siehe Van Suchtelen 1993, S. 223. Im Detail zeigt sich zudem ein deutlicher Bezug der Wiener Darstellung zu verschiedenen Blättern der 1561–1565 nach Entwürfen Pieter Bruegels d. Ä. von Frans Huys gestochenen *Serie von Segelschiffen*. Siehe NHDF (Pieter Bruegel the Elder), S. 140–155, Nr. 62–71 sowie Van Regteren Altena 1978, S. 170.

9 Hans Bol, *Amsterdam, von Süden gesehen*, 1589, Gouache, Gold, auf Pergament, auf Holztafel kaschiert, 11,7 × 31,1 cm, Boston, Museum of Fine Arts, Inv. 2017.4201 sowie Hans Bol, *Amsterdam, von Süden gesehen*, 1592, Gouache, Gold, auf Pergament, auf Holztafel kaschiert, 13,5 × 32,5 cm, Moskau, Pushkin Museum, Inv. 526.

10 Siehe Carasso 2007, S. 44 sowie Ausst.-Kat. Amsterdam 2007, S. 163–165 (Leonoor van Oosterzee). Die ursprünglich vorhandene Datierung unterhalb des Monogramms in der Bildmitte hat sich nicht erhalten (siehe unten).

11 Benesch vermutete, das Werk sei eine »Füllung ... zu einem Kästchen oder Virginal«. Siehe Wien, Albertina, Sammlungsarchiv, Cahier Inv. 28687 sowie Benesch 1979, S. 16.

12 Hautekeete 2012, S. 343.

13 Zitiert nach Bauer/Haupt 1976, S. 123, fol. 363, Nr. 2384. Viele Werke der Prager Sammlung gelangten später nach Wien. Ob es sich bei einer der sechs genannten Miniaturen um die hier beschriebene Tafel handelt, muss jedoch offenbleiben.

14 Krüger 2008.

15 Inventar der in den Depots der k. k. Gemälde-Gallerie im Belvedere befindlichen Gemälde, 1868, fol. 103, Inv. Depot VI 332, Wien, Kunsthistorisches Museum, Gemäldegalerie. Die Depotlisten im vorangehenden Inventar von 1837 sind zu ungenau, als dass das Werk konkret identifiziert werden könnte. Siehe Inventar der k. k. Gemäldegalerie im Belvedere, 1837, Wien, Kunsthistorisches Museum, Gemäldegalerie. Für ihre Hilfe sei Gerlinde Gruber, Susanne Hehenberger und Sabine Pénot herzlich gedankt.

16 Wien, Albertina, Sammlungsarchiv, Aktenzahl 1939/1081 sowie Inventarbuch III, Inv. 28687. Im Zuge desselben Transfers wurden außerdem eine weitere Miniatur Bols (Hans Bol, *Landschaft mit Hagar und dem Engel*, Gouache, Gold, auf Pergament, auf Holztafel kaschiert, 17,2 × 30,7 cm, Wien, Albertina, Inv. 28688) und ein *Porträt der Erzherzogin Elisabeth* (nach Francois Clouet, um 1575, 31,9 × 21,1 cm, schwarze Kreide, Rötel, grau laviert, auf Papier, Wien, Albertina, Inv. 28689) an die Albertina überstellt.

17 Siehe Benesch 1979, S. 15f.

18 Van Regteren Altena 1978, S. 170.

19 Siehe Hautekeete 2012, S. 329.

20 Alle naturwissenschaftlichen Untersuchungen wurden von Manfred Schreiner und Wilfried Vetter im August 2021 in der Albertina in Wien durchgeführt. Siehe Schreiner/Vetter 2021.

21 Dass es sich um Eichenholz handelt, muss einstweilen eine Vermutung bleiben. Eine dendrochronologische Untersuchung lieferte etwa Peter Klein für Bols *Landschaft mit Jakob am Brunnen* (1593, Gouache, auf Pergament, auf Eichenholz kaschiert, 13,3 × 20,3 cm, Frankfurt am Main, Städel Museum, Inv. 1909). Siehe Neumeister 2005, S. 33, 549 und Abb. 9.

22 Technische Daten der Aufnahmebedingungen: 50 kV, 2,5 mAs. Siehe Schreiner/Vetter 2021, S. 64.

23 Publizierte Ergebnisse einer naturwissenschaftlichen Pergamentanalyse von Bols Werken sind uns nicht bekannt. Bereits im Inventar der Kammergalerie Kurfürst Maximilians I. von Bayern aus den Jahren 1627–1630 findet sich jedoch der Hinweis auf die Verwendung von Kalbspergament in Gemälden des Künstlers. Siehe Diemer 2011, S. 71–74.

24 Siehe etwa Neumeister 2005, S. 33 sowie Hautekeete 2012, S. 353, Fn. 20, 25, 41.

25 Diese Art der Einfassung lässt sich für zahlreiche weitere Kabinettgemälde Bols nachweisen. Stellvertretend sei die *Landschaft mit Jakob am Brunnen* genannt, die ebenfalls Reste einer schwarzen »Überfassung« der rotbraunen Einfassungslinie zeigt (siehe Fn. 21 und Abb. 9).

26 Vergleiche hierzu auch Bols *Landschaft mit Venus und Adonis*, die über eine vergleichbare rotbraun-goldene Einfassung verfügt und sich zudem in ihrem originalen, vom Künstler selbst gefertigten und signierten Rahmen erhalten hat (1589, Gouache, Gold, auf Pergament, auf Holztafel kaschiert, 20,6 × 25,7 cm, Los Angeles, The J. Paul Getty Museum, Inv. 92.GG.28). Auch ein mögliches Pendant des Wiener Werks, *Amsterdam, von Süden gesehen* in Boston, weist die gleiche Art der Einfassung in einer rotbräunlichen Umrahmung und einer dünnen Goldlinie auf (siehe Fn. 9).

27 Eine Bindemittelanalyse wurde bisher nicht durchgeführt.

28 Schreiner/Vetter 2021, S. 61.

29 Als Muschelgold wird feinst zerkleinertes Blattgold bezeichnet, das – mit Eiklar und Pflanzengummi (meist Gummi Arabicum) gebunden – als goldene Malfarbe in der Buch- und Tafelmalerei zum Einsatz kam. Die Bezeichnung Muschelgold ist auf die historische Handelsform des Materials zurückzuführen, dessen Verkauf in kleinen muschelartigen Schalen erfolgte. Siehe Hering/Schramm 2000, S. 75.

30 Schreiner/Vetter 2021, S. 61.

31 Hering/Schramm 2000, S. 83.

32 Schreiner/Vetter 2021, S. 61.

33 Hans Bol, *Gesellschaft im Garten*, 1587, 14,7 × 21,2 cm, Gouache, auf Pergament, auf Holztafel kaschiert, Dresden, Staatliche Kunstsammlungen, Inv. C 1979-24.

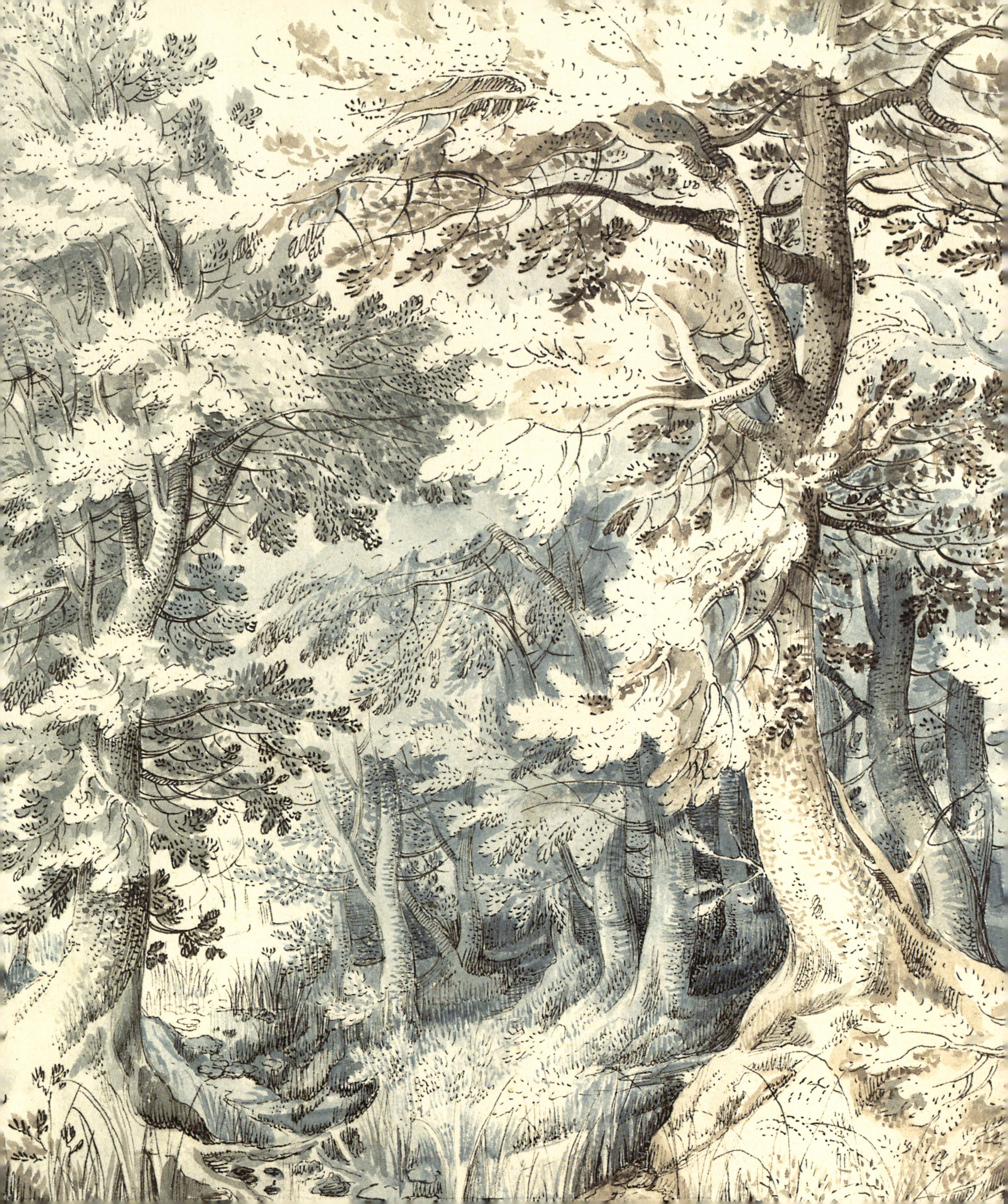

Werkliste

Namensgleiche Künstler werden in vorliegendem Katalog durch die Bezeichnung »der Ältere« (d. Ä.) bzw. »der Jüngere« (d. J.) unterschieden. Jene Künstler, bei denen mehr als zwei namensgleiche Vertreter dokumentiert sind, werden mithilfe der üblichen Nummerierung (I., II., III.) ausgewiesen.

Kat. 1
Jan Gossart (Mabeuge um 1478–1532 Middelburg)
Der Sündenfall
um 1520–1525
Feder in Braun, über schwarzer Kreide oder Kohle, auf Papier
25,7 × 21 cm
Inv. 13341

Kat. 2
Jan Gossart (Mabeuge um 1478–1532 Middelburg)
Die heilige Familie mit Heiligen
um 1510–1515
Pinsel in Braun und Weiß, auf grau grundiertem Papier
31,8 × 26,6 cm
Inv. 17552

Kat. 3
Umkreis des Jan Gossart (Mabeuge um 1478–1532 Middelburg)
Justitia (Die Gerechtigkeit)
um 1520–1530
Pinsel in Schwarz und Weiß, über schwarzer Kreide oder Kohle, auf grau getöntem Papier
Ø 26,6 cm
Inv. 7834

Kat. 4
Antwerpener Manierist
Bathseba im Bade
um 1520
Feder in Braun und Weiß, Pinsel in Weiß, auf blaugrün getöntem Papier
29,7 × 22,7 cm
Inv. 2996

Kat. 5, 6
Jan de Beer (Antwerpen um 1475–1528 Antwerpen)
Die Wurzel Jesse: Jesse, David, Salomo und Maria mit Kind
um 1515–1520
Pinsel in Grau und Weiß, über schwarzer Kreide, auf braungrau grundiertem Papier
220,1 × 59,5 cm und 219 × 60,1 cm
Inv. 32919 und 32920

Kat. 7
Jan de Beer (Antwerpen um 1475–1528 Antwerpen)
Die Vermählung Mariae
um 1515–1520
Feder in Braunschwarz, Pinsel in Weiß, auf grau getöntem Papier
28,8 × 24,9 cm
Inv. 7809

Kat. 8
Meister von 1518 (tätig in Antwerpen)
Die Einschiffung eines Schreins
um 1525
Pinsel in Grau und Weiß, grau laviert, auf grau grundiertem Papier
Ø 28,5 cm
Inv. 7813

Kat. 9
Umkreis des Jan de Beer (Antwerpen um 1475–1528 Antwerpen)
Der heilige Judas Thaddäus
um 1520
Feder und Pinsel in Braun, Pinsel in Weiß, auf grau grundiertem Papier
Ø 24,7 cm
Inv. 25140

Kat. 10
Dirck Vellert (Amsterdam um 1480/85 – um 1547 Antwerpen)
Die Anbetung der Könige
1532
Feder in Braun, braun laviert, über schwarzer Kreide oder Kohle, auf Papier
Ø 28,3 cm
Inv. 7802

Kat. 11
Dirck Vellert (Amsterdam um 1480/85 – um 1547 Antwerpen)
David tötet Goliath
um 1523
Feder und Pinsel in Dunkel- und Hellbraun, grau und braun laviert, auf Papier
Ø 28,5 cm
Inv. 7801

Kat. 12
Dirck Vellert (Amsterdam um 1480/85 – um 1547 Antwerpen)
Davids Flucht
1523
Feder und Pinsel in Dunkel- und Hellbraun, grau laviert, über schwarzer Kreide oder Kohle, auf Papier
Ø 28,5 cm
Inv. 7804

Kat. 13
Umkreis des Jan Swart van Groningen (Groningen um 1490/1500 – um 1560/70 Antwerpen)
Ecce homo
um 1550–1560
Pinsel in Grau und Weiß, auf grau grundiertem Papier
34 × 13,1 cm
Inv. 7849

Kat. 14
Meister des Liechtensteinschen Kabinetts (tätig in den Niederlanden und/oder in Süddeutschland)
Das Gleichnis vom barmherzigen Samariter
um 1550
Feder in Dunkel- und Hellbraun, Pinsel in Weiß, braun laviert, auf rotviolett getöntem Papier
14,7 × 22,8 cm
Inv. 32800

Kat. 15
Meister des Liechtensteinschen Kabinetts (tätig in den Niederlanden und/oder in Süddeutschland)
Esther vor Ahasver
um 1550
Feder in Schwarz, Pinsel in Schwarz, Grau und Weiß, auf grün getöntem Papier
23,5 × 15,5 cm
Inv. 32801

Kat. 16
Nach Jan Gossart (Mabeuge um 1478–1532 Middelburg)
Entwurf für ein Ostensorium
nach 1520
Feder in Dunkel-, Hellbraun und Weiß, Pinsel in Weiß, auf blau getöntem Papier
21,3 × 18,6 cm
Inv. 7835

Kat. 17
Nach Jan Gossart (Mabeuge um 1478–1532 Middelburg)
Kartusche mit dem Urteil des Paris
nach 1520
Feder in Braun und Weiß, Pinsel in Weiß, auf blau getöntem Papier
16,2 × 23 cm
Inv. 7836

Kat. 18
Joris Hoefnagel (Antwerpen 1542–1600 Wien)
Groteske mit Schwänen und Affen
1594/95, mit Ergänzungen um oder nach 1608
Feder in Schwarz und Braun, Aquarell, Gouache, Gold, auf bräunlich getöntem Papier
17,6 × 13,3 cm
Inv. 1520

Kat. 19
Joris Hoefnagel (Antwerpen 1542–1600 Wien)
Groteske mit Eulen
1594/95, mit Ergänzungen um oder nach 1608
Feder in Schwarz und Braun, Aquarell, Gouache, Gold, auf bräunlich getöntem Papier
17,2 × 13,2 cm
Inv. 1519

Kat. 20
Joris Hoefnagel (Antwerpen 1542–1600 Wien)
Groteske mit Affen und Papageien
1594/95, mit Ergänzungen um oder nach 1608
Feder in Schwarz und Braun, Aquarell, Gouache, Gold, über schwarzer Kreide oder Kohle, auf bräunlich getöntem Papier
17,5 × 12,6 cm
Inv. 1523

Kat. 21
Pieter Coecke van Aelst d. Ä. (Aalst 1502–1550 Brüssel)
Der Geldwechsler und seine Frau
um 1535–1540
Feder in Braun, braun laviert, über schwarzer Kreide oder Kohle, auf Papier
17,4 × 18 cm
Inv. 7852

Kat. 22
Pieter Coecke van Aelst d. Ä. (Aalst 1502–1550 Brüssel)
Der Apostel Paulus vor Agrippa
1529/30
Feder in Braun, Pinsel in Weiß, bläulich laviert, auf bräunlich getöntem Papier
25,5 × 49,2 cm
Inv. 7851

Kat. 23
Umkreis des Aertgen Claesz. van Leyden (Leiden 1498–1564 Leiden)
Der Käse- und Buttermarkt (in Delft?)
um 1530–1540
Feder in Grau und Braun, braun und rötlich laviert, auf Papier
Ø 27,1 cm
Inv. 7859

Kat. 24
Maarten van Heemskerck (Heemskerk 1498–1574 Haarlem)
Die Vorbauten von Alt St. Peter und der Vatikanische Palast
1533/34
Feder in Braun, auf Papier
27,6 × 62,1 cm
Inv. 31681

Kat. 25
Maarten van Heemskerck (Heemskerk 1498–1574 Haarlem)
Hiob, vom Satan gepeinigt
1548
Feder in Dunkel- und Hellbraun, über schwarzer Kreide oder Kohle, auf Papier
26 × 38,5 cm
Inv. 7826

Kat. 26
Maarten van Heemskerck (Heemskerk 1498–1574 Haarlem)
Der Isiskult
1548
Feder in Braun, auf Papier
27,4 × 40,8 cm
Inv. 7831

Kat. 27
Maarten van Heemskerck (Heemskerk 1498–1574 Haarlem)
Plünderung und Zerstörung des Tempels von Jerusalem
1567
Feder in Braun, über Grafitstift, auf Papier
13,8 × 20,4 cm
Inv. 7827

Kat. 28
Chrispijn van den Broeck (Mecheln 1530–1590/91 Antwerpen)
Heckenpredigt
um 1566
Feder in Braun, Pinsel in Weiß, braun und blau laviert, auf Papier
37,9 × 53,4 cm
Inv. 15472

Kat. 29
Chrispijn van den Broeck (Mecheln 1530–1590/91 Antwerpen)
Die Predigt Johannes des Täufers
um 1566
Feder in Schwarz, Dunkel- und Gelbbraun, Pinsel in Weiß, braun und grau laviert, auf Papier
34,7 × 26,7 cm
Inv. 1702

Kat. 30
Chrispijn van den Broeck (Mecheln 1530–1590/91 Antwerpen)
Die Einschiffung Annas von Österreich nach Spanien
1570
Feder und Pinsel in Braun, braun laviert, auf Papier
21,9 × 31,5 cm
Inv. 7896

Kat. 31
Zugeschrieben an Peter de Witte I. (Brügge um 1546/50–1628 München)
Porträt der Anna von Österreich
vor 1570
Schwarze und weiße Kreide, auf Papier
38,5 × 22,7 cm
Inv. 14269

Kat. 32
Maerten de Vos (Antwerpen 1532–1603 Antwerpen)
Der heilige Lukas malt die Madonna
um 1585–1602
Feder in Braun, Pinsel in Weiß, über schwarzer Kreide oder Kohle, braun laviert, auf Papier
38 × 30 cm
Inv. 13199

Kat. 33
Maerten de Vos (Antwerpen 1532–1603 Antwerpen)
Der Prophet Jonas predigt in Ninive
1586
Feder in Schwarz, Dunkel- und Hellbraun, Pinsel in Weiß, braun und grau laviert, auf Papier
18,7 × 22,4 cm
Inv. 7925

Kat. 34
Dirck Crabeth (Gouda um 1510/20–1574 Gouda)
Judith und Holofernes
um 1570
Feder und Pinsel in Graubraun und Rot, über schwarzer Kreide oder Kohle, braun laviert, auf Papier
51 × 33,5 cm
Inv. 7847

Kat. 35
Johannes Wierix (Antwerpen 1549–1620 Brüssel)
Christus vor Pilatus
1599
Feder in Dunkel- und Hellbraun, auf Pergament
Ø 10,2 cm
Inv. 8022

Kat. 36
Johannes Wierix (Antwerpen 1549–1620 Brüssel)
Ecce homo
1599
Feder in Dunkel- und Hellbraun, auf Pergament
Ø 10,3 cm
Inv. 8024

Kat. 37
Johannes Wierix (Antwerpen 1549–1620 Brüssel)
Porträt eines Unbekannten
1613
Feder in Rot- und Gelbbraun, auf Pergament
9,1 × 6,2 cm
Inv. 8039

Kat. 38
Umkreis des Johannes Wierix (Antwerpen 1549–1620 Brüssel)
Porträt eines Unbekannten
erstes Viertel 17. Jahrhundert
Feder in Braun, auf Pergament
12,9 × 10,2 cm
Inv. 8040

Kat. 39
Jacques de Gheyn II. (Antwerpen 1565–1629 Den Haag)
Selbstbildnis
um 1595–1600
Feder in Braun, auf Papier
Ø 11,4 cm
Inv. 8157

Kat. 40
Hendrick Goltzius (Bracht bei Venlo 1558–1617 Haarlem)
Porträt des Jacob Matham
1592
Pinsel in Schwarz, Braun und Weiß, schwarze und farbige Kreide, auf Papier
36,9 × 28,5 cm
Inv. 8070

Kat. 41
Hendrick Goltzius (Bracht bei Venlo 1558–1617 Haarlem)
Die Devise des Künstlers
1600
Feder in Braun, auf Papier
18,4 × 12,4 cm
Inv. 8076

Kat. 42
Hendrick Goltzius (Bracht bei Venlo 1558–1617 Haarlem)
Selbstbildnis
um 1593–1595
Pinsel in Grau und Weiß, Aquarell, schwarze und farbige Kreide, auf Papier
42,7 × 32,2 cm
Inv. 17638

Kat. 43
Hendrick Goltzius (Bracht bei Venlo 1558–1617 Haarlem)
Bacchus mit jungem Faun
um 1595–1600
Feder in Dunkel- und Hellbraun, auf Pergament
62,4 × 47,4 cm
Inv. 15112

Kat. 44
Jacob Matham (Haarlem 1571–1631 Haarlem)
Neptun
1602
Feder in Grau und Braun, schwarze Kreide, auf Papier
49,1 × 36,9 cm
Inv. 15108

Kat. 45
Jacques de Gheyn III.
(Leiden 1596–1641 Utrecht)
Ecce homo
1616
Feder in Dunkel- und Hellbraun, über Silberstift, auf Pergament
80,7 × 101 cm
Inv. 17392

Kat. 46
Hieronymus Bosch
('s-Hertogenbosch um 1450–1516 's-Hertogenbosch)
Der Baummensch
um 1500–1510
Feder in Dunkel- und Hellbraun, auf Papier
27,7 × 21,1 cm
Inv. 7876

Kat. 47
Hieronymus Bosch
('s-Hertogenbosch um 1450–1516 's-Hertogenbosch)
Drolerien mit Mann im Korb
um 1500–1515
Feder in Dunkel- und Hellbraun, auf Papier
19,2 × 27 cm
Inv. 7797r

Kat. 48
Unbekannter niederländischer Künstler
Musterblatt mit Bettlern
um 1540
Feder in Dunkel- und Hellbraun, auf Papier
28,6 × 21 cm
Inv. 7798

Kat. 49
Unbekannter niederländischer Künstler
Allegorie der Gier
um 1550
Feder in Braun, grau laviert, auf Papier
Ø 26,1 cm
Inv. 7848

Kat. 50
Pieter Bruegel d. Ä.(Breugel 1526/27–1569 Brüssel)
Desidia (Die Trägheit)
1557
Feder in Braun, auf Papier
21,4 × 29,6 cm
Inv. 7872

Kat. 51
Pieter Bruegel d. Ä.(Breugel 1526/27–1569 Brüssel)
Die großen Fische fressen die kleinen
1556
Feder und Pinsel in Schwarz, Grau und Braun, auf Papier
21,6 × 30,7 cm
Inv. 7875

Kat. 52
Pieter Bruegel d. Ä.(Breugel 1526/27–1569 Brüssel)
Das Jüngste Gericht
1558
Feder in Braun, auf Papier
23 × 30 cm
Inv. 7874

Kat. 53
Pieter Bruegel d. Ä.(Breugel 1526/27–1569 Brüssel)
Christus im Limbus
1561
Feder in Braun, auf Papier
22,3 × 29,4 cm
Inv. 7873

Kat. 54
Jacques de Gheyn II.
(Antwerpen 1565–1629 Den Haag)
Christus im Limbus
um 1600
Feder in Schwarz und Braun, grau und braun laviert, auf bräunlich getöntem Papier
18,3 × 25 cm
Inv. 7871

Kat. 55
Pieter Bruegel d. Ä.(Breugel 1526/27–1569 Brüssel)
Maler und Käufer
um 1566
Feder in Braun, auf Papier
25,5 × 21,5 cm
Inv. 7500

Kat. 56
Pieter Bruegel d. Ä.(Breugel 1526/27–1569 Brüssel)
Der Frühling
1565
Feder in Dunkel- und Hellbraun, auf Papier
22,2 × 29 cm
Inv. 23750

Kat. 57
Nach Pieter Bruegel d. Ä.
(Breugel 1526/27–1569 Brüssel)
Der Hirte
nach 1565
Feder in Dunkel- und Hellbraun, auf Papier
25,1 × 13,6 cm
Inv. 7865

Kat. 58
Nach Pieter Bruegel d. Ä.
(Breugel 1526/27–1569 Brüssel)
Die Epileptikerinnen von Molenbeek
nach 1564
Feder in Braun, Pinsel in Weiß, auf blauem Papier
28,7 × 41,4 cm
Inv. 7868

Kat. 59
Roelant Savery (Kortrijk 1576–1639 Utrecht)
Sitzender Marktbauer
um 1603
Feder in Dunkel- und Hellbraun, über schwarzer Kreide oder Kohle, auf Papier
15,8 × 15,2 cm
Inv. 7866

Kat. 60
Roelant Savery (Kortrijk 1576–1639 Utrecht)
Das Gespann
um 1603
Feder in Dunkel- und Hellbraun, über schwarzer Kreide oder Kohle, auf Papier
16,4 × 18,5 cm
Inv. 7867

Kat. 61
Jacques de Gheyn II.
(Antwerpen 1565–1629 Den Haag)
Sitzende Frau mit ihrem Kind
nach 1600
Feder in Dunkel- und Rotbraun, Rötel, über schwarzer Kreide oder Kohle, auf Papier
19 × 16 cm
Inv. 7572

Kat. 62
Jacob Matham (Haarlem 1571–1631 Haarlem)
Mann in fantastischer Tracht
1612 (?)
Feder in Braun, auf Papier
18,3 × 14,2 cm
Inv. 8177

Kat. 63
Jacques de Gheyn II.
(Antwerpen 1565–1629 Den Haag)
Zwei Trompeter in historischem Kostüm
1598
Feder in Braun, Pinsel in Graublau und Weiß, graublau und braun laviert, auf Papier mit roten, blauen und braunen Fasern
29,6 × 34,4 cm
Inv. 7573

Kat. 64
Unbekannter niederländischer Künstler
Jugendlicher Krieger in römischer Tracht
um 1570
Feder in Braun, blau laviert, über schwarzer Kreide oder Kohle, auf Papier
35,5 × 23,6 cm
Inv. 13281

Kat. 65
Unbekannter niederländischer Künstler
Bärtiger Krieger in römischer Tracht
um 1570
Feder in Braun, blau laviert, über schwarzer Kreide oder Kohle, auf Papier
33,8 × 24,6 cm
Inv. 13280

Kat. 66
Lucas van Valckenborch
(Löwen oder Mecheln 1535/36–1597 Frankfurt am Main)
Hartschier mit Kuse
1578/79
Aquarell und Gouache, auf Papier
28,5 × 15,9 cm
Inv. 13578

Kat. 67
Lucas van Valckenborch
(Löwen oder Mecheln 1535/36–1597 Frankfurt am Main)
Trabant mit kurzem Bart
1578/79
Aquarell und Gouache, auf Papier
26 × 13,9 cm
Inv. 13581

Kat. 68
Jan van der Straet
(Brügge 1523–1605 Florenz)
Sauls Niederlage gegen die Philister
1579
Feder in Dunkel- und Hellbraun, braun laviert, schwarze Kreide oder Kohle, auf Papier
37,8 × 52,6 cm
Inv. 15120

Kat. 69
Jan van Stinemolen
(Mecheln 1518–1589 Mecheln?)
Panorama von Neapel
1582
Feder in Grau und Dunkelbraun, auf Papier
46,2 × 121,9 cm
Inv. 15444

Kat. 70
Zugeschrieben an Lucas van Valckenborch (Löwen oder Mecheln 1535/36–1597 Frankfurt am Main)
Wien, von Nordosten gesehen
um 1590–1593
Feder in Schwarzgrau, grau laviert, auf Papier
14,3 × 18,6 cm
Inv. 48615

Kat. 71
Joris Hoefnagel (Antwerpen 1542–1600 Wien)
Linz, vom Pöstlingberg aus gesehen (nach Lucas van Valckenborch)
1594
Feder in Dunkel- und Hellbraun, Pinsel in Weiß, braun und blau laviert, über Kohle oder schwarzer Kreide, auf Papier
38 × 50,6 cm
Inv. 23476

Kat. 72
Hans Bol (Mecheln 1534–1593 Amsterdam)
Amsterdam, von Norden gesehen
um 1590
Gouache (oder Tempera), Gold, auf Pergament, auf Holztafel kaschiert
15 × 33,5 cm
Inv. 28687

Kat. 73
Jacob Savery I. (Kortrijk um 1565/67–1603 Amsterdam)
Winterlandschaft bei Amsterdam
um 1600–1603
Feder in Braun, Aquarell, Gouache, auf Papier
39,3 × 54,4 cm
Inv. 15135

Kat. 74
Paul Vredeman de Vries (Antwerpen 1567–1616 Amsterdam)
Forum modernis aedificiis (Marktplatz mit modernen Gebäuden)
vor 1606
Feder in Braun, grau, braun und blau laviert, über schwarzer Kreide oder Kohle, auf Papier
18,5 × 29,8 cm
Inv. 7881

Kat. 75
Pieter Stevens II. (Mecheln 1567–1626 Prag)
Meerhafen mit Segelschiffen
um 1595–1600
Feder in Braun, grau, braun und blau laviert, auf Papier
21,9 × 34 cm
Inv. 3326

Kat. 76
Tobias Verhaecht (Antwerpen 1561–1631 Antwerpen)
Alpenstraße mit Blick ins Tal
um 1600
Feder in Dunkel- und Hellbraun, grau und blau laviert, auf Papier
22,5 × 34,2 cm
Inv. 8170

Kat. 77
Jan Brueghel d. Ä.(Brüssel 1568–1625 Antwerpen)
Bäume auf einer Anhöhe mit einer Gruppe von Reisenden
1603/04
Feder in Braun, Pinsel in Braun und Blau, braun und blau laviert, auf Papier
20,5 × 31 cm
Inv. 8419

Kat. 78
David Vinckboons d. Ä. (Mecheln 1576 – um 1631/33 Amsterdam)
Landschaft mit Hasenjagd
1601/02
Feder in Braun, Pinsel in Schwarz und Weiß, grau, braun und blau laviert, auf Papier
36 × 50,2 cm
Inv. 8343

Kat. 79
Umkreis des Gillis van Coninxloo (Antwerpen um 1544–1606/07 Amsterdam)
Waldinneres
um 1610
Feder in Dunkel- und Hellbraun, Pinsel in Braun und Blau, grau, braun und blau laviert, auf Papier
24,9 × 40,6 cm
Inv. 8057

Kat. 80
Jacques de Gheyn II. (Antwerpen 1565–1629 Den Haag)
Landschaft mit Lanzenträger und bellendem Hund
um 1603
Feder in Braun, über Grafitstift, auf Papier
24 × 31,4 cm
Inv. 8730

Kat. 81
Abraham Bloemaert (Gorinchem 1564–1651 Utrecht)
Flussgötter beobachten die Verwandlung der Daphne
um 1592
Feder in Braun, braun laviert, über schwarzer Kreide oder Kohle, auf Papier
29,6 × 32,8 cm
Inv. 7997

Kat. 82
Abraham Bloemaert (Gorinchem 1564–1651 Utrecht)
Aktstudie
1592/93
Feder in Braun, Pinsel in Weiß, braun laviert, auf Papier
31,5 × 19,9 cm
Inv. 8102

Kat. 83
Cornelis Cornelisz. van Haarlem (Haarlem 1562–1638 Haarlem)
Tityos
1588
Feder in Braun, Pinsel in Braun und Weiß, braun laviert, auf Papier
36 × 26,8 cm
Inv. 8101

Kat. 84
Karel van Mander I. (Meulebeke 1548–1606 Amsterdam)
Die Weisheit der Narren
um 1592
Feder in Schwarz und Braun, Pinsel in Weiß, grau und braun laviert, auf Papier
22 × 17,3 cm
Inv. 8013

Kat. 85
Karel van Mander I. (Meulebeke 1548–1606 Amsterdam)
Armut lässt sich leichter ertragen als Luxus
um 1592
Feder in Dunkel- und Hellbraun, Pinsel in Weiß, grau und braun laviert, auf Papier
21,9 × 16,8 cm
Inv. 8014

Kat. 86
Karel van Mander I. (Meulebeke 1548–1606 Amsterdam)
Der Ehehandel
um 1592
Feder in Schwarz, Dunkel- und Hellbraun, Pinsel in Weiß, grau und braun laviert, auf Papier
21,8 × 16,8 cm
Inv. 8011

Kat. 87
Joachim Antonisz. Wtewael (Utrecht 1566–1638 Utrecht)
Die Dame Belgica wird hofiert
1612
Feder in Schwarz, Grau und Graubraun, Pinsel in Weiß, dunkel- und hellgrau laviert, auf Papier
18,9 × 24,3 cm
Inv. 8161

Kat. 88
Joachim Antonisz. Wtewael (Utrecht 1566–1638 Utrecht)
Die Übergabe der Stadt
1612
Feder in Schwarz, Grau und Graubraun, Pinsel in Weiß, dunkel- und hellgrau laviert, auf Papier
18,8 × 24,1 cm
Inv. 8160

Kat. 89
Joachim Antonisz. Wtewael (Utrecht 1566–1638 Utrecht)
Der militärische Triumph
1612
Feder in Schwarz, Grau und Graubraun, Pinsel in Weiß, dunkel- und hellgrau laviert, auf Papier
19 × 24,4 cm
Inv. 8162

Kat. 90
Joachim Antonisz. Wtewael (Utrecht 1566–1638 Utrecht)
Indische Kaufleute huldigen Belgica
1612
Feder in Schwarz, Grau und Graubraun, Pinsel in Weiß, dunkel- und hellgrau laviert, auf Papier
18,9 × 24,2 cm
Inv. 8163

Kat. 91
Joachim Antonisz. Wtewael (Utrecht 1566–1638 Utrecht)
Titelblatt der Serie Thronus Justitiae (Thron der Gerechtigkeit)
um 1606
Feder in Braun, Pinsel in Weiß, grau laviert, auf Papier
26,6 × 38,5 cm
Inv. 8164

Kat. 92
Joachim Antonisz. Wtewael (Utrecht 1566–1638 Utrecht)
Die Taufe Christi
um 1618–1624
Feder in Schwarz und Braun, Pinsel in Weiß, grau laviert, auf grau getöntem Papier
31 × 40,7 cm
Inv. 8165

Bibliografie

Aerts/Te Velde 1998
Remieg Aerts und Henk te Velde (Hg.), De stijl van de burger. Over Nederlandse burgerlijke cultuur vanaf de middeleeuwen, Kampen 1998.

Alsteens 2014
Stijn Alsteens, The Drawings of Pieter Coecke van Aelst, in: Master Drawings 52, 2014, S. 275–362.

Arnade 1996
Peter J. Arnade, Realms of Ritual. Burgundian Ceremony and Civic Life in Late Medieval Ghent, Ithaca/London 1996.

Arnade 2008
Peter J. Arnade, Beggars, Iconoclasts, and Civic Patriots: The Political Culture of the Dutch Revolt, Ithaca/London 2008.

Ashcroft 2017
Jeffrey Ashcroft, Albrecht Dürer. Documentary Biography, 2 Bde., New Haven, CT, 2017.

Aukt.-Kat. Amsterdam 1908
Dessins anciens. Formant un choix des collections Jhr. Alfred Boreel a La Haye, Jacobi a La Haye, C. G. V. Schöffer a Amsterdam, Mr. H. C. Du Bois a La Haye, S. S. a Paris, A. Coster a Bruxelles e. a. (Aukt.-Kat. Frederik Muller & Cie, Amsterdam), Amsterdam 1908.

Aukt.-Kat. London 1860
Drawings, by the Old Masters, Formerly in the Collection of the Late Sir Thomas Lawrence, P. R. A., and More Recently in the Property of that Distinguished Connoisseur, Samuel Woodburn, Esq. (Aukt.-Kat. Christie, Manson & Woods, London), London 1860.

Ausst.-Kat. Amsterdam 2007
Het aanzien van Amsterdam. Panorama's, plattegronden en profielen uit de Gouden Eeuw, hg. von Boudewijn Bakker und Erik Schmitz (Ausst.-Kat. Stadsarchief, Amsterdam), Amsterdam 2007.

Ausst.-Kat. Antwerpen 1987
Beeld van de andere, vertoog over het zelf. Over wilden en narren, boeren en bedelaars, hg. von Paul Vandenbrock (Ausst.-Kat. Koninklijk Museum voor Schone Kunsten, Antwerpen), Antwerpen 1987.

Ausst.-Kat. Antwerpen 2002
Altniederländische Zeichnungen. Von Jan van Eyck bis Hieronymus Bosch, hg. von Fritz Koreny, (Ausst.-Kat. Rubenshuis, Antwerpen), Antwerpen 2002.

Ausst.-Kat. Antwerpen/Maastricht 2005
ExtravagAnt! A Forgotten Chapter of Antwerp Painting. 1500–1530, hg. von Kristin Lohse Belkin und Nico van Hout (Ausst.-Kat. Koninklijk Museum voor Schone Kunsten, Antwerpen; Bonnefanten-museum, Maastricht), Schoten 2005.

Ausst.-Kat. Berlin 1975
Pieter Bruegel d. Ä. als Zeichner, hg. von Fedja Anzelewsky (Ausst.-Kat. Staatliche Museen, Kupferstichkabinett, Berlin), Berlin 1975.

Ausst.-Kat. Brüssel 2019
Bernard van Orley, Brussel en de Renaissance, hg. von Veronique Bücken und Ingrid de Meûter (Ausst.-Kat. Paleis voor Schone Kunsten (BOZAR), Brüssel), Brüssel 2019.

Ausst.-Kat. Budapest 2012
The New Ideal of Beauty in the Age of Pieter Bruegel. Sixteenth-Century Netherlandish Drawings in the Museum of Fine Arts, Budapest, hg. von Teréz Gerszi (Ausst.-Kat. Szépművészeti Múzeum, Budapest), Budapest 2012.

Ausst.-Kat. Cambridge 2011
Prints and the Pursuit of Knowledge in Early Modern Europe, hg. von Susan Dackerman (Ausst.-Kat. Harvard Art Museums, Cambridge, MA), London/New Haven 2011.

Ausst.-Kat. Cassel 2020
La Dynastie Francken, hg. von Sandrine Vézilier-Dussart (Ausst.-Kat. Musée de Flandre, Cassel), Cassel 2020.

Ausst.-Kat. Hamburg 2008
Schrecken und Lust. Die Versuchung des heiligen Antonius von Hieronymus Bosch bis Max Ernst, hg. von Michael Philipp (Ausst.-Kat. Bucerius Kunst Forum, Hamburg), München 2008.

Ausst.-Kat. Löwen/Paris 2013
Hieronymus Cock: The Renaissance in Print, hg. von Joris van Grieken, Ger Luijten und Jan van der Stock (Ausst.-Kat. M-Museum, Löwen; Institut Néerlandais, Paris), London/New Haven 2013.

Ausst.-Kat. Madrid 2007
Patinir. Essays and Critical Catalogue, hg. von Alejandro Vergara (Ausst.-Kat. Museo Nacional del Prado, Madrid), Madrid 2007.

Ausst.-Kat. New York 1995
The Luminous Image. Painted Glass Roundels in the Lowlands, 1480–1560, hg. von Timothy B. Husband (Ausst.-Kat. The Metropolitan Museum of Art, New York), New York 1995.

Ausst.-Kat. New York 2001
Pieter Bruegel the Elder. Drawings and Prints, hg. von Nadine Orenstein (Ausst.-Kat. The Metropolitan Museum of Art, New York), London/New Haven 2001.

Ausst.-Kat. New York 2010
Man, Myth, and Sensual Pleasures. Jan Gossart's Renaissance. The Complete Works, hg. von Maryan W. Ainsworth (Ausst.-Kat. The Metropolitan Museum of Art, New York), New York 2010.

Ausst.-Kat. New York 2014
Grand Design. Pieter Coecke van Aelst and Renaissance Tapestry, hg. von Elizabeth Cleland (Ausst.-Kat. The Metropolitan Museum of Art, New York), New York 2014.

Ausst.-Kat. Saint Louis 2015
Beyond Bosch: The Afterlife of a Renaissance Master in Print, hg. von Marisa Bass und Elizabeth Wyckoff (Ausst.-Kat. The Saint Louis Art Museum, Saint Louis), Saint Louis 2015.

Ausst.-Kat. 's-Hertogenbosch 1967
Jheronimus Bosch, hg. von Karel G. Boon (Ausst.-Kat. Noordbrabants Museum, 's-Hertogenbosch), 's-Hertogenbosch 1967.

Ausst.-Kat. Utrecht 2015
De heksen van Bruegel. Hekserijvoorstellingen in de Lage Landen tussen 1450 en 1700, hg. von Renilde Vervoort (Ausst.-Kat. Museum Catharijneconvent, Utrecht), Brugge 2015.

Ausst.-Kat. Washington 1987
The Age of Bruegel. Netherlandish Drawings in the Sixteenth Century, hg. von John Oliver Hand (Ausst.-Kat. National Gallery of Art, Washington, D.C.), New York 1987.

Bass 2019
Marisa Bass, Insect Artifice. Nature and Art in the Dutch Revolt, Oxford/Princeton 2019.

Bauer/Haupt 1976
Rotraud Bauer und Herbert Haupt, Das Kunstkammerinventar Kaiser Rudolfs II., 1607–1611, in: Jahrbuch der kunsthistorischen Sammlungen in Wien 72, 1976, S. 11–191.

Baxandall 1972
Michael Baxandall, Painting and Experience in 15th Century Italy, Oxford 1972.

Beatis [1905]
Antonio de Beatis, Die Reise des Kardinals Luigi d'Aragona durch Deutschland, die Niederlande, Frankreich und Oberitalien, 1517–1518, übers. und hg. von Ludwig Pastor, Freiburg 1905.

Bell/Suckow 2019
Peter Bell und Dirk Suckow, Reigen der Devianz. »Zigeunerfiguren« in niederländischen Kirmesdarstellungen des 16. Jahrhunderts, in: Frühneuzeit-Info 30, 2019, S. 22–36.

Benesch 1928
Otto Benesch, Beschreibender Katalog der Handzeichnungen in der Graphischen Sammlung Albertina. Bd. 2: Die Zeichnungen der niederländischen Schulen des XV. und XVI. Jahrhunderts, Wien 1928.

Benesch 1979
Otto Benesch, From an Art Historian's Workshop. Contributions to the Œuvre of Dutch and Flemish Artists. Paintings and Drawings, Luzern 1979.

Bolten 2007
Jaap Bolten, Abraham Bloemaert, c. 1565–1651. The Drawings, 2 Bde., Leiden 2007.

Brahms 2016
Iris Brahms, Zwischen Licht und Schatten. Zur Tradition der Farbgrundzeichnung bis Albrecht Dürer, Paderborn 2016.

Braun/Hogenberg 1572–1618
Georg Braun und Frans Hogenberg, Civitates Orbis Terrarum, 6 Bde., Antwerpen/Köln 1572–1618.

BRCP 2016
Robert G. Erdmann et al. (Bosch Research and Conservation Project), Hieronymus Bosch. Painter and Draughtsman. Catalogue raisonné, Brüssel 2016.

Briels 1987
Jan Briels, Vlaamse schilders in de noordelijke Nederlanden in het begin van de Gouden Eeuw. 1585–1630, Haarlem 1987.

Van den Brink 2006
Peter van den Brink, The Artist at Work. The Crucial Role of Drawings in Early Sixteenth-Century Antwerp Workshops, in: Jaarboek Koninklijk Museum voor Schone Kunsten Antwerpen 2004/05, Antwerpen 2006, S. 158–231.

Van Bruaene 2008
Anne-Laure van Bruaene, Om beters wille. Rederijkerskamers en de stedelijke cultuur in de Zuidelijke Nederlanden (1400–1650), Amsterdam 2008.

Van Bruaene 2019
Anne-Laure van Bruaene, Faith on Stage. The Chambers of Rhetoric and Civic Religion in the Low Countries, 1400–1700, in: A Companion to Medieval and Early Modern Confraternities, hg. von Konrad Eisenbichler, Boston/Leiden 2019, S. 365–384.

Buck 2001
Stephanie Buck, Die niederländischen Zeichnungen des 15. Jahrhunderts im Berliner Kupferstichkabinett, Turnhout 2001.

Bungeneers/Grieten 1996
Joke Bungeneers und Stefaan Grieten (Hg.), De Onze-Lieve-Vrouwekathedraal van Antwerpen. Kunstpatrimonium van het Ancien Régime, Turnhout 1996.

Büttner 2000
Nils Büttner, Die Erfindung der Landschaft. Kosmographie und Landschaftskunst im Zeitalter Bruegels, Göttingen 2000.

Butts/Hendrix 2000
Barbara Butts und Lee Hendrix, Introduction. Drawn on Paper – Painted on Glass, in: Painting on Light. Drawing and Stained Glass in the Age of Dürer and Holbein, hg. von Barbara Butts und Lee Hendrix (Ausst.-Kat. J. Paul Getty Museum, Los Angeles; The Saint Louis Art Museum, Saint Louis), Los Angeles 2000, S. 1–16.

Calvete de Estrella 1552
Juan Cristóbal Calvete de Estrella, El felicissimo viaje d'el muy alto y muy Poderoso Principe don Phelippe, hijo d'el Emperador Don Carlos Quinto Maximo, desde España à sus tierras dela baxa Alemaña, Antwerpen 1552.

Camille 1992
Michael Camille, Image on the Edge, London 1992.

Camille 2003
Michael Camille, Simulacrum, in: Critical Terms for Art History, hg. von Robert S. Nelson und Richard Shiff, Chicago 2003, S. 35–48.

Carasso 2007
Deirdre Carasso, Kroniek van het Amsterdamse stadsportret 1540–1740, in: Ausst.-Kat. Amsterdam 2007, S. 42–55.

Caviness/Husband 1991
Madeline Harrison Caviness und Timothy B. Husband, Stained Glass before 1700 in American Collections. Silver-Stained Roundels and Unipartite Panels, Washington, D.C. 1991.

Cennini [1960]
Cennino d'Andrea Cennini, The Craftsman's Handbook. The Italian »Il Libro dell' Arte«, übers. von Daniel V. Thompson, New York 1960.

Daneau 1578
Lambert Daneau, Response chrestienne au premier livre des calomnies et renouvellees faussetez de deux apostats, Matthieu de Launoy prestre et Henry Pennetier, s. l. 1578.

Daneau 1580
Lambert Daneau, Response chrestienne aux calomnies et renouvellées faussetez de deux apostats, Matthieu de Launoy prestre, & Henry Pennetier, n'agueres ministres, & maintenant retournez à leur vomissement: livre par lequel se verra le juste jugement de Dieu, aveuglant au double ceux qui abusent de ses grâces, Genf 1580.

Dautermann/Schäfer 2005
Christoph Dautermann und Ulrich Schäfer, »... sehr prächtig und mit großem Aufwand erbaut«. Baugeschichte und Inventar der Propsteikirche St. Mariae Geburt in Kempen, Viersen 2005.

Degenhart 1950
Bernhard Degenhart, Autonome Zeichnungen bei mittelalterlichen Künstlern, in: Münchner Jahrbuch der bildenden Kunst 3, 1950, S. 93–158.

Delmarcel 2004
Guy Delmarcel, Saint Paul before Porcius Festus, King Herod Agrippa, and His Sister Berenice. A Flemish Renaissance Tapestry by Pieter Coecke van Aelst, in: Bulletin of the Detroit Institute of Arts 78, 2004, S. 18–29.

D'haene 2010
Virginie D'haene, The Blue Landscapes. A Group of Early Sixteenth-Century Landscape Drawings Reconsidered, Magisterarbeit Universiteit Utrecht, 2010.

D'haene 2012
Virginie D'haene, »Landscapes in the New Italian or Antique Way«. The Drawn Œuvre of Matthijs Cock Reconsidered, in: Master Drawings 50, 2012, S. 295–328.

Diemer 2011
Peter Diemer (Hg.), Inventarium der gemalten und andern Stuckhen, auch vornemmen sachen, so auf der Cammer Galeria zuefünden seind. Das Inventar der Kammergalerie Kurfürst Maximilians I. von Bayern aus den Jahren 1627–30, Heidelberg 2011 (FONTES 63), URL: <http://archiv.ub.uni-heidelberg.de/artdok/volltexte/2011/1631> [gelesen am 16.12.2022].

Van Dixhoorn 2009
Arjan van Dixhoorn, Lustige geesten. Rederijkers in de Noordelijke Nederlanden (1480–1650), Amsterdam 2009.

Van den Doel 2021
Marieke van den Doel, Ficino and Fantasy: Imagination in Renaissance Art and Theory from Botticelli to Michelangelo, Boston/Leiden 2021.

Dunbar 1972
Burton L. Dunbar, Some Observations on the »Errera Sketchbook« in Brussels, in: Bulletin van de Koninklijke Musea voor Schone Kunsten van België 21, 1972, S. 53–80.

Eichberger 2010
Dagmar Eichberger, Dürer and the Netherlands. Patterns of Exchange and Mutual Admiration, in: The Essential Dürer, hg. von Larry Silver und Jeffrey Chipps Smith, Philadelphia 2010, S. 149–165.

Eire 1986
Carlos M. N. Eire, War Against the Idols. The Reformation of Worship from Erasmus to Calvin, Cambridge 1986.

Elen 1995
Albert J. Elen, Italian Late-Medieval and Renaissance Drawing-Books from Giovannino de' Grassi to Palma Giovane. A Codicological Approach, Diss. Unverisiteit Leiden, 1995.

Ellis 2007
Lloyd H. Ellis, Raffaello Borghini: Il Riposo. London/Toronto 2007.

Ewing 1978
Dan Ewing, The Paintings and Drawings of Jan de Beer, Diss. University of Michigan, 1978.

Ewing 1990
Dan Ewing, Marketing Art in Antwerp. 1460–1560: Our Lady's Pand, in: The Art Bulletin 72, 1990, S. 558–584.

Ewing 2006
Dan Ewing, Magi and Merchants. The Force behind the Antwerp Mannerists' Adoration Picture, in: Jaarboek Koninklijk Museum voor Schone Kunsten Antwerpen 2004/05, Antwerpen 2006, S. 275–299.

Ewing 2016
Dan Ewing, Jan de Beer. Gothic Renewal in Renaissance Antwerp, Turnhout 2016.

Florianus 1552
Johannes Florianus, Metamorphosis, dat is die herscheppinghe oft veranderinghe, Antwerpen 1552.

Florianus 1583
Johannes Florianus, Christelycke antvvoorde op den eersten boeck der lasteringhen und vernieude valscheden van twee apostaten Mattheeus de Launoy, priester, ende Hendrick Pennetier, die eertijdts ministers gheweest hebben, ende nv wederom tot hare vuytghespogen vuylicheyt, ghekeert zijn ..., Antwerpen 1583.

Freedberg 1988
David Freedberg, Iconoclasm and Painting in the Revolt of the Netherlands. 1566–1609, London/New York 1988.

Freedberg 1996
David Freedberg, Holy Images and Other Images, in: The Art of Interpreting, hg. von Susan C. Scott, University Park 1996, S. 68–87.

Friedländer 1917
Max Jakob Friedländer, Pieter Coecke van Alost, in: Jahrbuch der Königlich Preussischen Kunstsammlungen 38, 1917, S. 73–94.

Gaier 2012
Martin Gaier, Similitudo. Konzepte der Ähnlichkeit in Mittelalter und früher Neuzeit, München 2012.

Gerbier 2018
Aurélie Gerbier, Marie-Madeleine et Marie Salomé: Deux vitraux de la verrière des Alérions de la collégiale Saint-Martin de Montmorency, in: La revue des musées de France 1, 2018, S. 78–85.

Gibson 2000
Walter S. Gibson, Pleasant Places. The Rustic Landscape from Bruegel to Ruisdael, Berkeley 2000.

Goudriaan 1997
Koen Goudriaan, Het Passionael op de drukpers, in: Gouden Legenden. Heiligenlevens en heiligenverering in de Nederlanden, hg. von Marijke Carasso-Kok und Anneke B. Mulder-Bakker, Hilversum 1997, S. 73–88.

Grafton 1999
Anthony Grafton, Historia and Istoria: Alberti's Terminology in Context, in: I Tatti: Studies in the Italian Renaissance 8, 1999, S. 37–68.

Grapheus 1550
Cornelis Grapheus, Spectaculorum in Susceptione Philippi Hispaniae Principis Divi Caroli V Caesaris Filii Anno M. D. XLIX. Antverpiae Aeditorvm, Mirificvs Apparatvs, Antwerpen 1550.

Harth/Martens 2021
Astrid Harth und Maximiliaan P. J. Martens, Dürers berühmtes Bildnis des heiligen Hieronymus. Entstehung, Bedeutung und Rezeption, in: Dürer war hier. Eine Reise wird Legende, hg. von Peter van den Brink (Ausst.-Kat. Suermondt-Ludwig-Museum, Aachen; National Gallery, London), Petersberg 2021, S. 429–455.

Härting 1983
Ursula Alice Härting, Studien zur Kabinettbildmalerei des Frans Francken II. 1581–1642. Ein repräsentativer Werkkatalog, Hildesheim/New York/Zürich 1983.

Hautekeete 2000
Stefaan Hautekeete, Van stad en land. Het beeld van Brabant in de vroege topografische tekenkunst, in: Met passer en penseel. Brussel en het oude hertogdom Brabant in beeld, hg. von David Buisseret, Helena Bussers und Véronique Van de Kerckhof (Ausst.-Kat. Koninklijke Musea voor Schone Kunsten, Brüssel), Brüssel 2000, S. 46–57.

Hautekeete 2012
Stefaan Hautekeete, New Insights into the Working Methods of Hans Bol, in: Master Drawings 50, 2012, S. 329–356.

Hazelzet 2007
Korine Hazelzet, Verkeerde werelden. Exempla contraria in de Nederlands beeldende kunst, Leiden 2007.

Hering/Schramm 2000
Bernd Hering und Hans-Peter Schramm, Historische Malmaterialien und ihre Identifizierung, Stuttgart 2000.

HDF
Hollstein's Dutch & Flemish Etchings, Engravings and Woodcuts ca. 1450–1700, begr. von Friedrich W. H. Hollstein, Amsterdam 1949 ff.

Hecht 2012
Christian Hecht, Katholische Bildertheologie im Zeitalter von Gegenreformation und Barock. Studien zu Traktaten von Johannes Molanus, Gabriele Paleotti und anderen Autoren, Berlin 2012.

Hendrix/Meijer Drees 2001
Harald Hendrix und Marijke Meijer Drees (Hg.), Beschaafde burgers. Burgelijkheid in de vroegmoderne tijd, Amsterdam 2001.

Husband 2019
Timothy B. Husband, The Silver-Stained Roundel in Northern Europe, in: Investigations in Medieval Stained Glass. Materials, Methods, and Expressions, hg. von Elizabeth Carson Pastan und Brigitte Kurmann-Schwarz, Boston/Leiden 2019, S. 301–318.

Ilsink 2009
Matthijs Ilsink, Bosch en Bruegel als Bosch. Kunst over kunst bij Pieter Bruegel (c. 1528–1569) en Jheronimus Bosch (c. 1450–1516), Nijmegen 2009.

Jacobs 1989
Lynn F. Jacobs, The Marketing and Standardization of South Netherlandish Carved Altarpieces. Limits on the Role of the Patron, in: Art Bulletin 71, 1989, S. 208–229.

Jansen 1988
Dieter Jansen, Similitudo. Untersuchungen zu den Bildnissen Jan van Eycks, Köln 1988.

Jonckheere 2012
Koenraad Jonckheere, Antwerp Art after Iconoclasm. Experiments in Decorum 1566–1585, Brüssel 2012.

Jonckheere 2014
Koenraad Jonckheere, An Allegory of Artistic Choice in Times of Trouble. Pieter Bruegel's Tower of Babel, in: Nederlands Kunsthistorisch Jaarboek 64, 2014, S. 186–213.

Jonckheere 2020a
Koenraad Jonckheere, Trial and Error. Antwerp Renaissance Art, in: Antwerp in the Renaissance, hg. von Bruno Blondé und Jeroen Puttevis, Turnhout 2020, S. 263–296.

Jonckheere 2020b
Koenraad Jonckheere, »Insettinghe« and »yegelijcx conversatie«: Understanding of the Image on the Eve of Baroque, in: Quid est secretum? Visual Representation of Secrets in Early Modern Europe, 1500–1700, hg. von Ralph Dekoninck, Agnès Guideroni und Walter Melion, Boston/Leiden 2020, S. 380–396.

De Jongh/Luijten 1997
Eddy de Jongh und Ger Luijten (Hg.), Mirror of Everyday Life. Genreprints in the Netherlands 1550–1700, Gent 1997.

Justi 1889
Carl Justi, Die Werke des Hieronymus Bosch in Spanien, in: Jahrbuch der Königlich Preussischen Kunstsammlungen, 1889, S. 121–144.

Keizer 2011
Joost Keizer, Michelangelo, Drawing and the Subject of Art, in: The Art Bulletin 93, 2011, S. 304–324.

Keller 2010
Hildegard Elisabeth Keller, Wüste. Kleiner Rundgang durch einen Topos der Askese, in: Askese und Identität in Spätantike, Mittelalter und Früher Neuzeit, hg. von Werner Röcke und Julia Weitbrecht, Berlin 2010, S. 191–207.

Ketelsen 2008
Thomas Ketelsen, »Wie in die Luft gezeichnet«. Zum Einsatz der Pause in der frühniederländischen Zeichenkunst, in: Die Glückseligkeit besteht wesentlich in der Ruhe und Heiterkeit der Seele. Festschrift zum 80. Geburtstag von Annaliese Mayer-Meintschel, hg. von Uta Reinhardt, Dresden 2008, S. 120–127.

Kisling/Verhuyck 1987
Corine Kisling und Paul Verhuyck, Het Mandement van Bacchus. Antwerpse kroegentocht in 1580, Amsterdam/Antwerpen 1987.

Kloek 2011
Wouter Kloek, Lucas van Leyden als tekenaar, in: Lucas van Leyden en de Renaissance, hg. von Christiaan Vogelaar (Ausst.-Kat. Museum De Lakenhal, Leiden), Antwerpen 2011, S. 151–163.

Koerner 2004
Joseph Leo Koerner, The Reformation of the Image, London 2004.

Kok 2013
Ina Kok, Woodcuts in Incunabula Printed in the Low Countries, 4 Bde., Houten 2013.

Konowitz 1990/91
Ellen Konowitz, Drawings as Intermediary Stages. Some Working Methods of Dirk Vellert and Albrecht Dürer Re-Examined, in: Simiolus. Netherlands Quarterly for the History of Art 20, 1990/91, S. 143–152.

Konowitz 2013
Ellen Konowitz, More »Drawings as Intermediary Stages«. Dirk Vellert's History of Abraham, in: Journal of Historians of Netherlandish Art 5, 2013, URL: <https://jhna.org/articles/more-drawings-intermediary-stages-dirk-vellerts-history-of-abraham> [gelesen am 16.12.2022].

Konowitz 2016
Ellen Konowitz, Images in Light and Line. The Stained Glass Designs and Prints of Dirk Vellert, Brepols 2016.

Koreny 2012
Fritz Koreny, Hieronymus Bosch. Die Zeichnungen. Werkstatt und Nachfolge bis zum Ende des 16. Jahrhunderts, Turnhout 2012.

Koreny/Zeman 2002
Fritz Koreny und Georg Zeman, Einleitung. Zur niederländischen Zeichenweise des 15. Jahrhunderts, in: Ausst.-Kat. Antwerpen 2002, S. 10–20.

Krüger 2008
Konstanze Krüger, Die Miniaturen von Hans Bol in Dresden, in: Die Glückseligkeit besteht wesentlich in der Ruhe und Heiterkeit der Seele. Festschrift zum 80. Geburtstag von Annaliese Mayer-Meintschel, hg. von Uta Neidhardt, Dresden 2008, S. 128–137.

De Launoy/Pennetier 1578
Matthieu de Launoy und Henry Pennetier, Die verclaringhe ende verworpinghe van het valsch verstant ende quaet misbruycken van sommige sententien der heyligher Schriftueren, de welcke de ministers misbruyct hebben in dese laetste tijden, om te scheyden ende te beroeren de christenheyt ..., Antwerpen 1578.

Leeflang 2004/05
Micha Leeflang, Workshop Practices in Early Sixteenth-Century Antwerp Studios, in: Jaarboek Koninklijk Museum voor Schone Kunsten Antwerpen 2004/05, Antwerpen 2006, S. 233–274.

Van der Lem 2018
Anton van der Lem, Revolt in the Netherlands. The Eighty Years War, 1568–1648, London 2018.

Van Loon 1743
Gerard van Loon, Antwerpsch Chronykje. In het welk zeer veele en elders te vergeefsch gezogte geschiedenissen, sedert den jare 1500; tot het jaar 1574, Leiden 1743.

Mack Crew 1978
Phyllis Mack Crew, Calvinist Preaching and Iconoclasm in the Netherlands. 1544–1569, Cambridge 1978.

Van Mander 1604
Karel van Mander, Het Schilder-Boeck, Haarlem 1604.

Mangrum/Scavizzi 1998
Bryan D. Mangrum und Giuseppe Scavizzi, A Reformation Debate: Karlstadt, Emser, and Eck on Sacred Images. Three Treatises in Translation, Toronto 1998.

Marlier 1966
Georges Marlier, La Renaissance flamande. Pierre Coeck d'Alost, Brüssel 1966.

Marnef 1996
Guido Marnef, Antwerp in the Age of Reformation. Underground Protestantism in a Commercial Metropolis, 1550–1577, Baltimore 1996.

Martens/Peeters 2006
Maximiliaan P. J. Martens und Natasja Peeters, Artists by Numbers. Quantifying Artists' Trades in Sixteenth-Century Antwerp, in: Making and Marketing. Studies of the Painting Process in Fifteenth- and Sixteenth-Century Netherlandish Workshops, hg. von Molly Faries, Turnhout 2006, S. 211–222.

Materné/Van der Wee 1993
Jan Materné und Herman van der Wee, Antwerp as a World Market in the Sixteenth and Seventeenth Century, in: Antwerp. Story of a Metropolis, 16th–17th Century, hg. von Jan van der Stock (Ausst.-Kat. Hessenhuis, Antwerpen), Gent 1993, S. 19–31.

Miedema 1994–1999
Hessel Miedema (Hg.), Karel van Mander. The Lives of the Illustrious Netherlandish and German Painters, from the First Edition of the Schilder-Boeck (1603–1604), 6 Bde., Doornspijk 1994–1999.

Miedema 2012
Hessel Miedema, De ontwikkeling van de kunsttheorie in de Hollandse Gouden Eeuw. I. Het begin; De Zuidelijke Nederlanden, in: Oud Holland 125, 2012, S. 102–116.

Miedema 2017
Hessel Miedema, Theorie en Praktijk: Teksten over schilderkunst in de Gouden Eeuw van de Noordelijke Nederlanden, Hilversum 2017.

Mitalaité 2007
Kristina Mitalaité, Philosophie et théologie de l'image dans les »Libri Carolini«, Paris 2007.

De Mouronval 1578
Jan de Mouronval, Petit bovclier de la foy catholiqve, extrait des livres de Mathiev de Lannoy et Henry Pennetier, nagueres ministres de la religion pretendue reformée & a present retournez au gyron de l'Eglise chrestienne ..., Douai 1578.

Moxey 1977
Keith Moxey, Image Criticism in the Netherlands before the Iconoclasm of 1566, in: Nederlands archief voor kerkgeschiedenis 57, 1977, S. 148–162.

De Munck/Romano 2019
Bert de Munck und Antonella Romano (Hg.), Knowledge and the Early Modern City. A History of Entaglements, London/New York 2019.

Muller 2016
Jeffrey M. Muller, St. Jacob's Antwerp Art and Counter Reformation in Rubens's Parish Church, Boston/Leiden 2016.

Neumeister 2003
Mirjam Neumeister, Das Nachtstück mit Kunstlicht in der niederländischen Malerei und Graphik des 16. und 17. Jahrhunderts. Ikonographische und koloristische Aspekte, Petersberg 2003.

Neumeister 2005
Mirjam Neumeister, Holländische Gemälde im Städel 1550–1800, Bd. 1: Künstler geboren bis 1615, Petersberg 2005 (Kataloge der Gemälde im Städelschen Kunstinstitut Frankfurt am Main 8), Petersberg 2005.

NHDF
The New Hollstein Dutch & Flemish Etchings, Engravings and Woodcuts (1450–1700), begr. von Friedrich W. H. Hollstein, Rotterdam 1993 ff.

Nichols 2007
Tom Nichols, The Art of Poverty: Irony and Ideal in Sixteenth-Century Beggar Imagery, Manchester 2007.

Noble 2009
Thomas F. X. Noble, Images, Iconoclasm, and the Carolingians, Philadelphia 2009.

Onuf 2018
Alexandra Onuf, The Small Landscape Prints in Early Modern Netherlands, London/New York 2018.

Ortelius 1570
Abraham Ortelius, Typus Orbis Terrarum, Antwerpen 1570.

Orth 1989
Myra D. Orth, Antwerp Mannerist Model Drawings in French Renaissance Books of Hours. A Case Study of the 1520s Hours Workshop, in: Journal of the Walters Art Gallery 47, 1989, S. 61–75, 77–90.

Parmentier 1937
R. A. Parmentier, Bescheiden omtrent Brugsche schilders van de 16e eeuw. I. Ambrosius Benson, in: Handelingen van het Genootschap voor Geschiedenis 'Société d'Emulation' te Brugge 80, 1937, S. 87–129.

Parmentier 1942
R. A. Parmentier, Bronnen voor de geschiedenis van het Brugsche schildersmilieu in de XVIe eeuw. Gerard David, in: Revue belge d'archéologie et d'histoire de l'art 12, 1942, S. 5–19.

Passionael 1516
Passionael. Darmen heet die gulden legende, Antwerpen 1516.

Payton 1997
James R. Payton, Calvin and the Libri Carolini, in: Sixteenth Century Journal 28, 1997, S. 467–480.

Peters 2005
Emily J. Peters, »Den gheheelen loop des weerelts« (The Whole Course of the World). Printed Processions and the Theater of Identity in Antwerp during the Dutch Revolt. Diss. University of California, Santa Barbara 2005.

Peters 2008
Emily J. Peters, Printing Ritual. The Performance of Community in Christopher Plantin's La Joyeuse & Magnifique Entrée de Monseigneur Francoys ... d'Anjou (Antwerp, 1582), in: Renaissance Quarterly 61, 2008, S. 370–413.

Peters 2015
Emily J. Peters, Processional Print Series in Antwerp during the Dutch Revolt, in: Print Quarterly 32, 2015, S. 259–270.

Pettegree/Walsby/Wilkinson 2007
Andrew Pettegree, Malcolm Walsby und Alexander S. Wilkinson, French Vernacular Books: Books Published in the French Language before 1601 / Livres vernaculaires Français: Livres imprimés en Français avant 1601, Boston/Leiden 2007.

Philipp 2016
Michael Philipp, Die Hölle im Kopf, der Kopf in der Hölle. Zu einem Motiv der Bosch-Nachfolge, in: Verkehrte Welt. Das Jahrhundert von Hieronymus Bosch, hg. von Michael Philipp (Ausst.-Kat. Bucerius Kunst Forum, Hamburg), München 2016, S. 62–75.

Pinkus 2014
Assaf Pinkus, Sculpting Simulacra in Medieval Germany: 1250–1380, Burlington 2014.

Pleij 1979
Herman Pleij, Het gilde van de Blauwe Schuit. Literatuur, volksfeest en burgermoraal in de late middeleeuwen, Amsterdam 1979.

Pleij 1993
Herman Pleij, Antwerp Described, in: Antwerp. Story of a Metropolis. 16th–17th Century, hg. von Jan van der Stock (Ausst.-Kat. Hessenhuis, Antwerpen), Gent 1993, S. 78–85.

Pokorny 2003
Erwin Pokorny, Bosch's Cripples and Drawings by his Imitators, in: Master Drawings 41, 2003, S. 293–304.

Pokorny 2009
Erwin Pokorny, Hexen und Magier in der Kunst des Hieronymus Bosch, in: Lexikon zur Geschichte der Hexenverfolgung, hg. von Gudrun Gersmann, Katrin Moeller und Jürgen-Michael Schmidt, München 2009, URL: <https://langzeitarchivierung.bib-bvb.de/wayback/20190716090947/https:/www.historicum.net/themen/hexenforschung/lexikon/alphabetisch/a-g/artikel/hexen-und-magie/> [gelesen am 16.12.2022].

Pokorny 2011
Erwin Pokorny, Der Meister des Absalom (Volckert Claesz van Haarlem?), in: Zeichnen im Zeitalter Bruegels. Die niederländischen Zeichnungen des 16. Jahrhunderts im Dresdner Kupferstich-Kabinett. Beiträge zu einer Typologie, hg. von Oliver Hahn, Thomas Ketelsen und Petra Kuhlmann-Hodick, Köln 2011, S. 136–140.

Popham 1926
Arthur Ewart Popham, Drawings of the Early Flemish School, London 1926.

Popham 1935
Arthur Ewart Popham, Catalogue of Drawings in the Collection Formed by Sir Thomas Phillipps, Bart., F.R.S., Now in the Possession of his Grandson T. Fitzroy Phillipps Fenwick of Thirlestaine House, Cheltenham, London 1935.

A Porta 1591
Johannes a Porta, D'net der Beeltstormers, Verclarende dat wettelijck ghebruyck der kerckelijcker beelden ende d'onrecht bestormen der seluer: In dry tractaten oft stucken ghedeylt, Antwerpen 1591.

Preising 2021
Dagmar Preising, Der Einfluss von Dürer-Grafik auf die niederländische Kunst, in: Dürer war hier. Eine Reise wird Legende, hg. von Peter van den Brink (Ausst.-Kat. Suermondt-Ludwig-Museum, Aachen; National Gallery, London), Petersberg 2021, S. 497–525.

Prims 1927–1949
Floris Prims, Geschiedenis van Antwerpen, 29 Tle., Antwerpen 1927–1949.

Ramakers 2003
Bart Ramakers, Conformisten en rebellen. Rederijkerscultuur in de Nederlanden (1400–1650), Amsterdam 2003.

Raux 2018
Sophie Raux, Lotteries, Art Markets, and Visual Culture in the Low Countries, 15th–17th Centuries, Boston/Leiden 2018.

Van Regteren Altena 1978
Johan Quirijn van Regteren Altena, Buitenlanders zien Amsterdam, voornamelijk in 1634, in: Jaarboek Amstelodamum 70, 1978, S. 170–185.

Renger 1970
Konrad Renger, Lockere Gesellschaft. Zur Ikonographie des Verlorenen Sohnes und von Wirtshausszenen in der niederländischen Malerei, Berlin 1970.

Renger 1987
Marta O. Renger, The Wiesbaden Drawings, in: Master Drawings 25, 1987, S. 390–465.

De Rock 2019
Jelle de Rock, The Image of the City in Early Netherlandish Painting (1400–1550), Turnhout 2019.

Rowlands 1993
John Rowlands, Drawings by German Artists and Artists from German-Speaking Regions of Europe in the Department of Prints and Drawings in the British Museum. The Fifteenth Century, and the Sixteenth Century by Artists Born Before 1530, 2 Bde., London 1993.

Rupprich 1956–1969
Hans Rupprich (Hg.), Albrecht Dürer. Schriftlicher Nachlass, 3 Bde., Berlin 1956–1969.

Van Ruyven-Zeman 2004
Zsuzsanna van Ruyven-Zeman, »Stuckxken met de penne«. Drawings by the Engraver Johannes Wierix, in: Master Drawings 42, 2004, S. 237–257.

De Saint-Exupéry 1943
Antoine de Saint-Exupéry, Le petit prince: avec les dessins de l'auteur, New York 1943.

De Saint-Exupéry 1946
Antoine de Saint-Exupéry, Le petit prince: avec les dessins de l'auteur, Paris 1946.

De Saint-Exupéry 2016
Antoine de Saint-Exupéry, Der kleine Prinz, Stuttgart 2016.

Saunders 1979
Eleanor A. Saunders, A Commentary on Iconoclasm in Several Print Series by Maarten van Heemskerck, in: Simiolus. Netherlands Quarterly for the History of Art 10, 1979, S. 59–83.

Scavizzi 1992
Giuseppe Scavizzi, The Controversy on Images from Calvin to Baronius, New York 1992.

Schoon boecxken 1581
Een schoon boecxken, vol schoone ende stichtelijcke refferynen, Brüssel 1581.

Schreiner/Vetter 2021
Manfred Schreiner und Wilfried Vetter, Materialanalytische Untersuchungen und Röntgen-Radiografie an Objekten der Albertina mittels Röntgenfluoreszenzanalyse (RFA), Fourier Transform Infrarot Spektroskopie (FTIR) und Hyperspectral Imaging (HSI), Wien (nicht publiziert).

Serebrennikov 2001
Nina Eugenia Serebrennikov, Plotting Imperial Campaigns. Hieronymus Cock's Abortive Foray into Chorography, in: Nederlands Kunsthistorisch Jaarboek 52, 2001, S. 186–215.

Shakespeare [1986]
William Shakespeare, Hamlet, Stuttgart 1986.

Silver 2006
Larry Silver, Peasant Scenes and Landscapes. The Rise of Pictorial Genres in the Antwerp Art Market, Philadelphia 2006.

Silver 2011
Larry Silver, Pieter Bruegel, London/New York 2011.

Van der Stock 1998
Jan van der Stock, Printing Images in Antwerp. The Introduction of Printmaking in a City. Fifteenth Century to 1585, Rotterdam 1998.

Van Suchtelen 1993
Ariane van Suchtelen, Hans Bol. Een van de eerste schilders van het Hollandse stadsgezicht, in: Antiek. Tijdschrift voor liefhebbers en kenners van oude kunst en kunstnijverheid 28, 1993, S. 220–227.

Swan 1995
Claudia Swan, Ad vivum, naer het leven, from the Life. Defining a Mode of Representation, in: Word and Image 11, 1995, S. 353–372.

Thijs 1990
Alfons K. L. Thijs, Rezension von: Corine Kisling und Paul Verhuyck, Het Mandement van Bacchus. Antwerpse kroegentocht in 1580, in: Revue belge de philologie et d'histoire 68, 1990, S. 1004–1006.

Thøfner 2007
Margit Thøfner, A Common Art. Urban Ceremonial in Antwerp and Brussels during and after the Dutch Revolt, Zwolle 2007.

TIB
Adam von Bartsch, The Illustrated Bartsch, hg. von Walter L. Strauss et al., New York 1978 ff.

Du Tillet 1549
Jean du Tillet, Opus inlustrissimi … Caroli Magni … contra Synodum quæ in partibus Graeciæ pro adorandis imaginibus stolide sive arroganter gesta est. Item, Pavlini Aqvileiensis episcopi aduersus Felicem Vrgelitanum, & Eliphandum Toletanum episcopos libellus, Paris (?) 1549.

Unverfehrt 1980
Gerd Unverfehrt, Hieronymus Bosch. Studien zur Rezeption seiner Kunst im frühen 16. Jahrhundert, Berlin 1980.

Unverfehrt 2007
Gerd Unverfehrt, Da sah ich viel köstliche Dinge. Albrecht Dürers Reise in die Niederlande, Göttingen 2007.

Vandenbroeck 2002
Paul Vandenbroeck, Jheronimus Bosch. De verlossing van de wereld, Gent 2002.

Vandenbroeck 2009
Paul Vandenbroeck, Meaningful Caprices. Folk Culture, Middle Class Ideology (ca. 1480– 1510) and Aristocratic Recuperation (ca. 1530–1570): A Series of Brussels Tapestries after Hieronymus Bosch, in: Jaarboek van het Koninklijk Museum voor Schone Kunsten Antwerpen, 2009, S. 212–269.

Vandenbroeck 2011
Paul Vandenbroeck, Genre Painting as a Collective Process of Inversive Self-Definition. C. 1400 – c. 1800, in: Jaarboek van het Koninklijk Museum voor Schone Kunsten Antwerpen, 2011, S. 162–211.

Vanderhaeghen 1872–1881
Ferdinand Vanderhaeghen (Hg.), Van die beroerlicke tijden in die Nederlanden en voornamelick in Ghendt 1566–1568. Door Marcus van Vaernewijck, 5 Bde., Gent 1872–1881.

Vasari 1568
Giorgio Vasari, Le vite de' più eccellenti pittori, scultori e architettori, 3 Tle., 3 Bde., Florenz 1568.

Verdam/Verwijs 1885
Jacob Verdam und Eelco Verwijs, Middelnederlandsch Woordenboek, 's-Gravenhage 1885.

Vermeylen 1999
Filip Vermeylen, Exporting Art across the Globe. The Antwerp Art Market in the Sixteenth Century, in: Kunst voor de markt/Art for the Market. 1500–1700, hg. von Reindert Falkenburg, Zwolle 1999, S. 13–25.

Vermeylen 2003
Filip Vermeylen, Painting for the Market. Commercialization of Art in Antwerp's Golden Age, Turnhout 2003.

Vogelaar 2021
Christiaan Vogelaar, Lucas van Leyden und Albrecht Dürer, in: Dürer war hier. Eine Reise wird Legende, hg. von Peter van den Brink (Ausst.-Kat. Suermondt-Ludwig-Museum, Aachen; National Gallery, London), Petersberg 2021, S. 527–548.

Walsh 2014
Martin W. Walsh, The Satirical Charity of Saint Martin from Bosch to the German Baroque. A Drawing by Michael Herr, in: Source 33, 2014, S. 21–30.

Weststeijn 2008
Thijs Weststeijn, Samuel van Hoogstraten's Art Theory and the Legitimation of Painting in the Dutch Golden Age, Amsterdam 2008.

Williams 1997
Robert Williams, Art, Theory, and Culture in Sixteenth-Century Italy: From Techne to Metatechne, Cambridge 1997.

Wittgenstein 1922
Ludwig Wittgenstein, Tractatus logico-philosophicus. Mit einer Einleitung von Bertrand Russel, London 1922.

Wood 1998
Christopher S. Wood, The Errera Sketchbook and the Landscape Drawing on Grounded Paper, in: Herri met de Bles. Studies and Explorations of the World Landscape Tradition, hg. von Norman E. Muller, Turnhout 1998, S. 101–116.

Wood 2008
Christopher S. Wood, Forgery, Replica, Fiction: Temporalities of German Renaissance Art, Chicago 2008.

Wouk 2012
Edward H. Wouk, Reclaiming the Antiquities of Gaul: Lambert Lombard and the History of Northern Art, in: Simiolus. Netherlands Quarterly for the History of Art 36, 2012, S. 35–65.

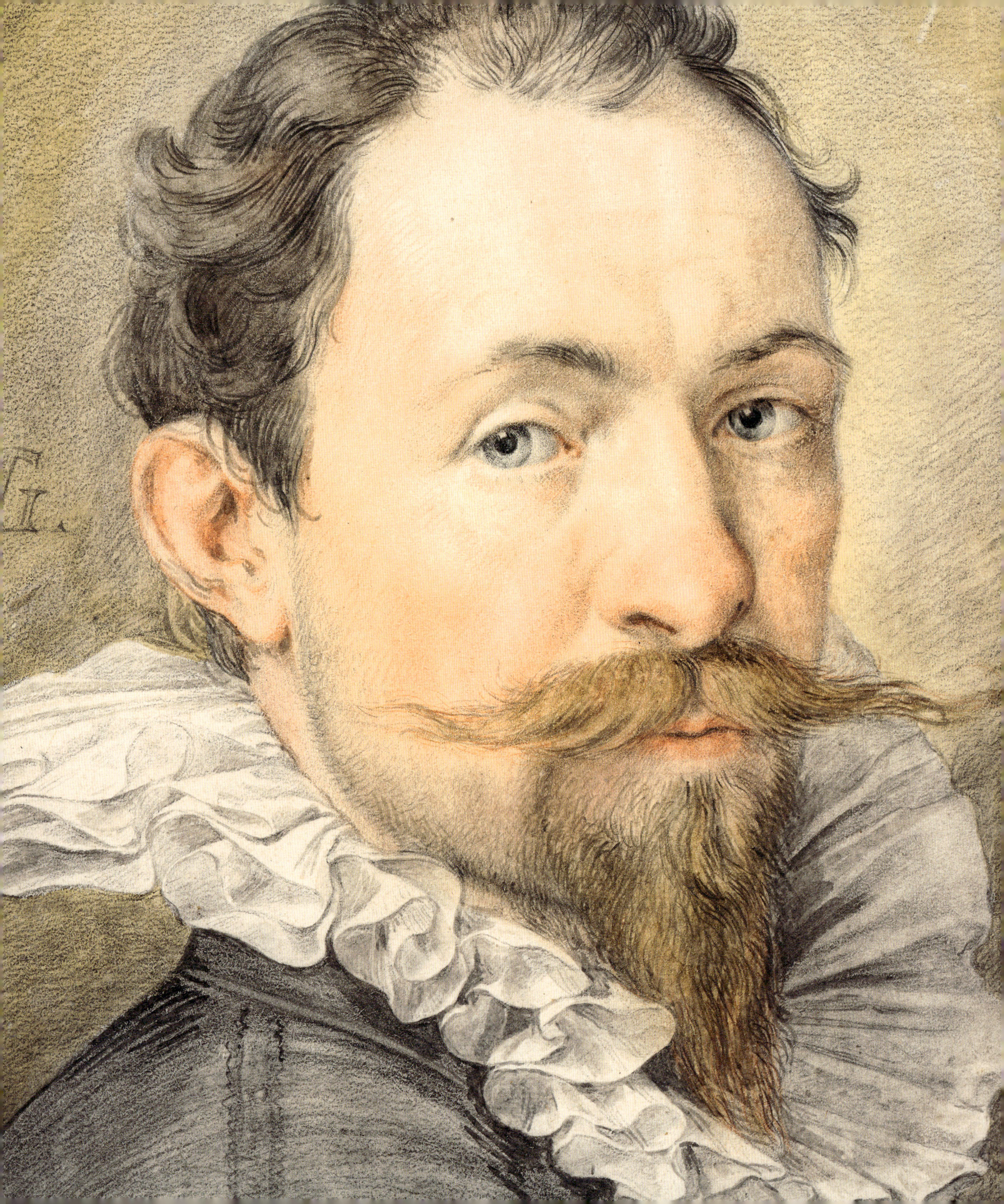

Bildnachweis

S. 24, 29, 31, 38, 131: © The Trustees of the British Museum

S. 27, 72: Szépművészeti Múzeum / Museum of Fine Arts, Budapest, 2022

S. 28, 33: bpk / Kupferstichkabinett, SMB / Jörg P. Anders

S. 30: Royal Museum of Fine Arts of Belgium, Brüssel

S. 32: © Beaux-Arts de Paris, Dist. RMN-Grand Palais / image Beaux-arts de Paris

S. 35, 36, 40, 129: © Musée du Louvre, Dist. RMN-Grand Palais / Martine Beck-Coppola

S. 37, 130: © Ashmolean Museum

S. 39: Hessisches Landesmuseum Darmstadt, Foto: Wolfgang Fuhrmannek

S. 83: Privatsammlung, New York

S. 122: The Lessing J. Rosenwald Collection, Rare Book and Special Collections Division, The Library of Congress, Washington, D.C.

S. 124: Image courtesy of The Wildenstein Plattner Institute, Inc.

S. 128, 175: Rijksmuseum, Amsterdam

S. 170: Bibliothèque nationale de France, Paris

S. 224: Städel Museum, Frankfurt am Main

Alle anderen Werke: Albertina, Wien (Fotos: Daniel Antalfi, Ana Paula Franco, Paul Landl)

Ganzseitige Abbildungen:

S. 4: Detail aus Kat. 78, S. 192
S. 6: Detail aus Kat. 59, S. 154
S. 8: Detail aus Kat. 71, S. 183
S. 11: Detail aus Kat. 15, S. 61
S. 12: Detail aus Kat. 43, S. 114
S. 20/21: Detail aus Kat. 51, S. 143
S. 22: Detail aus Abb. 4, S. 29
S. 42: Detail aus Kat. 1, S. 43
S. 48: Detail aus Kat. 6, S. 49
S. 58: Detail aus Kat. 13, S. 59
S. 67: Detail aus Kat. 20, S. 66
S. 68/69: Detail aus Kat. 50, S. 142
S. 70: Detail aus Abb. 2, S. 75
S. 88: Detail aus Kat. 23, S. 89
S. 117: Detail aus Kat. 45, S. 116
S. 118/119: Detail aus Kat. 52, S. 144
S. 120: Detail aus Abb. 7, S. 128
S. 134: Detail aus Kat. 46, S. 135
S. 138: Detail aus Kat. 48, S. 139
S. 152: Detail aus Kat. 58, S. 153
S. 165: Detail aus Kat. 68, S. 164
S. 166/167: Detail aus Kat. 53, S. 145
S. 168: Detail aus Kat. 31, S. 101
S. 194: Detail aus Kat. 80, S. 195
S. 198: Detail aus Kat. 83, S. 199
S. 211: Detail aus Kat. 92, S. 210
S. 212/213: Detail aus Kat. 56, S. 150
S. 214: Detail aus Kat. 72, S. 184/185
S. 226: Detail aus Kat. 79, S. 193
S. 238: Detail aus Kat. 42, S. 113

Diese Publikation erscheint anlässlich der Ausstellung *Bruegel und seine Zeit*

Albertina, Wien
15. Februar – 24. Mai 2023

Ausstellung

Generaldirektor
Klaus Albrecht Schröder

Kuratorin
Laura Ritter

Assistenzkuratorin
Serena Ligas

Ausstellungsorganisation
Barbara Buchbauer und Jasha Greenberg

Restauratorische Betreuung
Karine Bovagnet, Margarethe Fazekas, Klaus Mohideen-Rubitzko, Alexandra Moser, Melanie Nief, Ida Rupp, Christina Schaaf-Fundneider, Mariela Schöffmann, Julia Wikarski

Rahmung und Passepartourierung
Ines Aßmann, Andrew Draper, Viktor Moisejev, Armin Solderer

Katalog

Herausgegeben von
Laura Ritter und Emily J. Peters

Redaktion
Laura Ritter, Serena Ligas und Lisa Trapp

Produktionsleitung
Sandra Maria Rust

Projektmanagement Verlag
Cordula Gielen und Karen Angne

Lektorat
Claudia Wagner, Starnberg

Übersetzung aus dem Englischen
M. David Drevs, München (Essays Emily J. Peters und Stephanie Porras)

Übersetzung aus dem Niederländischen
Rolf Erdorf, Bad Oldesloe (Essay Koenraad Jonckheere)

Gestaltung und Satz
Sophie Friederich

Herstellung
Sophie Friederich, Hirmer Verlag

Lithografie
Reproline Mediateam GmbH & Co. KG, Unterföhring

Papier
Gardapat Bianka 135 g/m²

Schrift
Scandia

Druck und Bindung
Westermann Druck GmbH, Zwickau

Printed in Germany

Bibliografische Information der Deutschen Nationalbibliothek: Die Deutsche Nationalbibliothek verzeichnet diese Publikation in der Deutschen Nationalbibliografie; detaillierte bibliografische Daten sind im Internet über http://www.dnb.de abrufbar.

ISBN 978-3-7774-4043-9 (Museumsausgabe)
ISBN 978-3-7774-4042-2 (Buchhandelsausgabe)

www.hirmerverlag.de
www.albertina.at

Umschlagvorderseite: Pieter Bruegel d. Ä., *Maler und Käufer,* um 1566 (Detail aus Kat. 55, S. 149)
Umschlagrückseite: Tobias Verhaecht, *Alpenstraße mit Blick ins Tal,* um 1600 (Detail aus Kat. 76, S. 190)
Frontispiz: Jan de Beer, *Die Wurzel Jesse: Jesse,* um 1515–1520 (Detail aus Kat. 5, S. 49)

Jahrespartner der Albertina

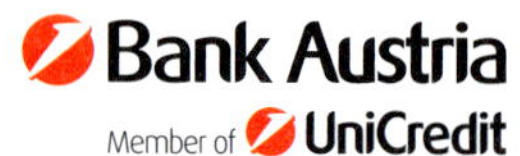

Partner der Albertina

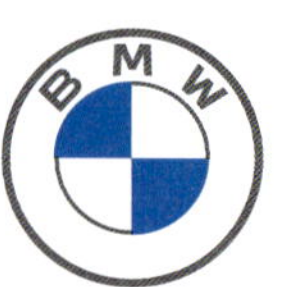

Dieser Katalog entstand mit großzügiger Förderung der Regierung Flanderns.

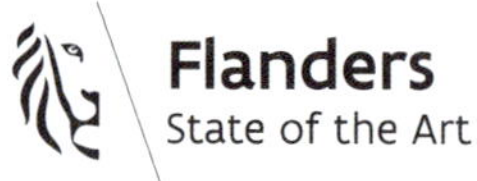

Eine englischsprachige Fassung dieses Katalogs ist in veränderter Form anlässlich der Ausstellung *Tales of the City. Drawing in the Netherlands from Bosch to Bruegel* im Cleveland Museum of Art erschienen (hg. von Emily J. Peters und Laura M. Ritter, Yale University Press 2022).

Der Verlag verzichtet in dieser Publikation weitgehend auf die Verwendung geschlechtergerechter Formulierungen. Auch wenn für den thematisierten Zeitraum durchaus Künstlerinnen, Verlegerinnen, Sammlerinnen und andere Akteurinnen dokumentiert sind, könnte eine sprachliche Gleichstellung die marginalisierte Stellung von Frauen in historischen Gesellschaftskonstellationen verfälschen.